DIANA
VERLAG

Rosamond Halsey Carr
Ann Howard Halsey

Land der tausend Hügel

Mein Leben in Afrika

*Aus dem Amerikanischen von
Petra Hrabak, Barbara Steckhan,
und Maria Zybak*

Diana Verlag
München Zürich

Titel der Originalausgabe: Land of a Thousand Hills
Originalverlag: Viking Penguin, New York

Die Übersetzerinnen
Petra Hrabak und Barbara Steckhan
sind Mitglieder des Kollektives Druck-Reif

1 2 3 4 5 04 03 02 01 00

Satz: Filmsatz Schröter, München
Druck und Bindung: Wiener Verlag, Himberg
Printed in Austria

ISBN 3-8284-5029-6

*Den Kindern im Waisenhaus Imbabazi und
für Sembagare, meinen treuen,
zuverlässigen Freund*

Inhalt

DRITTER TEIL

VIERTER TEIL

FÜNFTER TEIL

Prolog

Als Kenneth vorschlug, nach Afrika zu gehen, hielt man uns für verrückt. In jenen Tagen jedoch wäre ich ihm bis ans Ende der Welt gefolgt. Es war der Sommer des Jahres 1949, und für mich begann das Abenteuer meines Lebens. Zwar liebte ich Kenneth aufrichtig, doch im Grunde handelt meine Geschichte von der Liebe einer Frau zu einem Land. Es dauerte einige Zeit, bis diese Liebe reifte, aber dafür hielt sie dann fast fünfzig Jahre.

Ich heiße Rosamond Halsey Carr und lebe in Rwanda, einem kleinen Staat des östlichen Zentralafrika. Man nennt Rwanda auch das »Land der tausend Hügel« (oder in Französisch *mille collines*), und wie mein Leben ist es geprägt von Höhen und Tiefen, Bergen und Tälern, die sich bis zum Horizont und noch weiter erstrecken. Der Beiname leitet sich von den Virunga-Vulkanen ab, die die kontinentale Wasserscheide zwischen dem Großen Nil und dem Kongobecken bilden. Rwanda liegt gerade südlich des Äquators, rund eintausendsechshundert Meter über dem Meeresspiegel, und ich besitze dort am Fuß der Virunga-Berge auf fast zweitausenddreihundert Meter Höhe eine Blumenplantage namens Mugongo.

Im Westen grenzt Rwanda an Zaire (inzwischen wieder in Kongo umbenannt), im Süden an Burundi, im Osten an Tansania und im Norden an Uganda. Die Westgrenze bildet der Rusizi, ein Fluß, der sich in den Kivu-See ergießt. Den Süden des Landes bedecken dichte Wälder und unzählige kleine Seen. Im Osten senkt sich ein Hochplateau sanft zu den Sümpfen und Savannen des Akagera Nationalparks mit dem gleichnamigen Fluß hinab, der in den Victoria-See mündet und die Grenze nach Tansania bildet. Der nördliche Landesteil wird bestimmt von den hoch aufragenden Gipfeln der Virunga-Vulkane und besitzt den wohl fruchtbarsten Ackerboden von ganz Afrika.

Mit nahezu acht Millionen Menschen auf einem Gebiet von etwa sechsundzwanzigtausend Quadratkilometern ist Rwanda eines der dichtbesiedeltsten Länder des Kontinents. Die Hauptstadt heißt Kigali, die Landessprachen sind Kinyarwanda und Französisch, aber auch Swahili ist weit verbreitet. Auf seinen fruchtbaren Berghängen und Grasebenen leben drei Volksstämme. Die *wahutu* (Hutu), deren Name wörtlich übersetzt »Bauern« bedeutet, gehören zu den Bantu-Völkern und stellen fast fünfundachtzig Prozent der Einwohner. Die *watutsi* (Tutsi) hingegen, der Stamm der Feudalherren Rwandas, die knapp fünfzehn Prozent der Bevölkerung bilden, sind traditionell mit den Herden wandernde Viehzüchter und gefürchtete Krieger. Die restlichen ein bis zwei Prozent der Bevölkerung stellen die Pygmäen vom Stamm der Batwa, großartige Jäger, Töpfer und Bewahrer magischen Wissens. Alle gemeinsam nennen sich Banyarwanda – das Volk von Rwanda.

Man vermutet, daß sich die Tutsi im fünfzehnten Jahrhundert hier ansiedelten und ihre Herrschaft über die ackerbautreibenden Hutu mit einer Reihe von Land- und Viehverträgen festigten. Im siebzehnten Jahrhundert hatten sie in der Gegend des heutigen Kigali und der angrenzenden Hutu-Siedlungen ihr Königreich errichtet. In den neunziger Jahren des letzten Jahrhunderts nahmen die Deutschen Rwanda in Besitz und gliederten es in ihre Kolonie Deutsch-Ostafrika ein, doch ihr Einfluß war nur von begrenzter Dauer. Nach dem Ersten Weltkrieg stellte der Völkerbund Rwanda gemeinsam mit seinem Nachbarland Burundi unter belgisches Mandat. Fortan hieß es Ruanda-Urundi, und sein Status war später der eines Treuhandgebietes der Vereinten Nationen. Die Belgier regierten auf indirektem Weg über die Tutsi-Monarchie. Doch sie förderten auch den gesellschaftlichen Aufstieg der benachteiligten Hutu. Im Jahre 1959 brach zwischen Tutsi und Hutu ein Krieg aus, in dessen Folge der *mwami* (König) Kigeri V. abgesetzt und gezwungen wurde, ins Exil zu gehen. Mit ihm flohen eine große Zahl von Tutsi in die Nachbarländer. Damit war der Grundstein für die Feindseligkeiten und das Blutvergießen der kommenden Jahrzehnte gelegt. Im Januar 1961 wurde Rwanda eine Republik, und am 1. Juli 1962 entließ man es in die Unabhängigkeit.

1949 jedoch war Rwanda noch ein Paradies – ein harmonisches Miteinander von Mensch und Tier, unberührt von den Einflüssen der Außenwelt. Tagsüber führten die Hirten ihre Herden an die Seen und Teiche, und abends kamen die Elefanten an die Wasserlöcher, um zu trinken und zu baden. Die Zeit wurde nach der Sonne bestimmt und der Kalender nach dem Mond. In nur wenigen Tagen errichtete man mit aus den Wäldern herbeigeschafften Baum- und Bambusstämmen ein Haus und deckte es mit einem Dach aus Gras. Die Männer beteten um günstiges Wetter für die Ernte, die Jungen träumten von einer großen Rinderherde, und die Mädchen wiegten ihre aus den spitzen Blättern der Fackellilie gebastelten Puppen in den Armen und sangen ihnen ein Schlaflied, als wären sie kleine Mütter. Die Märkte waren Treffpunkte, wo man miteinander plaudern oder handeln konnte, wo fein geflochtene Grasmatten im Tausch gegen vierzig Pfund Kartoffeln oder einen Korb zum Aufbewahren von Getreide den Besitzer wechselten.

Seit ich vor fast einem halben Jahrhundert hier ankam, hat sich vieles verändert. Ich war Zeugin vom Niedergang und Fall des Kolonialismus und der Gründung neuer afrikanischer Staaten, die schwer um ihr Überleben zu kämpfen haben. Ich habe Bürgerkriege und Revolutionen miterlebt und eine der größten menschlichen Tragödien unserer Zeit, den Genozid von 1994. Mehr als einmal wurde mein Haus von Soldaten besetzt – einige waren willkommen, andere nicht. Städte und Länder änderten ihre Namen, Freunde kamen und gingen. Ich erfuhr großes Glück und unendliches Leid. Ich lernte außergewöhnliche Menschen kennen und wohnte denkwürdigen Ereignissen bei. Ich fuhr den Kongo-Fluß hinab und zog mit Pygmäen durch den

Busch. Ich war Gast beim Thronjubiläum eines Tutsi-Königs und im Palast des Präsidenten der Republik. Elefanten stampften über meine Felder, und wie kaum ein Mensch kam ich den Berggorillas nahe. Ich erlebte das Ende einer Ära und die Gründung des neuen Rwanda – eines Landes, das sich bemüht, die traditionelle Lebensweise seiner Menschen mit den Erfordernissen eines modernen Afrika an der Schwelle zum einundzwanzigsten Jahrhundert zu verbinden.

Doch trotz aller Umwälzungen ist vieles auch geblieben, wie es war. Noch immer ist Rwanda das schönste Land der Welt. Noch immer steht mein mit wildem Wein bewachsenes Haus inmitten des englischen Gartens mit seinen hohen Hortensienhecken. Noch immer habe ich weder elektrischen Strom noch Telefon. Das Essen wird nach wie vor auf dem mit Holz befeuerten Herd gekocht, das Licht spenden Kerzen und Kerosinlampen. Die Stühle mit der Sitzfläche aus Rinderhaut sind afrikanischen Ursprungs, und als Teppiche dienen Grasmatten und Ziegenfelle. Noch immer erscheinen allmorgendlich die Feldarbeiter, stellen sich Mütter mit ihren Kindern vor meiner Hintertür an, damit ich Fieber und Schnupfnasen behandle. Und die steinige Straße nach Mugongo ist, wenn man das überhaupt sagen kann, noch schlechter zu befahren als früher. Doch noch immer wird nachmittags um vier der Tee serviert, und noch immer lassen sich abends die Kronenkraniche in den Blättern der Drachenblutpalmen zum Schlafen nieder. Majestätisch erheben sich die Gipfel des Mikeno und Karisimbi aus dem Nebel und werfen ihre Schatten auf mein Land, während abends der aktive Vulkan Nyiragongo den Himmel erglühen läßt. Noch immer sehe ich an klaren Tagen in der Ferne den Kivu-See schimmern, und noch immer funkeln am Nachthimmel Afrikas mehr Sterne als irgendwo sonst auf der Welt.

Mugongo ist heute vom Singen und Lachen der Kinder erfüllt. Dieses Land, das ich so liebe, hat mir viel geschenkt. Rwanda ist meine Heimat, und hier und nirgendwo sonst möchte ich den

Rest meiner Tage verbringen. Seine Schönheit begeistert mich. Seine Kämpfe sind meine Kämpfe, und sein Leid ist mein größter Schmerz. Seine Menschen geben mir Kraft. Und seine Kinder sind meine größte Freude.

ERSTER TEIL

1 Kenneth

Am 9. Juli 1949 bestiegen mein Mann Kenneth und ich im Hafen von Brooklyn ein Frachtschiff, das uns an die Westküste Afrikas bringen sollte. Nach sieben nicht sonderlich erfüllten Ehejahren ließen wir Freunde und Angehörige zurück und hofften, in dem Land, das Kenneth so sehr liebte, unser Glück zu finden und Abenteuer zu erleben. Abenteuern begegneten wir so zahlreich, daß sie für mehrere Leben ausgereicht hätten, doch das ersehnte Glück und die Erfüllung ließen noch viele Jahre auf sich warten.

Nur wenig in meinem Leben hatte mich auf die Mühen und Schwierigkeiten vorbereitet, die mich in diesem fremden und fernen Land erwarten sollten. Ich wurde im Jahre 1912 in South Orange, New Jersey, als ältestes von drei Kindern geboren. Mein Bruder William ist vier Jahre jünger als ich, meine Schwester Dorothy sechs. Inzwischen verstehen wir uns zwar bestens, doch damals verhinderte der große Altersunterschied, daß sich zwischen uns so etwas wie Nähe entwickelte. So wuchs in mir ein tiefes Gefühl der Einsamkeit und Unsicherheit. Wir verlebten eine – selbst für die damalige Zeit – äußerst behütete, glückliche Kindheit, und unser Haus war Treffpunkt für unzählige Onkel und Tanten, Cousinen und Cousins, die Großeltern und Freunde.

Mein Vater, William Gurden Halsey, arbeitete in New York als Börsenmakler. Unbedingte Integrität und Respekt gegenüber anderen waren seine hervorstechendsten Charakterzüge, und im Kreise der Kirche und der Gemeinde genoß er hohes Ansehen. Mit seinem ungekünstelten Charme gab er seinem Gegenüber stets das Gefühl, etwas ganz Besonderes zu sein. Uns Kinder fesselte er immer wieder mit seinen Zaubertricks und seinen phantasievollen Geschichten. Er legte Wert auf ein würdevolles ordentliches Auftreten und ging nur selten ohne seinen Strohhut und eine Nelke im Knopfloch aus dem Haus. Doch an erster Stelle stand bei ihm die Familie, und ich glaube, die Augenblicke, in denen er uns und vor allem unsere Mutter verwöhnen konnte, waren die glücklichsten seines Lebens. Meine Mutter hingegen war die Realistin in unserem Kreise. Sie holte uns immer wieder auf den Boden der Tatsachen zurück, wenn es nötig war – gelegentlich auch, für meinen Geschmack, etwas zu hart.

Rosamond, meine Mutter, war eine geborene Howard, und bis zu ihrem Tod im Alter von vierundneunzig Jahren sehnte ich mich nach ihrer Zuneigung und Anerkennung, die mir jedoch nie in vollem Ausmaß gewährt wurden. Ihr Vater, Neil Howard, stammte aus einer angesehenen Südstaaten-Familie. Sie wohnten in Atlanta, bis die Stadt im Bürgerkrieg von Sherman und seinen Truppen erstürmt und mitsamt dem Haus meiner Urgroßeltern in Schutt und Asche gelegt wurde. Die Familie flüchtete auf ihre Plantage in der Nähe von Macon, Georgia, und schlug sich fortan mehr schlecht als recht durch. Neil Howard heiratete meine Großmutter Julia Hamilton Otis im Jahre 1882. Sie bekamen sieben Töchter, von welchen zwei als Kleinkinder starben. Meine Mutter war die älteste der fünf überlebenden Schwestern. Schließlich zog mein Großvater mit seiner Familie nach New Jersey, wo er ein recht erfolgreiches Immobiliengeschäft aufbaute. Meine Mutter wurde noch in Atlanta geboren und verhehlte nie ihren Stolz auf ihre Herkunft aus den Südstaaten. Wann immer man sie fragte, woher sie stammte, antwortete sie im Südstaatenakzent, obwohl sie bereits im Alter von zwei Jahren nach New Jersey gekommen war.

Anfangs lebte meine Familie in besten Verhältnissen. Wir bewohnten in South Orange ein geräumiges Haus an der Turrell Avenue und hatten ein Dienstmädchen und einen englischen Gärtner. Privatschulen, Country Clubs und Debütantinnenbälle prägten das gesellschaftliche Leben – und damit auch ein kompliziertes Geflecht von Anstandsregeln und Verboten. Gewiß war es ein angenehmes Dasein, und jeglicher Zweifel, daß sich meine Erwartungen an das Leben erfüllen würden, schien unangebracht. Nur fiel es mir leider schwer, mir über meine Erwartungen klar zu werden, und als Kind und junge Erwachsene verließ ich immer wieder den mir scheinbar vorgezeichneten Pfad der Konventionen.

Als ich siebzehn war, nahm unser Leben eine unerwartete dramatische Wendung. Im Börsencrash von 1929 verlor mein Vater fast sein gesamtes Vermögen, und das, was übrig blieb, schmolz im Lauf der folgenden Jahre rasch dahin. Der finanzielle Zusammenbruch hatte für alle Mitglieder unserer Familie drastische und nachhaltige Folgen. In seiner Verzweiflung fühlte sich mein Vater verpflichtet, einen Großteil seiner Anleger – soweit es seine eigenen Mittel zuließen – zu entschädigen. Meine Mutter nahm den Schicksalsschlag äußerlich erstaunlich gleichmütig hin, während sie insgeheim Teile des Tafelsilbers und der Familienerbstücke verkaufte, um die Rechnungen beim Lebensmittelhändler und in der Wäscherei bezahlen zu können. Zwar verdankten wir es vorwiegend der Kraft und Seelenstärke meiner Mutter, daß wir nicht zusammenbrachen, doch auch sie stieß schließlich an ihre Grenzen. 1934 waren wir gezwungen, das Haus an der Turrell Avenue zu verkaufen, und von diesem Schlag sollte sie sich nie wieder ganz erholen. Als unser Packard Cabriolet durch einen Buick ersetzt wurde, faßte sie den Entschluß, niemals mehr ein Auto zu steuern. Und daran hielt sie viele Jahre lang fest.

Mein Bruder und meine Schwester waren damals noch ziemlich klein und konnten sich offenbar leichter an die veränderten Umstände anpassen. In mir jedoch legten diese Jahre den Grundstein für eine tiefe Furcht vor Armut, die mich mein Leben lang nicht mehr verlassen sollte.

Aufgrund unserer begrenzten Mittel blieb mir ein College-Studium verwehrt, und so beschloß ich, eine künstlerische Laufbahn einzuschlagen. Ich wurde an der New Yorker Traphagen School of Fashion Design, einer Modeschule, angenommen und erhielt schließlich wegen meiner Leistungen im Zeichnen ein Stipendium. Nach zwei Jahren begann ich eine Lehre in einem Studio, das sich auf Modeillustration und Schaufensterdekoration spezialisiert hatte. Mein Verdienst betrug lausige zehn Dollar im Monat! Deshalb kündigte ich die Stellung bald wieder und machte mich selbständig, indem ich für New Yorker Kaufhäuser Modezeichnungen anfertigte. Endlich stand ich auf eigenen Füßen, auch wenn ich kaum über die Runden kam.

In einem Haus Ecke 35th Street/Madison Avenue, das Junius Morgan, dem Sohn des Multimillionärs J. P. Morgan gehörte, bezog ich eine Ein-Zimmer-Wohnung. Die Morgans lebten in einem Anwesen an der 36th Street, und da sie verhindern wollten, daß man direkt hinter ihrem Grundstück häßliche Hochhäuser hochzog, hatten sie im angrenzenden Straßenzug fast sämtliche Mietshäuser aufgekauft. Mein Haus wurde von einer Frau verwaltet, die Musiker und Künstler als Untermieter aufnahm. Vom Fenster meines Apartments blickte ich auf die Rückfront des Morganschen Anwesens, und des Nachmittags konnte ich beobachten, wie der Familie auf einem vornehmen Silberservice der Tee serviert wurde. Im Herbst ließ man eine ganze Reihe frisch geschossener Fasane an einer Wäscheleine abhängen, und die zwei kleinen Söhne der Familie, angetan mit weißen Handschuhen und in der Obhut ihres Kindermädchens, zogen stundenlang hinter dem Haus auf Dreirädern ihre Kreise, während mich ihre quietschenden Räder zur Verzweiflung trieben.

Heiratsfähige junge Männer gab es im New York jener Jahre im Überfluß. Zwar hatte auch ich meinen Teil an Verabredungen, doch wie es so oft der Fall ist, gefielen mir meist jene, die nicht an mir interessiert waren – und umgekehrt. Sonntagnachmittags besuchten meine Schwester Dorothy und ich Kunstausstellungen oder ein Polospiel oder gingen auf »Männerfang«, wie wir es nannten – leider mit durchweg enttäuschendem Ergebnis.

Als ich an einem Kurs der Art Students League teilnahm, lernte ich Charles Lowell Putnam kennen, einen Chirurgen, dessen

Sohn im Gebiet des Ituri-Regenwaldes in Belgisch-Kongo bei den Bambuti-Pygmäen lebte. Dr. Putnam hatte sich mit siebzig Jahren aufs Altenteil zurückgezogen, um sich ganz seinem Hobby, dem Zeichnen, widmen zu können. Ich interessierte mich zur gleichen Zeit für einen begabten Künstler namens Robert Hale, und er, Dr. Putnam und ich wurden gute Freunde.

Im Frühjahr 1941 schlug Dr. Putnam eines Abends vor, einen Filmvortrag über Afrika zu besuchen, der von dem berühmten Großwildjäger und Forschungsreisenden Kenneth Carr veranstaltet wurde. Als ich Kenneth kennenlernte, lebte er bereits seit achtundzwanzig Jahren in Afrika, vor allem in Uganda. Im Laufe dieser Zeit hatte er weite Teile des afrikanischen Kontinents bereist und sein Glück als Kaffeepflanzer, als Tätowierkünstler und im Silber- und Wolframbergbau versucht. Weltweit bekannt geworden war er als Großwildjäger, weshalb ihn der New Yorker Explorers Club als Mitglied aufgenommen hatte. Darüber hinaus war er ein hervorragender Filmemacher und Fotograf.

Kenneth war in England geboren und aufgewachsen. Als Jugendlicher hatte er sich mit Leib und Seele dem Musikstudium verschrieben, und da er täglich viele Stunden am Cello übte, blieb er blaß und schwächlich – ganz und gar nicht der Sohn, den sich sein Vater, ein begeisterter Jäger und Sportler, gewünscht hatte. Um ihn ein wenig zu »stählen«, schenkte er ihm zum einundzwanzigsten Geburtstag eine Schiffspassage nach Kapstadt. Kenneth blieb und reiste mehrere Jahre durch Südafrika und Kenia. 1912 kaufte er sich in Uganda, in der Gegend von Masaka, ein Stück Land, auf dem er Kaffee anpflanzte und sich ein Haus baute. Im Ersten Weltkrieg schloß er sich den britischen Kolonialtruppen an und kämpfte in einigen kleineren Scharmützeln an der Südwestgrenze Ugandas gegen die Deutschen.

Erst fünfzehn Jahre später kehrte Kenneth nach England zurück. Sein Vater war inzwischen gestorben. Kenneth jedoch war ein Jäger ganz nach seinem Geschmack geworden, wenn er auch Löwen und Elefanten jagte statt des heimischen Dam- und Federwilds.

Sein Name war inzwischen so bekannt, daß man ihn im Jahre 1921 für die große Expedition des schwedischen Prinzen Wilhelm, der in Afrika Trophäen für ein Stockholmer Museum sammeln wollte, als Führer verpflichtete. Prinz Wilhelm erlegte auf seiner Expedition zahllose Tiere, darunter auch vierzehn Exemplare der heute gefährdeten Berggorillas, die noch immer in dem Stockholmer Museum zu besichtigen sind. Damals hielt man Gorillas für fleisch- und menschenfressende Bestien, und bei Jägern und Wilderern galten sie als begehrte Jagdbeute. Heute wissen wir, daß sie pflanzenfressende und friedliche Tiere und wie kaum eine Art auf der Welt gefährdet sind.

Kenneth war 1939 mit einem Touristenvisum in die Vereinigten Staaten gekommen. Von einer einjährigen Safari, die ihn von Uganda an die afrikanische Westküste geführt hatte, brachte er außergewöhnliches Filmmaterial mit. Da er zum Zeitpunkt des Kriegseintritts Großbritanniens das wehrpflichtige Alter schon weit überschritten hatte, bat ihn das britische Konsulat in New York, in Amerika zu bleiben, seine Filme vorzuführen und im Anschluß daran um Spenden für die britischen Kriegsanstrengungen zu bitten. Tatsächlich waren es die ersten Farbfilme aus Afrika, die in den Vereinigten Staaten gezeigt wurden. Kenneth hatte 1938 den Ausbruch des Vulkans Nyamulagira aufgenommen und Bilder der Bambuti-Pygmäen mitgebracht, der Mangbetu (ein Stamm, bei dem sich die Frauen den Hals eng schnüren, um ihn zu verlängern – als Symbol der Schönheit), der Frauen des kongolesischen Barbira-Stamms mit ihren tellergroßen Unterlippen und der nigerianischen Reiter in ihren mittelalterlich anmutenden Rüstungen. Schon bald war Kenneth mit seinen Filmen eine Berühmtheit.

An jenem Abend in der Art Students League machte mich Dr. Putnams Sohn Patrick, der gerade auf Urlaub war, mit Kenneth bekannt. Auf der Stelle war ich von dem gutaussehenden gewandten Mann eingenommen. Groß, schlank und sonnengebräunt, mit dunklen Haaren und stahlblauen Augen unterschied er sich durch das Flair des Abenteurers, das ihn umwehte, meilenweit von den jungen Anwälten und Börsenmaklern in meinem Freundeskreis. Ich fühlte mich stark zu ihm hingezogen, noch mehr fesselten mich allerdings die aufregenden Bilder auf der Leinwand.

Einige Wochen später lud Dr. Putnam Bob Hale und mich in sein Haus in Bedford Village, New York, ein. Auf der Zugfahrt dorthin neckte mich Bob, bei den anderen Gästen auf dem Fest würde es sich ausnahmslos um staubtrockene Intellektuelle handeln, mit denen mich nichts verbände. Ich war zu jener Zeit sehr schüchtern und bereute es schon, die Einladung angenommen zu haben. Um meine Bedenken zu zerstreuen, fügte Bob jedoch hinzu: »Aber einer wird da sein, der fast so schüchtern ist wie du.« Zu meiner Begeisterung erfuhr ich dann, daß er damit Kenneth Carr meinte.

Kenneth war ein ruhiger und zurückhaltender Mensch. Dennoch zog er mit seinem charmanten britischen Humor und den fesselnden Erzählungen von seinen Entdeckungsreisen in die Wildnis Afrikas jeden, den er traf, in seinen Bann. Wann immer es uns möglich war, stahlen wir uns davon und machten lange Spaziergänge in die Natur. Stundenlang unterhielten wir uns über sein aufregendes Leben und meine irgendwie vagen und unerfüllten Erwartungen an die Zukunft. Ich hatte das Gefühl, in Kenneth einen wahren Freund gefunden zu haben – und vielleicht sogar noch mehr.

Ich war überglücklich, als er mich eine Woche später zum Essen einlud. Danach trafen wir uns häufiger, und mit jedem Tag fühlte ich mich stärker zu ihm hingezogen. Als ich ihn meiner Familie vorstellte, schenkte er mir eine fremdartig aussehende Anstecknadel, eine goldbeschichtete Löwenkralle. Kenneth war zwar beträchtlich älter als ich, doch ich fand ihn an- und aufregender als jeden anderen Mann, dem ich bis dahin begegnet war. Wenige Monate später verlobten wir uns und schlossen im Mai 1942 den Bund fürs Leben. Rückblickend ist mir klar, daß ich mich Hals über Kopf in ihn verliebt hatte, auf einer rosaroten Wolke schwebte und nur sah, was ich sehen wollte. Erst Jahre später wurde mir bewußt, um wieviel älter Kenneth wirklich war als ich.

Allgemein hatte man erwartet, daß ich eine »gute Partie« machen würde. Damit waren vermutlich ein beruflich erfolgreicher Mann und ein Eigenheim im Vorort einer Großstadt gemeint. Und gewiß war Kenneth nicht das, was meine Eltern für mich im Sinn gehabt hatten. Zwar mochten sie ihn gern, aber sie sorgten sich wegen des in ihren Augen zu großen Altersunterschieds und wegen des Lebens, das mich an Kenneths Seite erwarten würde und auf das ich nicht im geringsten vorbereitet war. Ich jedoch ließ mich nicht umstimmen und glaubte felsenfest daran, daß ich ihn glücklich machen und wir bis ans Ende unserer Tage zusammenbleiben würden.

Meine Großmutter war zum Zeitpunkt meiner Eheschließung noch am Leben. Ich erinnere mich noch genau an ihre Worte, als Kenneth ihr vorgestellt wurde. »Oh, wenn ich bedenke, was diese schönen blauen Augen alles gesehen haben!« sagte sie und legte ihm die Hand auf den Arm. Und was Kenneth gesehen hatte, wollte auch ich sehen.

Wir wohnten in meinem kleinen Apartment und lebten von meinen mageren Einkünften und gelegentlichen Beihilfen meiner Familie. Ich fiel aus allen Wolken, als ich erfuhr, daß Kenneth praktisch mittellos dastand. Als man ihn bat, seine Filme in Amerika vorzuführen, ging man davon aus, daß er die Unkosten selbst bestritt – als seinen Beitrag zu den britischen Kriegsanstrengungen. Da er mit einem Touristenvisum in die USA eingereist war, hatte er vor unserer Heirat keine Arbeitserlaubnis erhalten. Seine geringen Geldmittel waren bald aufgebraucht, und schließlich hatte er sich sogar gezwungen gesehen, seinen geliebten Filmprojektor zu versetzen. Erst nach dem japanischen Überfall auf Pearl Harbor erhielten »befreundete Ausländer« mit Touristenvisum wie Kenneth die Erlaubnis, in Amerika einer Arbeit nachzugehen.

Ich verdiente mein Geld weiterhin als Modezeichnerin mit dem Schwerpunkt Damenoberbekleidung, Hüte und Accessoires. Kenneth unterstützte mich dabei auf die einzig ihm mögliche Weise, indem er sich erbot, für mich Modell zu stehen. Noch heute muß ich schmunzeln, wenn ich daran denke, wie dieser große, athletische und überaus korrekte Brite in unserem vollgestopften Apartment stand, einen eleganten Damenhut vorführte und dabei seine Pfeife rauchte.

Nach dem Kriegseintritt der USA empfahl man Kenneth für einen Posten bei dem »Amt für Wirtschaftskrieg« in Washington, und wir zogen nach Alexandria in Virginia. Da die militärischen Auseinandersetzungen in Nordafrika kein Ende nahmen, fürchteten Militär- und Regierungsstellen, die Kampfhandlungen könnten sich nach Zentralafrika ausweiten, und Kenneth wurde gebeten, sein Sachwissen über diese Region zur Verfügung zu stellen. Eine Zeitlang fand er es angenehm, in einem Bürozimmer zu sitzen und ständig über sein Lieblingsthema sprechen zu können. Nach knapp einem Jahr zeichnete es sich jedoch ab, daß Zentralafrika vom Krieg verschont bleiben würde, und Kenneth wurde nicht mehr gebraucht. Aufgrund seiner Erfahrungen im Bergbau bekam er eine Stelle beim U.S. Metals Reserve Project als Grubentechniker einer Eisenmine im Westen von North Carolina, und wir zogen nach Spruce Pine. Dort blieben wir drei Jahre, und schließlich kauften wir uns in Skyland bei Ashville sogar ein kleines Haus.

Das wohltuende Gefühl, finanziell abgesichert zu sein, habe ich in meinem Erwachsenenleben nie kennengelernt, und die frühen Jahre meiner Ehe mit Kenneth waren da keine Ausnahme. Ständig mußten wir kämpfen, um uns über Wasser zu halten. Dazu kamen Anpassungsschwierigkeiten. Kenneth hatte lange Jahre ein Junggesellendasein mit absoluter Unanbhängigkeit und ausgedehnten Safaris geführt, und die Ehe war für ihn offenbar ein weißer Fleck auf der Landkarte.

Einmal sagte er zu mir: »Rosy, mich stört an der Ehe, daß man keine Minute mehr für sich allein hat« – und das mit britischem Akzent. Als ich erwiderte: »Wenn du unbedingt allein sei willst, warum hast du dann geheiratet?« gab er mir keine Antwort.

Ich begann mich damals bereits wirklich zu fragen, warum er mich geheiratet hatte. Ich war zum Zeitpunkt der Hochzeit im wahrsten Sinne des Wortes unschuldig gewesen und hatte die romantischsten Vorstellungen von der Ehe gehabt. Trotz seines Alters und seines weltmännischen Auftretens war Kenneth ebenso unerfahren wie ich, und körperliche Liebe schien er eher als peinlich denn als lustvoll zu empfinden. Meine Erziehung hatte mich nicht im geringsten auf diese Art von Problem vorbereitet, und ich war viel zu naiv und zurückhaltend, um auch nur zu erwägen, ein solch heikles Thema mit Kenneth oder einem anderen Menschen zu erörtern. Vielmehr kam ich zu dem Schluß, meine eigene Unzulänglichkeit sei für das Dilemma verantwortlich.

Mit der Zeit gelang es mir, meine Schüchternheit zu überwinden, Kenneth jedoch nie. Seine Reserviertheit, der große Altersunterschied und das Fehlen jeglicher Leidenschaft führten dazu, daß ich mich einsam fühlte und enttäuscht war. Außerdem wünschte ich mir Kinder. Doch es wollten einfach keine kommen.

Trotz meiner hohen Erwartungen und besten Vorsätze drohte unsere Ehe 1949 zu scheitern, und wir waren beide unglücklich. Gleichzeitig klammerten wir uns jedoch an die Vorstellung einer erfüllenden gemeinsamen Zukunft, und so erschien uns ein Umzug nach Afrika als Lösung unserer Probleme.

Eine Freundin aus North Carolina warnte mich: »Um einem Mann nach Afrika zu folgen, muß er ein wahres Goldstück sein.« Das glaubte ich von meinem zwar nicht, doch ich war überzeugt, in dem Land, das Kenneth so sehr liebte, würden wir beide das Glück und die Leidenschaft finden, die uns bisher versagt geblieben waren. Damals konnte ich nicht wissen, welche Herausforderung das Leben in diesem fremden, fernen Land an unser Zusammenleben mit all den unerfüllten Sehnsüchten stellen würde.

2 Die Reise

Meine Eltern waren entsetzt, als sie hörten, daß ihre Tochter auf den »schwarzen Kontinent« übersiedeln wollte, doch so viele Einwände sie auch vorbrachten, nichts konnte uns umstimmen. Dies war das große Abenteuer, von dem ich mein Leben lang geträumt hatte, und mit der mir üblichen eisernen Entschlossenheit und Kühnheit hielt ich an meinem Vorhaben fest.

Bei Lord & Taylor kaufte ich vier Baumwollkleider, erstand bei einem New Yorker Reiseausstatter einen Tropenhelm und deckte mich mit einem Vorrat an Cold Cream ein, der bis an mein Lebensende reichen würde. Ich beantragte einen Reisepaß, die erforderlichen Visa und ließ alle nötigen Impfungen an mir vornehmen. Dann verkauften wir das Haus, packten die Besitztümer zusammen, an denen uns am meisten gelegen war, und buchten auf dem Frachtschiff *African Glen* der Farrell Linie eine Passage nach Matadi – dem atlantischen Seehafen in Belgisch-Kongo. Gerade mal zwölf Passagiere hatten auf dem Frachter Platz, und für uns beide und unseren liebenswerten, wenn auch nicht gerade hübschen Irischen Terrier Sheila gab es nur eine Kabine. Unser Ziel war Ruanda-Urundi (heute die beiden Länder Rwanda und Burundi), wo Kenneth nach Zinn und Gold schürfen wollte.

Auf der Reise über den Atlantik fühlte ich mich wie im Himmel. Freunde und Angehörige kamen mit Orchideen und Champagner zum Hafen, um mit uns Abschied zu feiern. Bei Sonnenuntergang glitt das Schiff langsam aus dem Hafen von Brooklyn, und als ich meine Lieben so am Kai stehen sah, fragte ich mich, ob ich sie je wiedersehen würde. Die Tage und Nächte auf See waren wie im Paradies. In all unseren gemeinsam verbrachten Jahren kamen sie einer Hochzeitsreise am nächsten, und die Zukunft erschien uns vielversprechend und verheißungsvoll.

Anfang August 1949 trafen wir in Matadi ein, wo wir die erste Nacht auf afrikanischem Boden verbrachten. Nach der Stille auf dem Meer empfand ich die staubigen und von unterschiedlichsten Gerüchen durchzogenen Straßen dieses lebendigen westafrikanischen Seehafens als Schock. Weil das einzige Hotel der Stadt ausgebucht war, mußten wir uns mit einer schäbigen Pension begnügen, in der betrunkene Seeleute und – mitsamt den Fühlern – fast zehn Zentimeter lange Kakerlaken wohnten. Ein Nachttopf unter dem Bett diente als Toilette, und das Moskitonetz hatte Löcher von der Größe eines Tennisballs.

Am nächsten Morgen bestiegen wir die von einer Dampflok gezogene Schmalspurbahn, die uns dreihundertachtzig Kilometer ins Landesinnere nach Léopoldville, der Hauptstadt von Belgisch-Kongo, brachte. Da wir praktisch die einzigen Passagiere des Zugs waren, umringte uns nach unserer Ankunft eine Horde Träger, die sich lautstark anboten, unser Gepäck zu transportieren – selbst meine kleine Fototasche. Es waren durchweg äußerst große, kräftige Männer, die in zerfetzten kurzen Hosen und Uniformjacken aus dünner grauer Baumwolle gekleidet waren. Sie sprachen Lingala, eine Sprache, die Kenneth nicht gelernt hatte. Plötzlich bekam ich eine Heidenangst. Da planten wir ein Leben in einem Land, dessen Sprache wir nicht verstanden und in dem meine paar Brocken Französisch wohl kaum ausreichen würden, um mich mit den Europäern zu verständigen. Kenneth hatte sich in Afrika bisher hauptsächlich in englischsprachigen Kolonien aufgehalten, und sein Französisch war fast so schlecht wie meins. Zwar sprach er fließend Swahili und einige der Bantu-Dialekte Ostafrikas, doch der Kongo war auch ihm fremd. Dennoch betrachtete ich auf unserer Zugfahrt fasziniert und voller Staunen die fremdartige Szenerie, die sich vor meinen Augen ausbreitete. Üppige Blumenwiesen bedeckten die hügelige Landschaft, und bei jedem Halt stürmten Händler auf den Bahnsteig, um Papayas, Avocados und andere Früchte des Landes anzubieten.

Wir blieben elf Tage in Léopoldville mit seinen hübschen Kolonialbauten, denn Kenneth traf sich dort mit Freunden und Geschäftspartnern. Dann setzten wir unsere Reise auf einem mit Holz befeuerten Raddampfer namens *Berwinne* fort und fuhren auf dem Kongo-Fluß die zweitausend Kilometer durch den Regenwald nach Stanleyville. Die *Berwinne*, ein Ersatz für das reguläre Passagierschiff, das auf Grund gelaufen war, konnte nicht gerade als luxuriös bezeichnet werden. Die Kabine für uns und Sheila bot lediglich Platz für ein schmales, mit einem schmutzigen Laken bezogenen Bett, der Kleiderschrank bestand aus sechs rostigen Nägeln, die in die Tür geschlagen worden waren, und eine Belüftung gab es nicht. Nur jeweils einer von uns beiden konnte in der Kabine aufrecht stehen, und wir einigten uns schließlich darauf, umschichtig zu schlafen.

Mehrmals am Tag steuerte die *Berwinne* das Ufer an, um Holz für die Dampfmaschine nachzuladen. Weil es damals noch kein Radar gab, konnte das Schiff nur bei Tageslicht navigieren. Des Nachts legten wir bei kleinen Dörfern an, und während die Holzvorräte aufgestockt wurden, drängten sich die Einheimischen auf den Steg, um uns Nahrungsmittel und selbstgefertigte Kunstgegenstände anzubieten.

Die Reise dauerte vierzehn, mir endlos erscheinende Tage. Meine Befürchtungen, mich nicht verständigen zu können, erwiesen sich als begründet. Eine Unterhaltung war lediglich mit drei Mitreisenden möglich, mit zwei englischen Missionaren, die nur bis Coquilhatville fuhren, und einem belgischen Offizier, der zufällig ein paar Brocken Englisch sprach. Sie ermahnten uns immer wieder, unser Chinin einzunehmen, und warnten uns vor einem Vollbad an Bord, da das braune Flußwasser mit Bilharzia-Parasiten verseucht sei. Mücken und Tsetsefliegen schwirrten durch die Luft, und die Mahlzeiten, die im Speisesaal aufgetischt wurden, nahmen mir jeglichen Appetit. Ich begnügte mich fast ausschließlich mit Brot und den Früchten, die die Flußhändler verkauften. Das zähe Fleisch, das man uns vorsetzte und das vermutlich von Affen stammte, wanderte in Sheilas Freßnapf.

Es war unerträglich heiß und schwül, und beängstigende Laute drangen durch die feuchte Luft an mein Ohr. In seinem westlichen

Lauf ist der Kongo mehr als sechzehn Kilometer breit, da wir jedoch meistens dicht am Ufer entlangfuhren und die vielen Inseln umschifften, die den Fluß säumten, gewannen wir keine wirkliche Vorstellung von seiner Ausdehnung. Am Ufer zog sich ein dichtes Dickicht aus Bäumen und Ranken entlang, in dem sich schwatzende Affen tummelten. Zunächst erschienen sie mir noch faszinierend, doch bald hatte ich mich an sie gewöhnt. Wenn wir auf Grund liefen – und das kam recht häufig vor –, erhob sich gewöhnlich eine hektische Betriebsamkeit, der ein schier endloser Aufenthalt folgte.

Je länger wir unterwegs waren, desto angespannter und gereizter wurde die Stimmung an Bord. Verständlicherweise vermieden es die Reisenden, sich ins Schiffsinnere zu begeben. Die Familien blieben unter sich. Einige Passagiere spielten stundenlang Karten. Es gab weder Musik noch sonst eine Zerstreuung an Bord. Kenneth vertiefte sich in seine Bücher und führte Sheila an Deck spazieren. Ich schlug die Zeit tot, indem ich mich an die Reling stellte und die sich auf den kleinen grünen Inseln sonnenden Krokodile beobachtete. Mittlerweile fürchtete ich, Kenneth könnte unseren Schritt ebenso bedauern wie ich, und mir drängte sich die Frage auf, warum ich Amerika verlassen und in dieses fremdartige, beängstigende Land gekommen war, in dem ich – so schien es mir – kein Recht hatte zu sein. Wie beneidete ich die Passagiere der Dritten Klasse auf dem Unterdeck, die fröhlich lärmten und lachten, sich auf dem Boden ausbreiteten und auf Holzkohleöfen ihr Essen kochten. In der Nacht sangen und tanzten sie, herzten ihre Kinder und liebten sich. Dies war ihr Land, und sie wußten, wie es sich hier leben ließ. Würde ich das auch je lernen?

Schließlich legte die *Berwinne* in Stanleyville an, einem malerischen, von der Kolonialverwaltung gegründeten Provinzort. Weiter würde uns der Kongo nicht bringen. Nach einem Bad und einer herzhaften Mahlzeit steuerten wir den einzigen Gebrauchtwagenhändler der Stadt an und studierten sein Angebot. Kenneth, der sonst nicht gerade zu Leichtsinn neigte, verliebte sich in ein schnittiges rotes Fiat-Sportcabrio mit Ledersitzen. Auf unserer anstrengenden Reise hatte ich jedoch inzwischen eine gewisse Vorstellung darüber gewonnen, was uns erwarten würde, und obwohl ich noch erschöpft war, schlug ich ein etwas nützlicheres Fahrzeug vor. Wir gerieten uns darüber kurz in die Haare, doch schließlich setzte ich mich durch, und wir entschieden uns für einen dunkelblauen gebrauchten Ford-Pick-up-Lieferwagen. Er sollte sich noch als wahres Gottesgeschenk erweisen, denn er bewältigte sogar die steinigen Straßen zum Kivu und hielt uns viele Jahre lang die Treue.

Wir verstauten unsere Ausrüstung auf der Ladefläche, setzten Sheila zwischen uns und machten uns auf die Fahrt durch den Ituri-Regenwald zu Kenneths Freund, dem bekannten Anthropologen Patrick Putnam, und seiner Frau Anne. Wie schon erwähnt, war Patrick der Sohn meines New Yorker Freundes Dr. Charles Putnam. Nach seinem Abschluß in Harvard hatte Patrick in Belgien Tropenmedizin studiert und schließlich gemeinsam mit seiner ersten Frau Mary im Ituri an den Ufern des Epulu sein Forschungslager aufgeschlagen. Mary, eine begabte Landschaftsarchitektin, hatte ein Stück der urzeitlichen Dschungelwildnis in eine paradiesische Parklandschaft verwandelt. Die exotische Szenerie zog rasch einige abenteuerlustige und namhafte Touristen an, und deshalb errichteten die Putnams in ihrem blühenden Park ein Gästehaus.

Patrick liebte Mary heiß und innig. Unseligerweise erkrankte Mary auf einem Heimaturlaub im Winter jedoch an Lungenentzündung und starb in New York. Patrick zerbrach fast an diesem Schicksalsschlag; trotzdem beschloß er, nur mit einer Ehefrau wieder nach Afrika zurückzukehren. Er heiratete Emily Baca, die Tochter des Gouverneurs von New Mexico. Ich glaube kaum, daß er Emily wirklich liebte, und es heißt, in den ersten Wochen seiner Ehe sei er oft weinend am Grab seiner verstorbenen Frau anzutreffen gewesen. Emily war das Leben im Ituri-Regenwald verhaßt. Nach mehreren Malaria-Anfällen verließ sie Afrika und kehrte nie mehr dorthin zurück.

Anne, Patricks dritte Frau, war eine Künstlerin aus New York. Auch diese Ehe wurde nicht sonderlich glücklich, und Patrick zog schließlich auf eine kleine Insel in respektablem Abstand zum Gästehaus. Von dort aus bedachte er die arme Anne mit Beleidigungen, während sie ihr Bestes tat, um die Gäste zu versorgen und den Regenwald am Überwuchern des Parks zu hindern.

Meine erste Begegnung mit Patrick im Jahre 1941 in New York war mir noch gut in Erinnerung – ein großer, vornehm wirkender Mann mit rotem Haar und außerordentlich blauen Augen. Patrick war jedoch nicht wiederzuerkennen, als Kenneth und ich im Ituri eintrafen. Eine Malaria-Attacke fesselte ihn ans Bett. Im Zimmer stank es, und alle Dinge seines Hauses, einschließlich der Masken und Kunstgegenstände an den Wänden, waren von grünem Schimmel überzogen. Zwei pelzige Buschbabys und ein kleiner Affe leisteten ihm im Bett Gesellschaft. Scin rotes Haar durchzogen graue Strähnen, und er war so abgemagert, daß wir schon fürchteten, er würde keine Woche mehr leben. Er starb jedoch erst im Jahre 1955 an einer Kombination verschiedener Tropenkrankheiten.

Nebel und Schimmel waren hier allgegenwärtig. Weil es keine Dusche gab, erkundigte ich mich, ob ich ein Bad nehmen könne. »Natürlich, Rosamond!« rief Patrick. »Für einen müden Reisenden gibt es nichts Besseres als ein heißes Bad! Wir haben sogar zwei Wannen. Sie sind aus Zement und klugerweise grün gestrichen, damit man den Schimmel nicht sieht.«

So dringend brauchte ich ein Bad nun doch nicht, stellte ich rasch fest, und mich beschlich der Verdacht, Patrick habe zu lange im Busch gelebt. Abgesehen vom ersten Schock bei Patricks Anblick nahm Kenneth das Ganze recht gelassen, doch ich war entsetzt. War dies das Leben, das mich erwartete?

Neben anderen merkwürdigen Tätigkeiten und Hobbys molk Patrick Schlangen, die er im Regenwald einfing, um das Gift zu verkaufen. Er erschreckte mich halb zu Tode mit einer spontanen Demonstration dieses Vorgangs, als er aus einem Korb neben seinem Bett eine gefährliche Giftschlange hervorzog. Bei einem kurzen Ausflug in den Busch stieß ich auf eine tote Ziege, an deren Zitzen zu meiner Verwunderung ein kleines Buschschwein saugte. Als ich diese seltsame Begebenheit Patrick berichtete, murmelte er lediglich: »Vielleicht war die Ziege noch nicht so lange tot.« Ich fühlte mich allmählich wie der Gast in einer Monstrositäten-Show.

Als Patrick herausfand, daß ich Bücher mitgebracht hatte, kam Leben in ihn. »Seit Monaten habe ich kein Buch mehr gelesen«, rief er. Hartnäckig bestand er darauf, daß ich sie ihm auslieh, und versprach, sie mir zu schicken, sobald er sie gelesen hätte. Dieses Versprechen hielt er auch ein, doch als ich sie einige Monate später bekam, waren sie nicht mehr zu gebrauchen. Sie überzog der gleiche hartnäckige Schimmel, der im Ituri alles bedeckte.

Patrick galt zu jener Zeit als führender Experte der Bambuti-Pygmäen. Im Gegensatz zu den etwas größeren Batwa-Pygmäen in Rwanda werden sie kaum über einen Meter zwanzig groß. Wenn sie unter Kenneths ausgestreckten Armen hindurchliefen, blieben immer noch einige Zentimeter Platz. Anne Putnam hatte die Pygmäen ins Herz geschlossen und verbrachte viele Stunden damit, sie zu beobachten und zu zeichnen. Ich fand die kleinen Menschen faszinierend und freute mich immer wieder über ihre kindlichen Neckereien und ihre fortdauernde Fröhlichkeit. Sie führten mir ihre Stammestänze vor und nahmen mich in einer Sänfte – einem Bambuskorb, der an zwei Stangen befestigt war und von vier Männern auf den Schultern getragen wurde – zu einem Ausflug in den Urwald mit.

Die Bambuti bestanden auch darauf, daß wir sie zu einer Jagd begleiteten – einem weiteren beängstigenden Abenteuer. Sie entrollten ein langes, feines, aus Ranken geflochtenes Netz und spannten es zwischen zwei Bäume. Einige der Männer verschwanden lautlos im Wald, um Wild aufzuspüren und es ins Netz zu treiben, während sich andere mit vergifteten Pfeilen im Buschwerk versteckten und auf die Beute warteten. Die erste kleine Antilope, die in die Falle getrieben wurde, lief so schnell, daß sie geradewegs durch das Netz hindurchbrach und entkam. Ich frohlockte insgeheim, doch meine Freude war nur von kurzer Dauer. Andere Antilopen hatten weniger Glück und wurden, als sie im Netz zappelten, von den Giftpfeilen der Bambuti erlegt.

Jahre später schrieb Anne Putnam ein wunderbares Buch mit dem Titel *Madami* über die Bambuti-Pygmäen. Nach Patricks Tod blieb sie im Ituri-Regenwald und zog erst 1960 fort, als sich die Unabhängigkeit des Kongo abzeichnete.

Wir verabschiedeten uns von den Putnams, den Bambuti und meinen kostbaren Büchern und fuhren zwei Wochen über ausgewaschene Straßen erst durch den Regenwald, dann durch eine weite Ebene namens Rwindi. Große Herden von Elefanten, Büffeln, Antilopen und Zebras säumten unseren Weg. Mittlerweile hatten wir mit dem Zug, dem Flußdampfer und dem Pick-up mehr als dreitausend Kilometer zurückgelegt. Doch endlich erreichten wir unseren Bestimmungsort – die frische grüne Bergregion des Kivu. All meine Ängste verflogen, als wir uns der Zivilisation und einer der schönsten Landschaften näherten, die ich je gesehen hatte. Das Gebiet um den Kivu-See, der kristallklar zwischen den Berggipfeln und Kaffeeplantagen hervorschimmerte, hatte sich zum Zentrum der europäischen Kultur in den belgischen Kolonien entwickelt. Und diese Gegend sollte auch meine Heimat werden. Hin und wieder verließ ich sie zwar, doch lange blieb ich für gewöhnlich nicht fort.

3 Der Kivu

Die Seenlandschaft des östlichen Zentralafrika ist eine der schönsten des ganzen Kontinents. Zwischen Ruanda und dem Kongo liegt der Kivu-See, und in den Tagen vor der Unabhängigkeit und den neuen Staatsgrenzen wurde die ganze grüne Bergregion am kristallklaren Binnensee »der Kivu« genannt. Der See ist neunzig Kilometer lang und schmiegt sich zwischen bis zu 4789 Metern Höhe aufragende Gipfel. Im Gegensatz zu anderen afrikanischen Gewässern ist er nicht von Krokodilen, Flußpferden oder Parasiten bewohnt, für Wassersportler und Erholungssuchende also hervorragend geeignet. Die ihn umgebenden Vulkane bergen einen Großteil der Erze der Region, deshalb gilt sie auch als das Kronjuwel von Zentralfrika.

1949 erstreckten sich an seinem Westufer – der kongolesischen Seite – weite Kaffeeplantagen bis hoch in die Berge. Prächtige Villen im europäischen Stil in Gärten mit üppig blühendem Hibiskus und Oleander säumten das Ufer, und hinter Hainen mit Orangen-, Zitronen- und Pampelmusenbäumen verbargen sich Kaffeepflanzungen. Der zarte Duft von Zitrusblüten mischte sich mit dem betäubenden blühender Kaffeesträucher. Auf der östlichen, der ruandischen Seite lagen die kleinen Kaffeeplantagen, die den Banyaruanda gehörten. Terrassenförmig angelegte Felder bedeckten die steilen Hänge, während die Täler dem Weideland für die Langhornrinder der Tutsi vorbehalten waren, den Feudalherren Ruandas. Bougainvilleen und Kletterrosen blühten im Überfluß, und entlang des sandigen Seeufers und auf den zahllosen fruchtbaren Inseln erstreckten sich Bananenfelder.

An der Nordspitze des Kivu-Sees, getrennt durch die kongolesisch-ruandische Grenze, lagen die beiden Partnerstädte und Verwaltungsposten der belgischen Regierung, Kisenyi (in Ruanda) und Goma (im Kongo). Kisenyi war in erster Linie ein Wohnort mit großen Villen und mehreren Hotels direkt am weißen Sandstrand. Die europäischen Siedler und Touristen kamen hierher, um im See zu baden und sich in einem der bezaubernden Hotelrestaurants ein französisches Gericht zu bestellen. Goma dagegen war das wirtschaftliche Zentrum des nördlichen Kivu mit Geschäften, Banken und Büros.

Hinter den beiden Städten erheben sich die Virunga-Vulkane – acht konische Gipfel mit mehr als 3000 Metern Höhe. Goma liegt am Fuße des Nyiragongo, der, weil er noch aktiv ist, auch der »brennende Berg« genannt wird. Tagsüber sieht man meist weiße Wolken aus seinem Krater in den Himmel steigen, des Nachts hingegen spuckt er einen glühend roten Aschenregen. 1949 lebten etwa vierhundert Europäer in Goma und Kisenyi; 1954 war ihre Zahl auf knapp siebenhundert angestiegen. Viele waren Plantagenbesitzer, die, wie ich, in Abgeschiedenheit auf dem Lande lebten und regelmäßig in die Stadt fuhren, um ihre Post abzuholen, einzukaufen und sich mit Freunden zu treffen.

An der Südspitze des Sees liegen die beiden Städte Cyangugu (in Ruanda) und Bukavu (im Kongo). Bukavu, das auf fünf schmalen Landzungen in den See hineinragt, diente im ehemaligen Kongo als Hauptstadt der Provinz Kivu. In beiden Orten wohnten zusammengerechnet etwa zweitausend Europäer. Mitten im südlichen Teil des Sees befindet sich die große Insel Ijewi, die König Albert von Belgien dem Prinzen von Ligne überschrieben hatte. Da der Prinz ein Verhältnis mit der belgischen Königin eingegangen war, wurde er vom König verbannt und mußte fortan auf dieser fernen idyllischen Insel leben.

Viele der Europäer im Kivu waren adlig. In den belgischen Kolonien gab es kaum eine ähnlich einladende Region wie das Gebiet um den Kivu-See mit seinem angenehmen Klima und der fruchtbaren Vulkanerde. Eine ganze Anzahl reicher Familien Belgiens besaß hier Landgüter, auf denen sie Kaffee und Tee anbauten. Zudem hatten sich viele französische, italienische und polnische Adelsfamilien im Kivu angesiedelt. Deshalb wurden in Gomas Geschäften auch Pâté de foie gras, Kaviar und Ausleseweine angeboten. Und ein Bekleidungsgeschäft namens Champs Elysées verkaufte Pariser Modellkleider.

Nach dem Ersten Weltkrieg hatte der Völkerbund Ruanda unter belgische Treuhandverwaltung gestellt. In den Jahrhunderten zuvor war das Land jedoch von den Königen der Watutsi regiert worden. Nach dem Völkerbundbeschluß herrschten Belgier und Watutsi in aller Eintracht, bis 1959 ein Aufstand, der das Land wie eine Woge ergriff, die Tutsi-Monarchie stürzte. In meinen ersten Jahren im Kivu begegneten mir immer wieder Adlige der Tutsi, die hochgewachsenen schlanken Körper in makellos weiße Tücher gehüllt, die vor einem Bier auf einer Hotelterrasse saßen und mit ungläubigem Ausdruck die Europäer und ihre seltsamen Bräuche beobachteten. In diesem Teil Afrikas gab es keine Rassentrennung, gesellschaftliche Beziehungen zwischen Afrikanern und Europäern fand man jedoch eher selten. Allerdings hatten viele Europäer im Kivu eine afrikanische Geliebte (manchmal auch eine Ehefrau), und so wuchsen in Kisenyi, Goma und Bukavu eine ganze Anzahl wunderschöner gemischtrassiger Kinder heran.

Die prächtigsten Villen in Kisenyi lagen an der von Bäumen gesäumten Avenue des Palmes. Diese Straße wurde von dem Weg gekreuzt, auf dem die Viehhirten ihre Herden zur Tränke führten. Fischer steuerten ihre Piroggen über das schimmernde Wasser des Sees, und Jagdtrupps mit Giftspeeren und Basenji-Hunden zogen über die Lavaflächen vor den Toren Gomas. Rinder und Schafe grasten mitten am Tage auf dem Golfkurs, und jeden Morgen zog eine lange Schlange kongolesischer Frauen mit riesigen Bündeln von Feuerholz auf dem Rücken in die Stadt, um sie in Goma zum Verkauf anzubieten. Männer mit abgefeilten Zähnen und den Stammesnarben im Gesicht schlenderten über den Markt und strickten dabei Pullover mit Zopfmuster, und Kinder trieben aus Benzintonnen gefertigte Metallreifen über die Hauptstraße Kisenyis.

In jenen Tagen kamen die Häuptlinge noch mit dem Fahrrad in die Stadt, während die Europäer Geländewagen oder Pick-ups mit starken Motoren fuhren. Nie hätte ich mir damals träumen lassen, daß die Häuptlinge 1958 mit amerikanischen Autos protzen und daß man durch die Lavafelder zwischen Goma und Sake eine Teerstraße ziehen würde, auf der Luxuskarossen anstelle der heruntergekommenen Jeeps und Lieferwagen dahinrollten.

In vielen afrikanischen Ländern bereiteten die Europäer selbst den Boden für Aufstand und Revolution. So hatten in Kenia die weißen Siedler das fruchtbarste Ackerland im »weißen Hochland« vor den Toren Nairobis beansprucht, weshalb sich die Kikuyu in der später als Mau-Mau-Aufstand bekannten Revolte erhoben, um ihr Land zurückzufordern.

In Ruanda war das anders. Obwohl die belgische Verwaltung alle Unternehmungen förderte, die Devisen in ihr kleines Land brachten, war sie sich bewußt, wie dringend das fruchtbare Ackerland von der stetig wachsenden eingeborenen Bevölkerung gebraucht wurde. Aus diesem Grunde war strengstens festgelegt, wieviel des bebaubaren Bodens an Ausländer abgegeben werden durfte. 1938 wies die belgische Verwaltung eine begrenzte Anzahl von Parzellen aus, die zum Anbau von Kaffee und Pyrethrum an ausländische Plantagenbesitzer abgegeben wurde. Pyrethrum ist eine im Hochland des östlichen Zentralfrika heimische Margeritenart, deren Blüten ein höchst wirksames natürliches Insektizid enthalten. Jede dieser Plantagen umfaßte genau neunzig Hektar; außer diesen wurden keine weiteren eingerichtet. Bereits existierende Farmen durften verkauft werden, doch Europäer durften keine neuen gründen. Die Plantagen beschäftigten eine ganze Anzahl einheimischer Arbeiter, die einen für westliche Begriffe geringen, für jene Region jedoch vergleichsweise guten Lohn erhielten. Die Hälfte einer jeden Plantage (fünfundvierzig Hektar) war Eigentum des Pflanzers, die andere Hälfte für einen Zeitraum von fünfunddreißig Jahren an ihn verpachtet.

Auf diese Weise befand sich in Ruanda nur eine strikt begrenzte Anzahl von Plantagen in ausländischem Besitz. Und als Kenneth und ich 1949 dort eintrafen, hatten wir keine Möglichkeit, Neuland für eine Farm zu erwerben. Heute bin ich die letzte ausländische Plantagenbesitzerin in Rwanda. Alle übrigen Europäer verließen das Land während der Auseinandersetzungen um die Unabhängigkeit des Kongo. Viele von ihnen hatten eine Farm sowohl in Ruanda als auch in Belgisch-Kongo, und als die Kongolesen sie enteigneten und vertrieben, flüchteten sie ganz aus der Region.

In der Regel wurden Ausländer in Ruanda anders angesehen als in den restlichen afrikanischen Ländern. In Ruanda hat man die Weißen *(wazungu)* oder Asiaten nie vertrieben oder auch nur bedroht. Nach der Unabhängigkeit des Landes warf man von Flugzeugen Blätter ab, auf denen in Kinyaruanda, der heimischen Bantusprache, geschrieben stand: »Die Europäer und Asiaten zeigen uns den Weg zu wirtschaftlichem Wohlstand.«

Kurz nach unserer Ankunft im Kivu zogen Kenneth und ich auf einen kleinen Plantagensitz namens Kilelema im ruandischen Bezirk Mutura. Es war ein reizendes Steinhäuschen, das uns zu einer erschwinglichen Miete angeboten worden war. Die einzige Bedingung im Mietvertrag lautete, daß wir die vierzehn dort bereits beschäftigten Dienstboten übernehmen sollten – vier Träger für nicht trinkbares Wasser, zwei Trinkwasserträger, vier Männer für das Holz, zwei Hausboys, einen Koch und einen Küchenjungen. Für uns zwei Personen kam mir das reichlich übertrieben vor. Anfangs hatte ich noch den Eindruck, daß die Afrikaner nicht sonderlich arbeitswillig waren, und die, mit denen ich hier zu tun hatte, schienen stets genaueste Anweisungen von mir zu erwarten, ehe sie auch nur einen Finger rührten. Ich fühlte mich in der mir neuen Rolle als Hausherrin furchtbar unsicher, war verschüchtert, wenn sie mir mit konkreten Erwartungen gegenüberstanden und ich in der Landessprache radebrechte. Aufgaben zu erfinden, um sie zu beschäftigen, und ihnen diese Aufgaben dann verständlich zu machen, wurde zu einer beängstigenden Übung, die ich mit jedem Tag mehr fürchtete.

Als wir in Kilelema wohnten, lernten wir einen italienischen Pyrethrum-Pflanzer namens Gino Imeri kennen. Gino besaß zwei Plantagen – eine im Bezirk Mutara in Ruanda und eine im Masisi-Distrikt im Kongo. Gino war klein und stämmig, hatte hellbraunes Haar und dunkle italienische Augen. Außerdem war er ausgesprochen warmherzig und großzügig. Er entstammte einer armen Familie aus Busto Arsizio und war bereits im Alter von zwölf Jahren von der Schule abgegangen, um eine Lehre als Automechaniker anzutreten. Sein älterer Bruder Aristide, der davon träumte, das Abenteuer und sein Glück zu suchen, sparte wohlweislich jeden Pfennig, den er verdiente, und zu Beginn der dreißiger Jahre schifften sich die beiden Brüder von Genua nach Mombasa ein. Jahrelang reisten sie durch Afrika, lebten von der Hand in den Mund, tauschten Fleisch gegen die Dinge ein, die sie brauchten, und jagten Elefanten wegen des Elfenbeins.

Aristide kehrte nach Italien zurück, um die Stoßzähne zu verkaufen. Während Gino auf seinen Bruder wartete, fand er in Dar-es-Salaam in Tanganyika eine Stelle in einer Kraftfahrzeugwerkstatt; nebenbei lernte er dort Englisch. Aristide kehrte dann auch tatsächlich zurück – nicht gerade mit einem Vermögen, doch mit so viel Geld, daß die beiden den Weg ins Landesinnere antreten konnten. Sie wurden schließlich in Bukavu an der Südspitze des Kivu-Sees seßhaft. Aristide kaufte ein Motorboot, der Grundstock für ein Transportgeschäft, bei dem sie Güter von Bukavu nach Goma und Kisenyi brachten. Obwohl es recht gut lief, konnte es sie beide nicht ernähren, und so eröffnete Gino in Kisenyi eine Autowerkstatt, die bald lebhaften Zuspruch fand. Er war der einzige in der Region, der Autos und Lieferwagen reparierte, und oft wurde er hinzugezogen, wenn ein Wagen einen der steilen Abhänge herabgestürzt war oder auf den ausgefahrenen Straßen Schaden genommen hatte.

Gino steckte seinen Verdienst in eine Pyrethrum-Plantage im Kongo, Buniole genannt. Kurz darauf erwarb er eine zweite in Ruanda namens Mugongo und wurde so einer der ersten Pyrethrum-Pflanzer des Landes. Mugongo liegt nur etwa siebeneinhalb Kilometer von Kilelema entfernt, und Kenneth und ich verbrachten viele schöne Nachmittage mit Gino. Mit Begeisterung tauschte er unsere amerikanischen Reiseschecks gegen Belgisch-Kongo-Francs ein, und er genoß es sichtlich, uns als Nachbarn zu haben. Gino wurde ein guter Freund, und in den folgenden Jahren spielte er oft eine bedeutende Rolle, wenn bei mir eine wichtige Entscheidung über meine Zukunft anstand.

Sechs Monate lang versuchte Kenneth vergeblich, von der belgischen Verwaltung die Erlaubnis zu erhalten, nach Erzen zu schürfen. Allmählich ging uns das Geld aus, und wir wollten schon aufgeben, als Gino Kenneth überraschend die Stelle des Verwalters von Buniole, seiner Pyrethrum-Pflanzung im Kongo, anbot.

Tagelang schlugen Kenneth und ich uns mit der Entscheidung herum. Unsere Zukunft hing in der Schwebe, denn wir waren hin- und hergerissen. Schließlich beschlossen wir, Gino abzusagen und zu einem konventionellen Leben in den USA zurückzukehren. Bevor wir uns in Westafrika einschifften, wollten wir jedoch noch eine ausgedehnte Safari in den Süden des Kongo unternehmen. An einem stürmischen Nachmittag brachen wir auf, um Gino unsere Entscheidung mitzuteilen.

Ich habe mich oft gefragt, wie mein Leben verlaufen wäre, hätten wir an jenem Tag nicht einen Anhalter mitgenommen und hätte der Wind nicht dessen rote Mütze fortgeweht. Als Kenneth bremste, damit der Mann aussteigen und seine Mütze holen konnte, kam der ansonsten zuverlässige alte Ford knirschend zum Stehen und ließ sich um nichts in der Welt wieder starten. Gino fand uns später hilflos am Straßenrand. Da er sich mit Motoren auskannte, stellte er rasch eine Diagnose und eröffnete uns traurig, daß es mindestens zwei Monate dauern würde, bis die Ersatzteile einträfen. Damit hatten sich alle unsere Pläne zerschlagen, wir fügten uns in das Unvermeidliche und packten unsere Sachen, um in den Kongo zu fahren.

4 Buniole

IM FEBRUAR 1950 nahmen Kenneth und ich Abschied von Mutura, ließen Haus und Personal zurück und machten uns auf den Weg zu den zerklüfteten Bergen von Masisi im Kongo. Buniole war eine Pyrethrum-Plantage von zwölfhundert Morgen, von denen jedoch nur hundertfünfzig Morgen bebaut wurden. Die Hütten und Felder der Plantagenarbeiter nahmen rund zweihundert Morgen in Anspruch, die restliche Fläche bedeckte dichter Wald. Buniole war mein erstes richtiges Heim in Afrika. Es wäre schön, wenn ich sagen könnte, daß es Liebe auf den ersten Blick war, aber bis ich mich dort wirklich wohl fühlte, dauerte es eine ganze Weile und erforderte viel harte Arbeit.

Das Wohnhaus – ein stabiler, schlichter Flachbau, gezimmert aus dem Holz der Bäume des nahen Waldes – war geschmackvoll und überlegt geschnitten. Zwar hatte uns Gino vorgewarnt, daß das Haus vielleicht ein wenig renovierungsbedürftig sei, aber das, was uns bei der Ankunft erwartete, übertraf unsere Befürchtungen bei weitem. Entsetzt stellten wir fest, daß irgendwelche Fremden darin gehaust und ein Schlachtfeld hinterlassen hatten. Der gemauerte Kaminsims diente Vögeln als Schlafplatz, der Estrich zeigte lauter Kerben, und die Astlöcher in den Wänden waren so groß, daß man hindurchsehen konnte. Das ganze Haus starrte vor Schmutz und war völlig heruntergekommen.

Wir stellten sofort einen Schreiner und einen Maurer ein und gingen daran, das Haus bewohnbar zu machen. Es wurde bis in die hintersten Ecken gefegt und geschrubbt. Die Holzplanken der Wände wurden mit Leinöl eingelassen und poliert, bis sie in einem warmen Kastanienbraun schimmerten. Soweit die Möbel reparabel waren, setzte der Schreiner sie wieder instand, und er fertigte nach unseren Vorgaben neue Stücke, für die wir Holz von Bäumen unseres Waldes nahmen. Ich nähte Vorhänge und Kissen für die Fenstersitze. Kenneth hängte gerahmte Fotos und Erinnerungsstücke an seine Jagdausflüge an die Wände, und die Zimmer legten wir mit geflochtenen Grasmatten aus. Nach und nach brachten wir auch den völlig verwilderten Garten in Ordnung, und schon bald schmückten Messing- und Kupferschalen mit üppigen rosafarbenen Kletterrosen, zitronengelben Lilien und Geißblatt die Räume. Das durch die Fenster hereinströmende Sonnenlicht ließ das Haus am Tag hell und heiter wirken, und abends schuf der warme Schein des Kaminfeuers und der Öllampen eine überaus behagliche Atmosphäre.

Das Haus wurde von einem breiten Gang in zwei Hälften geteilt. Es hatte ein etwas abgesenktes Wohnzimmer, das mit einem großen Kamin aus Feldsteinen ausgestattet war, und ein geräumiges Eßzimmer mit breiten Flügelfenstern, die den Wald und die Pyrethrum-Felder wie ein Bild einrahmten. Einander gegenüber am Gang lagen die zwei Schlafzimmer, im hinteren Teil des Hauses befanden sich das Bad und eine große Vorratskammer. Die Küche war in einem separaten Gebäude im Hof untergebracht. Strom oder einen Kühlschrank gab es natürlich nicht.

Die sanitären Einrichtungen in Afrika sind eher schlicht, erfüllen aber durchaus ihren Zweck. In Buniole hatten wir einen Warm- und Kaltwasserzulauf für die Badewanne und ein altmodisches Wasserklosett mit einer Kette zum Ziehen. Die Rohrleitungen im Bad führten zu drei großen, erhöht angebrachten Ölfässern, die als Wassertanks dienten und immer wieder aufgefüllt wurden, wobei das Wasser fast dreihundert Meter weit vom Fluß herangeschafft werden mußte. Unter einem der Fässer befand sich eine Feuerstelle aus Ziegelsteinen, in der jeden Nachmittag Holz aufgeschichtet und angezündet wurde, um das Badewasser zu erhitzen. Das Wasserklosett besaß einen eigenen Tank, und Basinda, der Wasserträger, kletterte täglich auf die Leiter, um ihn nachzufüllen.

Buniole liegt 2100 Meter hoch. Mittags brennt die Sonne vom Himmel, aber am frühen Morgen und abends ist es kühl und frisch, und nachts fällt die Temperatur bis auf zehn Grad. Dichter Regenwald umgab die Plantage. Große Büschel Farnkraut wucherten an den Baumriesen, von deren Ästen Spanisches Moos, Kletterwein und Lianen wie Girlanden herabhingen. Das wuchernde Unterholz war nahezu undurchdringlich, sieht man von den Trampelpfaden ab, die von den Bewohnern des Waldes, den Elefanten, geschaffen worden waren.

Eine Pyrethrum-Plantage bietet einen wunderschönen Anblick. Das ganze Jahr über breitet sich ein weißer Blütenteppich über die Felder bis zu den steilsten Hängen hinauf, die Blumen wiegen sich sanft im Wind, und selbst der stärkste Regen kann sie nicht knicken. In den Morgenstunden hängt dichter Nebel über dem Land, und erst die Sonne löst ihn allmählich auf.

Die Pyrethrum-Pflanze gehört zur Familie der Chrysanthemen, und ihre Blüten erinnern stark an die gewöhnliche Wiesenmargerite. Ihre Wirksamkeit als Insektizid wurde während des Ersten Weltkriegs entdeckt, als ein Bataillon Soldaten eines Nachts ihr Lager in einem Feld mit blühenden Pyrethrum-Pflanzen aufschlug. Am nächsten Morgen stellten die Männer zu ihrer großen Verwunderung fest, daß die Läuse, die sie geplagt hatten, allesamt tot waren.

In Afrika wird Pyrethrum auf einer Höhe von etwa zweitausend Metern im Hochland von Rwanda, Zaire, Kenia und Tansania angebaut. Die vollständig geöffneten Blütenköpfchen werden abgezupft und dann im Trockenhaus auf flachen Drahtrosten bei indirekter Hitze getrocknet. Anfang der fünfziger Jahre wurden die getrockneten Blüten noch zu Ballen gepreßt und über Mombasa in die Vereinigten Staaten, nach Japan und Argentinien exportiert, wo den Blüten das Pyrethrin – ein hochwirksames, für Warmblütler jedoch unschädliches Insektizid – extrahiert wurde. Im Jahr 1956 jedoch ließ die Pyrethrum-Kooperative des Kivu in Goma eine Anlage errichten, die das Insektizid direkt an Ort und Stelle gewann und in alle Welt versandte.

Der Pyrethrum-Anbau unterscheidet sich kaum vom Anbau anderer Blumenarten. Auch bei Pyrethrum müssen Unkraut und abgestorbene Stengel regelmäßig entfernt werden. Die höchsten Erträge lassen sich erzielen, wenn man alle zwei oder drei Jahre neue Pflanzen setzt. Allerdings sind die Pflanzen so robust, daß sie selbst ohne solch sorgfältige Pflege viele Jahre lang blühen und gedeihen. Wurden in einem Teil der Plantage die Blüten gerade gesammelt, reiften auf anderen Feldern von Buniole bereits neue Blüten heran, so daß wir fast ununterbrochen ernten konnten.

Bei dieser Arbeit wurden hauptsächlich Kinder eingesetzt, Jungen wie Mädchen. Sie zupften nur die Blütenköpfchen ab, und zwar so vorsichtig, daß sie die Stengel nicht verletzten. Um die

Taille hatten sie kleine Körbe gebunden, die sie in größere umleerten, sobald diese voll waren. Am Ende des Arbeitstages, um drei Uhr nachmittags, wurden die Körbe zum Wiegen ins Trokkenhaus gebracht. Der Lohn richtete sich nach dem Gewicht der Blüten, die ein Kind im Laufe des Monats gepflückt hatte.

Bei der Arbeit stimmten die Kinder oft schöne Weisen in Kinyaruanda an. Die älteren sangen jeweils eine Strophe, und beim Refrain fielen alle mit ein. Dabei wurde immer viel gelacht und improvisiert. Den Text verstand ich zwar nicht, aber die Melodien waren sehr hübsch. Wenn die Kinder bemerkten, daß ich nicht mehr zuhörte, fügten sie schnell meinen Namen – »Madame« oder »Rosa« – in das Lied ein.

Wir beschäftigten grundsätzlich nur Kinder, die mindestens vierzehn Jahre alt waren, aber manchmal taten wir uns schwer, diese Regel einzuhalten. Die Schulbank zu drücken oder Ziegen zu hüten war nämlich weit weniger unterhaltsam als die Arbeit auf einer Plantage. Auf Buniole lachten und sangen die Kinder und wurden gut versorgt. Mittags rösteten die Männer an den großen Feuern im Trockenhaus für sie Maiskolben, und die Arbeiter auf den Feldern gaben auf sie acht, während sie zufrieden die Blüten pflückten.

Unsere Arbeiter waren überwiegend Banyaruanda, obwohl die Region mitten im Stammesgebiet der Bahunde liegt. Die Bahunde, in früherer Zeit Kannibalen, feilen sich die Zähne spitz zu und tragen Stammesnarben im Gesicht. Da sie ein zahlenmäßig kleines Volk sind, waren die großen Kaffee-, Tee- und Pyrethrum-Plantagen im Norden des Kivu aber schon immer auf die wesentlich zahlreicheren Hutu aus Ruanda als Arbeitskräfte angewiesen.

Auf Buniole standen hundertachtzig Arbeiter unter Vertrag. Einmal im Jahr wurden neue Kontrakte abgeschlossen, und jeder bekam eine Wolldecke, einen Mantel und ein Paar Hosen. Die Decken und Hosen waren nagelneu, die Mäntel jedoch gebraucht – sie wurden als Ballenware in den Vereinigten Staaten gekauft. Es war alles mögliche dabei, von Uniformjacken der Western

Union Eisenbahngesellschaft bis zu Damenwintermänteln mit Pelzbesatz. Besonders beliebt waren Armee- und Marinemäntel, und im allgemeinen fanden sich auch ein oder zwei schöne Tweedmäntel aus teuren amerikanischen Geschäften darunter.

Es herrschte immer große Aufregung, wenn die Mäntel verteilt wurden. Da es keine Spiegel gab, hatten die Männer auch keine Möglichkeit festzustellen, wie sie darin aussahen. Die meisten von ihnen hatten sich tatsächlich noch nie in einem Spiegel gesehen. Also ließen sie einen Freund den Mantel, den sie sich ausgesucht hatten, überziehen, um einen Eindruck zu bekommen, wie er ihn kleidete. Zu meiner großen Verblüffung bestanden sie darauf, ihre Mäntel auch bei der Arbeit auf den Feldern zu tragen. Tagsüber lag die Temperatur bei uns durchschnittlich bei fünfundzwanzig Grad, so daß die Männer in ihren für den amerikanischen Winter gemachten Mänteln, die sie mit großem Stolz trugen, gehörig schwitzten. Ein wunderlicher alter Mann trug jahrelang denselben Mantel – einen schwarzen Damenwollmantel mit einem Stehkragen und Aufschlägen an den Ärmeln, beides mit Persianer besetzt. Ihre neuen Hosen zogen sie jedoch niemals zur Arbeit an, sondern wickelten sich statt dessen mehrere Meter ungebleichtes Musselin oder gestreiften Matratzendrell um die Taille zu einer Art Rock, der mit einem Ledergürtel festgehalten wurde. Wenn es nach mir gegangen wäre, hätten sie Khakishorts und Hemden getragen, aber den Männern gefiel ihre eigenwillige Aufmachung eindeutig besser.

Die Banyaruanda sind unbeschwerte Menschen, die nur ungern eine feste Arbeit annehmen. Da man damals nur sehr wenig Geld zum Leben brauchte, arbeitete kaum ein Mann mehr als die zwanzig Tage im Monat, zu denen er sich vertraglich verpflichtet hatte. Auf Buniole wurden auch »Freiwillige« beschäftigt, die nur dann zur Arbeit kamen, wenn sie dazu in Stimmung waren. Zu jener Zeit mußten im Kongo alle Männer, die nicht bei einem Europäer unter Vertrag standen, jedes Jahr eine bestimmte Anzahl von Tagen (in der Regel neunzig) unentgeltlich für ihren »Chief« arbeiten. In den restlichen Monaten bestellten sie ihre eigenen Felder oder taten, wozu sie Lust hatten. Viele arbeiteten ein oder zwei Tage im Monat für einen Europäer, um gerade so viel Geld zu verdienen, daß sie die Steuer zahlen konnten, und diese belief sich in den fünfziger Jahren auf vierhundertvierzig Francs (acht Dollar achtzig) pro Jahr.

Jede Plantage beschäftigte einen Aufseher, einen sogenannten *karani*, der sich um die Buchführung kümmerte, täglich die Arbeitskarten abzeichnete und die Arbeit überwachte. Der *karani* beaufsichtigte auch die Vorarbeiter oder *capitas*, die den ganzen Tag draußen auf den Feldern waren und jeweils dreißig oder vierzig Männer unter sich hatten. Aufseher auf Buniole war ein Riesenkerl namens Cleophas Musafiri vom Stamm der Bahunde, dessen Gesicht kunstvolle Narben schmückten. Vom Haaransatz lief eine Linie über die Stirn bis zur Nasenspitze, über den Augenbrauen und auf beiden Wangen prangten doppelte Halbmonde. Diese Stammesnarben gehörten zu einem Initiationsritus, dem sich alle geschlechtsreifen Jungen bei den Bahunde unterziehen müßten, erklärte Cleophas. Die Medizinmänner brachten den Knaben mit einem unsterilisierten Rasiermesser tiefe Schnitte im Gesicht bei und rieben dann Holzkohle in die Wunden, damit sie später dunkel hervortraten.

Cleophas trug einen kleinen, sorgfältig gestutzten Schnurrbart und zeigte stets eine strenge, mißbilligende Miene, was in einem seltsamen Kontrast zu seiner auffälligen Erscheinung stand. Die Arbeiter hatten großen Respekt vor ihm, und diejenigen, die ihn schon länger kannten, sprachen ihn mit *baba* an, das bedeutet Vater. Für die anderen war er der *bwana*, der »Herr«.

Da Cleophas schon so viele Jahre diese Position bekleidete, hatte er fast den Status eines »Chiefs«, und er gab sich auch alle Mühe, wie ein solcher zu leben. Er hatte ein großes Haus, in dem er Besucher empfing und seine Mahlzeiten einnahm. Seine drei Frauen lebten mit ihren Kindern in eigenen Hütten, die um sein Haus herum standen. Den Nagel am kleinen Finger der rechten Hand trug Cleophas fast vier Zentimeter lang. Als ich ihn einmal fragte, warum er einen so langen Fingernagel habe, antwortete er: »Damit fische ich die kleinen Käfer und Fliegen aus den Augen, die mir immer hineinfliegen. Sehen Sie, ich habe sehr große Augen, deshalb passiert mir das oft auf den Feldern. Dann ziehe ich einfach das Unterlid ein wenig nach unten und hole sie mit diesem langen Fingernagel heraus.«

Was Cleophas jedoch großen Kummer bereitete, waren seine schlechten Zähne. Anders als die meisten Afrikaner nahm er enorme Mengen an Zucker zu sich, und die Folge war, daß er nur noch einen seiner spitz zugefeilten Schneidezähne besaß. Er hätte zu gern falsche Zähne gehabt, die, so versicherte er mir immer wieder, gar nicht besonders schön sein müßten. »Es brauchen nicht unbedingt Menschenzähne sein«, erklärte er voller Überzeugung, »vielleicht sind Zähne von einer Ziege billig zu haben. Außerdem sind sie sehr kräftig.« Ich hätte Cleophas gerne ein künstliches Gebiß machen lassen, aber der nächste Zahnarzt war zu jener Zeit in Bukavu, und das bedeutete sechs Stunden Fahrt.

Cleophas hatte auch eine ausgesprochene Schwäche für Bananenbier oder *pombi*, das kongolesische Nationalgetränk. Zum Glück beschränkte er seine Saufgelage mit Freunden meistens auf den Sonntag, aber dann ging es heiß her, und die Musik aus seinem alten Grammophon dröhnte laut in die Nacht. Ich habe im Laufe der Jahre viele Platten für jenes Grammophon gekauft und die Abspielnadel mehr als einmal ersetzen lassen.

Während Kenneth sich um die Plantage kümmerte, führte ich den Haushalt. Zu meinen Aufgaben gehörte, die Boys und den Gärtner zu beaufsichtigen und mit dem Koch zusammen den täglichen Speiseplan aufzustellen. Wir hatten zwar nicht einmal halb so viele Hausangestellte wie in Kilelema, aber sie erledigten alle Arbeiten vom Kochen, Servieren und Putzen bis zur Wäsche. Sie sorgten dafür, daß die Feuer im Haus brannten und die Wasserfässer gefüllt waren. Ich war ihnen für jede Handreichung, mit der sie uns das Leben erleichterten, überaus dankbar, und das sagte ich ihnen auch oft. Zu oft, wie Kenneth meinte. Zwar genoß Kenneth hohes Ansehen bei den Afrikanern, und viele waren ihm bedingungslos ergeben, aber er war nun einmal ein Produkt der Kolonialzeit und ging häufig barsch mit ihnen um. Ich hingegen war eher nachsichtig. Zu nachsichtig, wie er oft kritisierte.

Meiner Erfahrung nach waren die Afrikaner vollkommen arglos, verfügten aber gleichzeitig über ein außergewöhnlich hohes Maß an Moral und Klugheit. Sie waren freundliche, sanftmütige Menschen, die mich in ihrer Schlichtheit unglaublich faszinierten und mit ihrer Melodramatik sehr amüsierten. Meine anfängliche, mit Neugier gepaarte Scheu gegenüber einer Kultur, die der meinen so fremd war, wich bald aufrichtiger Zuneigung und Achtung. Unter den Afrikanern habe ich viele meiner engsten und wichtigsten Freunde gefunden.

Meine Hoffnung auf ein glückliches Eheleben in echter Partnerschaft mit meinem Mann mußte ich sehr schnell begraben. Kenneth war die meiste Zeit fort – entweder auf Safari oder auf der Suche nach Abenteuern und neuen geschäftlichen Möglichkeiten – und ließ mich wochenlang allein. Ich hatte Angst und fühlte mich einsam. Oft weinte ich stundenlang und tat mir unendlich leid. Mit der Zeit, vielleicht notgedrungen, gelang es mir jedoch, meine Gefühle zu unterdrücken, und so begann ich, Cleophas auf seinen täglichen Rundgängen zu begleiten. Ich genoß die langen Märsche über die Felder und die Besuche im Trockenhaus, bei denen ich mit den Arbeitern ein paar Worte wechseln und mit den Kindern spielen konnte. Nach und nach lernte ich auch Swahili und außerdem eine ganze Menge darüber, wie man eine Plantage führt.

Als eine meiner ersten selbständigen Unternehmungen eröffnete ich für die Plantagenarbeiter eine kleine Ambulanz. Auf meine allererste Patientin, zu der ich kurz nach unserer Ankunft in Buniole gerufen wurde, war ich allerdings nicht im mindesten vorbereitet. Kenneth war zu einer langen Safari aufgebrochen, als mich mitten in der Nacht ein hartnäckiges Klopfen aus dem Schlaf riß. Zu meiner Überraschung stand ein vollkommen verzweifelter Arbeiter vor der Tür. Ich sprach damals weder Kinyaruanda noch Swahili, aber er konnte genug Französisch, um mir verständlich zu machen, daß seine Frau schwer krank war. Er bat mich inständig, mit ihm zu kommen und ihr Leben zu retten. Für einen Moment dachte ich, es sei ein dummer Streich, aber dann war mir schnell klar, daß ich diesem Mann tatsächlich in die stockdunkle Nacht folgen und ein medizinisches Wunder vollbringen sollte. Ich lief sofort zum Arzneischrank, in dem ich einen Vorrat an Dingen wie Aspirin, doppeltkohlensaures Natron, Pflaster und Zinksalbe zur Wundbehandlung aufbewahrte, und steckte hastig einige Aspirin und ein Schächtelchen mit Salmiakkapseln ein, die mir eine meiner Tanten zum Abschied geschenkt hatte. Im flackernden Licht der Laterne stolperte ich dem Mann über die Felder hinterher. Mir graute vor dem, was mir bevorstand, und ich war überzeugt, daß alles nur ein schreckliches Mißverständnis sein könne. Zitternd vor Angst betrat ich eine rauchgeschwängerte Hütte. Die Kranke lag auf einer Bambusmatte, umringt von zehn oder mehr Angehörigen, zahllosen Ziegen und Hühnern, und stöhnte vor Schmerz. In der Hütte brannte ein Feuer, und es herrschte eine erstickende Hitze. Die Frau war ziemlich jung und ziemlich dick – was in Zentralafrika als gesund und schön gilt –, aber ihre Augen waren geschlossen, und sie ließ nicht erkennen, ob sie wahrgenommen hatte, daß wir gekommen waren.

Ich legte ihr prüfend die Hand auf die Stirn, wobei ich mich bemühte, so professionell wie möglich zu wirken, und überlegte, ob ich ihr nicht den Puls fühlen sollte. Ihre Stirn war sehr heiß, aber vermutlich auch nicht heißer als die meine. Sie schien nicht sehr krank zu sein, stöhnte und jammerte jedoch unaufhörlich. Alle Augen waren auf mich gerichtet, und man erwartete von mir, der weißen Frau, eine Demonstration machtvoller *muzungu*-Magie. In meiner Not zog ich eine in Seidenpapier eingewickelte Salmiakkapsel hervor und brach sie direkt unter der Nase der jungen Frau entzwei. Sofort breitete sich ein stechender Geruch in der stickigen Hütte aus, ein Heidenlärm brach los,

Menschen und Tiere rannten aufgeregt durcheinander, und die Kranke saß auf einmal hustend und nach Atem ringend kerzengerade auf ihrer Matte. Ich selbst floh, so schnell mich meine Füße trugen, ins Freie und nach Hause, kroch wieder unter die Bettdecke und betete, daß die Frau nicht sterben möge.

Am nächsten Morgen in aller Frühe erschien der Mann der jungen Frau an der Hintertür – und strahlte über das ganze Gesicht. »Das war eine starke Medizin, die Sie meiner Frau gegeben haben, Madame!« sagte er glücklich. »Die Krankheit ist verschwunden, es geht ihr wieder gut. *Merci! Merci beaucoup!*«

Die Wirkung meiner Zauberkapsel sprach sich schnell herum, und bald kamen die Plantagenarbeiter und ihre Familien mit all ihren großen und kleinen Beschwerden zu mir. Damit war meine Ambulanz eröffnet. Von nun an stellten sich jeden Morgen Frauen mit ihren Säuglingen und Patienten jeden Alters vor meiner Hintertür an und warteten darauf, daß ich mich um ihre Krankheiten und Verletzungen kümmerte. Sie kamen zu mir, wenn sie eine Erkältung und Fieber hatten, Augen- und Ohreninfektionen, Verbrennungen, Darmwürmer, Verstauchungen, Kopf- und Zahnschmerzen, Hautausschläge, Erbrechen, Durchfall, Schnitt- und Kratzwunden – und selbst wenn sie einen Kater hatten. Hauptsächlich verband ich Wunden, verteilte Kinderaspirin und trug Salbe bei den Kindern auf, die an Bindehautentzündung litten. Verbrennungen sind bei den Banyaruanda alltäglich, da sie in kleinen Hütten mit offenen Feuerstellen leben und es häufig vorkommt, daß Kleinkinder hinkrabbeln oder ein Ast herausrollt und sie sich daran verbrennen. Ich behandelte solche Wunden mit einer selbst hergestellten Paste aus Zinksalbe und Schwefelpulver, mit der ich, das muß ich sagen, bemerkenswerte Erfolge erzielte.

Anfang der fünfziger Jahre gab es noch viele Elefanten in den Wäldern um Buniole. Wenn es stark regnete, zogen sie oft von den höhergelegenen Regionen des dichten Bambuswaldes hinab in das offene Gelände der Plantage. Sie zertrampelten die

Gärten und waren für die Afrikaner wie auch die Plantagenbesitzer eine große Bedrohung. Ein Einzelgänger, der sich von der Herde getrennt hatte, konnte sehr gefährlich werden, und es kamen immer wieder Menschen zu Tode. Zäune halfen nichts, aber manchmal ließen sich die Elefanten durch den Lärm von Trommeln oder Blechbüchsen verscheuchen. Allerdings nie für sehr lange.

Zwar unternahm Kenneth zu jener Zeit nur Fotosafaris, aber er war immer noch ein ausgezeichneter Schütze. Eines Nachmittags, als Gino Imeri gerade zu Besuch war, kamen einige Arbeiter in höchster Aufregung zum Haus gelaufen und riefen: »*Bwana! Bwana!* Da sind Elefanten in den Feldern!« Kenneth griff nach seinem Gewehr und wir rannten zum Ort des Geschehens. Es waren vier ausgewachsene Tiere – ein Bulle und drei Kühe. Sie hatten mehrere Morgen Pyrethrum-Pflanzen niedergetrampelt und waren dann in eine enge, bewaldete Schlucht weitergezogen. Normalerweise ließen sich Elefanten am hellen Tag nicht auf offenem Gelände sehen, und der Aufruhr, den sie verursachten, schien sie zu verwirren und nervös zu machen.

Eine Elefantenkuh hätte Kenneth niemals erschossen, aber Gino drängte ihn solange, daß er etwas tun müsse, bis er schließlich auf den Bullen anlegte und einen Schuß abfeuerte. Der Elefant blieb aufrecht stehen. Da Kenneth kein freies Schußfeld mehr für einen zweiten Versuch bekam, gingen wir wieder nach Hause. Wenige Augenblicke später hörten wir erneut Rufe – »*Bwana! Bwana!*« Offenbar hatte Kenneth den Bullen doch getötet. Als ihn die Kugel traf, hatten sich die Kühe dicht an ihn gedrängt und ihn gestützt, damit er nicht umfiel. Als sie ihn nicht mehr halten konnten, hatten sie sich in den Wald zurückgezogen, und der Bulle war zusammengebrochen. Der Schuß hatte ihn mitten ins Herz getroffen, er war sofort tot gewesen. Elefanten sind erstaunliche, fast mystische Geschöpfe, aber der Begriff »Gartenschädlinge« bekommt durch sie doch eine ganz neue Bedeutung.

Bevor wir Kilelema verließen, schenkte mir Häuptling Kamuzinzi, »Großer Chief« von Bugoyi, als Zeichen seiner Freundschaft ein winziges Affenbaby mit silbernem Rückenfell, das wir »Snooks« nannten. Kamuzinzi war fast zwei Meter groß und ein Cousin ersten Grades von König Rudahigwa. Er hatte ein langes, schmales Gesicht mit einem borstigen Schnauzbart und ging stets im traditionellen wallenden Gewand gekleidet, das über einer Schulter geknotet wird. Häuptling Kamuzinzi hatte sich einige Zeit in Europa aufgehalten, sprach fließend Französisch und war bei seinen Untertanen ebenso geachtet wie gefürchtet.

Die kleine Snooks bereitete allen im Haus große Freude, und Sheila benahm sich ihr gegenüber fast mütterlich. Wenn Snooks nicht auf Sheilas Rücken herumritt, bändigten wir ihren Spieltrieb, indem wir sie an ein langes Seil aus alten Stoffresten banden, das an einem Pfosten befestigt wurde, ihr aber immer noch reichlich Auslauf bot.

Eines Nachmittags hörten wir Sheila aufgeregt bellen und entdeckten, als wir hinausliefen, oben am Himmel über der Schlucht einen großen Afrikanischen Raubadler, der Snooks in den Klauen hielt und etliche Meter Seil hinter sich herzog. Kenneth reagierte sofort und wies die Arbeiter an, zum Rand der Schlucht zu laufen und durch rhythmisches Händeklatschen ein Gewehrfeuer zu simulieren. Das Geräusch verwirrte den Adler offenbar, denn er begann, aufgeregt Kreise zu ziehen. Schließlich ließ er Snooks fallen, und sie landete in der Krone eines hohen Baumes. Der Adler kreiste weiter am Himmel und kam schon wieder bedrohlich nahe, als einer der Arbeiter mutig auf den Baum kletterte und Snooks rettete. Sie war starr vor Angst. Wir trugen das blutende Äffchen ins Haus, wo Sheila es tagelang liebevoll bemutterte und seine Wunden leckte, bis es wieder ganz gesund war.

Als Gino einige Monate später mit einer Ladung Lebensmittel vor dem Haus hielt, fand unser Äffchen dann doch ein tragisches Ende. Der Sealyham-Terrier, den Gino bei sich hatte, sprang aus dem Wagen und tötete es mit einem einzigen Biß. Ich weinte sehr um Snooks, und selbst Kenneth hatte Tränen in den Augen.

Das Leben auf Buniole bot reichlich Abenteuer und Aufregung, bedeutete aber auch eine Menge harter Arbeit. Wir wohnten fünfundsechzig Kilometer von der nächsten Stadt entfernt und hatten kaum die Muße, Geselligkeit zu pflegen. Ich hatte viel zuviel zu tun, als daß ich mich gelangweilt hätte, sehnte mich aber doch nach Freunden und Unterhaltung. Im Laufe der Zeit lernten wir viele Pflanzer und Geschäftsleute im Kivu kennen und flüchteten am Samstag trotz der langen Fahrt hin und wieder aus der Abgeschiedenheit von Buniole nach Goma oder Kisenyi, um unter Leute zu kommen, uns alte französische Filme anzusehen oder nach Musik vom Grammophon zu tanzen. Nach außen schien es, als führten wir ein paradiesisches Leben. Es war aufregend und fremdartig, und ich hatte begonnen, mich in dieses Land und seine Menschen zu verlieben. Wir hätten rundum glücklich sein müssen, statt dessen aber lebten Kenneth und ich uns immer mehr auseinander.

Als Gino verkündete, daß er für sieben Monate nach Europa gehen wolle und jemanden suche, der in dieser Zeit Mugongo – seine Pyrethrum-Plantage in Ruanda – für ihn verwaltete, meldete ich mein Interesse an. Kenneth war außer sich, daß ich so etwas überhaupt in Erwägung zog. Er meinte, es sei unschicklich und gehöre sich nicht, außerdem sei ich vollkommen unfähig, eine solche Pflanzung allein zu verwalten. Aber mein Entschluß stand fest. Vielleicht, dachte ich, tut es uns beiden gut, wenn wir uns für eine Weile trennen.

5 Verwalterin der Plantage

Die Geschichte Afrikas kennt viele starke, unabhängige Frauen, aber ob auch ich dazugehören würde, schien mir doch sehr fraglich. Ernsthafte Zweifel beschlichen mich, ob ich eine so große Plantage wie Mugongo wirklich ganz allein würde führen können, und ob die Arbeiter eine Frau als »Boß« akzeptieren würden. Ich verließ meinen Mann und einzigen wahren Freund, den ich in Afrika hatte, um eine Aufgabe zu übernehmen, die mir reichlich fremd war. Noch dazu an einem Ort, wo ich niemanden kannte, und in einem Land, dessen Sprache mir nicht vertraut war. Wir hatten zwar vereinbart, uns zu schreiben, und Kenneth wollte mich so oft wie möglich besuchen, aber uns würden fast hundert Kilometer trennen. Zudem waren die Straßen äußerst schlecht, in der Regenzeit manchmal sogar unbefahrbar. Ich würde wirklich ganz auf mich allein gestellt sein.

Als Gino abfuhr, mit dem Arm noch einmal zum Abschied aus dem Fenster winkend, sah ich ihm nach, bis sein Wagen am Ende der Straße in einer Staubwolke verschwand. Ich ließ den Blick schweifen und betrachtete, was von nun an mein neues Zuhause sein sollte und für das ich allein die Verantwortung trug. Nach der Abgeschiedenheit von Buniole empfand ich Mugongo, das im Bezirk Mutura in Ruanda gelegen war, als willkommene Abwechslung. Sieben Pyrethrum-Plantagen reihten sich hier aneinander, ein weißes Blütenmeer, so weit das Auge reichte. Mugongo liegt am Fuß des Karisimbi, des höchsten der Virunga-Vulkane. Unmittelbar neben ihm erhebt sich der Mikeno, westlich davon die beiden aktiven Vulkane Nyiragongo und Nyamulagira. In dem in Richtung Süden gelegenen Tal glitzert der Kivu-See.

Der unvergleichliche Blick über die weite Landschaft und das rege Leben um mich herum ließen ein Gefühl von Einsamkeit erst gar nicht aufkommen. Mutura ist sowohl die Heimat der hochgewachsenen Tutsi-Hirten mit ihren großen Herden von Langhornrindern als auch der umherziehenden Batwa-Pygmäen, die für ihre Tontöpfe wie für ihre Zauberkräfte bekannt sind. Durch die Hüttendörfer der Hutu, die vom Ackerbau leben, wanden sich schmale, ausgetretene Pfade, vorbei an fruchtbaren Feldern, auf denen sich Bohnen an getrockneten Maisstengeln emporrankten und die Tabakpflanzen eineinhalb Meter hoch standen.

Als Verwalterin der Plantage bekam ich zweihundert Dollar im Monat. Der Aufseher war ein freundlicher, ernsthafter Mann namens Zacharia, ohne den ich meine Aufgabe nie bewältigt hätte. Er kümmerte sich um die Buchhaltung, berechnete, wieviel Lohn jeder Arbeiter für den Monat zu bekommen hatte, entschied, wer Urlaub nehmen durfte, und schlichtete bei Streitigkeiten. Er war zwar keine auffällige Erscheinung wie Cleophas und auch nicht so gesellig, aber ein ausgesprochen gerechter und fähiger Mann. Zacharia hatte eine schöne Handschrift und konnte sehr gut rechnen – er hatte eine katholische Missionsschule besucht –, und ich fand nie einen Fehler, wenn ich seine Abrechnungen am Monatsende nachprüfte. Immerhin waren auf Mugongo sieben Vorarbeiter beschäftigt, die zweihundertachtzig Arbeiter zu beaufsichtigen hatten. Der Tag begann mit dem Namensaufruf vor dem Trockenhaus, bei dem den Männern ihre Aufgaben zugewiesen wurden. Dann bekamen sie Körbe und Hacken ausgehändigt und zogen hinaus auf die Felder.

Vormittags unternahm ich meinen täglichen Inspektionsgang und wanderte kilometerweit durch die wogenden Felder, um zu sehen, wie die Arbeit voranging. Die Pflücker hielten inne, wenn sie mich vorbeigehen sahen, zogen den Hut – manchmal war es ein verbeulter alter Filzhut, häufiger aber ein Turban aus ungebleichtem Musselin – und begrüßten mich mit einem breiten Lächeln: »Jambo, Madame.« Die meisten Männer rasierten sich die Köpfe, alle anderen benützten Kämme aus Stachelschweinborsten.

Nach dem Mittagessen setzte ich meinen Rundgang fort, unterzeichnete Entlassungspapiere und stellte den Arbeitsplan für den nächsten Tag auf. Dann ging es zum Trockenhaus, um die

Ernte des Tages in Augenschein zu nehmen. Lachend und singend, Körbe voller Blüten auf dem Kopf balancierend, kehrten die Pflücker gemächlich im Gänsemarsch von den Feldern zurück. Die Arbeit war getan, und alle waren glücklich. Am Abend standen dann fünfzehnhundert Kilo Pyrethrumblüten zum Trocknen bereit. Das Feuer im Trockenhaus brannte ununterbrochen, und vier Männer arbeiteten die ganze Nacht hindurch.

Wenn ich gegen Abend langsam zum Haus zurückging, blieb ich oft stehen, um den Mikeno mit seinem zerklüfteten Gipfel und den schneebedeckten, manchmal auch wolkenverhangenen Karisimbi in ihrer majestätischen Schönheit zu bewundern, und es weitete sich mir das Herz, wenn die Bambuswälder im Licht der untergehenden Sonne aufleuchteten. Dann trank ich am behaglichen Kaminfeuer genußvoll Tee, während Sheila und Ginos vier Hunde neben meinen Füßen zusammengerollt lagen, ließ den Tag noch einmal Revue passieren und überlegte, was die kommenden Tage wohl bringen würden.

Gino hatte mir ein Automobil dagelassen – einen alten, klapperigen 1938er Sedan mit »Spezialanlasser« und einem »Chauffeur-Boy« namens Ntawukiruwabo. Der Spezialanlasser bestand aus vier oder fünf starken Männern, die den Wagen mit aller Kraft anschieben mußten, um ihn in Gang zu bringen, und der Chauffeur-Boy konnte nicht fahren. Er sorgte jedoch dafür, daß der Benzintank voll war, prüfte die Reifen und begleitete mich als Beifahrer, um eventuelle Schwierigkeiten, auf die wir unterwegs möglicherweise stießen, zu beseitigen.

Einmal in der Woche fuhr ich nach Kisenyi, um Lebensmittel und andere Vorräte einzukaufen, bei der Post vorbeizuschauen und meine Bankgeschäfte zu erledigen. Der Chauffeur-Boy war bei diesen Ausflügen immer dabei. Saßen wir dann abfahrbereit im Auto, rief er laut »*Sukuma!*« – für die Männer das Zeichen, daß sie kräftig schieben sollten. Meistens waren drei oder vier Versuche vonnöten, bis der Wagen schließlich stotternd in Gang kam. Mir fehlte jede Fahrpraxis auf diesen Straßen, denn Kenneth hatte mich während unseres dreijährigen Aufenthaltes in Afrika nie ans Steuer gelassen. Bis Kisenyi sind es siebenunddreißig Kilometer, und das auf einer schmalen, kurvenreichen Straße, die rechterhand steil abfällt und immer bergab führt. Vor jeder Haarnadelkurve schickte ich ein Stoßgebet zum Himmel, daß uns kein anderes Gefährt entgegenkommen möge. Kinder winkten uns zu, Frauen lächelten scheu, und die Männer tippten an den Hut und verbeugten sich, wenn sie uns auf der holperigen Piste vorbeifahren sahen.

Je näher wir Kisenyi kamen, um so stockender ging es voran, da immer mehr Menschen unterwegs zum Markt waren: Frauen mit großen Körben voller Bananen oder Süßkartoffeln auf dem Kopf, Männer mit primitiven Schubkarren, in denen sie Hühner oder Feuerholz transportierten, und junge Burschen, die auf der staubigen Straße Ziegen vor sich her trieben. Elegante Tutsi-Frauen ließen sich von ihren Hutu-Dienern in Sänften tragen. Ich hatte ständig einen Fuß auf der Bremse, eine Hand auf der Hupe, und das Herz schlug mir bis zum Hals.

Kisenyi liegt gut neunhundert Meter tiefer als Mugongo. Wohlig genoß ich die plötzliche Wärme, zog meinen Pullover aus und erledigte meine Besorgungen, während der Boy auf den Wagen aufpaßte. Danach ging ich im See schwimmen oder ließ mich am Ufer zu einem Picknick nieder und fütterte die Reiher und Kronenkraniche, die im seichten Wasser vorbeiwateten, mit Brotbröckchen. Bis auf ein paar Kinder, die im Sand spielten, oder Bedienstete eines nahen Hotels, die im See Bettwäsche wuschen und sie anschließend auf die rauhen Lavablöcke schlugen, bis sie sauber war, war ich meistens allein. Um zwei Uhr wurde es Zeit für die Rückfahrt. Der Chauffeur-Boy trommelte ein paar »Anlasser« zusammen – als Anreiz gab es ein kleines Handgeld von einigen Belgisch-Kongo-Francs – und dann machten wir uns langsam auf den Heimweg, wobei wir die ganze Strecke im ersten Gang zurücklegen mußten.

Kenneths Besuche waren selten und brachten uns einander nicht näher. Die Monate vergingen wie im Flug, ich war viel zu beschäftigt, um mich einsam zu fühlen. Bei meinen wöchentlichen Ausflügen nach Kisenyi lernte ich neue Menschen kennen und schuf mir mit der Zeit einen kleinen Freundeskreis. Hin und wieder besuchte mich auch jemand auf Mugongo.

Als Gino zurückkam, zeigte er sich sehr angetan von den Ergebnissen meiner Arbeit. Es hatte viel Mühe gekostet, mir aber ebensoviel Freude bereitet, und ich hatte das Gefühl, daß ich mir bei den Arbeitern wie bei den Plantagenbesitzern in der Umgebung durchaus Respekt erworben hatte. Aber jetzt war meine Zeit um. Ich bedauerte sehr, daß ich Mugongo und die Menschen, die ich inzwischen so gut kannte, nun verlassen mußte. Aber gleichzeitig hatte ich Heimweh nach Amerika und meiner Familie und war mir gar nicht sicher, ob ich wieder zu Kenneth zurückgehen oder überhaupt in Afrika bleiben wollte. Also nahm ich ein zweites Mal Abschied von meinem Mann und bestieg ein Schiff, das mich über Ostafrika und Europa nach Hause brachte. Noch stand in den Sternen, ob ich jemals nach Afrika zurückkehren würde.

Ich war überglücklich, meine Familie wiederzusehen – aber meine Seele war voll mit den Bildern, Klängen und Farben Afrikas. Ich besuchte Freunde und machte Einkäufe in eleganten Geschäften, in denen Waren angeboten wurden, die ich seit Jahren nicht gesehen hatte. Ich besuchte Museen und ging ins Theater, aber all die Dinge, die ich vermißt zu haben glaubte, erschienen mir nun wenig reizvoll. Sogar das zufriedene, sorglose Dasein meiner Freunde und meiner Familie fand ich langweilig, verglichen mit dem Leben, das ich zurückgelassen hatte.

Alle paar Tage kam ein leidenschaftlicher Brief von Kenneth, in dem er mich bestürmte, zu ihm zurückzukehren. Er hatte ein kleines Haus in Mutura gemietet und beabsichtigte, im Kongo eine Kaffeeplantage zu kaufen. Da ich noch nicht soweit war, unsere Ehe – oder Afrika – für immer aufzugeben, war ich zu einem zweiten Versuch bereit.

Ich fuhr auf der *Queen Mary* von New York nach London, von dort mit einem Schiff der Union Castle Line vorbei an Gibraltar durch das Mittelmeer und über den Suezkanal in den Indischen Ozean. In Mombasa ging ich von Bord und nahm einen Zug Richtung Nairobi und weiter nach Uganda. Als ich in Jinja ausstieg, stand Kenneth schon wartend am Bahnsteig.

Unser Wiedersehen war schön, aber das Glück währte nicht lange. Wir hatten einander während der langen Trennung schrecklich vermißt und hofften beide, wieder an die glückliche Zeit unserer ersten gemeinsamen Jahre anknüpfen zu können. Vielleicht hatten wir zu hohe Erwartungen, vielleicht zu unterschiedliche Bedürfnisse. Noch in den Vereinigten Staaten hatte mich eine von Kenneths Bekannten, die Schriftstellerin Mary Hastings Bradley, gedrängt, über unser Leben in Afrika zu schreiben, und ich hatte eine mit Fotos von Kenneth illustrierte Geschichte an die *Saturday Evening Post* verkaufen können. Das hatte mich auf die Idee gebracht, daß wir ein Gespann wie seinerzeit Osa und Martin Johnson werden und miteinander die Wunderwelt Afrikas beschreiben und in Bildern festhalten könnten. Ich hatte auf der Rückreise viele Stunden damit verbracht, Geschichten und Artikel zu schreiben und hoffte, Kenneth würde das als Chance für eine gemeinsame Arbeit sehen. Doch Kenneth zeigte trotz meiner Begeisterung nicht das geringste Interesse an diesem Vorhaben, sondern lehnte all meine Vorschläge rundweg ab.

Bald machten sich in unserer Ehe – auf beiden Seiten – wieder Enttäuschung und Freudlosigkeit breit. Das Haus, das Kenneth gemietet hatte, war düster und primitiv und spärlich eingerichtet. Als er immer wieder für längere Zeit fortblieb, schlug meine Unzufriedenheit in tiefe Verzweiflung um, und es konnte jederzeit geschehen, daß ich plötzlich in Tränen ausbrach. Damals erwartete man von Europäern, daß sie in allen Lebenslagen Haltung zeigten. Als sich herumsprach, daß man mich vor Afrikanern offen hatte weinen sehen, schaltete sich Gino ein und verlangte, das »müsse sofort aufhören«.

Ich war auf dem besten Weg, mich zum Gespött der Leute zu machen, und es mußte etwas geschehen. Gino schlug vor, ich solle wieder nach Buniole gehen und die Plantage allein führen. Kenneth pflichtete ihm widerstrebend bei, daß dies wohl die einzig vernünftige Lösung für »die Probleme mit Rosy« sei. Also ging ich nach Buniole zurück, und Kenneth kaufte sich in eine Kaffeeplantage ein. Kania lag in der Region Mokoto im Kongo. Danach lebten wir niemals wieder unter einem Dach, blieben einander aber in den darauffolgenden turbulenten Jahren eng verbunden.

Besonders traurig machte mich, daß unsere Ehe kinderlos geblieben war. Ich wollte schon immer Kinder haben und konnte mir ein Leben ohne sie nicht vorstellen. Vielleicht hatte meine Familie recht gehabt, was unseren Altersunterschied betraf. Wir hatten während unserer Verlobungszeit so gut wie nie über Kenneths Alter gesprochen, und er war diesem Thema stets geschickt ausgewichen. Daher war es für mich geradezu ein Schock, als ich kurz nach unserer Hochzeit bei einer Abendgesellschaft zufällig hörte, wie er jemandem erzählte, daß er seinen ersten Löwen im Jahr 1912 geschossen hatte – dem Jahr, in dem ich zur Welt gekommen war. Erst als mir Jahre später einmal sein Paß in die Hände fiel, fand ich es schwarz auf weiß bestätigt, daß er fast genauso alt war wie mein Vater. Viele Männer, die jüngere Frauen heiraten, erleben einen zweiten Frühling. Bei Kenneth hatte ich immer das Gefühl, daß er von mir erwartete, mich seinem Alter anzupassen.

Ich liebte Kenneth von ganzem Herzen, aber als Ehepartner paßten wir nicht zusammen. Im Jahr 1956 wurden wir endgültig geschieden, blieben aber eng befreundet, bis er Afrika 1961 verließ. Er kehrte nach England zurück, doch da es ihm dort zu kalt war, zog er nach Südafrika, wo er unglücklicherweise bei Devisengeschäften in Schwierigkeiten geriet. Daraufhin übersiedelte er nach Sydney in Australien, vertrug aber auf die Dauer die Hitze dort nicht. Schließlich ließ er sich in St. Helier auf den Kanalinseln nieder. Wir standen miteinander in Briefwechsel, bis er 1981 im Alter von dreiundneunzig Jahren starb. Seine Wirtschafterin schrieb mir, er habe immer ein Bild von mir auf seinem Nachtkästchen stehen gehabt. Kenneth hatte mich nach Afrika gebracht, und dafür werde ich ihm stets dankbar sein.

ZWEITER TEIL

6 Rückkehr nach Buniole

Im Februar 1954 packte ich meine ganze Habe und machte mich auf den Weg in den Kongo. Wie glücklich war ich, in die vertraute Umgebung von Buniole zurückzukehren. Es war ein Neubeginn und gleichzeitig eine wunderbare Chance. Ich war jetzt unabhängig und mußte für meinen Lebensunterhalt selbst aufkommen. Aber am meisten freute mich, daß ich in Afrika bleiben konnte.

Der schwerbeladene Lieferwagen rumpelte durch die Straßen von Goma und über die Ebenen aus hartem Lavauntergrund, der über Jahrhunderte hinweg aus unzähligen Vulkanausbrüchen entstanden war. Kurz vor Saké bog ich rechts ab und folgte der unbefestigten Straße, die sich steil und kurvenreich über dreiunddreißig Kilometer in die Berge von Masisi wand. Die Haarnadelkurven und die beschwerliche Strecke machten das Lenken des Autos schwierig, und mir schmerzten bereits die Arme. Hinten im Wagen saßen zwischen all meinem Gepäck Sheila und meine Siamkatze Mia, und auf dem Sitz neben mir wurde Sentashya, mein Koch – in eleganten Khaki-Shorts und passendem Hemd, weißen Kniestrümpfen und braunen Schuhen – hin- und hergeschüttelt. Er war in der Gegend von Masisi geboren, nur wenige Kilometer von Buniole entfernt, und freute sich sehr, nun in seine Heimat zurückzukehren.

Sentashya war ein hochgewachsener junger Mann. Seine Hautfarbe war etwas dunkler als die der meisten Banyaruanda, und sein rundes Gesicht prägte ein entschlossenes Kinn. Kenneth und ich hatten ihn im Jahr 1950 in Buniole als Küchenjunge eingestellt, und er war damals so klein, daß wir ihn »Toto« nannten, das ist Swahili für »Kind«. Seitdem hatte er sowohl an Statur wie auch an Erfahrung beträchtlich gewonnen. Kenneth hatte ihn auf Safaris nach Tanganyika und Uganda mitgenommen, er war in Usumbura und Bukavu gewesen und erst vor kurzem aus Kenia zurückgekehrt, wo er Zeuge des Mau-Mau-Aufstands geworden und mit Kikuyu und Massai gleichermaßen ins Gespräch gekommen war. Er hatte also bereits etwas von der Welt gesehen und freute sich nun wieder auf die Heimat. Als ich ihn fragte, wie alt er sei, antwortete er: »Ich weiß es nicht, Madame, aber ich weiß, daß ich ein Mann bin.«

Ich sehe ihn noch vor mir, wie er damals auf dem Rasen in Buniole tanzte: Ein fröhlicher Knabe, der mit ausgestreckten Armen und recht ulkig den ruandischen Tanz vom Kronenkranich nachahmte. Doch sobald auch nur ein kleines Flugzeug tief über die Pyrethrum-Felder flog, warf er sich aus Angst, es könne vom Himmel fallen, zu Boden. Und eben dieser kleine Junge saß jetzt aufrecht und selbstbewußt neben mir, überzeugt, ein Mann zu sein. Ich schätze, er war siebzehn oder achtzehn Jahre alt.

Kurz vor der Buniole benachbarten Plantage verengte sich die Straße zu einem ausgefahrenen Weg, und ich kam nur noch im Schneckentempo voran. Nach ungefähr anderthalb Kilometern mußten wir anhalten, da eine durch die heftigen Regengüsse ausgelöste Schlammlawine den Weg vollständig blockierte. Sentashya stieg aus, nahm einen Spaten von der Ladefläche und begann, die nasse, schwere Erde wegzuschaufeln. Scheinbar aus dem Nichts tauchten auf einmal von allen Seiten Menschen auf, betrachteten aufmerksam unser Mißgeschick und erteilten Ratschläge. Lächelnd schüttelten sie mir die Hand und hießen mich in Buniole willkommen. Als ich auf dem schlüpfrigen Untergrund vorsichtig weiterfuhr, sprang Sheila plötzlich aus dem Auto und rannte voraus. Offenbar witterte sie vertrautes Gelände.

Wir waren noch mindestens anderthalb Kilometer von Buniole entfernt, als wir die ersten Pyrethrum-Felder sahen. Von Unkraut durchwuchert und nahezu ohne Blüten boten sie einen jammervollen Anblick. Der Weg führte nun durch dichten Wald, aus dessen Geäst sich Grüne Meerkatzen herabhängen ließen und mich beschimpften. Als wir den Wald hinter uns gelassen hatten und sich das weite Tal vor uns öffnete, tat mein Herz einen Freudensprung. Auf einer grasbewachsenen Anhöhe inmitten einer Lichtung stand der kleine Bungalow, der mir noch so gut in Erinnerung war. Ich hatte das Gefühl, nach vielen kummervollen und aufregenden Monaten endlich zu Hause angekommen zu sein.

»Madami, Madami! Jambo, Madami!« hörte ich es von überall rufen, als wir am Trockenhaus vorbeifuhren. Kinder rutschten die kleine Rampe herunter und liefen lachend und winkend neben unserem Auto her. Einige Männer schlossen sich ihnen an, und als ich den Motor abstellte und steifbeinig aus dem Wagen stieg, füllten sich meine Augen beim Anblick dieser freundlichen, lächelnden Gesichter mit Tränen. Während hilfreiche Hände meine Habseligkeiten aus dem Auto luden, hörte ich, wie ein Mann Sentashya fragte: »Bleibt sie jetzt wirklich für immer hier?«

Ich schloß die Eingangstür auf und betrat das kalte, moderig riechende Haus. Nach einem frühen Abendessen fiel ich todmüde und den Kopf voller Zweifel ins Bett. Würde ich Buniole ohne Hilfe führen können? Würde ich in solcher Abgeschiedenheit – dreizehn Kilometer vom nächsten Nachbarn entfernt – leben können?

Noch vor Morgenanbruch weckte mich das Kreischen der Schimpansen in den Baumwipfeln über dem Haus. Doch schon wenig später zogen sie weiter und waren bei Sonnenaufgang kaum mehr zu hören. Statt dessen drang Vogelgezwitscher durch das offene Schlafzimmerfenster zu mir herein – ein Konzert, das ich lange vermißt hatte. Kurz darauf krähte ein Hahn, und ich reckte und streckte mich in meinem schmalen Bett und dachte an den vor mir liegenden Tag. Sentashya fachte bereits den Kamin im Wohnraum an, und der würzige Duft von Kiefernholz erfüllte die Luft. Als ich in das Zimmer trat, um zu frühstücken, stand Berina neben dem perfekt gedeckten Tisch, streckte mir zur Begrüßung die Hände entgegen und grinste so breit, daß ich seine abgeschliffenen Zähne sehen konnte. Berina war ein junger Muhunde, den ich 1950 als Hausboy angelernt hatte und der seinem Versprechen getreu tatsächlich zurückgekommen war, um mir wieder zur Hand zu gehen. Mit Berina als Hausboy und Sentashya als Koch war mein Haushalt vollständig.

Es wurde ein arbeitsreicher Tag. Berina wachste die Estriche, schrubbte die Schlafräume und das Badezimmer. Sentashya nahm sich der Küche an, während ich auspackte und Möbel und Haushaltsgegenstände so lange herumschob und neu ordnete, bis ich im großen und ganzen zufrieden war. Auf den neuen bunten Kissen der Fenstersitze ruhte das schräg einfallende Sonnenlicht, und zutraulich hüpfte eine kleine schwarzweiße Bachstelze zur Tür herein, begutachtete das Zimmer wohlwollend und machte wieder kehrt. Unter den Dachtraufen nistende Schwalben schossen blitzschnell durch die Flügelfenster ins Zimmer und ebenso schnell zurück ins Freie und hießen mich mit dem Flügelschlag ihres blau-bronzefarbenen Gefieders willkommen. Aus den Zypressen ertönte das Gurren der Ringeltauben, und eine ganze Armee gebieterischer Affen palaverte in dem Wäldchen jenseits des Grabens. Es hörte sich an wie Zungenschnalzen, gefolgt von einem kurzen Hüsteln.

Von früh bis spät kamen Leute vorbei und brachten mir Eier und Gemüse aus ihrem Garten als Begrüßungsgeschenk. Auch mein alter Freund Cleophas stand mit einem fetten Huhn und einem Korb Kartoffeln unterm Arm in der Eingangstür und sagte: »Ich habe Ihnen eine ganze Mahlzeit mitgebracht, Madame.« Man servierte mir Tee an einem Tisch vor dem Eckfenster, und Frauen, die vorbeispazierten, blieben stehen und winkten mir zu, ganz wie früher. Als die Dunkelheit hereinbrach, die Vorhänge zugezogen waren und das Feuer im Kamin anheimelnd knisterte, wünschten Berina und Sentashya: *»Kwa heri.«* Gute Nacht. Während ich gedankenverloren in die Flammen blickte und dem besänftigenden Klang der aus dem Stengel einer Riesenlobelie gefertigten Flöte des Nachtwächters lauschte, erfaßte mich ein unbeschreibliches Gefühl von Frieden und Geborgenheit.

Am folgenden Morgen wandte ich mich den Aufgaben auf der

Plantage zu. Es erforderte viel Arbeit, die Felder wieder in den alten ertragreichen Zustand zu versetzen. Cleophas und ich besprachen den Arbeitsablauf, und er begleitete mich auf meinen täglichen Inspektionsgängen. Da die Pflanzung sehr weitläufig war und sich die meisten Felder nur zu Fuß erreichen ließen, verbrachten wir den überwiegenden Teil des Tages zusammen. Ich vertraute seinem Urteil außerordentlich und bat ihn häufig um Rat.

Hätte ich doch auch nur auf ihn gehört, als er mir nahelegte, die Tragpfosten der kleinen Garage, in der mein Lieferwagen stand, durch neue zu ersetzen. Der Stellplatz ähnelte dem Trokkenschuppen eines armen Farmers. Er bestand aus sechs Pfosten mit einem Dachgerüst aus Holz, das mit großen Büscheln von Elefantengras abgedeckt war. Das Gras war mit langen Bambusstreifen an den Pfosten befestigt. Eines Nachmittags stieß ich ein bißchen zu forsch rückwärts in die Garage, so daß die hintere Stoßstange gegen eine der morschen Stützen prallte. Ein lautes Krachen, und das Dach stürzte herab und begrub den Ford und mich unter einem Berg von Holz und tropfnassem Gras. Aufgeschreckt von dem Lärm rannte Sentashya als erster herbei. Aus meinem dunklen Grab hörte ich die erregten Stimmen der Arbeiter, die hastig die Trümmer wegräumten, um mich aus meiner Notlage zu befreien. Sie waren mindestens ebenso erleichtert wie ich, als ich schließlich unverletzt wieder zum Vorschein kam. Der Ford hatte allerdings einige, wenngleich geringfügige Kratzer abbekommen. Schon bald nach diesem Mißgeschick errichteten wir eine neue Garage mit massiven Stützen, aber da ich es dennoch nicht wagte, wie früher bis ganz an die Rückwand zu fahren, ragte die Schnauze des Fords von da an selbst bei stärkstem Regen zur Hälfte unter dem Dach hervor.

In den ersten Monaten regnete es ununterbrochen. Der Regen prasselte in heftigem Stakkato auf das Wellblechdach nieder und versetzte unsere Katze Mia in ständige Unruhe. Die Felder waren häufig überflutet, und viele Male ergossen sich derartige Wassermassen von den Berghängen in unseren Garten hinter dem

Haus, daß wir einen Graben ausheben mußten, damit das Wasser nicht auch noch ins Haus floß.

Die meisten Afrikaner, die ich im Laufe der Zeit näher kennengelernt habe, waren Bauern, und wie bei allen Menschen, die von der Landwirtschaft leben, kreisten ihre Gedanken und Gespräche unausgesetzt ums Wetter. Wetterpropheten und Regenmacher genießen in Afrika hohes Ansehen und werden reich entlohnt – mit einem Krug Bananenbier oder sogar mit ein, zwei Ziegen –, wenn sich ihre Vorhersagen bestätigen. Cleophas erzählte mir einmal von dem Wetterpropheten seines Stammes, dessen außergewöhnliche Gabe, Hagelstürme vorauszusagen, ihm die beneidenswerte Belohnung von einer Kaffeeplantage eingebracht hatte. Ich habe keine Ahnung, welchen Nutzen ein Wetterprophet tatsächlich hat, aber hätte es wirklich ein geheimnisvolles Rezept gegeben, um dem Regen Einhalt zu gebieten, hätte ich mir gewiß einen zugelegt.

In den ersten Jahren im Kivu hat mir der Wechsel der Jahreszeiten sehr gefehlt. Ich träumte von orangefarbenem, gelbem und tiefrotem Herbstlaub, von Eiszapfen an Dachtraufen und dem ersten zarten Frühlingsgrün. In dem Teil Afrikas, in dem ich lebe, gibt es lediglich zwei Klimavarianten: Trockenzeit und Regenzeit. Die Temperaturen bleiben das ganze Jahr über konstant. Es dauerte eine Weile, bis ich mich an die afrikanischen »Jahreszeiten« gewöhnt hatte, die sich nach den Regenperioden und den Erntezeiten richten.

In Ruanda läßt sich das Jahr in vier Perioden gliedern: *Urugalyi*, die kurze Trockenzeit im Januar und Februar; *Itumba* mit heftigen Regenfällen in den Monaten März und April; *Ikyi*, die Zeitspanne von Mai bis Ende August ohne Niederschläge, und *Umuhindo*, die lange Regenperiode zwischen September und Ende Dezember.

Das ruandische Kalenderjahr ist in zehn Monate unterteilt: *Muturama* entspricht unserem Januar und Februar. In diese Zeit fällt die Hirsepflanzung. *Weruwe* deckt sich mit unserem März und ist der Monat, in dem die Insekten über die Hirse herfallen.

Im April, *Mata*, wird das neue Hirsebier getrunken. Die Zeit zwischen Mai und der ersten Junihälfte nennt sich *Gicurasi*. In diesen Wochen treten vielfach Krankheiten und Trübsal auf, da der Übergang von heftigem Regen zur kalten, trockenen Periode häufig Erkältungen, Bronchitis und Grippe mit sich bringt. Der Juni, *Kamena*, ist der Monat, in dem die Hirse zu Mehl gemahlen wird. Die Zeit zwischen Juli bis Anfang August heißt *Nyakanga*. Das sind die Wochen, in der ältere Rinder häufig sterben, da sie aufgrund der Trockenheit und des Mangels an frischem Gras stark abmagern. Auf den Monat *Nyakanga* folgt zwischen Ende August und September der Monat *Kanama*. In dieser Zeit ist die Ernte wenig ertragreich, und jedermann wartet auf das Einsetzen des Regens. Der folgende Monat, *Ukwakira*, entspricht unserem Oktober und ist der wichtigste Monat des Jahres, da mit dem Anbau der Bohnen begonnen wird. Im Monat *Ugushyingo*, unserem November, wird die Ernte eingebracht, und im *Ukoboza*, Dezember, fallen zahlreiche Niederschläge, die den Feldfrüchten schaden können.

Afrikaner glauben fest daran, daß der Mond einen großen Einfluß auf die Geschicke hat. Seine Klarheit, seine verschiedenen Gesichter, die Verläßlichkeit, mit der er die Zeit mißt und Reisenden sicher den Weg weist, machen ihn zu ihrem Freund. Die Sterne sind ihrer Vorstellung nach die Kinder, Diener und Soldaten des Mondes.

Während der folgenden Wochen und Monate lernte ich alle Familien auf Buniole kennen. Die Menschenschlange vor meiner Hintertür wurde mit jedem Morgen länger. Aber nicht alle kamen, um sich Medikamente zu holen, viele wollten nur ein wenig plaudern oder meine Meinung zu einem Vorfall aus der letzten Zeit hören. Vielfach wurde ich auch gebeten, Streit zu schlichten oder als Schiedsrichterin bei langwierigen Auseinandersetzungen aufzutreten. Oft saßen Frauen auf dem Rasen neben dem Haus und beobachteten mich. Sie waren ebenso neugierig, etwas über meine Lebensweise zu erfahren, wie ich über ihre. Zuweilen steckten auch Männer den Kopf zur Tür herein, gaben mir den einen oder anderen Rat oder zündeten an der Kohle in meinem Küchenherd ihre Tonpfeifen an.

Es gab Momente, da fühlte ich mich einsam, aber ich war nie völlig allein. Ich hatte Sheila und Mia, die mir Gesellschaft leisteten, und all die Arbeiter mit ihren Familien. Nur gelegentlich bekam ich Gäste oder fuhr in die Stadt. Und manchmal schaute Kenneth vorbei. Doch wenngleich er mir stets willkommen war, hinterließen seine Besuche oft Traurigkeit und Bedauern.

Goma und Kisenyi lagen zu weit weg, als daß ich regelmäßig dorthin fahren konnte. Aber wenn das Wetter gut war und keine Gefahr bestand, auf der Straße steckenzubleiben, stellten Sentashya und ich eine umfangreiche Einkaufsliste zusammen und machten uns auf den Weg in die fünfundsechzig Kilometer entfernte Stadt. Dort löste ich einen Scheck für die Entlohnung der Arbeiter ein, ging aufs Postamt und besorgte anschließend einen Vorrat an Mehl, Zucker, Kaffee, Tee, Kerosin, Nägeln und was wir sonst noch für die kommenden sechs Wochen brauchten, vorausgesetzt, ich bekam die Dinge überhaupt. In Goma traf ich mich oft mit Freunden im Hôtel des Grands Lacs zum Mittagessen und lauschte ihren spannenden Berichten über die jüngsten Skandale und Ereignisse. Mein provinzielles Dasein wirkte in der Tat langweilig und farblos verglichen mit den Freizeitbeschäftigungen und dem regen Gesellschaftsleben des »Landadels« im Kivu.

Die medizinischen Einrichtungen in dieser Region Afrikas waren dürftig und schlecht verteilt. Der Mangel an Ärzten und Zahnärzten gehörte zu den Beschwernissen, mit denen wir uns arrangieren mußten. Einmal fuhr ich mit Gino knapp fünfhundert Kilometer zu einem baptistischen Missionars-Zahnarzt in der kongolesischen Region Lubero. Er hieß Dr. Hurlbert, leitete eine Schule für Mulattenkinder und übte nebenher seinen Beruf aus. Sein Werkzeug bestand aus einem Bohrer mit Fußantrieb, als Lichtquelle diente ihm eine Taschenlampe, die sein Sohn so hielt, daß der Lichtkegel ungefähr in meinen Mund leuchtete.

Der mehr als kümmerliche technische Standard wurde jedoch von der zauberhaften Fahrt über die Ebene von Rwindi, vorbei an Viehfarmen und durch Wälder mit baumhohen Farnsträuchern um ein Vielfaches wieder wettgemacht. Ich machte es mir zur Gewohnheit und fuhr nach Kampala zum Zahnarzt – ein Ausflug von mehr als eintausendzweihundert Kilometern hin und zurück.

Eine Zeitlang gab es in Kisenyi eine Zahnärztin, die Kenneth einmal wegen einer beschädigten Krone behandelte. Die Krone fiel ihr auf den Boden, sie trat versehentlich drauf, und die Krone zerbrach. Also mußte sie in Brüssel eine neue bestellen. Als Kenneth einige Wochen später wieder zur Behandlung kam und sich die neue Krone einsetzen lassen wollte, glitt der Ärztin das gute Stück abermals aus den Händen und war nicht mehr auffindbar. Nachdem die Frau den ganzen Behandlungsraum abgesucht hatte, stellte sich heraus, daß das kleine Ding in Kenneths Hemdtasche gefallen war. Kaum hatte die Ärztin ihn aufgefordert, den Kopf nach hinten zu beugen, um sie ihm endlich einzusetzen, rutschte sie ihr aus den Fingern, und Kenneth verschluckte sie. Als sie ihm vorschlug, das verflixte Teil zum gegebenen Zeitpunkt zu »bergen«, verließ Kenneth wortlos die Praxis und fuhr geradewegs nach Kampala.

Ich bekam auf Buniole wenig Besuch und fuhr auch eher selten in die Stadt, dafür aber hatte ich die Arbeit auf der Plantage, die meine Tage ausfüllte und um die meine Gedanken kreisten. Es war vielleicht die einzige Zeit meines Lebens, in der mich keine finanziellen Sorgen plagten. Ich verfügte über ein Monatsgehalt von dreihundert Dollar und bekam eine zusätzliche, vom Pyrethrum-Ertrag abhängige Prämie. In dem Haus wohnte ich natürlich umsonst, besaß zudem einen großen Gemüsegarten, einen Hühnerhof und etliche Obstbäume. Auf diese Weise konnte ich die Hälfte meines Einkommens sparen.

Gino hatte mich beauftragt, die Pyrethrum-Felder auf Buniole zu vergrößern. Das hieß, Bäume schlagen, mächtige Stümpfe aus dem Boden heben und Unterholz entfernen, ehe man überhaupt ein neues Feld bestellen und bepflanzen konnte. Obwohl die Arbeit außerordentlich schwer war, stellte ich zu meiner Überraschung fest, daß die Männer sie den weniger anstrengenden Tätigkeiten auf den bereits bestehenden Feldern vorzogen. Sie fällten wuchtige Bäume und schleppten die Stämme auf die Straße, von wo sie auf einem Laster zu der Feuerungsanlage im Trockenhaus transportiert wurden. Acht Männer waren erforderlich, um einen Baumstamm zu tragen. Dazu legten sie sich Stangen über die Schultern, befestigten Stricke daran und transportierten dann die Stämme in den Seilschlingen. Nackt bis zur Taille schleppten sie das Holz und sangen dabei aus voller Kehle: »Wir lassen uns nicht unterkriegen. Nein, nein, nein«, während ich in der sengenden Sonne neben ihnen herging und bei jedem Baumstamm applaudierte, den sie am Wegesrand abluden und neben die bereits dort liegenden rollten.

Ich lief viele Kilometer auf meinen täglichen Rundgängen über die Pflanzung. Wenn die Felder morastig waren, trugen mich vier Männer in einer Sänfte, einem großen Bambuskorb, der von zwei langen Holzstangen gehalten wurde, die auf den Schultern der Träger – zwei vorne, zwei hinten – lasteten. Auf ebenem Weg legten die Männer unter Gesang ein rasches Tempo vor, schoben die Stangen auf ein Signal hin von der linken auf die rechte Schulter und wechselten nach einer bestimmten Zeit erneut die Seite. Bei jedem Seitenwechsel hüpfte ich in meinem Korb ein wenig in die Höhe, woraufhin die Männer lachend meinten: »Madami ist heute eine *mwamikazi* (Tutsi-Königin)!« Bevor der König und die »Großen Chiefs« Autos chauffierten, waren die echte Königin und die Prinzessinnen stets in Sänften gereist.

Sheila begleitete mich auf meinen Inspektionsgängen treu und ergeben, jagte umher und schnüffelte jedes Fleckchen ab. Eines Tages – wir waren gerade auf dem Heimweg – drang aus der Schlucht neben der Straße ein Geräusch. Es hörte sich an, als würde ein kranker oder verletzter Mensch nach Atem ringen. Es war spät am Nachmittag, die Schatten wurden immer länger, und wir hätten eigentlich schon zu Hause sein sollen. Als ich dem Keuchen nachging, wurde es immer heftiger. Mit gesträubten Nackenhaaren näherte Sheila sich langsam und vorsichtig dem Graben. Wir hatten ihn fast erreicht, als das heisere Atmen verstummte und ich im selben Augenblick erkannte, daß es sich keineswegs um einen menschlichen Laut handelte. Es überlief mich siedendheiß, als ich einen Leoparden erblickte! Ich drehte mich entsetzt um und rannte Hals über Kopf davon, Sheila mir dicht auf den Fersen.

Wir schlugen uns durch den mit dichtem Gestrüpp überwucherten Pfad, der vom Graben wegführte. Ein einziges Mal wagte ich den Blick zurück und sah das hinterhältige Raubtier durch das unwegsame Gelände schleichen, ohne seine glühenden Augen von uns abzuwenden. Doch es hielt Abstand, und Sheila und ich gelangten unversehrt ins Haus.

Bereits vor Jahren hatte Kenneth mich darüber aufgeklärt, daß Leoparden keuchende Laute ausstoßen und kurz vor dem Angriff den Atem anhalten, und ich wußte auch, daß sie mit Vorliebe Hunde anfielen. Am folgenden Abend kam ein Mann einer benachbarten Plantage auf einen Drink vorbei und warnte mich vor einem Leoparden, den er auf der Straße neben dem Graben gesehen hatte. Seit diesem Tag achtete ich darauf, daß Sheila und ich vor Sonnenuntergang zu Hause waren, da Leoparden dann aus dem Schlaf erwachen und sich auf die nächtliche Jagd begeben.

Madame Pessina bewohnte eine Farm sechzehn Kilometer von Buniole entfernt. Sie besaß einen großen Lastwagen und transportierte gelegentlich Pyrethrum für mich nach Goma. Eines Nachmittags kam sie mit ihrem Fahrer vorbei, und während wir ein wenig miteinander plauderten, luden die Männer einige Tonnen getrockneter Pyrethrum-Blüten auf. Um halb fünf verließen sie Buniole, um fünf erreichte mich die Nachricht, der Lastwagen hätte eine Panne und säße fest. Sentashya und ich fuhren mit unserem Lieferwagen los und stießen nach ungefähr acht Kilometern auf das Fahrzeug. Während sich der Fahrer des Motors annahm, deckten Sentashya und ich die Pyrethrum-Säcke mit einer Plane ab und zurrten sie mit Stricken fest, da selbst die geringste Feuchtigkeit für die sorgfältig getrockneten Blumen schädlich war.

Der Abend dämmerte bereits, als ich Madame Pessina nach Hause fuhr. Sie bedankte sich, wir winkten uns zum Abschied noch einmal zu und setzten uns ins Auto. Als ich die Scheinwerfer einschaltete, tat sich zu meinem Entsetzen nichts. Sie waren kaputt! Es blieb uns also nichts anderes übrig, als die sechzehn Kilometer auf dunkler, einsamer Straße zurückzulegen. Wie alle Menschen, denen derartige Überraschungen nicht fremd sind, überließ Madame Pessina uns eine kleine Öllaterne, die uns den Weg nach Hause weisen sollte. In totaler Dunkelheit, ohne den Mond, der uns hätte leiten können, ging Sentashya mit der Laterne in der Hand mutig voran und dirigierte mich an tiefen Schlaglöchern und hohen Erdhaufen vorbei. Drei Kilometer vor unserer Farm hörten wir das beängstigende Keuchen eines Leoparden, der sich aus dem angrenzenden Dickicht anpirschte. Zu Tode erschrocken stieg Sentashya ins Auto, und schlotternd vor Angst tasteten wir uns wie blinde Maulwürfe Meter für Meter nach Buniole.

Noch heute gehören Leoparden für mich zu jenen Tieren Afrikas, vor denen ich wirklich Angst habe. Ich habe mit eigenen Augen gesehen, was sie sowohl Tieren als auch Menschen antun können, und es gibt Grund genug, sie zu fürchten.

7 Die Europäer

Die europäer, die sich in jenen Jahren in der Provinz Kivu angesiedelt hatten, waren eine auserlesene Gesellschaft von Abenteurern und Aristokraten, welchen es nicht an schillernden Charakteren mangelte. Sie waren in der ersten Hälfte des zwanzigsten Jahrhunderts aus Belgien, Frankreich, Italien, Polen und Österreich gekommen und hatten entlang der fruchtbaren Ufer des Kivu-Sees und in der umliegenden Bergregion weitläufige Plantagen angelegt. Im Norden entwickelten sich die Nachbarstädte Goma und Kisenyi, im Süden die Provinzhauptstadt Bukavu zu den kulturellen und wirtschaftlichen Zentren der Gegend. Alle drei Städte glänzten mit breiten, von Bäumen gesäumten Boulevards und warben mit geschmackvollen Geschäften und Hotels um die Gunst ihrer noblen Klientel. Mit der Errichtung vornehmer Villen im europäischen Stil und Plantagensitzen, ausgestattet mit viel Personal, schufen die Europäer in dem malerischen Paradies die kultivierte Welt einer privilegierten Klasse. Viele kamen und verdienten ein Vermögen, viele ließen ein Vermögen zurück, und viele Vermögen gingen mit der Unabhängigkeit des Kongo verloren.

In diesem Teil Afrikas versteht man unter »Europäer« alle Weißen, ungeachtet ihrer Herkunft. Mit anderen Worten, auch ich als Amerikanerin werde als Europäerin angesehen. Im allgemeinen nahmen die Belgier eine paternalistische Haltung gegenüber den Afrikanern ein. Sie meinten, sich ihrer annehmen und sie wie Kinder behandeln zu müssen, ohne jedoch ihre althergebrachten Sitten und Gebräuche zu mißachten und ihre Stammesfürsten zu maßregeln. Das afrikanische Wort für Europäer ist *muzungu*, und wenn ich an die glanzvolle Zeit vor der Unabhängigkeit des Kongo zurückdenke, überrascht es mich nicht, daß die Afrikaner die *wazungu* mit einem gesunden Maß an Skepsis betrachteten.

Viele der weißen Siedler im Kivu waren Adlige. Ostafrikas

warmes Klima und seine offenen Grenzen boten den zweit- und drittgeborenen Abkömmlingen des europäischen Adels ebenso wie ausgewiesenen und ihrer Rechte beraubten Mitgliedern angesehener europäischer Fürstenhäuser eine willkommene Chance. Daneben hatten sich mindestens genausoviele Abenteurer und Glücksritter auf der Suche nach Wohlstand und neuen Möglichkeiten in diesem Teil des fremdartigen Kontinents niedergelassen. Größtenteils waren es beherzte, unbeugsame Männer und Frauen, die hart arbeiteten, viel riskierten und auf gegenseitige Kameradschaft und gemeinsame Geselligkeit bauten. Sie feierten opulente Feste, veranstalteten rabiate Wettkämpfe und vergnügten sich mit bizarren Hobbys.

Ein Kaffeeplantagenbesitzer etwa bewohnte ein prachtvolles Haus und hatte eigens für seine Vielzahl exotischer Vögel eine stilvolle Voliere bauen lassen. Bei Abendgesellschaften warfen die Gäste Brotkrumen für die frei herumlaufenden weißen Zuchttauben auf die spiegelblanken, schwarzweiß gekachelten Böden. Ein anderer Plantagenbesitzer züchtete eine besondere Art Knollenbegonien, die die weitläufigen Terrassen seiner Villa bis hinunter an den See säumten und den Neid vieler Gartenbauexperten erregten. Jack Poelaert wiederum fuhr einen 1922er Rolls Royce und bewohnte mit seiner Mutter und einer domestizierten Goldkatze ein imposantes Anwesen inmitten duftender Zitronenhaine. Nicht nur Pfaue und Kronenkraniche stolzierten über viele Rasenflächen – ein französischer Plantagenbesitzer hatte auf seinem Grundstück sogar ein kleines Wildgehege angelegt. Zu dieser Gesellschaft gehörte auch eine wegen ihrer obszönen, nicht salonfähigen Witze berüchtigte Baronin, die vor ihrer Heirat mit einem französischen Baron und ihrer Übersiedelung in den Kivu ein nobles Bordell in Paris geführt hatte.

Die Einwanderer waren ihrer Herkunft nach vollkommen verschieden, und jeder von ihnen wußte abenteuerliche Geschichten zu erzählen. So zum Beispiel Sergio Bottazzi, ein erfolgreicher italienischer Geschäftsmann, der in einer am See gelegenen Villa in Kisenyi residierte. Sein Vater war in den vierziger Jahren Gouverneur von Somalia gewesen, bis Vater und Sohn im Zweiten Weltkrieg als italienische Staatsangehörige in einem Lager interniert wurden. Sergio ließ sich in den fünfziger Jahren in Kenia nieder und entwickelte eine große Schwäche für Tutsi-Frauen. Als ihn seine Mutter einige Jahre später besuchte, stellte sie zu ihrer Bestürzung fest, daß Sergio nicht verheiratet war und auch nicht beabsichtigte, sich eine Frau zu suchen. Aber wie fassungslos war sie erst, als sie erfuhr, Großmutter dreier hübscher, milchkaffeebrauner Kinder zu sein, die ohne jegliche Führung aufwuchsen und nur Kinyaruanda sprachen. Entschlossen nahm Madame Bottazzi sich der Sache an. Sie zog nach Ruanda, widmete sich der Erziehung ihrer Enkel, unterrichtete sie in Französisch und Italienisch und verbrachte mit ihnen die Ferien in ihrer Heimat. Ihre prachtvollen, exotisch anmutenden Gärten brachten ihr überall im Kivu große Bewunderung ein. Madame Bottazzi blieb bis zu ihrem Tod im Jahr 1980 in Ruanda.

Der schillerndste Charakter war jedoch zweifellos Oswald, Marquis von Chasteleer. Oswald hatte zwar den belgischen Adelstitel geerbt, doch davon abgesehen war sein Vater vollkommen verarmt gestorben, so daß Oswald in den Kongo auswanderte, um dort sein Glück zu machen. Den Titel, so behauptete er, benutzte er nur in Amerika, wohin er gelegentlich reiste und Pyrethrum verkaufte. Oswald wurde ein erfolgreicher Geschäftsmann und brachte es zu Wohlstand. Er besaß zwei Kaffeeplantagen im Kongo und bewohnte in Kisenyi eine Villa am See. Terrassengärten und ein ausgeklügeltes Labyrinth schmückten die Rasenflächen einer seiner Plantagen, und als Umkleidekabine für Badegäste dienten arkadenförmig zugeschnittene Zypressen mit einem Blickschutz aus duftenden Blättern. Von einem Berghang ergoß sich ein Wasserfall in ein Becken, in dem sich Forellen aus Kenia tummelten.

Der Marquis war ein kräftiger Mann mit unglaublicher körperlicher wie auch sexueller Energie. Er war zwar nicht sonderlich attraktiv, hatte aber eine Schwäche für das weibliche Geschlecht und einen unwiderstehlichen Humor. Da ihm sein Verschleiß an

Frauen einen geradezu legendären Ruf eintrug, nannten viele Leute im Kivu ihre preisgekrönten Hähne Oswald und zollten damit seiner Manneskraft Tribut. Er war mit einer charmanten österreichischen Gräfin verheiratet gewesen, die ihn jedoch verließ, nachdem sie seine unzähligen Seitensprünge lange Zeit mit bemerkenswerter Langmut erduldet hatte.

Oswald und ich wurden gute Freunde, aber er ließ keine Gelegenheit ungenutzt, mich zu ermuntern, unsere Freundschaft in eine Beziehung intimerer Natur umzuwandeln. Worauf ich die Gelegenheit gleichermaßen nutzte und jedesmal freundlich ablehnte. Als ich Oswald das erste Mal begegnete, dinierte er gerade mit einer hinreißenden Frau im Hôtel des Grands Lacs in Goma. Die Dame war eine Gräfin und seine Geliebte und die erste einer Folge atemberaubend schöner Damen, die man im Laufe der Jahre an seiner Seite sah.

Yvonne Mendel, eine ausgebildete Geigerin, junge Verlobte und zugleich Schützling von Sir Charles Mendel, einem in Großbritannien weithin bekannten Kunstmäzen, war eindeutig Oswalds entzückendste Gefährtin. Sir Charles war in erster Ehe mit der berühmten Designerin Elsie De Wolfe verheiratet gewesen, der Erfinderin der Haarspülung, die dem Haar älterer Frauen einen bläulichen Schimmer verleiht. Sir Charles gab offen zu, daß seine Heirat mit Yvonne eine reine *mariage blanc* gewesen war, und daß sie Oswald mit Charles' Zustimmung in den Kivu begleitet hatte. Yvonne wurde in der Gemeinschaft herzlich aufgenommen, und alle – mich eingeschlossen – fanden sie hinreißend und betrachteten sie als eine Bereicherung. Wahrscheinlich wären wir gute Freundinnen geworden, wenn sie nicht trotz mehrerer Operationen, die sie in Europa hatte vornehmen lassen, innerhalb eines Jahres an Darmkrebs gestorben wäre.

Oswalds Liebschaften lieferten den Bewohnern des Kivu über Jahre hinweg Unterhaltungsstoff. Die Tochter einer französischen Baronin, einer Bekannten von mir, war mit einem Rechtsanwalt in Bukavu verheiratet. Als sie sich bis über beide Ohren in Oswald verliebte, bekniete der Ehemann seine Schwiegermutter, sich für ihn einzusetzen, um die Ehe zu retten. Die Baronin kam seiner Bitte nach und legte sich heftig ins Zeug, um die Tochter aus den Armen dieses Schwerenöters zu retten – mit dem Ergebnis, daß sie selbst Oswalds Geliebte wurde. Die Verbindung währte etliche Jahre.

Als Frau, die allein in der Abgeschiedenheit von Buniole lebte, hing mir zwar der Ruf einer Exzentrikerin an, dennoch wurde ich in diesem von alleinstehenden Männern beherrschten Gesellschaftskreis zu einer begehrten Begleiterin bei Abendgesellschaften. Da Einladungen zu Parties stets mit langen Fahrten über miserable Straßen verbunden waren, dehnte man sie über das ganze Wochenende aus, und sie waren stets sehr unterhaltend und extravagant. Erlesene Weine und Champagner flossen in Strömen. Trüffelleberpastete, Wachteleier und Austern, die auf Eis aus Europa angeliefert wurden, waren nichts Außergewöhnliches, und ohne die extravaganten Spiele, ohne den Tanz zu amerikanischem Jazz hätte dem Abend etwas gefehlt. Tagsüber konnte man schwimmen und Boot fahren, an Schießwettkämpfen teilnehmen und auf dem Golfplatz mit sechs Löchern ein paar Runden spielen, oder an Pferdevorführungen im Reitclub von Goma teilnehmen, der stolz seine gesamten sechs Pferde präsentierte.

Rund um den Kivu-See wurden unzählige ausgelassene Feste gefeiert, aber am vornehmsten ging es bei Karin und Adam Bielski zu. Karin war eine große und sehr hübsche Frau mit hellbraunem Haar, porzellanartigem Teint und eindrucksvollem Auftreten. Sie war in jeder Hinsicht die »First Lady« des Kivu. Adam war zwar ein wenig zurückhaltend, aber nichtsdestotrotz charmant, sehr distinguiert und ein hervorragender Tänzer. Wie die meisten Europäer waren auch die beiden über Umwege in den Kivu gekommen.

Adam war ein polnischer Graf, der im Zweiten Weltkrieg in der heimatlichen Armee gekämpft hatte. Er war damals mit einer jungen Frau namens Sophia verheiratet gewesen und hatte eine kleine Tochter. Nach der Niederlage der Polen brachte Adam

Frau und Kind nach Lissabon, wo er den Lebensunterhalt für sich und seine Familie in Spielcasinos verdiente, bis es ihnen gelang, nach Schottland auszureisen. Dort schloß er sich erneut seinem Regiment an, das von einem polnischen General kommandiert wurde und in dem er nun auf der Seite der Alliierten kämpfte. In Edinburgh verliebte sich Sophia in einen anderen Mann (einen von Adams engsten Freunden), ließ sich von Adam scheiden, nahm ihr Töchterchen und übersiedelte nach Kanada.

Bei einem Einsatz in Frankreich wurde Adam im Kampf verwundet und vom Roten Kreuz in der Annahme, er sei tot, auf dem Feld zurückgelassen. Daß man ihn gerettet und in ein Armeehospital gebracht hat, verdankte er allein dem Umstand, daß ihn seine Kameraden fanden und feststellten, daß er noch lebte. Als er wieder genesen war, war der Krieg vorbei. Da er wußte, daß er keinesfalls in einem kommunistischen Polen leben wollte, nahm er Kontakt zu einem entfernten Verwandten auf, der in Holland ein Exportunternehmen leitete. Er fand dort Arbeit und lernte Karin kennen.

Als Enkelin eines Mannes, der am niederländischen Hof eine hohe Position bekleidete, wurde Karin im Kindesalter zusammen mit Königin Juliana unterrichtet, mit der sie eine das ganze Leben währende enge Freundschaft verband. Sie heiratete einen Mann namens Boreel, von dem sie sich jedoch Mitte der vierziger Jahre scheiden ließ. Adam und Karin verliebten sich heftig ineinander, aber Adam hegte als gläubiger Katholik große Zweifel, ob sie tatsächlich heiraten dürften, da sie doch beide geschieden waren. Seine religiöse Überzeugung wurde auf eine harte Probe gestellt, bis schließlich die Liebe siegte und beide den Bund fürs Leben schlossen.

Adams Bruder Roman hatte während des Kriegs Zuflucht in Großbritannien gesucht und dort Anna, Prinzessin Sapieha von Polen, kennengelernt und zur Frau genommen. Annas Bruder, Prinz Michel Sapieha, war ein Jagdfreund von König Leopold III. von Belgien, der ihm ein Jagdrevier in Belgisch-Kongo überließ. Obwohl keiner in der Familie dieses Land jemals zu Gesicht bekommen hatte, wanderte die gesamte Familie Sapieha, einschließlich Roman, Anna und ihrer polnischen Haushälterin, nach Kriegsende in den Kongo aus, um sich dort ein neues Leben aufzubauen. Sie pflanzten Tee an und brachten es zu Wohlstand.

Karin hatte beschlossen, Holland zusammen mit Adam und ihren drei Kindern zu verlassen und sich Roman und anderen polnischen Familien anzuschließen, die sich im Osten von Belgisch-Kongo angesiedelt hatten. 1952 setzte die Familie ihr Vorhaben in die Tat um und ließ sich im Kivu nieder. Da Karin über ausreichend finanzielle Mittel verfügte, erwarb sie zwei nebeneinanderstehende Häuser auf einem Hügel in Kisenyi. Das eine diente als Wohnhaus und beherbergte die umfangreiche Bibliothek, im anderen befanden sich die Schlafzimmer. Sie investierten Geld in eine Kaffeeplantage in der Nähe von Saké und waren außerordentlich erfolgreich.

Viele Plantagenbesitzer und Aristokraten schlossen Freundschaft miteinander, und ich betrachte es als Ehre, ihre Bekanntschaft gemacht zu haben. Sie haben mir viel Gutes getan, waren stets zur Stelle, wenn es Probleme gab, haben mich in ihre erfrischende, verrückte Welt aufgenommen! All das endete abrupt mit der Unabhängigkeit des Kongo. Als 1961 alle Europäer aus dem Kongo flüchten mußten, verließen die meisten Ostafrika. Ich hatte damals das Glück, auf meiner eigenen Plantage in Ruanda zu wohnen und für mich entscheiden zu können, daß ich bleiben wollte.

Roman und Anna gehörten zu den wenigen, die ihre Zelte nicht abbrachen. Zwar nahmen sie oft Zuflucht in Ruanda, kehrten aber immer wieder zu ihren Besitzungen im Kongo zurück. 1964 wurden sie eines Nachmittags auf einer Autofahrt von kongolesischen Soldaten überfallen und mit Macheten getötet.

Karin Bielska verließ 1961 den Kongo zusammen mit vielen anderen Europäern. Oswald ging nach Südafrika, Jack Poelaert nach Uganda. Adam wohnte bis zu seinem Tod im Jahr 1989 in Kisenyi. Er war bis zum Schluß einer meiner besten Freunde. Wir sprachen oft über die wunderbaren Jahre, die wir privilegiert und idyllisch verbracht hatten, ehe die Afrikaner ihr Land zurückforderten und sich unser Leben für immer änderte.

8 Cecil

Cecil Bellwood trat in mein Leben, als mein Selbstwertgefühl als Frau auf einen absoluten Tiefpunkt gesunken war. Fast sieben Wochen nach meiner Ankunft in Buniole erhielt ich von Karin und Adam Bielski eine Einladung in ihr Haus in Kisenyi und freute mich schrecklich auf einen Abend mit Freunden. Einige Tage zuvor hatte ich unabsichtlich ein Gespräch zwischen Sentashya und Berina belauscht. Sie unterhielten sich über die Art und Weise, wie ich als alleinstehende Frau auftrat. Das Gespräch verlief ungefähr so: »Ich finde, sie benimmt sich wie ein Mann. Sie ist fast so groß wie ein Mann und trägt Hosen wie ein Mann. Und hast du schon mal beobachtet, wie sie den Ford lenkt? Wie ein Mann!« Ich wußte, daß die Bemerkung als Ausdruck höchster Anerkennung gemeint war, aber sie verletzte mich dennoch zutiefst. Ich kam zu dem Schluß, daß ich unbedingt etwas ändern mußte.

Nachdem ich – so weiblich wie möglich – mit dem Wagen die steile Anhöhe zu dem Anwesen der Bielskis bewältigt hatte, bereitete mir das Ehepaar einen herzlichen Empfang. Die Worte »wie ein Mann« gärten immer noch in mir, und ich wollte mir das nie wieder nachsagen lassen. Daher hatte ich mein bestes Kleid – lila Seide – angezogen, sorgfältig die Erdreste unter den Fingernägeln weggeschrubbt, einen Hauch Make-up aufgelegt und meine wilde Mähne in eine Frisur verwandelt. Es herrschte eine festliche Atmosphäre. Unter den ungefähr zwanzig Gästen waren Holländer, Polen, Belgier, Franzosen, Schweizer, Italiener und Briten. Ich war die einzige Amerikanerin. Die Hausboys, die sich mit ausladenden Tabletts voller Cocktails durch die Gästeschar schlängelten, trugen zur Feier des Tages gestärkte weiße Hosen, weiße Hemden mit schwarzem Binder und eine breite rotgelbe Leibbinde und wirkten sehr, sehr elegant.

Es wurde ein zauberhafter Abend bei Musik und Champagner. Silberne Kandelaber und Wandleuchter mit Dutzenden flackernder Kerzen spiegelten sich in den Kristallbechern und tauchten die roséfarbenen Wände in ein warmes Licht. Wieder einmal erwiesen sich meine dürftigen Sprachkenntnisse als Nachteil, aber als ich neben einem Briten zu sitzen kam, löste sich meine Anspannung. Er hieß Cecil Bellwood, war ungefähr in meinem Alter, mittelgroß, von normaler Statur und hatte schwarzes, gewelltes Haar. Er war ein attraktiver, charmanter Mann und faszinierender Gesprächspartner, dessen galante Bemerkungen mir mehr als nur ein bißchen schmeichelten. Wir flirteten miteinander, plauderten über Belanglosigkeiten und tanzten auf der Veranda schwungvoll Walzer. Cecil gab mir das Gefühl, attraktiv und begehrenswert zu sein, und ich sah mit Bedauern dem Ende des Abends entgegen. Als er andeutete, er wolle mich einmal besuchen kommen, hatte ich eigentlich nicht damit gerechnet, daß er seine Absicht tatsächlich in die Tat umsetzen würde. Doch jedes Mal, wenn ein Auto über die lange Straße auf Buniole zufuhr, spitzte ich die Ohren.

Ein paar Wochen später stand er zu meiner Überraschung und Freude tatsächlich vor der Tür. Wir tranken Tee, und ich zeigte ihm die Pflanzung. Stundenlang plauderten wir über Gott und die Welt. Er berichtete mir sämtliche Neuigkeiten von Bukavu bis Kisenyi, ich erzählte ihm über mein Leben und wie es dazu gekommen war, daß ich eine Plantage im Kongo bewirtschaftete.

Cecil war geschieden. Nachdem er an der Militärakademie von Sandhurst sein Studium abgeschlossen hatte, wurde er im Zweiten Weltkrieg in Nordafrika stationiert und hatte dort an heftigen Kämpfen teilgenommen. In dieser Zeit erkrankte er an Amöbenruhr und litt seitdem unter ernsten Darmbeschwerden. Er hatte zeitweilig in Kenia gelebt und sich dort einen Freundeskreis aufgebaut. Jetzt verkaufte er in der Umgebung um Bukavu für eine Firma namens Colin Hood Versicherungen an belgische Plantagenbesitzer.

Liebesaffären und Seitensprünge waren im Kivu keine Seltenheit, ich hatte allerdings nicht die Absicht, mich dieser Gewohnheit anzuschließen. Da die Scheidung von Kenneth noch nicht rechtsgültig war, als ich Cecil übers Wochenende einlud, stand ich vor der Frage, wen ich als Anstandsdame dazu einladen sollte. Cecil verhielt sich stets korrekt, aber der Besuch eines alleinstehenden Mannes über ein ganzes Wochenende hätte die Gerüchteküche im Kivu zum Brodeln gebracht. Schließlich fielen mir ein paar Menschen ein, die sich meiner Meinung nach hervorragend für diese Aufgabe eigneten: Jack Poelaert und seine Mutter Madame Poelaert. Zur Abrundung der kleinen Gesellschaft bat ich für den Samstagabend noch meine Nachbarn Jean-Marc und Christianne Syners dazu.

Es regnete in Strömen, als Cecil schwerbeladen mit Körben köstlicher Leckerbissen wie frischen Forellen, einer Auswahl verschiedener Weine, Pflaumen und belgischer Schokolade in der Tür stand. Ich war gerührt, doch auch ein bißchen in Sorge wegen des Wetters. Wir befanden uns mitten in der Regenzeit, und es regnete zuweilen tagelang, was selbst die hartgesottensten Autofahrer von einem Ausflug abhielt.

Wir verstanden uns prächtig. Als wir vor dem Kamin saßen und unseren Sherry tranken, erzählte ich ihm, wen ich noch eingeladen hatte, und er nahm es allem Anschein nach mit Freude auf. Zur vereinbarten Zeit klopfte es an der Tür. Anstelle der Poelaerts oder der Syners stand jedoch ein bis auf die Haut durchnäßter Bediensteter an der Schwelle und ließ ausrichten, Mrs. Poelaert sei krank, weswegen die beiden leider absagen müßten. Ich war geknickt. Mein ausgeklügelter Plan schien fehlzuschlagen, leise hoffte ich jedoch, daß wenigstens die Syners über Nacht bleiben würden oder Cecil bei ihnen übernachten könnte. Nicht lange, und ich hörte ein neuerliches Klopfen an der Tür. Gleich darauf blickte ich einem weiteren, ebenso durchnäßten Kurier ins Gesicht, der die Nachricht der Syners überbrachte, sie seien bedauerlicherweise in Goma aufgehalten worden und könnten der Einladung zum Abendessen nicht nachkommen.

»Oje, das ist jetzt aber wirklich peinlich«, sagte ich, als ich das Wohnzimmer betrat, in dem Cecil es sich gerade in einem Sessel neben dem Feuer bequem gemacht hatte.

»Zwischen uns gibt es nichts Peinliches, Rosamond«, antwortete er ermutigend.

»Doch, in diesem Fall schon. Mrs. Poelaert ist krank, und die Syners hängen in Goma fest. Sie können unmöglich über Nacht bleiben, wenn wir beide hier allein sind!« Ich sagte es so, als verstünde es sich von selbst.

Nachdem Cecil kurz überlegt hatte, meinte er: »Es ist so angenehm hier zu zweit. Zerstören Sie jetzt nicht die Stimmung. Sollen wir vielleicht etwas essen?«

Während der Regen auf das Dach und gegen die Fensterscheiben trommelte, gestaltete sich das Abendessen recht angenehm. Doch als Berina den Tisch abräumte, kam ich erneut auf die mißliche Lage zu sprechen, in der ich mich befand. Ich blieb eisern bei meinem Entschluß, Cecil dürfe nicht bleiben, während er sich standhaft weigerte, bei solch einem Regen auch nur einen Schritt aus dem Haus zu tun. Wir steckten in einer Sackgasse. Als er vorschlug, im Auto zu übernachten, nahm ich endlich Vernunft an und räumte ein, daß ich mich unbedacht und albern aufgeführt hätte und er selbstverständlich bleiben müsse. Wir waren beide so verlegen, daß wir früh schlafen gingen. In getrennten Schlafzimmern mit einem großen Flur und zwei geschlossenen Türen dazwischen. Am nächsten Morgen, im Licht der Sonne, schämte ich mich zutiefst über mein Verhalten.

Erstaunlicherweise ließ Cecil sich nicht so schnell ins Bockshorn jagen. Er besuchte mich am folgenden Wochenende erneut und noch viele Wochenenden danach. Anfangs brachte er noch Freunde mit, bis er schließlich alleine kam. Er war sehr amüsant und unterhaltsam und konnte sich stundenlang über jedes beliebige Thema auslassen. Dabei gab er sich in Sprache und Auftreten entzückend britisch, und nichts was er sagte oder tat, war unpassend. Zudem war er unglaublich romantisch, und ich zählte die Tage, bis ich ihn wiedersah. Seine liebevolle, zärtliche Art weckte in mir eine Leidenschaft, wie ich sie bis dahin noch nicht erlebt hatte.

Ich kann nicht behaupten, daß ich Cecil ernsthaft liebte. Ich glaube eher, ich hatte mich in einem Augenblick, in dem ich dafür empfänglich war, nur heftig in ihn verliebt. Zwölf leidenschaftslose Jahre hatten in mir ein Gefühl von Einsamkeit und Frustration hinterlassen, und Cecil war genau der, den ich damals brauchte. Andererseits wollte ich um nichts in der Welt meinen guten Ruf verlieren. Cecil nahm es mit Humor und war ebenso vorsichtig wie ich. Wie auch immer, unsere Parole lautete Diskretion. Wir besuchten Partys in Goma und Kisenyi, aber nicht so häufig, daß wir ins Gerede kamen. Das Personal wußte nur, daß Bwana Bellwood zu Besuch kam und über Nacht blieb, obwohl ich natürlich davon ausgehen mußte, daß sie sich ihren Reim darauf machten.

Cecil hatte oft geschäftlich in Goma zu tun und verknüpfte dann seine Fahrt mit einem Abstecher in unseren Schlupfwinkel Buniole. Tagsüber ging ich meinen Pflichten auf der Plantage nach, aber die Nächte gehörten uns. Cecil vertrieb nicht nur meine Einsamkeit, sondern lenkte meinen Blick auch auf all das Schöne in der Umgebung der Pflanzung. Spätnachmittags spazierten wir zum Wasserfall, bahnten uns den Weg durch den dichten Wald und schreckten Affen hoch oben im verzweigten Geäst auf, bis wir auf den schmalen Sturzbach stießen, der sich kristallklar vom Berg hinab auf die Flußsteine und gezackten Farnblätter zu unseren Füßen ergoß. Er fiel aus einer Höhe von fünfzehn Metern herab und machte die Luft kühl und frisch. Nie kam Cecil aus Bukavu, ohne Leckereien mitzubringen, die wir dann in der unberührten Wildnis verspeisten: Räucherlachs, frische Früchte, Käse aus Belgien und dazu stets ein oder zwei Gläser Sherry. Zum ersten Mal seit vielen Jahren war ich aufrichtig glücklich. Mich erfüllte eine unaussprechliche Dankbarkeit, daß ich diesem wundervollen Mann begegnet war.

Wenn Cecil Buniole wieder verließ, begleitete ich ihn häufig bis zu den am äußersten Rand der Plantage gelegenen Feldern. Die Felder waren sehr groß, und ich bemühte mich nach allen Kräften, die Pyrethrum-Produktion zu steigern und legte dazu täglich viele Meilen zu Fuß zurück. Ich war wohl nie so fit wie in jener Zeit. Sheila – meine treue Gefährtin – war auf meinen Inspektionsgängen stets mit von der Partie. Sobald wir uns von Cecil verabschiedet hatten, machten wir uns auf den langen Marsch zurück nach Hause. In übermütigen Sätzen streifte Sheila über die Felder, während ich die Pflanzen und die Nachernte in Augenschein nahm und mich bereits nach Cecil sehnte.

Eines Nachmittags – lange nachdem Cecils Auto außer Sichtweite war – merkte ich, daß Sheila nicht an meiner Seite war. Beim besten Willen fiel mir nicht ein, ob sie mit im Auto gesessen hatte, und ich geriet völlig außer mir vor Schreck. Ich liebte meinen Hund abgöttisch und ließ ihn wegen der ständig lauernden Gefahr, von Leoparden überrascht zu werden, nicht aus den Augen. Sheila war für mich die einzige Verbindung zur Vergangenheit und vermittelte mir das Gefühl einer gewissen Kontinuität. Ich hatte sie schon, ehe ich nach Afrika ging, und sie zu verlieren, hätte mir das Herz gebrochen. Atemlos rannte ich zurück zum Haus in der Hoffnung, sie würde mich mit ihrem glücklichen Gebell begrüßen. Doch ich wurde enttäuscht. Schließlich dämmerte es mir: Gewiß saß sie in Cecils Auto und begleitete ihn nach Bukavu. Ich wußte, daß er in Saké, zwei Autostunden von Buniole entfernt, tanken mußte. Dort würde er sie im Wagen entdecken und zurückbringen. Der Abend kam und ging, ohne daß Cecil oder Sheila auftauchten. Und selbst zwei Tage später kein Zeichen der beiden. Ich war krank vor Sorge. Als ich mich am vierten Tag damit abgefunden hatte, daß Sheila entweder verschwunden oder sogar tot war, hörte ich mit einem Mal Cecils Hupe. Kaum hatte ich die Wagentür aufgerissen, sprang Sheila mir entgegen und bedeckte mein Gesicht mit nassen Küssen.

»Wo warst du?« fragte ich aufgeregt.

Cecil stieg aus und umarmte mich liebevoll. »Hallo, altes Mädchen! Komm, laß uns Tee trinken, dann erzähle ich dir alles.«

Er berichtete, Sheila hätte nicht einen Muckser getan, als er in Saké anhielt und tankte. Erst kurz vor Bukavu habe er bemerkt, daß er nicht allein im Auto saß, aber da war es bereits zu spät, als daß er hätte umkehren können. Daraufhin schickte er mir ein Telegramm (das ich nie erhielt), gab Sheila ein T-Bone-Steak zu fressen und »brachte sie zu Bett«. Am nächsten Morgen war sie verschwunden. Da Cecil wußte, wie sehr ich an Sheila hing, verteilte er in der ganzen Stadt Plakate: »Irischer Terrier entlaufen!« Aber offenbar hatte niemand das Tier gesehen. Zwei Tage später stand Sheila vor seiner Hintertür – hungrig, zerzaust, die Augen voller Heimweh.

Ich kann nur vermuten, daß sie losgezogen war, um den Weg nach Buniole zu finden. Als der Versuch fehlschlug, folgte sie dem Weg zurück zu Cecils Haus, weil sie wußte, daß sie mich nur durch ihn wiederfinden konnte.

Cecil gab ihr zu fressen und wusch ihr das Fell, sagte alle Termine ab, fuhr von Bukavu nach Buniole (eine sechsstündige Autofahrt) und brachte sie zurück. Das war typisch für ihn! Er war der liebevollste, aufmerksamste Mann, der mir je begegnet ist. Selbst in Krisensituationen behielt er die Ruhe, war einfühlsam, fürsorglich und souverän. Da wir von Anfang an wußten, daß er nicht unbegrenzt in Afrika bleiben konnte, kamen wir überein, aus unserer gemeinsamen Zeit das Beste zu machen. Und das taten wir auch.

Ich habe im August Geburtstag, und der des Jahres 1954 wird mir unvergeßlich bleiben. Cleophas und ich nahmen zuweilen eine Abkürzung zu den weit entfernt gelegenen Feldern und mußten dazu über einen umgefallenen Baumstamm balancieren, der über einen wilden Bach führte. Das bereitete mir immer große Mühe. Eines Tages rutschte ich mit meinen schlammbedeckten Turnschuhen aus und drohte, ins Wasser zu fallen. Ich geriet derart in Panik, daß ich mich weigerte, auch nur einen Millimeter weiterzugehen. Cleophas, der beneidenswert leichtfüßig und mit ausgebreiteten Armen über den Stamm zu laufen verstand, streckte mir einen Spazierstock entgegen, an dem ich mich festklammerte und auf die andere Seite ziehen ließ.

Am nächsten Tag bat er mich, vier Männer drei Tage lang für eine besondere Aufgabe freizustellen. Ich dachte eine Weile darüber nach und stimmte dann zu. Es war reiner Zufall, daß diese besondere Aufgabe genau am Morgen meines Geburtstags vollendet war. Er und die Männer hatten eine solide Brücke aus zwei massiven Balken gebaut, über die sie kürzere Bohlen als Trittfläche genagelt hatten. Die Brücke verfügte sogar über einen Handlauf, damit ich nie wieder abrutschen konnte. So eine prächtige Brücke gab es in ganz Afrika nicht mehr, denn sie war außerdem mit hohem, weichem Gras bedeckt! Dafür hatten die Männer zehn Zentimeter Erde auf die Bohlen geschüttet und die Grasballen eingepflanzt. Es war eines der schönsten Geburtstagsgeschenke meines Lebens!

Die Brücke wurde zu meinem bevorzugten Picknickplatz. Ausgerüstet mit belegten Broten und Kaffee setzte ich mich auf den weichen grünen Teppich, ließ die Beine baumeln und blickte in den wild rauschenden Bach unter mir. Von dort aus beobachtete ich oft die Turakos mit den schwarzen Schnäbeln, die zu den schönsten Vögeln Afrikas zählen. Sie sind ungefähr so groß wie Raben, aber weitaus schlanker und eleganter. Ihr Gefieder schillert schwarz bis papageigrün, und die Unterseite der Flügel leuchtet scharlachrot. Ein paar Turakos nisteten im verzweigten Geäst des Baumes über mir, und wenn ich mich auf meiner Brücke absolut still verhielt, konnte ich meistens einen oder zwei der herrlichen Vögel beobachten.

Cleophas war begeistert, als er erfuhr, daß die Einweihung der neuen Brücke auf meinen Geburtstag fiel, und rief eine Schar

Kinder zusammen, die auf dem Rasen vor dem Haus einen Tanz vorführten. Die Party war in vollem Gang, als Cecil am Nachmittag eintraf. Eine ganze Horde Jungen und Mädchen standen in einem großen Kreis auf dem Rasen und sangen und klatschten. Die Tänzer – insgesamt waren es vier kleine Jungen auf der einen und vier kleine Mädchen auf der anderen Seite – paßten sich dem Rhythmus an. Die Mädchen wiegten sich im Takt, während die Jungen den Rücken durchdrückten, den Kopf in die Höhe reckten, mit den Füßen stampften, dann den Körper wanden und in die Höhe sprangen. Es war ein faszinierender Anblick und ein wunderschöner Nachmittag. Den melodiösen Stimmen der Kinder zu lauschen, die jungen Tänzer in der ernsten Konzentration auf die einzelnen Schritte des Tanzes zu beobachten und zudem Cecil neben mir zu wissen – ich war glücklich wie nie zuvor!

Berina war von dem hochfliegenden Wunsch beseelt, es zum Maître d'Hôtel zu bringen. Aber leider war er noch ziemlich weit von der Realisierung seines Plans entfernt. Einmal kam Cecil überraschend in der Mittagszeit zu Besuch und sah, daß Berina mir das Mittagessen im Khaki-Hemd, mit Shorts und einer schmutzigen weißen Schürze servierte. Cecil war über diesen unziemlichen Aufzug empört und tadelte ihn heftig. »Berina, wie können Sie es wagen, Madame so schmutzig gekleidet das Essen zu servieren? Wo ist Ihre *kanzu*?« Eine *kanzu* ist das weiße lange Gewand mit Kummerbund und Fez – die Standard-Uniform der Hausangestellten im damaligen Afrika.

Berina war keinweswegs beleidigt. Ganz im Gegenteil. Endlich kannte er jemanden, dessen Anspruch sich mit seinem deckte. Von da an hegte er grenzenlose Bewunderung für Cecil und servierte das Essen stets in einer sauberen weißen *kanzu* und den dazugehörigen Accessoires. Wenn Cecil in Buniole mitaß, waren das beste Porzellan und die Kristallpokale gerade gut genug und die silbernen Kerzenleuchter und Vorlegeplatten wurden auf Hochglanz poliert.

Berina war stets bestrebt, sich neue Fertigkeiten anzueignen, die für ihn *maradadi* besaßen, was soviel hieß wie »ein Hauch von Eleganz«. Einmal entdeckte ich in einer englischen Frauenillustrierten Fotografien und Anleitungen zum Falten von Servietten zu Schwänen und Lilien. Keine ganz einfache Technik, aber Berina war entschlossen, sie zu lernen. Stundenlang studierte er die Zeichnungen und probierte so lange, bis er die Kunst beherrschte. Später einmal riet er mir, nie mehr als vier Gäste einzuladen, da wir in unserem besten Porzellan nur vier große Unterteller hatten und anderenfalls »zusammengewürfelte« Teller verwenden müßten – und dazu konnte er sich nicht überwinden.

Elena, Berinas Frau, hatte ihren Mann nicht nach Buniole begleitet, sondern war in dem gemeinsamen Haus in der Nähe der Plantage geblieben und kümmerte sich um die Felder. Aber sobald die Ernte eingebracht war, holte Berina seine Frau nach. In jenem Herbst pflanzte sie jedoch keinen Mais und auch keine Bohnen an, sondern wartete geduldig auf die Geburt ihres zweiten Kindes. Sie flocht im Sonnenschein vor ihrer Hütte bunte Grasmatten, während die dreijährige Faraha in der Nähe spielte. Ich genoß es, diese sanfte, freundliche Frau in meiner Nähe zu haben. Es war Pflanzzeit, und ich arbeitete noch härter als sonst, trotzdem war ich heiterer und gelassener als jemals zuvor.

Rückblickend entpuppten sich die glücklichen Monate in Buniole als Verschnaufpause vor einschneidenden Veränderungen. Ich war nach Buniole zurückgekehrt, um Frieden und Zuflucht zu finden, wurde aber weitaus reicher beschenkt. Ich lernte das Land und seine Menschen lieben und erfuhr in mir eine Kraft und Leidenschaft, die ich bis dahin nicht gekannt hatte. Daß ich zudem Cecil begegnete, war eine unerwartete Dreingabe. Eine Lektion wurde mir jedoch über die Jahre hinweg wieder und wieder erteilt: Wenn du glaubst, die Götter Afrikas schenken dir ein Lächeln, stellst du überrascht fest, daß sie nur mit dir spielen.

9 Am Wendepunkt

Als Gino Imeri im Herbst 1954 aus Europa zurückkehrte, erklärte er mir, daß er alle seine Besitzungen in Afrika verkaufen und sich nach Italien zurückziehen wolle. An einem heiteren Novembermorgen fuhr er in Buniole vor und sagte zu meiner Überraschung: »Tja, Rosy, Sie müssen sich jetzt entscheiden, wie Ihr weiteres Leben aussehen soll, denn ich habe vor, meinen Anteil an Buniole im Frühjahr zu verkaufen.«

Damit hatte ich nun wirklich nicht gerechnet. Die Plantage hatte noch nie soviel Ertrag abgeworfen wie zu jener Zeit, und die Felder waren ein einziges blühendes Meer gesunder Blumen. Ich wußte, daß Mr. Sharff, Ginos Partner, mit meiner Arbeit zufrieden war, und hatte keinen Zweifel, daß Gino sich seinem Urteil anschließen würde. Ich versuchte, meine Enttäuschung zu verbergen, spürte jedoch im selben Augenblick, daß mir mein Leben erneut aus dem Ruder glitt. Als er erklärte, er wolle 24 000 Dollar für seinen Anteil, seufzte ich: »Hätte ich doch nur genug Geld, um die Pflanzung selbst zu kaufen.«

»Nein, nein«, warf er heftig ein, »die Plantage liegt viel zu abgelegen. Sie können unmöglich auf Dauer hier alleine wohnen!«

Als ich etwas später in die Küche ging, um mit Sentashya das Abendessen zu besprechen, wurde mir die nächste Überraschung serviert. Sentashya empfing mich mit den Worten: »Madami, ich verlasse Buniole. Ich habe vier Jahre für Sie gearbeitet. Es ist Zeit für eine Veränderung.« Mir fehlten die Worte, so perplex war ich. Er fuhr fort: »Ich möchte nicht immer an einem Ort bleiben. Als Sie und Bwana hier zusammenwohnten, gingen wir auf Safaris, und es gab neue Orte zu sehen, aber jetzt reisen Sie nicht mehr.« Er schloß mit den Worten, er plane, Ende des Monats in Buniole aufzuhören.

Sheila traf mich weinend zwischen den Beeten mit den süßen Erbsen an und versuchte mich zu trösten. Ich hatte Sentashyas Abenteuerlust stets mit Freude verfolgt, und jetzt war es genau diese Rastlosigkeit, die ihn von mir forttrieb. Ich wußte, ich würde ihn sehr vermissen.

Eine Woche später vereinbarte Berina ein Treffen in Goma zwischen mir und einem seiner Freunde namens Simon Bandu, einem kleinen, hellhäutigen Muhunde und versierten Koch. Seine hübsche Frau war die Schwester einer der Ehefrauen von Cleophas. Freudig erklärten sich die beiden bereit, mit ihren drei kleinen Töchtern von Goma nach Buniole überzusiedeln.

Bei einem gemeinsamen Mittagessen wies ich Gino erneut darauf hin, wie gerne ich ihm seinen Anteil an Buniole abkaufen würde. »Vielleicht behalte ich Buniole ja doch und verkaufe nur Mugongo«, entgegnete er daraufhin. »Ich möchte fünfzigtausend dafür haben.«

Ich hatte Mugongo im Jahr 1953 geleitet, als Gino wieder einmal länger verreist war, und wußte die Ertragsmenge dort einzuschätzen. Gino war Alleinbesitzer der Plantage im Bezirk Mutura in Ruanda, eine der ertragreichsten Gegenden für den Anbau von Pyrethrum in ganz Afrika. Es war höher gelegen als Buniole, das Klima war trockener, und die Plantage zählte zu den besten in der Region. Fünfzigtausend waren ein echtes Schnäppchen – nur hatte ich leider keine fünfzigtausend Dollar.

Auf der Heimfahrt, mit meinem neuen Koch und seiner Familie im Auto, war ich mir so unschlüssig wie nie zuvor. Bald würde meine Scheidung von Kenneth rechtsgültig sein, und ich mußte mir darüber klarwerden, wo ich wohnen und was ich mit dem Rest meines Lebens anfangen wollte. Es schien der richtige Zeitpunkt zu sein, Afrika zu verlassen und nach Amerika zurückzukehren, doch jedes Mal, wenn ich mich in Gedanken mit dem Abschied von Afrika beschäftigte, stellte ich fest, daß der richtige Zeitpunkt im Grunde längst verstrichen war. Ich war diesem Land mit Leib und Seele verfallen und konnte mich nicht mehr davon lösen. Zu lange schon war ich von einem Ort zum anderen unterwegs gewesen. Es war an der Zeit, Wurzeln zu schlagen.

An dem Tag, an dem Simon eintraf, verließ uns Sentashya. Er schüttelte mir zum Abschied die Hand und schlenderte einfach davon, ohne auch nur einen Blick zurückzuwerfen. Ich habe mich oft gefragt, wohin ihn seine Abenteuerlust in den folgenden Jahren wohl verschlagen hat. Ich habe nie mehr etwas von ihm gehört, konnte mir jedoch gut vorstellen, daß er sich Patrice Lumumba oder einem der vielen anderen radikalen Führer angeschlossen hatte, die für kurze Zeit das Heft in der Hand hielten. Womöglich hatte er sich vom Wirbel des militanten Nationalismus und der revolutionären Propaganda mitreißen lassen.

Es stellte sich heraus, daß Simon ein ausgezeichneter Koch war und zudem war er still, tüchtig und auf absolute Reinlichkeit bedacht. Berina war überglücklich über den frischen Wind in unserem Haushalt und servierte voller Stolz die ausgezeichneten Gerichte, die Simon zubereitet hatte.

Berinas Sohn wurde Anfang Dezember in Buniole geboren und erhielt den Namen Noeli. Er war ein strammes Kerlchen, dem ein gewisses Selbstbewußtsein spürbar mit in die Wiege gelegt worden war. Eingehüllt in ein Schafsfell, das dicke Bäckchen an den kräftigen Rücken der Mutter gedrückt, betrachtete er die Menschen und die Welt um ihn herum mit ernstem Interesse und ohne jede Spur von Angst. Es gab keine Eltern, die so stolz auf ihren ersten Sohn waren wie Berina und Elena.

Die Geburt war leicht gewesen. Banyaruanda-Frauen ziehen sich nach der Geburt eines Mädchens vier Tage und nach der Geburt eines Jungen fünf Tage in die Hütte zurück. Für gewöhnlich wird die Frau auf dem Boden liegend und oft in Anwesenheit einer Hebamme entbunden, die auch das Neugeborene mit warmem Wasser wäscht und mit Fett einreibt. Die Nabelschnur wird mit einem Holzspan durchtrennt, der als Talisman aufbewahrt wird. Elena, eine Muhunde, hatte nur ihre Schwester bei sich und verließ die Hütte bereits zwei Tage nach der Geburt, um Noeli in einem sauber ausgehöhlten Kürbis zu baden. Danach nahm sie ihre Alltagspflichten wieder auf.

Die ersten Regenfälle setzten Mitte Dezember ein und hielten tagelang an. Die Felder waren überschwemmt, die Straßen zeitweise wegen Unterspülung und Schlammpfützen nicht befahrbar. Silvester wollten die Bielskis und ich gemeinsam in Kisenyi verbringen, und ich freute mich besonders darauf, dort auch Cecil anzutreffen. Bei Tagesanbrauch des Silvestertages kämpfte sich die Sonne erfolgreich durch die dicken Wolken. Ich deutete dies als gutes Omen und machte mich nach Kisenyi auf, um dort das neue Jahr zu begrüßen. Bis auf einige hinderliche Stellen auf der Straße kam ich gut voran und erreichte das Haus der Bielskis nach knapp drei Stunden. Gegen Abend war das schlechte Wetter vollends abgezogen, und der Vollmond leuchtete hell inmitten eines Meeres funkelnder Sterne. Als Cecil und ich miteinander tanzten, betrachtete ich über seine Schulter hinweg die runde Scheibe am Firmament und wünschte mir für 1955 ebensoviel Zufriedenheit und Glück, wie mir das abgelaufene Jahr beschert hatte.

Zur Begrüßung des neuen Jahres wurde in Kisenyi der feierliche Tanz der Intore dargeboten. Er gehört zum Brauchtum der Watutsi und ist einer der schönsten afrikanischen Tänze überhaupt. Die Jungen werden bereits von klein auf darin unterrichtet. Intore heißt »auserwählt«, und für die Familie bedeutet es eine große Ehre, wenn ein Sohn auserwählt wird, um für seinen Häuptling oder andere einheimische Adlige zu tanzen. Als höchste Ehre galt, wenn man ihn zum Tänzer der königlichen Intore auserkor. Allerdings war diese Auszeichnung allein den Söhnen der Chiefs oder Adligen vorbehalten.

Jeder Häuptling hatte seine eigenen Tänzer und jeder Hof seine eigenen Lehrer, die mit den Tänzern neue Interpretationen und Bewegungsabläufe einstudierten. Da unter ihnen erhebliche Rivalität herrschte und jede Tanzgruppe die andere übertrumpfen wollte, wurde die Probe im verborgenen abgehalten. Früher trugen die Tänzer Kostüme aus dem herrlichen Fell der Stummelaffen. Das ist heute nicht mehr erlaubt, da die Stummelaffen eine bedrohte Spezies sind. Die Tänze werden musikalisch begleitet von Hornflöten, einem einsaitigen Instrument mit dem Namen *iningiri*, und kleinen Trommeln, die mit den Fingerspitzen angeschlagen werden.

Die Tänzer, die uns am Neujahrstag ihren Tanz vorführten, gehörten Häuptling Kamuzinzi, dem »Großen Chief« von Bugoyi. Jeder Mitwirkende trug einen kurzen roten Baumwollunterrock, um den ein weißgrundiges Baumwolltuch mit farbenprächtigen Mustern und einem breiten, ebenso bunten Saum geschlungen war. Der Kopfputz bestand in Nachahmung der Löwenmähnen, wie man sie früher getragen hatte, aus einer langen Sisalmähne. Perlen und vielfarbige Baumwollstreifen schmückten die nackten Oberkörper. Um die Fesseln trugen die Tänzer Glöckchen, und jeder hielt eine Lanze und einen Schild in Händen.

Die aus dreißig, vierzig Tänzern bestehende Gruppe stellte tanzend die Freude dar, die ihnen die Herausforderung und Unterwerfung des Gegners bereitete. Mit vorgestrecktem Brustkorb, die Fäuste um Lanze und Schild geballt, stampften sie mit den Füßen, sprangen hoch, warfen den Kopf hin und her, verrenkten ihre Körper und sprangen dabei höher und höher. Siegesfreude und Todesverachtung malte sich auf ihren stolzen, triumphierenden Gesichtern. Manche Tänze dauerten eine halbe Stunde oder sogar noch länger und wurden zwischen den einzelnen Folgen nur durch kurze Pausen unterbrochen. Zuweilen hielten die Tanzenden inne, traten unterwürfig vor ihren Häuptling, übergaben ihm ihre Waffen und huldigten ihm und seinen großen Taten.

Die Europäer wohnten der Vorführung mit großer Begeisterung bei. Dichtgedrängt standen wir auf der engen Zuschauertribüne von Kisenyi, die von roten und gelben Blumenrohrblüten eingefaßt war. Als die »Unbesiegbaren« zum großen Finale ansetzten, applaudierten wir überschwenglich.

Eine Woche später – ich genoß gerade ein spätes Sonntagsfrühstück – hörte ich ein Auto, das sich durch die morastige Senke neben dem Trockenhaus quälte. Ich war verwundert, zu dieser

Stunde Besuch zu bekommen, und noch verwunderter, als ich italienische Laute vernahm. Es waren Signor Lera und Signor Meneghini, Freunde von Gino. Nachdem ich Berina beauftragt hatte, noch eine Kanne Kaffee zu kochen, sah sich Signor Meneghini interessiert im Raum um und sagte: »Ich habe Signor Imeris Anteil an Buniole für meine Söhne erworben und übernehme die Plantage am ersten Februar.«

Ein einziger Satz! Mir verschlug es die Sprache. Am Neujahrstag hatte Gino mir noch versichert, er würde seinen Anteil wahrscheinlich behalten, und jetzt ließ Signor Meneghini mich reichlich herablassend wissen, daß sie die Papiere am Abend zuvor unterschrieben hätten. Im übrigen, so fügte er hinzu, wollten Gino und Mr. Sharff sich umgehend mit mir in Kisenyi treffen.

Neben seinem Anteil an Buniole besaß Mr. Sharff eine Pyrethrum-Plantage namens Milindi, die neben Mugongo lag und von Gino, als Mr. Sharffs Partner, jahrelang bewirtschaftet worden war. Als ich am Nachmittag in Kisenyi ankam, trug Mr. Sharff mir unerwartet an, die Verwaltung von Milindi zu übernehmen. Ich war zu verwirrt über diese unerwartete Wendung der Dinge, um ihm unverzüglich darauf zu antworten, und bat um eine Woche Bedenkzeit.

Noch ehe die Woche vorbei war, erhielt ich ein anderes Angebot. Gino wollte mir ein Drittel seines Anteils an Mugongo für ein Drittel des gesamten Verkaufspreises von 50000 Dollar verkaufen, das heißt für 16600 Dollar. Als Sicherheit erklärte er sich mit einer Abschlagszahlung von 3500 Dollar einverstanden, den Rest könne ich aus den Erträgen zuzüglich sieben Prozent Zinsen begleichen. Das zweite Drittel wollte Gino selbst behalten, das dritte würde Kenneth erwerben. Ich war mir ziemlich sicher, daß Kenneth auf diese Art ausdrücken wollte, wie sehr er bedauerte, daß meine Bedürfnisse in unserer Ehe zu kurz gekommen waren, daß er sich jedoch nach wie vor für mich verantwortlich fühle und ihm mein Wohlergehen am Herzen läge. Gino und Kenneth wollten mir auch noch ein kleines Gehalt für die Bewirtschaftung der Plantage zahlen. Zudem erhielte ich ein

Entgelt von Mr. Sharff, wenn ich außerdem Milindi verwalten würde.

Es war zu schön, um wahr zu sein. Die Verwaltung von Mugongo sollte voll und ganz in meinen Händen liegen, da Gino nach Italien zurückkehrte und Kenneth sich um zwei Kaffeeplantagen im Kongo kümmern mußte und nur selten nach Ruanda kommen konnte. Er besaß allerdings noch ein Häuschen auf einer Farm im Bezirk Mutura, die er gelegentlich besuchte. Ich war im siebten Himmel vor lauter Glück. Endlich hatte ich ein eigenes Zuhause.

Gino und ich vereinbarten, daß ich Mitte Februar Buniole verlassen würde. Berina und Simon boten mir an, mich nach Mugongo zu begleiten, doch ihre Frauen lehnten das ab. Sie hatten frisch gepflanzt und sprachen kein Kinyaruanda. Dort, wo sie lebten, waren sie glücklich und zufrieden, und sie wollten sich nicht von ihren Familien im Kongo trennen. Daraufhin bot Signor Meneghini den beiden Männern an, weiterhin in Buniole zu arbeiten.

Der junge Signor Meneghini war bereits zur Stelle, als ich gepackt hatte und mich zur Abfahrt rüstete. Cleophas verabschiedete sich kurz und folgte seinem neuen Arbeitgeber in die Felder. Männer kamen und schüttelten mir zum Abschied die Hand, Kinder säumten die Straße und riefen: »*Kwa heri*, Madami!« Sheila saß auf dem Nebensitz, den Kopf auf meinen Schoß gebettet, Mia wirtschaftete unruhig in ihrem Reisekorb zwischen Koffern und Kartons herum. Unter Tränen lenkte ich den alten Lieferwagen zum allerletzten Mal durch den Schlamm, wich Schlaglöchern aus, nahm die Biegungen und Kurven.

Inmitten dieser ganzen Aufregung bekam ich ein Angebot, das mich mehr als alles andere überraschte und das mir eine der schwierigsten Entscheidungen meines Lebens abrang. Cecil wurde nach London zurückberufen. Dieser gute, liebe Mann bat mich um meine Hand und darum, mit ihm nach England zurückzugehen. Doch ich merkte, ich konnte Afrika nicht verlassen. Als

Ich (zweijährig) mit meiner Mutter
Rosamond Howard Halsey, 1914

1929

Kenneth Carr, 1941

Hochzeit am 2. Mai 1942

Mit Kenneth und Sheila auf der *African Glen*, Juli 1949

Kenneth mit Bambuti-Pygmäen, 1949

Mein Haus auf Buniole

Im Garten von Buniole, 1951

Mit Snooks, 1950

Mit Kenneth auf Safari, 1951

Kenneth, ich, ein Jagdhelfer
und Gino Imeri mit totem
Elefanten, Buniole

Auf der »Geburtstags-
brücke«, Buniole

Cleophas Musafiri,
Aufseher auf
Buniole, 1954

Mit Cecil Bellwood, Buniole, 1954

Tutsi-
Häuptling

In einer
Sänfte,
Mugongo,
1955

Kinder beim
Pyrethrumpflücken,
Mugongo

Pyrethrum-Ernte
auf Mugongo

Auf Mugongo, 1956

Pick-up mit Säcken
getrockneter
Pyrethrum-Blüten

Hutu-Schulkinder, Mugongo

Mit Pygmäen-Häuptling Ruhabura

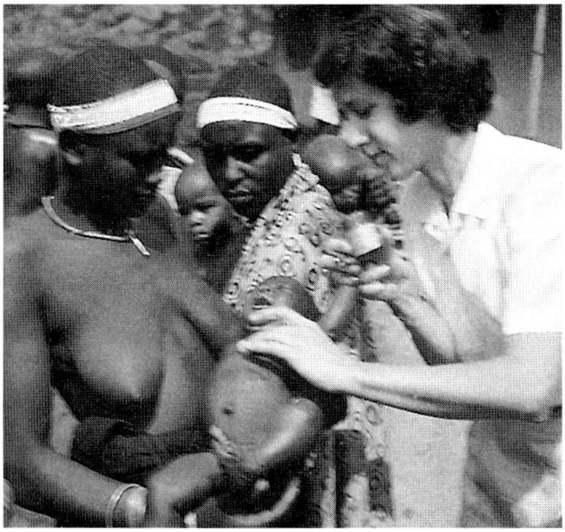

Sprechstunde in meiner Ambulanz, 1950

Am Ngongo-See: Sembibi bereitet ein Omelett

Rudabeka auf Elefantenwache

Mit Kayonga, der eine Trommel schlägt, um Elefanten abzuschrecken

Mit
Sembagare,
Mugongo,
1957

Betty mit ihrer »Ersatzmutter«
(der Felljacke), 1956

Sembibi füttert Bahati, den kleinen
Buschbock

Mit Bahati,
Terry und
Tisa, 1957

Bahati mit sechs Monaten

Rudahigwa und die Königinmutter beim Thronjubiläum, 1957

Tutsi-Adelige beim Thronjubiläum

Hutu-Männer beim Thronjubiläum; als Symbol für ihre niedrige Stellung im Königreich in Bananenblätter gehüllt

wiederhole sich unser erster gemeinsamer Abend auf Buniole, steckten wir in einer schmerzlichen Sackgasse. Ich wollte Afrika nicht verlassen, er konnte nicht bleiben. Ich liebte Cecil von ganzem Herzen, aber ich mußte feststellen, daß ich Afrika weit mehr liebte, und habe meine Entscheidung niemals ernsthaft bereut. Zwar standen wir noch viele Jahre miteinander in Briefkontakt, aber wir haben uns nie wiedergesehen.

Ein Missionar hat mir einmal erzählt, daß ihn bei jeder Fahrt in die Masisi-Berge das Gefühl befällt, das Felsmassiv würde ihn einschließen und ihn mit dunklen Geheimnissen und Geistern längst vergangener Zeiten verspotten. Ich dagegen fühlte mich im Schatten der Berge geborgen. Sie boten mir Sicherheit, neigten sich schützend über jene, die mir lieb waren, und bewahrten uns alle vor jeglicher Gefahr.

10 Mugongo

Und so kam es, daß ich als Plantagenbesitzerin – oder besser gesagt Teilhaberin – nach Mugongo übersiedelte. Das hatte ich bestimmt Gottes wachsamem Auge zu verdanken, denn wäre ich im Kongo geblieben, der wenig später von Unruhen erschüttert wurde, hätte ich alles verloren. Der Weg nach Mugongo war lang gewesen und hatte mich über viele Umwege geführt, doch endlich fand ich dort im Februar 1955 mein Zuhause, und das ist es bis heute.

Mugongo gehört zum Bezirk Mutura und liegt im nordwestlichen Rwanda. Nur wenige Orte auf dieser Welt können sich mit dem atemberaubenden Panorama und der idyllischen Gegend messen. Im Norden beherrschen die erhabenen Gipfel des Karisimbi und des Mikeno die Landschaft, im Westen ragen drohend die beiden aktiven Vulkane Nyiragongo und Nyamulagira auf, und zu ihren Füßen, eingebettet im Tal, schimmert der Kivu-

See im Sonnenlicht. Hohe Drachenblutpalmen, mächtige Kossobäume und Schuppentannen bieten den Rahmen für den imposanten Ausblick auf die sanften Hügel mit den im lauen Wind sich wiegenden Blumenfeldern. Gewundene Fußwege führen in alle Richtungen durch kühle, dunkle Zypressenhaine bis hin zu den kleinen Banyaruanda-Siedlungen mit ihren grasgedeckten Lehmhütten und gepflegten *shambas* (Feldern). Die Luft ist erfüllt vom würzigen, rauchigen Duft der in den Hütten brennenden Holzfeuer.

1955 umfaßte Mugongo neunzig Hektar Land und war ungefähr zur Hälfte mit Pyrethrum bepflanzt. Die andere Hälfte nahmen der Plantagensitz mit seinen Gärten, kleinen Anhöhen, Grotten und dichten Zypressen- und Eukalyptuswäldern ein. Das Wohnhaus war klein und schlicht, und die sich an seinen weißgetünchten Ziegelwänden emporrankenden Kletterfeigen verliehen dem Haus den Anschein, als sei es fest im Boden verankert. Es erinnert mich stets an das Häuschen des klugen Schweinchens aus dem Märchen, das der böse Wolf schnaufend und schwitzend, aber vergeblich versucht hatte umzupusten. Auch mein Häuschen war zahllosen Stürmen ausgesetzt – und hat ihnen immer erfolgreich getrotzt. Im Laufe der Jahre wurden einige Veränderungen vorgenommen, doch ursprünglich bestand es aus zwei Räumen – einem Wohnzimmer und einem Schlafzimmer. Im hinteren Bereich gab es zudem eine Küche, eine Vorratskammer und ein Badezimmer. Es war hübsch und gemütlich und genau richtig für mich.

Mittlerweile waren mir die Aufgaben wohlvertraut, die eine Pyrethrum-Pflanzung mit sich bringt, und da ich Mugongo schon einmal für kurze Zeit geführt hatte, kannte ich auch bereits die Menschen und die Umgebung. Der weitläufige Bezirk Mutura mit seinem regen Gemeinschaftsleben bildete einen scharfen Kontrast zu der düsteren Abgeschiedenheit von Buniole. Menschen drängten sich auf der Straße und den schmalen Feldwegen. Radfahrer flitzten mit schrillem Geklingel vorbei, Autos fuhren im Schneckentempo über die steinigen Straßen. Auf dem »Circuit de Bugoyi« priesen Reisebüros den pittoresken Ort als Hauptattraktion des Bezirks, Touristen in großen, schönen Autos fuhren vor, beugten sich über Landkarten und fotografierten die malerische Umgebung. Selbst die Jungen ließen ihre Schafe und Ziegen unbeaufsichtigt und liefen an die Straße, um einen Blick auf die *wazungu* in ihren vornehmen Limousinen zu werfen. Hin und wieder hielten Fremde vor meinem Zaun, um meinen Garten zu fotografieren, und sie blieben auch des öfteren zum Tee. Vielfach waren es Briten oder Amerikaner, bei denen ich mich dann begierig nach den neuesten Nachrichten aus der Heimat erkundigte.

Trotzdem lebten wir in gewisser Weise isoliert. In Mutura gab es sieben aneinandergrenzende Pyrethrum-Plantagen. Aber nur eine wurde von einem jungen belgischen Pflanzer und seiner Tutsi-Geliebten bewohnt. Die anderen Plantagenbesitzer besaßen Villen in Kisenyi oder Goma und kamen nur ein-, zweimal die Woche, um nach dem Rechten zu sehen. Da Kisenyi nur achtunddreißig Kilometer entfernt lag, bekam ich oft Besuch von Freunden, die zum Tee oder zum Mittagessen blieben, ohne daß sie fürchten mußten, womöglich tagelang auf Mugongo festzusitzen, wie es auf Buniole häufig der Fall gewesen war.

Sembibi, Ginos Koch, erklärte sich bereit, für mich zu arbeiten, desgleichen sein Hausboy, Edouard Rugamoka, und das, obwohl er sichtlich abgeneigt war, für eine Frau Dienst zu tun. Edouard war ein intelligenter Mann, der es gewiß weiter als bis zum Hausboy gebracht hätte, aber offenbar keinen großen Ehrgeiz besaß. Er führte ein eigenartiges Leben. Seine Frau lebte mit den drei Söhnen und den drei Töchtern im fünfzig Kilometer entfernten Rambura, und er besuchte sie nur zweimal im Jahr während seines jeweils vierzehntägigen Urlaubs. Nur selten kam eines seiner Kinder nach Mugongo und überbrachte ihm eine Nachricht. Im allgemeinen hörte er zwischen seinen Besuchen nichts von seiner Familie.

Edouard wohnte knapp zwanzig Meter von meinem Haus in einer Hütte mit Grasdach, im Schutz einer mächtigen Zypresse.

Obwohl er, soweit ich feststellen konnte, vollkommen zölibatär lebte, bin ich kaum jemals einem derart ausgeglichenen, zufriedenen Mann begegnet. Tag für Tag lehnte er stundenlang am Sims des offenen Küchenfensters und rauchte seine Pfeife. Wenn ich die Küche betrat und er sich lächelnd zu mir umwandte, hatte ich oft den Eindruck, daß sein Lächeln weniger mir galt als den Träumen, denen er gerade nachhing und in denen ich ihn gestört hatte. Während der sechs Jahre, die er für mich arbeitete, hatte ich ihn kein einziges Mal die Stimme erheben hören oder ihn verärgert gesehen. Er nahm kaum Anteil an den Dramen und dem Treiben um ihn herum, und obgleich er jeder Erzählung andächtig lauschte, gab er so gut wie nie einen Kommentar dazu ab.

Edouard war ein gläubiger Katholik. Zwar besuchte er nur ein-, zweimal im Monat die Messe, aber er wünschte sich nichts sehnlicher, als daß sein ältester Sohn Celestin Ntebebe Priester würde. Ein hochgestecktes Ziel für einen Hutu-Jungen in der damaligen Zeit, als die Tutsi über neunzig Prozent der Seminaristen ausmachten und Hutu-Jungen nur selten zum Studium zugelassen wurden. Doch da Celestin ein brillanter Schüler war, traten seine Lehrer für ihn ein, und das Unglaubliche geschah – er wurde in das Priesterseminar der Nyundo Mission in der Nähe von Kisenyi aufgenommen. Vor Schulantritt stattete der Vierzehnjährige seinem Vater auf Mugongo einen Besuch ab, um sich von ihm zu verabschieden. Noch heute sehe ich das erwartungsvolle Lächeln auf dem Gesicht des Jungen, als er sich anschickte, des Vaters Hoffnungen zu erfüllen, in der Hand einen kleinen, hellblauen Pappkoffer mit brandneuen Khaki-Shorts und Hemden, Unterwäsche, einem Handtuch, Seife, Stiften und einem Heft. Ich habe es im Foto festgehalten, als er sich von seinem stolzen Vater verabschiedete.

Nach nicht einmal zwei Monaten verwies man Celestin von der Schule. Es war das einzige Mal, daß ich Edouard jemals weinen sah. Celestin wurde beschuldigt, bei einem Streit eine Schere nach einem Jungen geworfen zu haben. Ein belgischer Priester in Kisenyi legte Fürsprache für ihn ein, aber ohne Erfolg. Sie nahmen ihn nicht wieder auf. Später erklärte mir der Priester unter vier Augen: »Wäre er ein Tutsi-Junge gewesen, hätte man ihn ohne weiteres wieder zugelassen.« Celestin ist kein Priester geworden. Wenig später schrieb er sich an einer Landwirtschaftsschule in der Nähe von Bukavu ein. Er schlug eine Laufbahn im Bereich Agronomie und Naturschutz ein und gab seinem Vater schließlich doch noch Anlaß, mächtig stolz auf ihn zu sein.

Zwei Jahre lang führte ich sowohl Mugongo als auch Milindi. Mein Arbeitstag begann bei Sonnenaufgang und endete mit Sonnenuntergang. Zum Glück besorgten Sembibi und Edouard zuverlässig den Haushalt. Die Plantagen in Mutura boten nicht ausreichend Platz, um die Arbeiter und ihre Familien in eigenen Heimstätten unterzubringen, aber die Region war ohnehin so dicht besiedelt, daß die meisten Arbeiter auf ihren eigenen kleinen Grundstücken wohnen konnten. Auf den beiden Plantagen waren insgesamt dreihundertfünfzig Feldarbeiter beschäftigt und hundertzwanzig Kinder, die Blüten zupften. Die meisten Arbeiter waren Hutu – kraftstrotzende, stämmige Bantu-Männer mit offenen, lächelnden Gesichtern und freundlichem Wesen.

Die Arbeit war wesentlich anstrengender, als ich es gewohnt war, und meine Inspektionsgänge nahmen täglich fünf bis sechs Stunden in Anspruch. Um die am weitesten entfernten Felder in Milindi zu erreichen, mußte ich eine lange, steile Anhöhe durch den Wald erklimmen und noch weitere drei Kilometer über offenes Gelände wandern, bis ich den höchsten Punkt erreicht hatte. Von da an ging es nur noch bergab. Ein herrlicher Spaziergang! Herden mit vierzig oder fünfzig, von jungen Hirten vorangetriebenen Langhornrindern kreuzten meinen Weg. Auf einem Bergrücken sah ich zuweilen eine Frau stehen, deren scharlachrotes Gewand sich vor dem kobaltblauen Himmel blähte und bauschte. Unzählige strohgedeckte Lehmhütten standen über die Landschaft verstreut, eingefriedet von *lapangos*, Zäunen aus Dornenästen oder Bambusstangen, zum Schutz der Schafe und Ziegen vor beutegierigen Leoparden. Die Hütten lagen inmitten kleiner *shambas*, auf denen Mais oder Hirse, Bohnen und Kartoffeln angebaut wurden, die aus der Ferne wie eine Patchworkdecke wirkten.

Es dauerte nicht lange, und ich hatte die Menschen um mich herum so gut kennengelernt, daß ich Mugongo wirklich als mein Zuhause betrachtete. Zacharia Rubungo war bereits seit sechzehn Jahren Aufseher der Planzung. Aufgrund seiner wichtigen Funktion und seines Verantwortungsbewußseins hatte er sich den Ruf eines inoffiziellen Schlichters erworben, der Zwistigkeiten zwischen den Einheimischen beilegte, die als weniger schwerwiegend galten und daher nicht dem Häuptling vorgebracht werden mußten. Zacharia war ein kluger und überlegter Mittler, dessen Ansichten hochgeschätzt wurden. Stets rief er viele Zeugen zu Wort und führte lange Gespräche – zuweilen über Tage hinweg –, ehe er ein Urteil sprach. Fasziniert folgte ich den Vorgängen und war immer wieder von neuem beeindruckt, wie bereitwillig die Betroffenen seine Entscheidungen annahmen und befolgten.

Die Verfahren verliefen im allgemeinen in einer sehr feierlichen Atmosphäre. Bei einer der ersten Verhandlungen, bei der ich anwesend war, ging es um einen Arbeiter, den man in einer Sänfte in mein Haus gebracht hatte. Bei einem Streit mit einem anderen Mann hatte dieser ihn ins Bein gebissen und ihm eine tiefe, klaffende Wunde zugefügt. Man führte auch den Missetäter in mein Haus und zwang ihn zuzusehen, wie ich die Wunde des Verletzten versorgte. Zacharia lauschte aufmerksam den Darstellungen beider Kontrahenten und fragte mich anschließend, wie lang es wohl dauern würde, bis Gahembe, das Opfer, wieder arbeiten könne. Ich erklärte, vermutlich zwei Wochen. Zacharia entschied, daß der Mann, der Gahembe gebissen hatte, zwei Wochen arbeiten und jeder Arbeitstag in der Lohnliste unter Gahembes Namen eingetragen werden solle. Der Mann akzeptierte die Strafe ohne Widerspruch und arbeitete jeden Tag, bis Gahembes Bein verheilt war.

Eines Morgens fand ich zu meinem Schrecken eine schluchzende Frau in meinem Wohnzimmer vor. Gasaza, ihr Mann, hatte sie in mein Haus gehetzt und schwang noch immer den Stock, mit dem er sie geschlagen hatte. Ihre Schultern waren dick angeschwollen. Der Mann tobte vor Wut, und Zacharia und ich konnten wenig tun, um ihn zu besänftigen. Der Streit der beiden hatte sich an dem unbedeutenden Lohn entzündet, den die Frau beim Pyrethrum-Pflücken verdient und von dem sie sich ein neues Stück Stoff gekauft hatte, anstatt ihn – wie es üblich war – ihrem Mann auszuhändigen. In der Obhut von Begleitern schickte Zacharia sie zurück zu ihrem Vater, und ich feuerte Gasaza auf der Stelle. Die Frau kehrte nie wieder zu ihrem Mann zurück. Leider wurde Gasaza vom Stammesgericht die Fürsorge für die beiden Kinder übertragen.

Jeder Fall war anders geartet, und sehr oft richteten sich die Urteile eher nach dem, was zweckdienlich war, als nach Erwägungen der Rechtmäßigkeit. So hatte beispielsweise ein Mann namens Rwamayora seiner Frau befohlen, hinauszugehen und die auf einem entlegenen Hügel weidenden Ziegen zusammenzutreiben. Aber da sie gerade das Abendessen kochte, widersetzte sie sich seiner Forderung. Daraufhin entbrannte zwischen ihnen ein Streit, und die Frau stürmte aus dem Haus. Als Rwamayora merkte, daß sie keineswegs auf dem Weg zu den Ziegen war, wurde er wütend, nahm den Topf mit dem Abendessen und leerte ihn auf den Boden. Aus Rache schnappte sich seine Frau ein Stück gemusterten Stoff, den Rwamayora eigens für sich gekauft hatte, und verkündete, daß sie ihn verlassen würde. Sie übernachtete bei Nachbarn.

Am nächsten Morgen rief Zacharia ein paar ältere Dorfbewohner zusammen und bat sie um Unterstützung in dieser ernsten Angelegenheit. Die junge Frau war eine Schönheit, hatte wunderhübsche Augen und lächelte kokett. Ohne Zweifel genoß sie die Aufmerksamkeit, die ihr aufgrund dieses Vorfalls zuteil wurde. Das Urteil fiel in allen Punkten zu ihren Gunsten aus. Zacharia erklärte feierlich, es sei die Aufgabe des Mannes, die Ziegen zusammenzutreiben, wohingegen es die Aufgabe der Frau sei, zu kochen. Rwamayora, meinte er, sei schlechtgelaunt und unvernünftig gewesen. Die Frau bekam das gemusterte Stück Tuch zugesprochen und wurde aufgefordert, friedlich mit ihrem Mann heimzugehen. Ehe sie ihrem Ehemann gehorsam folgte, warf sie noch einmal einen Blick in die Runde der Zuschauer und schürzte ihr reizendes Mündchen. Später vertraute mir einer der Ratgeber an, ihrer Ansicht nach sei Rwamayora nicht allein der Schuldige, aber sie wüßten alle, wie dickköpfig die junge Frau sei und daß sie ihren Mann bestimmt verlassen hätte, wenn das Urteil zu seinen Gunsten ausgefallen wäre.

Zwischen Mugongo und Milindi lag ein Batwa-Dorf, durch das mich mein täglicher Weg von der einen zu der anderen Plantage führte. Die Batwa-Pygmäen sind die einzigen noch lebenden Ureinwohner Ruandas. Mit der Besiedelung der Region vor vielen hundert Jahren durch die ackerbautreibenden Hutu wurden die Batwa aus den Ebenen in die Wälder vertrieben. Jahrhunderte später bezwangen die Tutsi die Hutu, woraufhin die Batwa in die Berge ziehen mußten, wo sie heute noch leben. Die Batwa sind Jäger, Töpfer und Hexenbeschwörer, sie betreiben keine Landwirtschaft. Zuweilen werden Frauen und Kinder des Nachts hinausgeschickt, um Erbsen oder Bohnen von den Feldern der Hutu zu stehlen, doch größtenteils ernähren sie sich vom Fleisch der wilden Tiere, die sie erlegen. In ihren Augen ist die Jagd eine weitaus noblere Tätigkeit als der Ackerbau, mit dem die Hutu ihr Leben bestreiten.

Die Kinder der Batwa sind drollige kleine Geschöpfe und völlig anders als die Kinder, die ich sonst kenne. Die winzigen Gesichter sind ausgemergelt und schmal, ihr Blick ist feurig und durchdringend, und ihre Stimmen sind sehr grell. Ich fühlte mich von ihrer spaßigen und eigensinnigen Art sehr angezogen. Sie wußten stets, wann ich meinen Weg durch ihr Dorf nahm, stürzten dann aus ihren Hütten und stellten sich an den Straßenrand, um mich zu beobachteten, wenn ich vorbeiging. Hin und wieder streckten beherzte kleine Mädchen die Hände nach mir aus, um mich zu berühren, und ich war immer von neuem darüber verwundert, daß ihre Hände rauh wie Baumrinde waren. Eines Morgens rief mir eine Gruppe von Pygmäen-Kindern zu, ich solle am Ende der Straße auf sie warten. Kurz darauf kamen sie mit einem winzigen Baby im Arm herbei. Es ging ihnen aber nicht darum, daß ich das kleine Wesen ansah, sondern das Baby sollte zum erstenmal eine weiße Frau zu Gesicht bekommen. Die Männer verschwanden für gewöhnlich, sobald ich auftauchte, aber das Klappern der Holzglocken, die ihre Jagdhunde trugen, verriet mir stets, wo sie sich verbargen.

Als ich an einem Sonntagnachmittag mit meinen Hunden über ein abgelegenes Feld spazierte, stand auf einmal ein kleines Grüppchen Pygmäen vor mir – drei Frauen und zwei Kinder. Nachdem sie mich schüchtern begrüßt hatten, begann ein Junge auf einem harfenähnlichen Instrument zu spielen. Mit einem Stöckchen entlockte er der Metallsehne eines Bogens, wie ihn die Jäger benutzen, eine Melodie. Als Resonanzkörper diente ein an dem Bogen befestigter Kürbis. Der Junge schlug eine leise, traurige Weise an und wiegte sich dazu rhythmisch, ohne seine leuchtenden Augen von mir abzuwenden. Währenddessen fingen auch die anderen an zu tanzen und zu singen, und über uns summten die Bienen im goldenen Licht der Sonne. Als die letzte reine Note verklungen war, hörten sie auf zu tanzen, kicherten und verschwanden so plötzlich, wie sie gekommen waren.

Oberhaupt dieses Pygmäen-Dorfes war Häuptling Ruhabura. Der Reichtum von Ruhabura und seiner Familie ließ sich an der großen Ziegenherde ablesen, die er besaß. Der Häuptling mit dem wettergegerbten Gesicht maß knapp einen Meter vierzig und stand in dem Ruf, ungeheuer bösartig zu sein. Angeblich hatte er im Laufe seines Lebens hundert Menschen umgebracht. Während einer Dürre im Jahr 1943 überfielen Ruhabura und eine Bande Pygmäen aus dem Hinterhalt drei Männer, als sie gerade mit Körben voll Getreide vom Markt zurückkamen. Nachdem Ruhabura einen der Männer mit seinem Speer umgebracht hatte, griffen ihn die zwei anderen an. Einer erwischte ihn mit seiner Machete und hieb ihm den Ringfinger und den kleinen Finger seiner rechten Hand ab. Die verstümmelte Hand verheilte schließlich, doch die verbliebenen Finger waren steif und nach innen gekrümmt, was Ruhaburas martialisches Aussehen noch unterstrich. Ich habe dem Häuptling schon unzählige Male die Hand geschüttelt, und wenngleich ich nichts von der vermeintlichen Grausamkeit oder Bösartigkeit an ihm entdecken konnte, lief mir doch stets ein Schauer über den Rücken, sobald ich die deformierte, klauenähnliche Hand ergreifen mußte.

Zu einem der schönsten Orte in ganz Mutura zählt der kleine, idyllische See Ngondo an den unteren Hängen des Karisimbi. Die Hirten führten ihr Vieh bei Tagesende dort zur Tränke, und während der Trockenzeit wurden tausende Stück Rinder täglich an den See getrieben, da alle Bäche und Wasserlöcher ausgetrocknet waren. Abends bevölkerten ihn Elefanten, um ihren Durst darin zu löschen und unter den Sternen ein Bad zu nehmen.

Auch ich ging nach einem langen Tag auf den Feldern oft an den See, machte dort ein Picknick oder beobachtete einfach nur das Treiben an diesem lebendigen Versammlungsort. Manchmal begleiteten mich mein Koch Sembibi und mein Gärtner Batandarana. Sembibi trug für gewöhnlich einen Teekessel und den Picknick-Korb, und Batandarana schlenderte nebenher, einen Korb trockenen Anzündmaterials und eine Autodecke auf dem Kopf balancierend.

Wir brauchten fast eine Stunde, um auf dem breiten Viehweg, der zu beiden Seiten von kurzem, sattgrünem Gras gesäumt war, durch den Busch an den See zu gelangen. Der beißende Geruch von Vieh- und Elefantendung mischte sich mit dem würzigen Duft von wildem Thymian und anderen Kräutern. Wo Elefanten sich den Weg durch den Wald gebahnt hatten, lagen entwurzelte Bäume oder gebrochenes Astwerk von Dornenbüschen. Zierliche scharlachrot-, grün- oder blaugefiederte Vögel schossen über unsere Köpfe hinweg und ließen sich auf den stacheligen, karminroten Dolden der Fackellilien und Immortellen nieder, jenen weißen Strohblumen, die man an den tiefergelegenen Hängen von Vulkanen zuhauf antrifft. Zuweilen begegneten wir Menschen, die große Körbe mit Kartoffeln, Mais oder Hirse auf den Köpfen trugen, oder Viehhirten mit frischer Milch in Holzgefäßen. Wir sahen Frauen, die im Wald Feuerholz sammelten, und ich blieb manchmal stehen und beschäftigte mich ein wenig mit ihren Babys, während die Mütter die Zweige und Schößlinge zu großen Bündeln schnürten, die sie mühelos auf dem Kopf balancierten. Im Schutz der Zweige wurden die zufriedenen Babys sicher auf dem Rücken der Mütter nach Hause getragen.

Als sich der See vor uns auftat, erblickten wir Hunderte kleiner brauner, Seetaucher genannte Enten, die mit der Bewegung des Wassers auf- und abtanzten und eher wie Zierobjekte als lebendige Vögel wirkten. Manchmal spreizten ein paar Kronenkraniche – diese erhabenen, eleganten und den Banyaruanda heiligen Vögel – ihre Flügel und schritten feierlich über die sandige Bucht. Kronenkraniche sind graziöse Vögel mit blaßgrauem Gefieder und schwarzweißen Schwingen. Auf dem schwarzen Scheitel tragen sie eine champagnerfarbene, fächerförmige Krone, die wie gesponnene Seide aussieht. Wenn die Kraniche in die Höhe steigen, stoßen sie wiederholt einen durchdringenden, glockenähnlichen Schrei aus, der selbst aus großer Entfernung zu hören ist.

Als Picknickplätzchen hatte ich mir eine schmale Grasnarbe auserkoren, die wie eine Zunge in den See ragte. Sembibi baute das Feuer und buk Omelettes, die er, noch brutzelnd, in der Pfanne servierte. Hirten gingen vorbei und begrüßten mich, und ihre Bediensteten nahmen glühende Scheite und entzündeten damit die schwarzen Tonpfeifen ihrer Herren. An den Ufern standen Salzlecken – zu Trögen ausgehöhlte Baumstämme, die mit braunem, grobkörnigem Salz gefüllt waren. Hirten saßen in kleinen Gruppen am Ufer und sprachen über ihre Herden, während ihre Kühe sich an der Tränke um den besten Platz drängelten. Gleichmütig nahmen die Männer meine Anwesenheit hin und rieten mir hastig, zu verschwinden, sobald sie Elefanten in der Nähe vermuteten. An einem Nachmittag – ich war allein und trotz ihrer Warnung noch eine ganze Weile geblieben – ließ mich ein alter Tutsi-Hirte solange nicht aus den Augen, bis er sich davon überzeugt hatte, daß ich sicher auf dem Weg nach Hause war.

Da das Ngondo-Gebiet im Buschreservat lag, waren weder die Bäume noch die dort hausenden Enten und Nilgänse in ihrer Existenz bedroht. Zudem gab es keine Zufahrt für Autos. Eines Nachmittags bekam ich auf Mugongo Besuch von John Oxley, dem Konsul Südafrikas in Belgisch-Kongo, der in Elizabethville residierte. Ihm war vom Ngondo-See berichtet worden, und er bat mich, ihn dorthin zu führen. Wir hatten einen besonders schönen Tag erwischt, so daß die idyllische Lage des glitzernden Sees mit seinen Wasserbewohnern und der Anblick der Hirten mit ihren Kühen den Konsul veranlaßte, William Wordsworth zu zitieren:

»Die Erde hat nichts Ähnliches zu bieten. / Blind wär' die Seele, die vorüber geht, / und nicht berührt wird von der Schönheit Majestät.«

Der See war mein Lieblingsplatz, solange ich auf Mugongo lebte. Ein Ort, an dem ich still sitzen und mit der Wildnis, den Menschen und den Tieren, die dort wohnten, Zwiesprache halten konnte. Bis 1970 galt die Region Ngondo als einer der schönsten, urtümlichsten Schätze Ruandas, bis ein Entwicklungsprogramm der Regierung das umliegende Gebiet zur Bebauung freigab. Der Wald wurde zum großen Teil gerodet, und wo einst Vieh und Elefanten ihren Platz hatten, errichtete man Häuser und legte Felder an. Als der See plötzlich austrocknete, vermutete man, daß sich durch ein Erdbeben auf dem Seegrund eine Erdspalte aufgetan hatte, in der das Wasser versickert war. Wie das Sinnbild eines flüchtigen Moments verschwand der Ngondo-See auf immer und ewig.

11 Die Banyaruanda

Am meisten beglückte mich in Mutura, dieser Region mit ihren verschiedenen ethnischen Volksgruppen und dem regen Gemeinschaftsleben, der enge Kontakt zu den Einheimischen und die Großzügigkeit und Offenheit, mit der sie mich in ihre Welt aufnahmen. Hunderte passierten täglich mein Haus, spazierten die Straße auf und ab oder kamen von den Wegen, die kreuz und quer durch die Felder führten. Dutzende stellten sich Morgen für Morgen vor meiner Hintertür an und holten sich Medikamente, andere vertrauten mir ihre Probleme an oder berichteten von einem aufregenden oder mitteilenswerten Ereignis. Hutu-Bauern brachten frische Früchte und Gemüse, Tutsi-Hirten frische Milch in großen Holzbechern, Pygmäen boten mir hübsche Tontöpfe in jeglicher Größe und Form an. Ihre Welt wurde meine Welt, und mein Leben verschmolz immer mehr mit ihrer Kultur, ihren Sitten und Gebräuchen.

In den fünfziger Jahren ließen sich die drei ethnischen Gruppen – Tutsi, Hutu und Batwa – leicht durch ihr unterschiedliches Erscheinungsbild, ihre Kleidung und gesellschaftliche Position im Königreich unterscheiden. Trotz des in jener Zeit herrschenden rigiden Kastensystems führten die meisten Banyaruanda ein einfaches Leben in Harmonie mit der Natur und teilten gemeinsam viele der überlieferten Rituale ihres kulturellen Erbes.

Die Tutsi gehörten zum Stamm der Feudalkönige von Ruanda, machten jedoch nur einen kleinen Prozentsatz der Bevölkerung aus. Sie waren die aristokratische Minderheit, die in lockerem Bündnis mit den belgischen Kolonialherren herrschte. In der Regel hatten nur Tutsi Positionen in der Regierung, den Schulen und in der Kirche inne. Groß und schlank, mit kleinem Kopf, leicht schrägen Augen, schmalen Nasen und schön geschwungenen Lippen überragten sie ihre Landsleute sowohl von ihrer Statur als auch vom Ansehen her. Viele der Tutsi-Frauen waren außergewöhnlich attraktiv und galten, eingehüllt in endlose Meter blütenweißen Tuches, akzentuiert durch ein an der Schulter befestigtes scharlachrotes, gelbes oder purpurfarbenes Stück Stoff, als der Inbegriff von Eleganz. Die Frauen und Töchter der Aristokraten bewegten sich kaum zu Fuß, sondern wurden in Sänften, die auf den Schultern ihrer Hutu-Diener lasteten, von Ort zu Ort getragen. Die Tutsi-Männer kleideten sich in weiße oder gelbe, mit Blumen bedruckte Gewänder, und viele folgten damals noch der malerischen Stammestradition und frisierten ihr Haar zu einem kunstvollen Hahnenkamm.

Die Hutu stellten die Mehrzahl der Bevölkerung und betrieben in erster Linie Ackerbau. Sie waren es, die das Land rodeten, die Felder bestellten, die Ernte einbrachten und so Ruandas Wirtschaft stützten. Dem kleinwüchsigen Volk mit der kräftigen Statur und den unregelmäßigen Gesichtszügen entstammen heitere, hart arbeitende Bauern von hoher moralischer Gesinnung und einem ausgeprägten Hang zur Melodramatik. Alle Feldarbeiter und auch mein Hauspersonal waren Hutu, und sie kleideten sich mit Vorliebe in eine skurrile Mischung aus traditionellen afrikanischen Gewändern und europäischer Kleidung.

In den fünfziger Jahren lebten in Ruanda nur noch einige tausend Pygmäen. Die Batwa besaßen keine nennenswerte Stammesorganisation und befaßten sich hauptsächlich mit der Jagd. Weit zurückgezogen in den Bergen und in großer Entfernung zu den Hutu und Tutsi, seit jeher ihre Unterdrücker, führten sie ein recht einfaches Leben. Ihre einzigen Besitztümer waren Pfeil und Bogen, Jagdhunde und die ungegerbten Felle, in die sie sich hüllten. Erwachsene Batwa-Männer maßen höchstens einen Meter fünfzig, die Frauen waren selten größer als einen Meter vierzig. Unabhängig zu sein, war ihr erstrebenswertestes Ziel, sie scheuten jede Art von körperlicher Arbeit, betrieben keinerlei Landwirtschaft und ernährten sich in erster Linie vom Fleisch der erbeuteten Tiere. Damals brauchten die Pygmäen keine Steuern zu zahlen, und es wäre auch schwierig gewesen, von den merkwürdigen kleinen Menschen, die weder Geld besaßen noch beabsichtigten, etwas zu verdienen, Abgaben zu verlangen.

Trotz der körperlichen und sozialen Unterschiede folgten alle Banyaruanda ähnlichen Traditionen bei der Partnersuche, in der Ehe, Familie und Lebensführung. Es gab in Ruanda nur wenige unverheiratete Erwachsene, da es das Ziel jeden Mannes war, Frau und Kinder zu haben und ein eigenes Haus zu bewohnen. Jahrhundertelang lebten die Banyaruanda polygam. Für einen Tutsi-Mann mit einer großen Viehherde in weit voneinander entfernten Gebieten war es von Vorteil, überall, wo er hinkam, eine Frau zu wissen. Besaß er nur eine kleine Herde, betrachtete man eine zweite Frau als Extravaganz. Ein Hutu-Mann mit ausgedehnten Feldern, die es zu bestellen galt, nahm sich aus praktischen Erwägungen häufig eine zweite Frau. Viele Frauen zu haben hieß auch, viele Kinder zu bekommen – ein Zeichen für Reichtum und Prestige. Bei den aristokratischen Tutsi wurden durch Zweit- oder Drittehen Verbindungen zu anderen vornehmen Familien geknüpft.

In Ruanda ist es seit jeher Sitte, dem Vater der Braut (beziehungsweise dem Oberhaupt der Familie der Braut) eine Mitgift zu zahlen. Damals entsprach die offizielle Mitgift einer Kuh oder acht Ziegen und war für alle Banyaruanda gleich. Reichtum, sozialer Status einer Familie oder die Schönheit des Mädchens waren nach außen hin für eine Eheschließung nicht ausschlaggebend. Aber natürlich zog ein Vater solche Dinge in Betracht, wenn er darüber entschied, ob ein Mann für seine Tochter geeignet war. Ein Hutu heiratete nur selten eine Tutsi, die Tochter eines Häuptlings heiratete für gewöhnlich den Sohn eines anderen Häuptlings. Ein Mann mit vielen Viehherden erhoffte sich einen Schwiegersohn, dessen Vater so wohlhabend war wie er selbst. War die Mitgift bezahlt, wurde der Chief des Bezirks von den Heiratsabsichten des Paares in Kenntnis gesetzt und ließ die Eheschließung in das Register des Bezirksamts eintragen.

Banyaruanda-Hochzeiten beginnen stets mit einem ausgedehnten Lamento. Eine lange Prozession junger Frauen führt die tiefverschleierte Braut aus ihrem Elternhaus und von ihrer weinenden Mutter fort. Zwei ältere weibliche Familienmitglieder und bis zu dreißig junge Mädchen begleiten die Braut zum Dorf des Bräutigams, wo er sie mit seiner Familie und Freunden empfängt. Wie lang der Weg dorthin auch sein mag, es wird von der Braut erwartet, daß sie weint und Widerstand leistet, um ihren Kummer und ihre Angst über den bevorstehenden Verlust ihrer Jungfräulichkeit anzuzeigen. Ihre Begleiterinnen fallen in ihr Klagen ein, stöhnen, weinen und singen traurige Lieder. Kaum ist der »Trauerzug« bei dem glücklichen Bräutigam angekommen, wird die Braut in die neue schöne Hütte geführt, die der Bräutigam für sie gebaut hat. Sie nimmt jedoch nicht an den Festlichkeiten und dem fröhlichen Beieinandersein der Hochzeitsgäste teil.

Hochzeiten in Ruanda werden nach traditionellem Brauch vollzogen, sind aber rechtlich bindend. Im Mittelpunkt der Feierlichkeiten steht das Trinken von *pombi* – Bananenbier –, das aus zahlreichen Tonkrügen ausgeschenkt wird. Meist schöpft man sein Bier aus einem ungefähr einen Meter hohen Gefäß, das in der Mitte des Hofes aufgestellt wird. Jeder Gast bringt seine eigene Kürbisschale mit und bedient sich damit aus dem Krug. Sobald der letzte Tropfen getrunken ist, führt der Bräutigam die Braut zum Haus seiner Eltern, das für gewöhnlich ganz in der Nähe seines eigenen Hauses steht. An der Türschwelle begrüßt seine Mutter das Paar mit einem eigens zu diesem Anlaß geborgten männlichen Säugling im Arm. Das Baby wird der Braut sinnbildlich als Bitte um zahlreiche Nachkommen auf den Rükken gelegt. Dann setzt der Bräutigam seinen rechten nackten Fuß auf den linken Fuß der Braut und umarmt sie. Anschließend betreten sie sein Elternhaus. Dort bietet die Mutter der Braut einen Krug mit *pombi* an, aus dem sie gemeinsam trinken, und der Vater des Bräutigams überreicht dem jungen Paar eine Geldsumme. Auch die Freunde des Bräutigams machen dem Paar traditionsgemäß Geldgeschenke, die Begleiterinnen der Braut übergeben ihnen eine geflochtene Grasmatte für das Ehebett. Danach zieht sich das Brautpaar in die eigene Hütte zurück.

Die Braut trägt eine Girlande aus den Blättern einer Blume namens *umwishywa* um den Hals, die ihr ihre Mutter am Morgen umgelegt hat. Der Bräutigam nimmt sie ihr ab und legt sie ihr wie einen Gürtel um die Hüften. Dann trinkt er einen Schluck Milch mit Gras vermischt und spuckt den Brei der Braut auf den Kopf, um so ihre Fruchtbarkeit zu erhöhen. Dies sind die wichtigsten Riten bei einer ruandischen Hochzeit. Der Tradition folgend versucht die Braut, ihrem Mann in der Hochzeitsnacht zu widerstehen.

Vier Tage nach der Hochzeit darf die Braut in ihr Elternhaus zurückkehren und ihre Mutter besuchen. Mit Ausnahme dieses bereits zuvor abgesprochenen Besuches dürfen für die Dauer eines Monats nur der Bräutigam und die Begleiterinnnen der Braut die junge Frau zu Gesicht bekommen. Nach dreißig Tagen wird zu Ehren des jungen Paares ein Tanz veranstaltet. Während der Flitterwochen bereiten die Mutter oder die Schwestern des Bräutigams alle Mahlzeiten zu. Nach einem Tanzfest, das das Ende der Zurückgezogenheit der Braut kennzeichnet, übernimmt die Braut die Zubereitung der Mahlzeiten für sich und ihren Ehemann.

Hutu- und Tutsi-Hochzeiten unterschieden sich früher im wesentlichen nur dadurch, daß die Hochzeit bei den Tutsi stets in der Nacht gefeiert wurde und die Tutsi-Mädchen den Hochzeitstermin nicht kannten. Die Brautjungfern kamen überraschend, kleideten die Braut an und führten sie zum Bräutigam. Folglich waren ihre Ängste und ihr Widerstand noch größer, und ihre Wehklage kam vermutlich aus tiefster Seele. Als man einmal eine junge Tutsi-Braut an meinem Haus vorbei auf einer Sänfte zu ihrem zukünftigen Ehemann trug, rief sie mir weinend zu: »Retten Sie mich, Madame! Retten Sie mich!« Vielleicht erweckt dies den Eindruck, daß ruandische Mädchen zu Ehen gezwungen werden, in denen Zuneigung keine Rolle spielt, aber dem ist nicht so. Meistens liegt die Entscheidung bei dem Paar selbst. Gelegentlich arrangieren Eltern die Heirat, aber wenn die Braut oder der Bräutigam mit der Wahl nicht einverstanden ist, wird die Hochzeit abgesagt.

Bei den Batwa wird die Mitgift in Ziegen gezahlt – manchmal bis zu sechzehn – und darüber hinaus in vielen Krügen *pombi*. Früher zahlte man mit Elefanten-Stoßzähnen, und es heißt, ein Brautvater hätte einmal sogar sechs Stoßzähne bekommen. Zum Hochzeitszeremoniell gehört ein Wettlauf, den das junge Paar, die Gäste und die Familienmitglieder abhalten. Die Braut darf loslaufen, während der Bräutigam bis zehn zählt und ihr dann hinterher rennt, gefolgt von den Gästen. Die Hochzeit wird dort gefeiert, wo der Bräutigam die Braut fängt.

Nach der Hochzeit wohnt das Paar in der Nähe der Eltern des Bräutigams, die ihnen auch bis zu ihrem Tod zur Seite stehen. Die Großfamilie, zu der zuweilen ebenso Vettern und Kusinen ersten und zweiten Grades und die Hausangestellten gehören, wird *umulyango* genannt. Der Vater hält sein ganzes Leben lang engen Kontakt zu seinen Söhnen. Er legt auch fest, welcher seiner Söhne nach seinem Tod Familienoberhaupt wird. Dieser Sohn zieht dann von seinen Brüdern die Steuern ein und regelt alle Angelegenheiten, die dem Chief oder anderen Amtsträgern zur Kenntnis gebracht werden müssen. Töchter haben keinen Erbanspruch. Nur die Söhne dürfen den Besitz ihres Vaters unter sich aufteilen, wobei dem Erstgeborenen etwas mehr zusteht als den anderen Söhnen. Stirbt ein Mann ohne Erben, fällt sein Besitz an den Chief. Wird ein Kind zur Waise, übernimmt der Großvater väterlicherseits die Vormundschaft. Ist dieser bereits gestorben, wird ein Onkel oder Vetter des Vaters mit dieser Aufgabe betraut.

Jedes Kind in Ruanda erhält drei Vornamen. Einen wählen die Eltern aus, einen die Großeltern väterlicherseits und den dritten die Großeltern mütterlicherseits. Der Name des Kindes besteht aus allen drei Namen, doch die Eltern bestimmen, wie sie das Kind rufen wollen. Wenn das Kind älter ist, wird es vielleicht getauft und kann sich für einen christlichen Namen als Vornamen und einen der ruandischen Namen als zweiten Namen entscheiden.

Alle ruandischen Namen tragen eine Bedeutung und beziehen

sich für gewöhnlich auf die Geburt des Kindes. So bedeutet beispielsweise *Sekabanza* »das Kind, das lächelnd ins Leben tritt«; *Nsegiyumva* heißt soviel wie »wir haben gebetet und unsere Gebete wurden erhört«; *Banyamwabo* ist »ein Kind, dessen Eltern sich von der Familie entfernt haben«; und *Hakizimana* bedeutet »nur Gott kann helfen«.

In Ruanda hat es schon immer Ehescheidungen gegeben. Für gewöhnlich gehen einer Scheidung eine Reihe vorübergehender Trennungen voraus. Die Frau kehrt in ihr Elternhaus zurück und beklagt sich, daß ihr Mann sie beleidigt, geschlagen oder vernachlässigt hat oder faul ist. Ihre Eltern versuchen, die Dinge wieder ins Lot zu bringen und sie zu überreden, zu ihrem Mann zurückzukehren. Stets verläßt die Frau den Mann. Sie wird nicht von ihm weggeschickt. Ist ein Mann mit seiner Frau nicht zufrieden, zeigt er ihr durch sein Verhalten, daß er sie nicht mehr mag, und sie geht fort. Beide Elternpaare versuchen ihr Bestes, die Ehe zu retten, weil sie einen Bruch zwischen den Familien verhindern wollen.

Eine Frau darf sich scheiden lassen, wenn ihr Mann sie mißhandelt hat oder wenn er impotent ist. Das gleiche gilt für den Mann, falls seine Frau ihre häuslichen Pflichten vernachlässigt oder Ehebruch begeht. Früher war die Unfruchtbarkeit einer Frau kein Scheidungsgrund, da ein Mann sich jederzeit eine zweite Frau nehmen konnte. Verläßt eine Frau ihren Mann, nimmt sie nur die Kleidung mit, die sie am Leib trägt. Sie kehrt in das Haus ihres Vaters zurück, der seinerseits die Mitgift – die Kuh oder die Ziegen einschließlich ihrer Jungtiere – an den Mann zurückgeben muß. Kleine Kinder geschiedener Eltern werden zu den Großeltern mütterlicherseits gebracht. Für gewöhnlich leben Kinder bis zu ihrem siebten oder achten Lebensjahr bei ihrer Mutter und deren Eltern, werden dann in die Obhut ihres Vaters gegeben und dürfen ihre Mutter von Zeit zu Zeit besuchen.

Bevor sich die Europäer in Ruanda niederließen, wurde Ehebruch sehr streng bestraft. Die Übeltäter wurden von ihrem Chief verurteilt und gezwungen, sich im Fluß zu ertränken, oder sie wurden auf eine abgeschiedene Insel im Kivu-See verbannt und verhungerten. Zum Glück mußten solche Strafen nur höchst selten verhängt werden.

Damals gab es in Ruanda nur wenige unverheiratete Frauen, da Polygamie traditionsgemäß gebilligt wurde und jede unberührte Frau eine Kostbarkeit darstellte, mochte sie auch noch so unansehnlich sein. 1950 setzte die belgische Regierung jedoch ein Gesetz in Kraft, in dem die Vielehe verboten wurde und die Kinder, die aus solchen Ehen hervorgegangen waren, als unehelich galten. Dieses Verbot schmerzte die Banyaruanda zutiefst, da uneheliche Kinder ihrem Glauben nach getötet werden mußten.

Mit Beginn der sechziger Jahre haben moderne Einflüsse, der soziale und wirtschaftliche Fortschritt und vermehrte Eheschließungen zwischen den ethnischen Gruppen vielen althergebrachten Sitten und Gebräuchen nach und nach ein Ende bereitet. Die Tradition untersagte es etwa einem Mann, mit seiner Frau zu schlafen, ehe das Kind entwöhnt war, was für gewöhnlich nach zwei Jahren der Fall ist. Dieses Verbot war ein natürliches Mittel der Geburtenkontrolle und bedeutete keine große Entbehrung, wenn ein Mann mehrere Frauen hatte. Heutzutage darf ein Mann nur noch eine Frau haben. Traditionsbewußte Ruander halten sich unverändert an die zweijährige Abstinenz und bekommen ihren Nachwuchs in längeren Zeitabständen. Doch die meisten kehren den althergebrachten Sitten und Gebräuchen allmählich den Rücken, was sich in einer sprunghaft steigenden Geburtenrate niederschlägt. Verschärft wird das Problem noch dadurch, daß in vielen Teilen Afrikas inzwischen ein sehr hoher Brautpreis verlangt wird. Das hat Zügellosigkeit und Promiskuität zur Folge, da die Männer ihn oftmals nicht zahlen können.

Das Leben der Banyaruanda wird von einem tiefverwurzelten Aberglauben und zahlreichen Tabus geprägt. So dürfen beispielsweise ruandische Frauen kein Ziegenfleisch essen. Als ich vor vielen Jahren einen Tutsi-Häuptling nach dem Grund dafür fragte, erklärte er ganz sachlich, daß Ziegen über Eigenschaften verfügen, die bei einer Frau nur ungern gesehen werden. Ziegen haben lange Bärte, grelle Stimmen, sind störrisch und reizbar, wohingegen Kühe so sind, wie man sich eine Frau wünscht. Sie haben eine angenehme Stimme und sind sanft. Die Ruander verehren ihre Kühe ebenso wie ihre Frauen.

Ruandische Frauen dürfen nicht unter einem Speer hindurchgehen, kein Gras schneiden, keine Hütte decken oder einen Hahnenschrei imitieren. Niemand darf sich auf ein Faß mit Getreide setzen. Wenn es donnert, darf man keine Pfeife anzünden, auf einem Stuhl sitzen oder auf einem Schaffell liegen. Stößt sich ein Reisender den linken Fuß an einem Gegenstand oder begegnet er einer Ratte mit hellgestreiftem Fell, muß er unverzüglich nach Hause zurückkehren, um Unglück abzuwenden. Eine Frau, die Teig knetet, muß dabei schweigen. Selbst wenn jemand sie ruft, darf sie nicht antworten. Wird eine Frau so zornig, daß sie ihren Mann mit dem langen Holzlöffel schlägt, den sie für den Brotteig verwendet hat, verläßt er sie. Sein Stolz verbietet ihm, nach einer solchen Demütigung länger bei ihr zu bleiben.

Eine Krähe, eine schwarzweiße Bachstelze, eine Eidechse, einen Frosch, eine Schildkröte oder ein Flußpferd zu töten, bringt großes Unglück. Läßt sich ein Ibis auf dem Haus nieder, wird bestimmt jemand sterben. Junge Mädchen dürfen nie einem Weg folgen, auf dem sich Rinder gepaart haben. Sie müssen einen anderen Pfad wählen, um nicht unfruchtbar zu werden. Banyaruanda glauben fest daran, daß jemand schlecht über einen redet, wenn man heftiges Herzklopfen spürt. Einen Spazierstock im Haus eines Freundes zurückzulassen, bedeutet, daß er zum Feind wird. Und der König darf niemals niederknien, weil er sonst Land verliert.

Ruandische Frauen tragen einen Ledergürtel, *unweko* genannt, den ihnen ihr Mann am Tag der Hochzeit schenkt. Möchte eine Frau nicht, daß sich ihr ein Mann nähert, legt sie den Gürtel vor ihn hin. Kein Mann wird es wagen, über den Gürtel zu steigen. Es heißt, daß Menstruationsblut sich schädlich auswirkt. Daher darf eine menstruierende Frau kein krankes Kind pflegen. Frauen dürfen keine Kühe melken, und junge Mädchen dürfen nur solange als Milchmädchen arbeiten, bis sich ihre Brüste entwickeln.

Wer einen Welpen betrachtet, bevor dieser die Augen geöffnet hat, läuft Gefahr, ein blindes Kind oder ein Kind mit einem Sehfehler zu bekommen. Dieser Aberglaube wird von den Bahunde im Kongo geteilt. Auf Buniole hatte Berina sich geweigert, das Gästezimmer zu betreten, in dem Sheila einen Wurf Junge zur Welt gebracht hatte, da Berinas Frau Elena schwanger war und dem Kind bestimmt ein Unglück zugestoßen wäre, wenn er die neugeborenen Welpen angesehen hätte.

Eine bevorstehende Hochzeit wird abgesagt, wenn die Kuh, die als Mitgift gegeben werden soll, stirbt oder zweimal von dem zukünftigen Schwiegervater wegläuft. Es wäre ein viel zu hohes Risiko, bei solch einem schlechen Omen zu heiraten. Vor Jahren hielt man noch an dem Glauben fest, ein Mädchen dürfe nie mehr das Haus ihres Vaters betreten, wenn es mit einem vollen Wasserkrug auf dem Kopf von einem Mann verfolgt wird und vor lauter Angst den Krug fallen läßt, so daß er zerbricht. Sie mußte ihren Verfolger heiraten.

Dies sind nur ein paar dem Aberglauben entstammende Tabus, die mir ein alter Mann aus Mutura erzählt hat. Als ich ein gewisses Erstaunen zum Ausdruck brachte, sagte er: »Heißt das, ihr Europäer glaubt nicht daran, daß jemand schlecht über einen redet, wenn einem das Herz im Leibe hämmert?«

»Nein«, antwortete ich, »aber wir glauben, daß jemand über uns redet, wenn unsere Ohren brennen, und daß wir Geld bekommen, wenn die Handfläche unserer linken Hand juckt. Außerdem dürfen bei uns nie dreizehn Leute an einem Tisch sitzen oder drei an einem Spiel teilnehmen. Und wenn man einen Spiegel zerbricht, hat man sieben Jahre Pech.«

12 Elefanten

Zu den grössten Herausforderungen dieser ersten Jahre auf Mugongo gehörten die vielen Elefanten, die in der Region lebten. Einerseits beeindruckte mich ihre Erhabenheit, andererseits ärgerte ich mich über die verheerenden Schäden, die sie anrichteten. Es war äußerst mühevoll, die Felder vor ihrer Freßlust zu schützen und die Tiere einigermaßen in Schach zu halten. Daß Elefanten auf der Suche nach Erbsen, Süßkartoffeln oder Mais aus dem Wald zu den Plantagen wanderten, war nichts Ungewöhnliches. Wirklich schwierig wurde es aber an dem Tag, als sie entdeckten, daß die Wurzeln von Pyrethrum-Pflanzen noch besser schmeckten.

Man nimmt an, daß Elefanten sich durch niederfrequente, für das menschliche Ohr nicht wahrnehmbare Schallwellen verständigen, die sich über große Entfernungen fortpflanzen können. Offenbar hatte nun eines Tages ein Elefant irgendwo im Umkreis die Wurzel einer Pyrethrum-Pflanze gekostet, sie ganz besonders schmackhaft gefunden und die gute Nachricht weitergegeben. Im ganzen Kivu, von den Bergen des Kongo bis zum Hochland Ruandas, gruben die Tiere mit einem Mal Pyrethrum-Pflanzen aus, verspeisten die Wurzeln und ließen die Stengel auf dem Boden verstreut zurück.

Auf Buniole begegneten wir selten Elefanten, denn sie kamen eigentlich nur aus den Bergen herunter, wenn es dort stark regnete. Hier in der Gegend von Mugongo gab es jedoch viel mehr, und sie waren wesentlich dreister. Nachts verließen sie den Schutz des Waldes und zogen auf das offene Plantagengelände, pflügten die Felder um und ließen sich die saftigen Wurzeln schmekken. Ihre nächtlichen Raubzüge begannen bereits die Pyrethrum-Produktion zu beeinträchtigen, und auch meine Langmut erschöpfte sich allmählich. Verdrossen verzichtete ich darauf, fünfundzwanzig Morgen fruchtbarsten Bodens unmittelbar am Waldrand zu bebauen. Die Elefanten hatten zwar die Schlacht gewonnen, aber den Krieg würde ich gewinnen, das stand für mich fest.

Da kam Kenneth auf die Idee, dort, wo die Plantage an den Wald grenzte, über mindestens eineinhalb Kilometer einen ungefähr zwei Meter tiefen und einen Meter breiten Graben auszuheben. Es war ein gewaltiges Unternehmen, das sich über viele Monate hinzog, denn die Männer arbeiteten nur mit Schaufeln und mußten häufig um Lavagestein herumgraben. Als zusätzliche Befestigung wurde über die gesamte Länge des Grabens noch ein stabiler Zaun mit starken Pfosten aus Eukalyptusholz errichtet und dazwischen eine doppelte Lage Stacheldraht gezogen. Die Konstruktion sah beeindruckend aus.

Aus unserer Sicht erwies sich dieser Schutzwall zwar als völliger Fehlschlag – aber den Elefanten schien er sehr zu gefallen. Sie warteten, bis wir ihn fertiggestellt hatten, und fingen dann an, unter dem Stacheldraht Gräben zu buddeln, durch die sie sich hindurchschoben. Auf der anderen Seite kletterten sie den steilen Abhang hoch und zogen in die Plantage ein. Morgens waren die Felder meist übersät mit Spuren kleiner Elefanten. Ich fragte mich allmählich, ob sie die Plantage seit dem Bau unseres Schutzwalls nicht als geräumigen Laufstall für ihren Nachwuchs ansahen. Die Elefantenkühe trieben ihre Kleinen auf die Felder, wo sie gut aufgehoben waren, und zogen dann allein weiter, um sich an den Pyrethrum-Wurzeln gütlich zu tun. Manchmal stießen wir morgens auch auf die großen, runden Fußabdrücke von Elefantenbullen und entdeckten, daß sie einen halben Morgen oder mehr mit gesunden, jungen Pyrethrum-Pflanzen umgepflügt hatten. Das Ganze wurde allmählich sehr unerfreulich und teuer.

Als nächstes errichteten wir in dem Teil der Plantage, der dem Wald am nächsten lag und den Namen Bihungwe trug, mitten auf einem großen Feld eine Hütte für Nachtwächter. Die Männer wurden mit reichlich Feuerholz ausgestattet, starken Taschenlampen, Dingen wie Trommeln und zwei leeren Ölfässern, um Lärm zu machen, und einem alten Gewehr mit Platzpatronen. Die Hütte lag ein gutes Stück vom Haus entfernt, so daß mich der Krach nicht im geringsten störte. Offen gestanden war ich mir gar nicht sicher, ob die Männer tatsächlich die ganze Nacht über draußen blieben. Trotzdem erzählten sie am Morgen immer kühnere und heldenhaftere Geschichten, wie sie wieder und wieder marodierende Elefanten vertrieben hatten. Und so entschloß ich mich, Bihungwe einen Überraschungsbesuch abzustatten, um meine Neugier zu befriedigen und zu sehen, was dort wirklich vor sich ging.

Ein bleicher Halbmond stand am Himmel, als ich mich in jener Nacht auf den Weg zur Hütte am Waldrand machte. Ich ging warm angezogen, denn die Nachtluft war kühl, und hatte eine Thermosflasche mit Kaffee und eine kleine Sturmlaterne dabei, um mir den Weg zu erleuchten. Zuerst machte ich beim Trockenhaus halt, um einen der Männer zu bitten, mich zu begleiten. Sie sahen mich verständnislos an, als ich diesen Wunsch äußerte.

»Jetzt nach Bihungwe gehen?« riefen sie ungläubig. »Aber wir haben keine Speere, Madame!«

Da ich jedoch darauf bestand, daß jemand mich begleiten müsse, erklärte sich nach einer Weile ein Mann namens Machumbi widerstrebend bereit, mit mir zu gehen. Er verstaute meine kleine Thermosflasche in der Tasche seines Mantels und begann, mit der Laterne in der einen und einer Machete in der anderen Hand, langsam vor mir den Pfad zum Wald hinaufzustapfen, als wäre er auf dem Weg zum Galgen.

Die schmalen Pfade den Berg hinauf waren in jener Nacht schlüpfrig. Unzählige nackte Füße hatten die Erde festgetreten, aber jetzt, nach zwei Monaten Regen, war der Boden schlammig und glatt. Die Trommelschläge der Nachtwächter wurden immer lauter, während wir vorwärtsstolperten. In der fahlen Dunkelheit sah jede kleine Erhebung, jede Felsnase aus wie die Rundung eines Elefantenrückens. Machumbi schlotterten sichtlich die Knie vor Angst, und ich fragte mich allmählich, ob dieser Ausflug wirklich eine so gute Idee gewesen sei. Plötzlich stieg uns der kräftige, scharfe Geruch von frischem Elefantendung in die Nase.

»Machumbi«, sagte ich, »was würdest du tun, wenn wir jetzt einen Elefanten sehen würden?«

»Ich würde davonlaufen!« erwiderte er, ohne zu zögern.

»Du würdest mich allein lassen?« fragte ich, obwohl ich sehr gut wußte, daß er es tun würde.

Seine Antwort war typisch für einen Ruander. Er sagte: »Ich würde Sie nicht allein lassen wollen, Madame, aber was nun mit uns geschieht, ist Gottes Wille.«

Mittlerweile sahen wir zu beiden Seiten des Pfades herausgerissene Pyrethrum-Pflanzen liegen. Ich trat auf getrockneten Dung und dann in ein gut einen halben Meter breites Loch, wo der Fuß eines Elefanten sich besonders tief in die weiche Erde gedrückt hatte. Bis wir endlich ein Stück vor uns das Feuer der Nachtwächter aufflackern sahen, war ich mit meinen Nerven ziemlich am Ende. Die Wächter mußten unsere Laterne ebenfalls gesehen haben, denn sie begannen sofort, mit neuem Schwung auf die Trommeln und Ölfässer einzuhämmern. Die letzten Meter zu der kleinen Schutzhütte legte ich im Laufschritt zurück, erleichtert und beruhigt, die unerschrockenen, lächelnden Gesichter der drei Nachtwächter vor mir zu sehen.

Als ich ihnen erzählte, wie sehr ich mich gefürchtet hatte, lachten sie aus vollem Hals, und Machumbi zogen sie erbarmungslos auf, als er gestand, daß er Angst habe, allein zum Trockenhaus zurückzugehen. Er blieb eine Stunde, dann machte er sich mit angstgeweiteten Augen und einem Ausdruck blanker Panik im Gesicht auf den Weg, hinaus in die unheilschwangere Dunkelheit, die ihn bald verschluckt hatte.

Die Hütte aus gebogenen Ästen, die mit Gras abgedeckt waren, war nicht viel größer als ein umgedrehter Korb. Sie bot kaum zwei Menschen Platz, selbst wenn sie dicht nebeneinander auf der Grasmatte am Boden saßen. Am offenen Eingang brannte ein Feuer, dessen Rauch in die Hütte zog und mir in den Augen brannte. Ich ließ mich neben Rudabeka, dem Führer des Nachtwächtertrupps, nieder und war gespannt, welche Überraschungen die Nacht wohl bringen würde. Stunden wie diese, in denen ich mit den Männern zusammensitzen und mehr von ihrem Leben erfahren konnte, genoß ich ganz besonders.

An jenem Abend stellte ich fest, daß Kayonga, der zweite Nachtwächter, sehr gut trommeln konnte. Er erzählte mir, daß er eine Missionsschule besucht hatte und der beste Trommler weit und breit gewesen war. Damals bekamen nur wenige Hutu die Chance, die Kunst des Trommelns zu erlernen, denn Trommeln waren ein Symbol königlicher Macht und ihr Besitz allen verboten bis auf den König und die Chiefs, die sie auch nur bei besonderen Anlässen schlagen durften.

Kayongas Trommelkünste waren wirklich erstaunlich. Er hatte dem dritten Nachtwächter, einem rundlichen, siebzehn oder achtzehn Jahre alten Burschen namens Patani, inzwischen soviel beigebracht, daß der ihn begleiten konnte, und sie machten zusammen ganz schön viel Lärm, was natürlich der Zweck der Sache war. Offensichtlich wollten sie mich mit ihrer Trommelei unterhalten und auch beeindrucken, denn sie spielten voller Begeisterung Kayongas ganzes Repertoire herunter. Als kleine Showeinlage zwischendurch warfen sie ein paar Mal ihre Trommelstöcke in die Luft und fingen sie wieder auf, ohne im geringsten aus dem Takt zu kommen.

Als sie keine Lust mehr hatten zu trommeln, nahmen Kayonga und Patani ihre Speere und eine Taschenlampe und machten sich auf die Suche nach Elefanten. Kurz darauf kamen sie zurück und berichteten, daß zwei Tiere unter dem Zaun hindurchgeschlüpft seien und sich in einem nahegelegenen Feld aufhielten. Daraufhin ging Rudabeka allein los, um nachzusehen, war aber binnen kürzester Zeit wieder zurück.

»Madami!« rief er aufgeregt. »Sie sind da! Ganz in der Nähe! Kommen Sie schnell schauen!«

Das Herz klopfte mir bis zum Hals, als ich mich ein paar Schritte von der Hütte entfernt hatte, ängstlich zu den dunklen Gipfeln des Mikeno und Karisimbi hinaufstarrte und beinahe erwartete, daß jeden Moment eine Horde wild gewordener Dickhäuter aus dem Dunkel auf uns zustürmte.

»Keine Angst, Madami«, beruhigte mich Rudabeka, »ich beschütze Sie mit meinem Leben.«

Angesichts der fatalistischen Haltung, die Machumbi vorher gezeigt hatte, fand ich diese Äußerung sehr tröstlich. Ich blieb dicht hinter Rudabeka, als wir uns gegen den Wind und möglichst geräuschlos auf die beiden Elefanten zubewegten, die genüßlich Pyrethrum-Wurzeln malmten – die Früchte unserer Arbeit, mit denen wir unseren ganzen Lebensunterhalt bestritten. Die Tiere boten einen ehrfurchtgebietenden Anblick. Entweder hatten sie überhaupt nicht bemerkt, daß wir in der Nähe waren, oder es beunruhigte sie nicht sonderlich. Trotz ihrer imposanten Größe bewegten sie sich nahezu lautlos, lediglich ihre Mägen gaben rumpelnde Geräusche von sich. Sie hoben ihre massigen Köpfe mit den kräftigen Rüsseln nur, um sich das nächste Bündel zarter Pyrethrum-Wurzeln ins Maul zu schieben.

Kayonga und Patani griffen zu ihren Macheten und begannen wie wild auf die Ölfässer zu schlagen, während Rudabeka zwei Schüsse in die Luft abgab, allerdings nur mit Platzpatronen. Die Elefanten nahmen unseren Lärm zur Kenntnis und schlossen daraus, daß das Festgelage zu Ende war. Von einem Felsvorsprung verborgen beobachteten wir, wie sie, eine Spur der Verwüstung hinter sich lassend, mit ausgreifenden Schritten über das Feld trampelten, mit einer Behendigkeit, die ich ihnen niemals zugetraut hätte, in den tiefen Graben hinabstiegen, sich unbeholfen unter dem Stacheldrahtzaun hindurchschoben und im Wald verschwanden.

Als wir zur Hütte zurückkamen, hatte sich der Mond hinter Wolken versteckt, und es war sehr dunkel und kalt. Patani legte noch einige Holzscheite auf das Feuer, und ich goß mir eine Tasse dampfenden Kaffee ein. Rudabeka lachte leise in sich hinein, als er sich neben mich hockte, und schlug sich im Rhythmus der Trommel auf die Knie. Er wußte, daß er eine gute Figur abgegeben hatte, und war sehr zufrieden mit sich.

Aus der Tiefe des Waldes drangen entfernte Rufe zu uns: »Wa hu, wa hu u!« Es waren Tutsi-Hirten, die draußen bei ihren schlafenden Rindern Wache hielten und auf diese Weise Löwen und Hyänen vertrieben. Da begann Rudabeka, der halb Pygmäe, halb Hutu war, über die Tutsi zu erzählen. »Nur die Tutsi in Ruanda kennen die Geheimnisse von *uburozi* (Gift)«, erklärte er. »Sie müssen gut aufpassen, Madami, denn Sie haben Feinde unter den Tutsi, die Sie umbringen wollen.«

Ich fand diese Vorstellung so absurd, daß ich lachen mußte, denn die Tutsi, die in der Nähe von Mugongo lebten, kamen jeden Tag an meine Tür, um sich Medikamente zu holen, mir ihre Neugeborenen zu zeigen und von ihren Sorgen zu erzählen. Aber Rudabeka erinnerte mich an den Tag, als einige Kühe auf einem Pyrethrum-Feld gestanden und sich an den Pflanzen gütlich getan hatten. In meinem Zorn hatte ich von dem Hirten verlangt, daß er für jede der sechs Kühe eine Strafe von hundert Francs (einen Dollar) bezahlen müsse. Er hatte um Milde gebeten, aber ich war hart geblieben, und schließlich hatte er die Strafe bezahlt.

Nun erzählte mir Rudabeka, daß der Hirte zu seinen Freunden gesagt habe, er werde mir eines Tages eine Flasche vergiftete Milch bringen, und mein Tod werde seine Rache sein. Zu meinem Erstaunen bestätigten Kayonga und Patani, daß sie das auch gehört hätten. Ich dachte beklommen an die fünf Flaschen Milch, die ich täglich von drei verschiedenen Hirten kaufte, aber ich fühlte mich gerade viel zu wohl, als daß ich mir groß Gedanken gemacht hätte über Feinde und Rache und vergiftete Milch.

Im Laufe der Nacht wandte sich das Gespräch angenehmeren Themen zu, und Rudabeka begann über die Beziehung zwischen Mann und Frau zu philosophieren: »Ich bin keiner von denen, die wollen, daß eine Frau immer nur ›ja, ja, ja‹ sagt«, erklärte er. »Gott hat der Frau eine Stimme gegeben, also soll sie sie auch benützen. Soll sie doch sagen, was sie möchte, denkt und fühlt. Manche Männer glauben, daß es gutes Essen ist, was eine Frau glücklich macht. Aber das stimmt nicht! Ihr Mann muß freundlich und gütig sein, dann ist die Frau glücklich. Wenn eine Frau glücklich ist, kannst du ihr das zäheste Stück Fleisch zu essen geben, und es wird ihr so süß schmecken wie Zucker.« Rudabeka hatte drei Frauen, konnte also gewissermaßen als Autorität auf diesem Gebiet gelten.

Es ging schon auf drei Uhr zu, als ich mich von den Männern verabschiedete und auf den Heimweg machte. Bewaffnet mit einem fast zwei Meter langen Speer, gab mir Kayonga furchtlos Geleitschutz und horchte gespannt auf jedes Geräusch, jede Bewegung in der Nähe. Diese Vorsicht war durchaus angebracht, denn unter den Elefanten, die in die Plantage einbrachen, waren viele Kühe mit Jungen, die jederzeit angreifen konnten, wenn sie meinten, ihre Kleinen seien bedroht. Außerdem wußten wir nicht, wohin die Elefanten im Laufe der Nacht gezogen waren. Einmal waren sie sogar in dem kleinen Gemüsegarten, keine fünfzig Meter von meinem Haus entfernt, aufgetaucht.

Am nächsten Morgen ging ich wieder nach Bihungwe, um nachzusehen, welchen Schaden sie angerichtet hatten. Riesige Fußabdrücke eines Elefanten führten bis auf fünf Meter an die kleine Hütte heran, und ringsherum gab es noch eine Menge anderer Spuren. Die Erde war regelrecht umgepflügt worden, und man konnte genau erkennen, wo die Elefanten kehrtgemacht und sich von Trommellärm und Feuer zurückgezogen hatten.

Den Krieg gegen die Elefanten habe ich nie gewonnen, und offen gestanden bin ich froh darüber. Es sind kluge und geschickte Tiere, auch wenn sie mich, solange sie in diesem Teil von Ruanda lebten, immer wieder überlistet und zur Verzweiflung gebracht haben. Leider wurden mit dem steigenden Bedarf an Ackerland und Weidegründen mehr und mehr Bäume im Wald geschlagen. Wo einmal hohe Zypressen standen, grasten nun Herden von Langhornrindern, und anstelle des Waldes zogen sich Felder die steilen Hänge hinauf. Mitte der siebziger Jahre waren die Elefantenherden entweder durch Wilderer stark dezimiert oder zur anderen, der zairischen Seite der Vulkanberge abgewandert. Um 1980 waren fast alle Elefanten aus Rwanda verschwunden.

13 Das Leben in Mutura

Anfang Frühjahr 1956 ging das Gerücht um, daß der junge König Baudouin von Belgien seine Kolonie besuchen würde. Die Spannung wuchs, als mit den Vorbereitungen für den königlichen Besuch begonnen wurde. Von Kisenyi bis Rutshuru und den gesamten Circuit de Bugoyi entlang pflanzten Arbeiter für diesen festlichen Anlaß »Gewürznelken« genannte Blumen am Straßenrand. Wie durch ein Wunder tauchten Bulldozer auf, um (zum ersten und letzten Mal) die Fahrbahn zu planieren. Ihre schweren Walzen zermalmten knirschend Brocken von Lavafels und schoben – zur Freude aller kleinen Jungen – Berge von Kieselsteinen in die Gräben. Nach Wochen gespannter Erwartung bekamen die an der Straße wohnenden Menschen schließlich die offizielle Anweisung, Haus und Hof für den Besuch des Königs am dritten Sonntag im Juni herauszuputzen.

Es wurde bekanntgegeben, daß König Baudouin die Neun-Uhr-Messe in der Nyundo Mission besuchen und anschließend, auf dem Weg nach Rutshuru und Rwindi, durch Mutura fahren würde. Um zehn Uhr morgens drängten sich bei meinem Gartentor zahlreiche Menschen im Sonntagsstaat und warteten auf die Wagenkolonne mit dem König. Die belgische Fahne, die wir zu Ehren des hohen Besuches aufgezogen hatten, hing schlaff an der Bambusstange, anstatt, wie wir gehofft hatten, stolz im Wind zu wehen. Dafür zeigte sich der Garten in seiner ganzen Pracht, und wir alle hatten Haltung angenommen, um einen feierlichen Eindruck zu machen.

Wir mußten lange warten. Die königliche Limousine verließ Nyundo um zehn Uhr dreißig, aber es drängten sich so viele begeisterte Untertanen an der Straße, daß der Wagen nur im Schritttempo vorankam. Es war bereits Mittag, als wir aus der Entfernung Hochrufe und das Motorengeräusch eines sich nähernden Automobils vernahmen. Schon vor Monaten hatte man überall im Kongo und in Ruanda-Urundi Plakate mit dem Foto König

Baudouins aufgehängt, die seinen bevorstehenden Besuch ankündigten. Sie zeigten den Regenten in einer prächtigen, mit Orden und Tressen geschmückten Uniform. In dem offenen Reisewagen, der sich nun langsam unserer wartenden Schar näherte, saßen drei Personen: ein uniformierter Fahrer, neben ihm ein gutaussehender junger Mann mit dichtem, welligem Haar, leger in Hose und weißem Hemd, und auf dem Rücksitz ein kräftiger Mann mittleren Alters, der eine mit Orden geschmückte Uniform und eine goldbetreßte Mütze trug. Der Wagen hielt einen Augenblick vor dem Gartentor, die drei Männer erwiderten unsere Jubelrufe lächelnd und freundlich winkend und fuhren dann weiter. Als sie unseren Blicken entschwunden waren, schaute ich in die Gesichter der Menschen um mich herum, die verzückt der Limousine nachsahen, und erst da wurde mir klar, daß niemand bemerkt hatte, daß der gutaussehende, winkende junge Mann auf dem Beifahrersitz der König und der Uniformierte auf dem Rücksitz nur sein Leibwächter gewesen war. Sie schienen alle so beeindruckt von dem, was sie gesehen zu haben glaubten, daß ich es nicht über mich brachte, ihnen diese Illusion zu rauben.

Die meisten der entlang der Straße gepflanzten »Gewürznelken« haben sich im Laufe der Zeit die Ziegen einverleibt, aber unmittelbar vor der Einfahrt zu Mugongo stehen an einigen Stellen noch Büschel dieser kleinen hübschen Blumen und erinnern uns daran, daß der junge König Baudouin seiner Kolonie im Jahr 1956 einen Besuch abstattete.

1957 lief mein Zweijahresvertrag als Verwalterin von Milindi aus, und mein Entschluß, ihn nicht zu verlängern, stand ziemlich schnell fest, obwohl sich mein Einkommen dann fast um die Hälfte verringern würde. Mein Traum, mir auf Mugongo ein richtiges Zuhause zu schaffen, nahm damals bereits Formen an, und in diese Plantage wollte ich all meine Zeit und Kraft investieren.

Als erstes größeres Projekt hatte ich mir vorgenommen, den

Garten, der vom Haus bis zur Straße reichte, um ein gutes Stück zu vergrößern. In den tiefergelegenen Regionen Ruandas wachsen tropische Pflanzen und Blumen in üppiger Vielfalt, Mugongo hingegen ist wegen seines gemäßigten Klimas und seiner Höhenlage ideal geeignet für Blumen, die in Europa heimisch sind und hier das ganze Jahr über gedeihen. Ich gestaltete mein kleines Paradies nun im Stil eines konventionellen englischen Gartens mit geometrisch angelegten Blumenbeeten und einem Geflecht kleiner Wege dazwischen. Entlang der Straße und als Einfassung des Vorgartens und der Zufahrt pflanzten wir Hunderte von Hortensien, die das Anwesen nach einiger Zeit als dichte blühende Hecke umgaben. Die hohen Zypressen links und rechts der Zufahrt wurden zurückgeschnitten – und so entstand »Madames Fenster« mit dem freien Blick auf das Tal und den Kivu-See.

Viele der bereits vorhandenen Blumen pflanzten wir um und ergänzten den Bestand durch die verschiedensten Samen und Zwiebeln, die Gino uns aus San Remo schickte. Hunderte von Agapanthuszwiebeln – auch Schmucklilie genannt – wurden geteilt und in die Erde gelegt. Rabatten mit hohem duftendem Lavendel säumten die Fußwege, und zwischen die Rosen und Calla wurden gut verteilt Narzissen und verschiedene Arten von Fingerhut gesetzt. In jenem Herbst begann ich mit dem Verkauf von Schnittblumen an die Hotels in Goma und Kisenyi. Jede Woche lieferte ich meinem wachsenden Kundenkreis gewaltige Sträuße von Agapanthus, Iris, Gladiolen und Inkalilien.

Die meisten Banyaruanda zeigen wenig oder gar kein Interesse für Blumen und betrachten Gärtnern als die niedrigste aller Tätigkeiten. Deshalb war es schwierig, gute Arbeiter zu finden, welche die Bereitschaft und Freude mitbrachten, tagtäglich in Blumenbeeten herumzugraben. Batandarana war die große Ausnahme. Er bewies von Anfang an ein intuitives Geschick im Umgang mit Pflanzen und kümmert sich nun schon seit mittlerweile über vierzig Jahren hingebungsvoll und mit Erfolg um das Gedeihen des Gartens von Mugongo. Schon 1957 wurde Batandarana mein Obergärtner, und diese Stellung hat er heute noch inne. Er war fest entschlossen, von jeder Blume den englischen Namen zu lernen, und es war für uns beide ein stolzer Tag, als er das schwierige Wort »delphinium« für Rittersporn fehlerfrei aussprechen konnte. Besonders die Freesien haben es Batandarana angetan, und die Bartnelken, die im Englischen »Sweet William« heißen, nennt er immer »sweeties«.

Mit Ausnahme von Pfingstrosen und Tulpen fühlen sich auf Mugongo alle Blumen der gemäßigten Klimazonen wohl. In den tiefergelegenen Regionen Ruandas ist es den meisten von ihnen zu warm, deshalb war es für die Menschen in Goma und Kisenyi etwas ganz Neues, daß man ihnen Sträuße von Veilchen, Rosen und Wicken aus Mugongo anbot. Nelken hingegen gedeihen in der Gegend des Kivu-Sees sehr gut, und es gab damals mehrere Plantagenbesitzer, die sie kommerziell anbauten und per Luftfracht nach Léopoldville, Stanleyville und Elizabethville lieferten. In den trockenen Monaten wachsen Nelken auch auf Mugongo, aber in der Regenzeit, wenn wahre Wassermassen vom Karisimbi herabstürzen, müssen sie abgedeckt werden.

Bald hatte ich so viele Primeln und Stiefmütterchen, daß ich beschloß, sie einzutopfen. Ich ließ also Töpfer aus dem nahegelegenen Pygmäen-Dorf kommen und übergab ihnen als Muster einen gewöhnlichen Blumentopf, den sie nachmachen sollten. Die ersten Töpfe, die sie mir brachten, waren einwandfrei, und ich bestellte eine weitere Partie. Vielleicht war diesen eigenwilligen Menschen die Aufgabe zu eintönig, vielleicht wollten sie einfach auch nur ihr Können zeigen. Jedenfalls waren die Töpfe mit jeder Lieferung noch ein wenig kunstvoller gearbeitet, so daß ich schließlich die außergewöhnlichste Kollektion an kannelierten, mit Wulsten verzierten und flaschenförmigen roten Tontöpfen besaß, die man sich vorstellen kann. Sie waren wirklich wunderschön.

Die Frauen und Kinder brachten die Töpfe zu mir ins Haus, damit ich sie prüfen konnte, und es schien ihnen nichts auszumachen, wenn ich einen oder zwei nicht annahm, weil sie schief oder etwas unförmig geraten waren. Jedes Kind bekam einen Keks, die Frauen Kleidungsstücke oder leere Flaschen, die sie sehr schätzten. Hingegen würdigten sie das Geld, das ich ihnen für ihre Arbeit gab, kaum eines Blickes. Und jedesmal tanzten sie für mich, bevor sie gingen. Unter ihnen war auch eine sehr alte Frau mit entstelltem Gesicht und welken Brüsten, die sich unglaublich anmutig bewegte. Sie tanzte mit langsamen, sinnlichen Bewegungen, die Arme hoch über den Kopf erhoben, was in ihrer Jugend sicherlich äußerst verführerisch gewirkt haben mußte.

Bis 1960 waren die öffentlichen Grundschulen in Ruanda fast ausschließlich den Kindern der Tutsi vorbehalten. Nur sehr wenige Hutu-Kinder bekamen überhaupt eine Schulausbildung. Deshalb faßte ich den Entschluß, daß alle Kinder, die als Blumenpflücker auf Mugongo arbeiteten, lesen und schreiben lernen sollten. Ich stellte einen Lehrer ein, kaufte Bücher, Hefte und Schreibutensilien und ließ eines der Nebengebäude zu einem Schulzimmer umbauen. Da ich wußte, daß die Eltern auf das Geld, das die Kinder verdienten, angewiesen waren, führte ich einen kombinierten Arbeits- und Schultag ein, das heißt, die Kinder gingen morgens auf die Felder und nachmittags zur Schule. Einige skeptische Menschen meinten zwar, die Kinder würden bald das Interesse verlieren und nicht mehr zum Unterricht erscheinen, sobald der Reiz des Neuen verflogen sei, aber die meisten waren sehr lernbegierig und gingen viel lieber zur Schule, als auf den Feldern zu arbeiten.

Die Sonntage auf Mugongo waren etwas ganz Besonderes. Vom frühen Morgen bis zum Sonnenuntergang schob sich ein nicht enden wollender Strom von Menschen die Straße unterhalb des Gartens entlang. Sonntags gingen die Menschen in Mutura in die Kirche, besuchten Freunde und Nachbarn und vertrieben sich die Zeit mit allen möglichen Beschäftigungen. Es war ihr freier Tag, und mehrere Familien spazierten als Gruppe die belebte Straße auf und ab. Die Frauen, in viele Meter farbenfrohes

Tuch gehüllt, bewegten sich langsam und anmutig, den Kopf hoch erhoben. Die kleinen Mädchen trugen ihr schönstes Kleid, und die Jungen flitzten auf Holzrollern an ihnen vorbei. Lehrer, Büroangestellte und Ladenbesitzer im blütenweißen Hemd mit Krawatte und blank geputzten Schuhen waren auf ihren Fahrrädern unterwegs und mußten ständig klingeln. Scharen von Kindern kamen in den Garten, um für mich zu tanzen, und ich dachte bei mir, welch großes Glück ich doch hatte, inmitten von soviel Schönheit und Pracht leben zu dürfen.

Seit ich auf Mugongo zu Hause war, hatte ich öfter Gelegenheit, am gesellschaftlichen Leben des Kivu teilzunehmen. Eine Zeitlang vermißte ich Cecil schrecklich, aber als alleinstehende Frau bekam ich häufig Einladungen zu Abendessen oder Partys, die Freunde in der Gegend gaben. Und da Kisenyi und Goma nicht weit entfernt waren, konnte ich mich auch meinerseits für ihre Gastfreundschaft revanchieren. Als Kenneth und ich uns scheiden ließen, hatte ich gehofft, vielleicht wieder heiraten zu können, aber es sollten einige Jahre ins Land gehen, ehe ich einen Mann kennenlernte, den ich so interessant fand, daß ich von einer Liebesbeziehung zu träumen begann.

Per Moller war Schwede, und seine Augen strahlten so blau wie der afrikanische Himmel. Er war an der schwedischen Küste aufgewachsen und hatte sich mit seiner deutschen Frau zunächst in Kenia niedergelassen. Man munkelte, er und seine Frau hätten viel gestritten und sie habe ihn mehrmals verlassen, sei einfach auf eines ihrer Vollblutpferde gestiegen und nach Nairobi geritten. Wenn die Leute auf den Nachbarplantagen sie in einer Staubwolke davongaloppieren sahen, sagten sie nur: »Wieder mal auf und davon, die gute Mrs. Moller.« Sie blieb dann eine Zeitlang in Nairobi, kam aber irgendwann immer zurück – auf ihrem Pferd, das langsam nach Hause trottete.

Schließlich ließen sich die beiden scheiden, und Per kam in den Kivu, um eine Kaffeeplantage zu kaufen. Wir lernten uns im Sommer 1957 kennen, und ich spürte vom ersten Augenblick an, daß das Schicksal mir Per Moller zugedacht hatte. Er hatte vorübergehend, bis sich eine geeignete Pflanzung fand, mit Mutter und Schwester eine weitläufige Villa in Kisenyi direkt am See gemietet, wo auch sein kleines Motorboot lag. Am Wochenende fuhren wir oft über den See, um Freunde zu besuchen oder auf einer der kleinen Inseln ein Picknick zu machen. Wenn wir am späten Nachmittag zurückkehrten, nahmen wir ein Bad und zogen uns für den Abend um, gingen dann in das Bugoyi Guest House essen und anschließend tanzen. Es waren herrliche, aufregende und romantische Stunden, und ich verliebte mich in Per bis über beide Ohren.

Per war groß und gutaussehend und bewegte sich mit der Geschmeidigkeit eines durchtrainierten Sportlers. Er war ein ausgezeichneter Unterhalter und sprach nicht nur fließend Französisch und Englisch, sondern auch einwandfrei Swahili, da er lange Jahre in Kenia gelebt hatte. Per war viel in Europa, Afrika und Asien herumgereist und besaß einen unerschöpflichen Vorrat an faszinierenden Geschichten und aufregenden Abenteuern, mit denen er die Menschen stundenlang fesseln konnte. Sein natürlicher Charme und sein unglaublich gutes Aussehen wirkten auf Männer wie Frauen gleichermaßen anziehend. Die Männer suchten seine Freundschaft, die Hälfte aller Frauen im Kivu – ich eingeschlossen – träumte von einer Romanze mit ihm. Eine dieser Frauen, eine schwedische Missionsschwester, war derart in Per vernarrt, daß sie jede Woche Stunden am Herd zubrachte und seine Lieblingsgerichte aus der Heimat zubereitete, weil sie hoffte, er würde vielleicht vorbeikommen.

Schließlich fand Per im Kongo eine Kaffeeplantage namens Kania, die ihm sehr zusagte und, wie es der Zufall wollte, Kenneth gehörte. Zunächst zögerte Kenneth, diesen Besitz zu verkaufen, aber da Per hartnäckig blieb und ihn monatelang bedrängte, gab er letztlich nach. Er übernahm Kania im Frühjahr 1958, den Kopf voller Pläne und Erwartungen, begann sofort mit dem Um- und Ausbau des Wohnhauses und stellte viele neue Arbeitskräfte ein, um die Kaffeeproduktion zu steigern. Keiner von uns hätte damals gedacht, daß der Kongo schon zwei Jahre später in Anarchie und Gewalt versinken würde, so daß selbst die mutigsten und angesehensten europäischen Grundbesitzer zur Flucht gezwungen waren und Per nicht nur Kania, sondern auch alles andere verlor, was er besaß.

Als der Kongo sich für unabhängig erklärte, suchten Kenneth wie auch Per Zuflucht in Ruanda. Zum Glück hatte Kenneth den Erlös aus dem Verkauf von Kania sicher bei einer englischen Bank angelegt, denn auch er mußte alle übrigen Besitzungen im Kongo aufgeben. Es tat Kenneth sehr leid, daß Per seine Kaffeeplantage verloren hatte, und er bot ihm als Bleibe ein kleines Haus im Bezirk Mutura in der Nähe von Mugongo an.

Bei seiner Rückkehr nach Ruanda war Per völlig mittellos. Er kam fast jeden Abend zum Essen zu mir, und tagsüber arbeiteten wir Seite an Seite auf der Plantage. Für mich war ein Traum wahr geworden und ich hoffte, wir beide könnten uns auf Mugongo ein gemeinsames Leben aufbauen. Aber für alle im Kivu war es damals eine harte Zeit, und jeder hatte zu kämpfen. Die meisten unserer Freunde hatten alles verloren, einige waren sogar ums Leben gekommen. Per machten der Verlust von Kania und die gefährlichen Entwicklungen auf der anderen Seite der Grenze so sehr zu schaffen, daß seine Trauer in Depression und Verzweiflung umschlug. Eine glückliche gemeinsame Zukunft sollte uns nicht beschieden sein.

Zwar entwickelte sich mit der Zeit eine enge Freundschaft und innige Zuneigung zwischen uns, aber es zeigte sich bald, daß niemals mehr daraus werden konnte. Per hatte eine verborgene Seite, die ihn sehr quälte – so sehr, daß er immer wieder an Selbstmord dachte. Homosexualität fand in jenen Tagen wenig Verständnis und mußte nach Möglichkeit verheimlicht werden. Es dauerte Jahre, bis ich mich damit abfinden konnte, daß Per meine Bedürfnisse als Frau niemals würde befriedigen können, und daß nichts, was ich tat, dies ändern könnte, auch wenn ich mich noch so sehr bemühte. Aber damit greife ich meiner Geschichte vor.

14 Sembagare

ANFANG 1957 bat mich Edouard immer häufiger um ein paar Tage Urlaub, um seine Familie besuchen zu können. Offenbar gefiel ihm das Alleinsein nicht mehr so gut wie früher. Eine seiner Töchter hatte sich verlobt, und es gab noch allerhand vor der Hochzeit zu regeln. Da zu erwarten stand, daß Edouard sich sowieso bald aufs Altenteil zurückziehen würde, begann ich mich nach einem neuen Hausboy umzusehen.

Im April stellte ich einen siebzehnjährigen Jungen namens Sembagare Munyamboneza ein. Obwohl er als Hausboy arbeiten sollte, war doch von Anfang an klar, daß er sich im Grunde nichts mehr wünschte, als Chauffeur zu werden, und er ließ sich auch keine Gelegenheit entgehen, mich darauf hinzuweisen. Der alte Ford hatte inzwischen ausgedient, und ich hatte einen »brandneuen« GMC-Pick-up gekauft, der noch nicht einmal ein Jahr alt war. Ich war zwar von dem Gedanken, Sembagare auf dem neuen Lieferwagen Fahrstunden zu geben, überhaupt nicht begeistert, aber er lag mir ständig damit in den Ohren, und seine Argumente waren nicht ganz von der Hand zu weisen.

»Und was ist, wenn Sie einmal krank sind?« fragte er immer wieder. »Ich könnte nach Kisenyi fahren und den Doktor holen. Ich könnte das Pyrethrum nach Goma bringen und überhaupt alle Transporte erledigen – das ist sowieso keine Arbeit für eine Frau ...« So ging es die ganze Zeit, bis ich schließlich nachgab.

Die Fahrstunden fanden nachmittags statt und dauerten exakt fünfzehn Minuten. Mehr hielten meine Nerven nicht aus. Nach drei Monaten beherrschte Sembagare zwar die elementarsten Dinge, konnte aber immer noch nicht lenken. Er dachte offenbar, das Lenkrad müsse ständig in Bewegung gehalten werden, denn er schlingerte nur im Zickzack die Straße entlang. Dann kam Hilfe in Gestalt eines Besuchers. Jean Neyrinck bot sich an, Sembagare zu zeigen, wie man einen Wagen richtig lenkt. Jean suchte einige leere Kerosinkanister zusammen und baute damit einen Übungsparcours auf. Ich beobachtete das Geschehen vom Schlafzimmerfenster aus und sah mit großem Erstaunen, wie Sembagare den Lieferwagen mühelos zwischen den Kanistern hindurchmanövrierte. Er schaffte sogar eine komplette Wendung, ohne einen einzigen Baum mitzunehmen oder den Kotflügel zu verbeulen. Als die Fahrstunde zu Ende war, kam ein triumphierender Sembagare ins Haus marschiert und erklärte, er habe in den zwei Stunden mit Jean besser Auto fahren gelernt als in den drei Monaten mit mir.

Damit war Sembagare mein Chauffeur geworden und sein Ansehen in der Gemeinde ungeheuer gestiegen. Er konnte als erster Ruander im ganzen Bezirk Mutura Auto fahren. Ich werde nie vergessen, wie stolz er war, als er mit seinem *permis de conduire* in der Tasche von Kisenyi zurückgefahren kam. Seine Freunde standen applaudierend und Glückwünsche rufend an der Straße, als er lauthals verkündete, daß er seinen Führerschein bekommen habe. Von dieser Stunde an erledigte Sembagare alle Transporte, ob es nun Pyrethrum oder was auch immer zu befördern galt – schließlich war das »Männerarbeit« –, aber auch sonst saß von da an meistens er hinter dem Steuer.

Eines Tages nahmen wir Sembagares Vater mit, als wir morgens zu unserem wöchentlichen Ausflug nach Kisenyi aufbrachen. Der schon etwas ältere Mann hatte noch nie in einem Auto gesessen, und Sembagare fuhr sehr langsam und vorsichtig, damit sein Vater sich nicht ängstigte. Als wir wieder nach Hause fuhren und bei dem Weg zu seiner Hütte haltmachten, um ihn aussteigen zu lassen, fragte ich ihn, ob er stolz sei auf Sembagare und ob ihm die Fahrt gefallen habe. »O ja, Madame«, antwortete er, »ich bin sehr stolz auf meinen Sohn, aber die Fahrt hat mir nicht gefallen, und ich glaube, ich werde nie wieder in ein Auto steigen.«

Obwohl Automobile damals schon etwas Alltägliches waren und die Leute häufig mit Bussen oder Taxis in die größeren Städte fuhren, waren sie so manchem Ruander noch immer nicht ganz geheuer. Eines Tages kam Sembagare vergnügt schmunzelnd ins Haus. Er hatte unterwegs einen alten Mann mitgenommen, der von ihm hatte wissen wollen, ob er denn an den Füßen Augen habe. »Wenn du keine Augen an den Füßen hast«, hatte der alte Mann gesagt, »woher wissen sie dann, was sie tun sollen?«

Wenn wir nach Kisenyi fuhren, trug Sembagare immer seine khakifarbene Chauffeuruniform, und sein Gesicht zeigte einen Ausdruck würdevoller Korrektheit. Wenn ich ein- oder ausstieg, hielt er mir ehrerbietig die Tür auf, als wären wir in einem vornehmen Bentley unterwegs. Auf der Rückfahrt war er meistens etwas entspannter und unterhielt mich mit Kommentaren zu allem, was er in der Stadt gesehen oder gehört hatte. Eines Morgens, als wir Blumen im Hotel anlieferten, spielte eine sehr attraktive Belgierin auf der Hotelterrasse Tischtennis – im Bikini, dem ersten, den man in Kisenyi zu Gesicht bekam. Ich bemerkte, wie Sembagare verstohlen zu ihr hinsah. Als wir nach Hause fuhren, sagte er: »Madame Van Dycke ist sehr schön. Sie hat eine Nase wie ein Buschbock.«

Sembagare ist gläubiger Adventist vom Siebenten Tag, und ich war mir sicher, daß es sein unerschütterlicher Glaube an Christus und die Lehre seiner Kirche waren, die seinen guten Charakter geformt hatten. Eine Zeitlang machte er sich sogar ernsthaft Sorgen um mich, weil ich keine Adventistin war. Eines Tages, als er die Suppe servierte, fragte er mich: »Madame, haben Sie schon einmal etwas von Moses gehört?« Als ich ihm versicherte, daß mir dieser Name durchaus ein Begriff sei, kam die nächste Frage: »Und kennen Sie die Geschichte von David?« So ging es eine ganze Weile, bis er hinreichend überzeugt war, daß meine Seele nicht der ewigen Verdammnis anheimfallen würde. Seine Bibel war damals das einzige Buch in Kinyaruanda, das er besaß, und wenn er nicht arbeitete, lag sie stets griffbereit.

1960 verlobte sich Sembagare mit einem Mädchen namens Esther Nyirahuku, das ebenfalls zu den Adventisten vom Siebenten Tag gehörte. Esthers Vater und ihre Brüder lehnten diese Verbindung entschieden ab und brachten eine ganze Reihe von Einwänden vor. Auch Sembagares Vater war gegen diese Ehe und zögerte sehr lange, bis er die Mitgift bezahlte und die notwendigen Formalitäten erledigte. Das war zwei Jahre, bevor die Hochzeit stattfand. In dieser ganzen Zeit sahen sich Sembagare und Esther kein einziges Mal, schrieben sich jedoch hin und wieder. Sembagare wartete treu und geduldig in der Überzeugung, daß ihm und Esther am Ende doch eine glückliche Zukunft beschieden sein würde.

Schließlich wurde ein Termin für die Trauung festgesetzt, und es gab eine große Hochzeit in der Missionskirche von Rwankeri, zu der auch Per und ich eingeladen waren. Sembagare hatte sich für diesen Anlaß den Lieferwagen ausgeliehen und sah in seiner dunklen Hose, dem neuen weißen Hemd und der phantastischen Krawatte – ein Geschenk von Per – ausnehmend gut und sehr glücklich aus, als er sich auf den Weg zur Kirche machte. Per gegenüber hatte er angedeutet, daß es ihn sehr freuen würde, wenn die Braut von mir ein Fläschchen französisches Parfum als Hochzeitsgeschenk bekäme. Natürlich erfüllte ich ihm diesen Wunsch und überreichte Esther in angemessener Form ein *Eau de toilette* von Houbigant, das ich in einem Geschäft in Goma entdeckt hatte und wofür mir Sembagare ewig dankbar war.

Wie es der Brauch war, folgte auf die Trauung ein Empfang im Haus von Sembagares Vater. Per und ich gingen hinter den zwanzig Brautjungfern, die lange, pastellfarbene Röcke trugen und in der lauen Morgenluft liebliche Melodien sangen, den sich zwischen Reihen von blühendem Mais hindurchschlängelnden Pfad entlang. Der Hof vor dem Anwesen der Familie war sauber gefegt und festlich geschmückt. Während die Frauen die auf einem langen Tisch ausgelegten Hochzeitsgeschenke begutachteten, versammelten sich die Männer um ein riesiges Gefäß mit *pombi*. Per und ich waren die einzigen *wazungu* bei dem Fest.

Ich wurde sofort in Sembagares neues Haus geführt, um die Braut kennenzulernen. Sie war in Gesellschaft mehrerer Frauen, und ich wurde zu einem Stuhl neben Esther komplimentiert.

Nach dem grellen Sonnenlicht draußen wirkte es in der fensterlosen Hütte sehr dunkel. Plötzlich ließ Esther ihren Kopf auf meine Schulter sinken und zitterte wie ein verletztes Vögelchen. Ich nahm ihre Hände und flüsterte beruhigend auf sie ein, um sie zu trösten, obwohl ich keine Ahnung hatte, was mit ihr los war und sie mich gar nicht verstand. Immerhin konnte ich sehen, daß sie ein liebes Gesicht und riesige dunkle Augen hatte und in ihrem Hochzeitskleid – einem zarten, duftigen Gebilde aus weißer Spitze – sehr hübsch aussah. Aber es war keine glückliche Braut, die da neben mir saß. Bevor ich jedoch den Grund für Esthers Kummer herausfinden konnte, wurde ich nach draußen gerufen, wo man auf das neuvermählte Paar trank und zu tanzen begann. Es brach mir fast das Herz, als ich in Sembagares glückstrahlendes Gesicht sah.

Ich habe nie erfahren, warum sich beide Familien gegen die Heirat gestellt hatten, aber vielleicht hatten sie instinktiv gespürt, daß es nicht gutgehen würde. Sembagare und Esther waren nie richtig glücklich miteinander, und beide litten sehr unter Enttäuschungen und unerfüllten Erwartungen. Sie bekamen drei Töchter, die im Abstand von zwei Jahren geboren wurden, lebten sich aber trotzdem immer mehr auseinander, bis sie schließlich beschlossen, sich zu trennen. Es wurde zwar keine Scheidung ausgesprochen, aber einige Jahre darauf heiratete Sembagare ein Mädchen mit dem Namen Nyiramagedede, und ich glaube, die beiden waren sehr glücklich miteinander. Sie hatten zwei Söhne und fünf Töchter. Sembagare unterstützte weiterhin Esther mit ihren drei Töchtern, seine Tante mit ihren sieben Kindern und deren Familien sowie eine ganze Reihe von Pflegekindern.

Wenige Monate nach der Hochzeit unternahmen Sembagare und ich unsere erste lange Tour mit dem Auto, und zwar in die kleine Stadt Kabale im Süden Ugandas. Für Sembagare war diese erste Reise in ein anderes Land »das aufregendste Ereignis seines Lebens«, wie er sagte. Kabale liegt nur hundertsechzig Kilometer von Mugongo entfernt, aber man braucht auf den steilen Bergstraßen vier oder fünf Stunden für diese Strecke – und muß am Grenzübergang oft eine halbe Stunde oder noch länger warten. Der Panoramablick auf die Vulkane und die vielen kleinen Buchten des Bulera-Sees, den man von der Kanapa-Schlucht aus hat, ist atemberaubend. Mehr als einmal mußte ich Sembagare ermahnen, sich auf die schmale, kurvenreiche Straße zu konzentrieren, die durch eine wunderschöne Landschaft und einen der dichtesten Bambuswälder in Zentralafrika führt.

In Uganda war Wahltag, stellten wir fest, und fast jeder, den wir auf dem Weg nach Kabale überholten, streckte uns mit dem Ruf »D.P.!« (für Demokratische Partei) die zum Victory-Zeichen gespreizten Finger entgegen. Sembagare wußte zwar nicht, was das bedeutete, antwortete aber seinerseits mit einem lauten »D.P.!«, weil er dachte, die Leute würden ihn eben auf landesübliche Art begrüßen. »Ich bin noch nie hier gewesen, aber alle grüßen mich«, bemerkte er strahlend, als wir durch die Straßen fuhren.

Kabale war damals zwar eine kleine Stadt, besaß aber ein weithin bekanntes Hotel, das White Horse, mit einem ausgedehnten, von großen Eukalyptusbäumen beschatteten Rasen vor dem Haus und einem schönen Golfplatz mit neun Löchern dahinter. Britische Kolonialbeamte mit ihren Familien ebenso wie Touristen, die von Kenia aus Ruanda oder Belgisch-Kongo besuchten, verbrachten hier, auf 1829 Metern Meereshöhe, gern ihre Ferien. Das Hotel wurde von einer Engländerin namens Gytha Calder geführt, der ich schon vorab schriftlich mitgeteilt hatte, wann wir kommen würden.

Sembagare schlief in der Unterkunft für Chauffeure und schloß schnell Bekanntschaft mit einem weltläufigen Kikuyu aus Nairobi, der sich berufen fühlte, Sembagare in die Wunder der großen weiten Welt einzuführen. An jenem Abend im White Horse sah Sembagare seinen ersten Film – eine Produktion der Shell Oil über die Geschichte des Rennsports. Der Film war genau das richtige für Sembagare, der ja selbst leidenschaftlich gern Auto fuhr und mit seiner Begeisterung und seinem ansteckenden Lachen alle anderen Gäste mitriß. Außerdem schnappte er einige neue englische Worte auf und erklärte mir auf der Heimfahrt: »Sie dürfen nicht mehr ›Chauffeur‹ zu mir sagen, Madame. Ich bin jetzt Ihr ›driver‹.«

Uganda wurde in jener Zeit die »Perle Afrikas« genannt, um Winston Churchill zu zitieren, und wir machten häufig Ausflüge in die schönen Nationalparks und Wildreservate des Landes. Am allerbesten gefiel Sembagare der Queen Elizabeth Park im Westen Ugandas, den er, als bibelfester Adventist immer mit einem passenden Beispiel zur Hand, mit dem Garten Eden verglich. Zweimal im Jahr fuhren wir bis nach Kampala (eine Strecke von fast eintausenddreihundert Kilometern hin und zurück), und für Sembagare ist es bis heute unvorstellbar, daß es eine größere und wohlhabendere Stadt als Kampala zu Beginn der sechziger Jahre geben könnte.

Inzwischen arbeitet Sembagare seit mehr als vierzig Jahren für mich. Oder ich für ihn? Das ist manchmal schwer zu sagen. Er war in all diesen Jahren mein engster Freund und hat mir immer wieder Kraft gegeben. In guten wie in schlechten Zeiten, trotz aller Veränderungen, hat er mir unbeirrbar zur Seite gestanden und gesagt: »Gott wird Ihnen helfen, Madame.« So oft, wenn ich kurz vor dem Bankrott stand oder die politischen Ereignisse mich ängstigten, waren es Sembagares ruhige Unerschrockenheit, seine sanfte Weisheit und sein selbstverständlicher Glaube, die mich aufrechtgehalten haben.

Der junge Bursche, den ich vor so vielen Jahren eingestellt habe, ist heute mein Geschäftspartner und der Verwalter von Mugongo. In all den Jahren, die wir nun zusammenarbeiten, hat es niemals eine ernsthafte Auseinandersetzung zwischen uns gegeben. Mugongo könnte ohne ihn nicht existieren und ich ebensowenig.

15 Ein Paradies für Tiere

Mein Traum von einem Haus voller Kinder sollte sich nicht erfüllen, und dennoch hat es auf Mugongo nie am Getrippel und Getrappel kleiner Füße gefehlt. Im Laufe der Jahre habe ich einen ganzen Zoo beherbergt – große und kleine Tiere, wilde und zahme. Ich habe sie geliebt wie eigene Kinder, und sie haben mir, genau wie Kinder, unendlich viel Freude gemacht, mich getröstet und mir Gesellschaft geleistet, oft aber auch Kummer und Sorgen bereitet. Da war zunächst Sheila, meine geliebte Irish-Terrier-Hündin, die Kenneth und ich 1949 nach Afrika mitgenommen hatten. Zu meiner Menagerie gehörten in all den Jahren neben anderen Hunden aber auch etliche Katzen, mehrere Affen, eine Ziege, ein Esel, drei Afrikanische Graupapageien, eine Antilope und zwei Buschböcke. Unvergeßlich geblieben ist mir eines meiner ausgefallensten Haustiere, ein kleines Kronenduckerweibchen, das ich Betty nannte.

Amerikanische Touristen, Hale und Betty Huggins, die eine Safari durch den Kongo und Ruanda machten, brachten das kleine Geschöpf zu mir. Irgendwo unterwegs an der Straße hatte ihnen ein Kind einen drei Wochen alten Kronenducker angeboten, und sie hatten das Tier gekauft. Ein Kronenducker ist eine kleine Antilope, die in den Ebenen Ostruandas zu Hause ist. Das Ehepaar Huggins wollte von Afrika aus nach Bombay weiterreisen, und da das Tier noch nicht entwöhnt war, hätte es die Reise niemals überstanden. Ihr Reiseleiter schlug vor, sie sollten es zu mir bringen. Als ich die zarte kleine Antilope sah, hatte ich zwar das Gefühl, daß ihre Überlebenschancen sehr gering waren, willigte aber dennoch ein, sie bei mir aufzunehmen und versprach, sie nach Mrs. Huggins Betty zu nennen.

Betty maß nicht einmal vierzig Zentimeter, als sie zu uns kam. Ihr Fell war sandfarben, am Rücken etwas dunkler, und von der Stirn bis zur glänzenden Nase lief ein dunkler Streifen. Sie hatte wunderhübsche lange Wimpern und streichholzdünne Beinchen mit schimmernden spitzen Hufen. Sie sah aus wie ein kleines Spielzeugtier auf Rädern. Immer wieder rutschten ihr die wackeligen Beine auf dem glatten Estrich unter dem Körper weg, bis sie endlich begriff, daß die Teppichläufer auf dem Boden Inseln waren, auf denen sie gefahrlos herumspazieren konnte, ohne Angst haben zu müssen.

Aber anstrengend war die Kleine! Die ersten beiden Tage blökte sie unablässig wie ein Lämmchen und verweigerte die Babyflasche mit verdünnter Milch, die wir ihr immer wieder anboten. Sie war völlig verängstigt und unglücklich und versuchte mehrmals wegzulaufen. Wir durften sie jedoch nicht in die Freiheit entlassen, denn alleine hätte sie keine zehn Minuten überlebt. Am dritten Tag überraschte ich Betty morgens, wie sie sich am Ärmel meiner alten Felljacke, die ich an einem Stuhl hatte hängen lassen, rieb und immer wieder mit ihrem Köpfchen dagegenstieß. Inzwischen war ich bereit, alles zu versuchen, was sie zum Trinken bewegen konnte, und so schob ich die Milchflasche so weit in den Jackenärmel, daß nur der Sauger hervorstand. Betty schnappte eifrig danach und nuckelte solange, bis die Flasche leer war. Damit war das Ernährungsproblem fürs erste gelöst, und meine alte, abgetragene Jacke wurde für etliche Wochen Bettys Ersatzmutter.

Sie weigerte sich jedoch stur, der Flasche auch nur einen Schritt näherzukommen, wenn sie nicht im Ärmel meiner Jacke steckte, und entwickelte eine geradezu neurotische Bindung zu ihr. Wir versuchten alles, was man sich denken kann, um sie der Jacke zu entwöhnen, aber es hatte keinen Zweck. Wenn ich ihr die Flasche auf Armeslänge entgegenhielt, sprang sie ständig vom einen zum anderen hin und her, saugte kurz an der Flasche, um sich gleich darauf wieder an der Jacke zu reiben. So ging es weiter, bis die Flasche leer war. Zwischen den Mahlzeiten mußten wir die Jacke vor ihr verstecken, weil sie sie sonst vollends ruiniert hätte. Sobald sie das Kleidungsstück irgendwo erblickte, rieb sie ihr Köpfchen daran, leckte an dem Fell und saugte an den Ärmeln.

Betty war so schön und anmutig, daß sie alle auf Mugongo bezauberte. Sembibi bestand darauf, daß wir ihr Schlafkörbchen in die Küche stellten, wo er auf sie aufpassen konnte. Eines Morgens, als ich in die Küche kam, fand ich Betty und Bonnie, unser neues graues Kätzchen, selig schlafend in dem geflochtenen Bambuskorb vor. Betty hatte sich auf ihrer Decke zusammengerollt, und das Kätzchen lag ausgestreckt auf ihr, den Kopf an ihren seidenweichen Hals geschmiegt. Betty schlug kurz ihre blanken braunen Augen auf, Bonnie nahm meine Anwesenheit zur Kenntnis, indem sie gähnend eine Pfote ausstreckte, und schon schlummerten die beiden glücklich und zufrieden wieder ein.

Nach jenen ersten schwierigen Wochen sperrten wir Betty nie mehr ein. Sie durfte auf der ganzen Plantage herumlaufen und kommen und gehen, wie es ihr gefiel. Während der wärmsten Stunden des Tages blieb sie im Haus, oder sie zog sich in ein kleines Nest zurück, das sie sich unter den dichten Geißblattranken an einer Steinmauer im Garten eingerichtet hatte. Meine Besucher waren immer überrascht, wenn sie an der Eingangstür erschien, um sie zu begrüßen. Zuerst betrachtete sie meine Gäste aus sicherem Abstand, dann machte sie kehrt und spazierte gelassen ins Haus. Dabei warf sie, wie eine vorbildliche Gastgeberin, einen kurzen Blick über die Schulter zurück, als wollte sie sie einladen, ihr zu folgen. Sie wartete, bis sich jeder gesetzt hatte, und ließ sich dann neben mir auf dem Boden nieder, wobei sie zuerst anmutig die Vorderbeine einknickte und dann mit einer geschmeidigen Bewegung die Hinterbeine unter ihren Körper zog.

Am späten Nachmittag überkam Betty der Spieltrieb, und dann wurde sie erst richtig munter. Neben dem Wohnhaus erstreckte sich ein großes Rasengeviert, eingerahmt von hohen Zypressen, die an sonnigen Tagen hübsche Schatten auf das Gras warfen. Dieses Fleckchen wählte sich Betty zum Spielplatz, und dort fanden sich nach und nach auch ihre Spielkameraden ein – Sheila, Sheilas Sohn Brill, das Kätzchen Bonnie und eine Ziege namens Bella. Eigentlich war Bella ein Ziegenbock, der Gino gehört hatte, und den ich sozusagen als lebendes Inventar mit übernommen hatte. Bella war kastriert und absolut stubenrein. Wenn er hinaus wollte, stieß er mit dem Kopf auffordernd gegen die Tür, und nachts schlief er neben dem Herd. Jeden Nachmittag tollten die Tiere auf dem Rasen herum und machten spielerisch Jagd aufeinander. Besonders gerne mochten sie es, wenn sie Publikum hatten, und Per kam oft vorbei, um ihren drolligen Spielen in meinem »Tierparadies«, wie er es nannte, zuzusehen.

Es gab niemanden, der von Bettys unwiderstehlichem Übermut nicht entzückt gewesen wäre. Manchmal lief sie schnell wie der Wind davon, die Hunde dicht hinter ihr, und dann blieb sie plötzlich stehen, so daß sie in sie hineinrannten und sie zu Boden warfen. Oft erschreckte sie Sheila, indem sie plötzlich mit einem anmutigen Sprung über sie hinwegsetzte, und Bonnie ließ sich gerne von einem Baum auf Bettys Rücken fallen. Die komischste Figur von allen machte jedoch Bella, der ständig hinter der winzigen Antilope herzockelte und sich nach Kräften bemühte, den jungen Wilden zu spielen, obwohl er doch nur ein alter fetter Ziegenbock war. Und es war Bella, der Betty auf der Suche nach besonders saftigem Gras immer ein Stückchen weiter vom Haus wegführte und ihr zeigte, wie köstlich Blumen schmecken.

Bella hatte schon immer gerne Unfug gemacht im Garten, aber während er sich bei Rosen und Rittersporn auf die Blätter beschränkte, verspeiste Betty nun die Blüten. Wenn man nicht aufpaßte, konnten die beiden an einem einzigen Nachmittag ein gutes Stück vom Garten kahlfressen. Während Bella sich an den Rosenblättern gütlich tat, wartete Betty brav an seiner Seite, bis sie an der Reihe war. Hatte er sein Mahl beendet, suchte sich Betty die zarteste Rosenknospe und zwackte sie fein säuberlich ab. Ich muß allerdings zugeben, daß ich es bei meinen erzieherischen Maßnahmen etwas an Konsequenz fehlen ließ. Wenn ich Bella dabei erwischte, wie er an den Wicken herumknabberte, gab ich ihm mit einem Callastengel kräftig eins auf die Nase. Sah ich dagegen Betty mit einer Countess-Vandal-Rose im Mäulchen, schoß ich schnell ein Foto von ihr.

Als Betty ungefähr vier Monate alt war, wollte sie nicht mehr in ihrem Körbchen schlafen und schließlich sogar nachts nicht mehr im Haus bleiben. Ich hatte mich gleich am ersten Tag entschieden, daß ich sie niemals einsperren würde, auch wenn es riskant war, sie frei herumlaufen zu lassen. Betty suchte sich ein Versteck in der Nähe des Hauses, von wo aus sie mit riesengroßen Augen unverwandt in die Dunkelheit hinaussah und die Tiere der Nacht beobachtete – Feldmäuse und Klippschliefer, Stachelschweine, Fledermäuse und Eulen. Diese Ausflüge ins geheimnisvolle nächtliche Reich schienen ihr zu gefallen, aber gewöhnlich schlüpfte sie gegen Mitternacht zurück ins Haus und blieb bis zum Morgen auf ihrem Lager in der Küche. Und ich wälzte mich wie die besorgte Mutter eines Teenagers im Bett und konnte nicht einschlafen, ehe ich das Taptap ihrer kleinen Hufe auf dem Küchenboden vernahm.

Betty wurde um so hübscher, je älter sie wurde. Mit sechs Monaten entsprach ihre Größe ungefähr der einer Ziege – Bella ausgenommen. Sie war schlank und sehnig, von wunderschöner Gestalt, und ihr Fell hatte einen samtenen Schimmer. Oft sahen wir sie am frühen Morgen, wenn die Luft noch kühl war und die ersten rötlichen Sonnenstrahlen immer breiter wurden, bis sie schließlich wie ein goldener Schleier über dem Land lagen, weit draußen auf den Feldern Kapriolen machen. Um diese Zeit war Betty besonders ausgelassen und versüßte uns den Tagesbeginn mit ihren zunehmend höher werdenden Bocksprüngen. Währenddessen stand Bella wie die wohlbeleibte Anstandsdame einer etwas vorwitzigen Debütantin auf einem Hügel, um die ersten warmen Sonnenstrahlen zu genießen, und schien hin und wieder wohlwollend zu nicken.

Alle Kinder in der Nachbarschaft liebten sie und riefen oft »Bet-tiii! Bet-tiii!«, um sie anzulocken. Einer der Vorarbeiter auf der Plantage hatte die schlechte Angewohnheit, die Arbeiter häufig mit dem Ausdruck »sale bête« (wörtlich: schmutziges Tier) zu beschimpfen, was er wie »sa-le bet-ti« aussprach. Er konnte einfach nicht begreifen, warum ich einem so schönen Geschöpf einen so häßlichen Namen gegeben hatte.

Trotz aller Freude, die uns Betty bereitete, machte ich mir zunehmend Sorgen, was aus ihr werden sollte. Hier im Bezirk Mutura würde sie niemals einen Gefährten finden, denn in den Wäldern ringsum lebten nur Rotducker und Buschböcke. Betty war mehr als hundert Kilometer von den warmen Ebenen entfernt, wo Kronenduckerböcke sich Duelle geliefert hätten, um sie zu erobern. Sie war in letzter Zeit immer weiter vom Haus fortgelaufen und ich wußte, daß sie sich jedesmal in Gefahr befand, sobald sie außer Sichtweite war. Ein Leopard konnte sie in Sekundenschnelle reißen, und die Pygmäen mit ihren Speeren und Jagdhunden würden nicht lange zögern, eine freilaufende junge Antilope zu töten. Langsam kam ich zu der Überzeugung, daß es ein schrecklicher Fehler gewesen war, sie ihrer Umgebung zu entfremden, ihr beizubringen, daß sie Menschen und Hunden vertrauen durfte – schließlich waren das ihre natürlichen Feinde.

Eines Nachts weckte mich Sheilas rasendes Gebell, auf das der heisere Schrei einer Antilope folgte. Ich griff nach einer Taschenlampe, lief hinaus und sah, wie Betty mit einem Rudel wilder Hunde auf den Fersen die Zufahrt heraufhetzte. Sie war am Ende ihrer Kräfte und schrie vor Angst. Zu allem entschlossen, stürzten Sheila und ich auf die Meute zu, und es gelang uns, die zu Tode erschrockene kleine Antilope von ihnen zu trennen. Meine schrillen Schreie, das grelle Licht der Taschenlampe und Sheilas furchtloser Angriff auf den Anführer des Rudels bewirkte, daß sie mit gesträubtem Fell und eingezogenem Schwanz stehenblieben und dann das Weite suchten. Betty war inzwischen verschwunden, aber am Morgen lag sie wieder sicher in ihrem Körbchen, und fast eine ganze Woche blieb sie immer in der Nähe des Hauses.

Ein anderes Mal war ich gerade im Garten, als ich drei Männer langsam auf die Büsche an der Straße zuschleichen sah. Einer von ihnen hatte schon seinen Knüppel erhoben, und ich konnte gerade noch »Halt!« schreien, sonst hätte er Betty erschlagen. Es waren Fremde, die nicht wußten, daß sie zum Haus gehörte, und es für einen glücklichen Zufall hielten, daß sie außerhalb des Waldes auf eine junge Antilope stießen.

Zehn Monate lang hatte Betty mit ihrer Anmut und Munterkeit alle Menschen auf Mugongo entzückt und ihnen Freude gemacht. Eines Morgens erschien sie nicht mehr draußen auf den Feldern und kam auch nicht in die Küche, wo immer eine Schale Milch auf sie wartete. Am Nachmittag begannen wir überall nach ihr zu suchen, aber sie war nirgendwo zu finden. Die Leute sagten, sie sei in den Wald gegangen, um sich einen Gefährten zu suchen, aber ich glaube nicht, daß sie in der Wildnis überlebt hätte. Wir sahen Betty niemals wieder.

Seit jenem Tag verfolgte mich das Pech, was meine Haustiere betraf. Zwei Wochen nach Bettys spurlosem Verschwinden wurde Sheila von einem belgischen Militärjeep überfahren und war auf der Stelle tot. Es passierte vor meinen Augen auf der Straße vor dem Haus und brach mir fast das Herz. Seit elf Jahren war Sheila bei mir gewesen und mir kaum von der Seite gewichen. Sie war noch ein kleiner Welpe, als Kenneth und ich sie bekamen und nach North Carolina mitnahmen. Sie hatte in unserer Kabine geschlafen, als wir 1949 mit dem Schiff von New York Richtung Belgisch-Kongo aufbrachen, und hatte mit uns mehr als dreitausend Kilometer im Zug, auf Booten und Lastkraftwagen bis in den Kivu zurückgelegt. Immer warnte sie mich mit einem spitzen Bellen, wenn ein Fremder in meine Nähe kam, und genauso beschützte sie die Menschen, die mir nahestanden. Sheila war zur Stelle, als ein Adler das kleine Äffchen Snooks verschleppen wollte und als Betty von wilden Hunden gejagt wurde. Als Cecil sie versehentlich bis nach Bukavu mitgenommen hatte, war sie tagelang unterwegs gewesen, um wieder zu mir nach Hause zu kommen. Wie oft hatte ich mich weinend an ihr dichtes, drahtiges Fell geschmiegt, wie oft hatte sie mir teilnahmsvoll das Gesicht geleckt und mich mit ihrem warmen Körper getröstet! Ich habe seither viele Hunde gehabt, die ich sehr gerne mochte, aber keiner konnte mir jemals Sheila ersetzen.

Nach Sheilas Tod war es einsam und still im Haus. Brill – Sheilas Sohn – trauerte um seine Mutter. Ich achtete darauf, daß er möglichst in meiner Nähe blieb, aber kaum zwei Monate später wurde er von einem Leoparden getötet. »Sie haben kein Glück mehr mit Ihren Tieren, Madame«, sagten die Hausboys. »Ein böser Geist ist am Werk.« Allmählich glaubte ich, daß sie recht hatten, und das machte mich sehr traurig.

In jenem Herbst schenkte mir Jean-Marc Syners einen schwarzweißen Spanielwelpen, dem ich den Namen Tisa gab. Ungefähr zur selben Zeit antwortete ich auf eine Anzeige im *East African Standard*, in der Irish-Terrier-Welpen zum Kauf angeboten wurden, und wenige Tage vor Weihnachten 1957 kamen aus Kenia zwei kleine Terrier an, die ich Katy und Terry nannte.

Im Sommer darauf rief mich eines Tages Sembibi in den Hof, wo ein Mann mit einem völlig verängstigten kleinen Buschbock auf den Armen stand, dessen Mutter getötet worden war. Ein ausgewachsener Buschbock hat etwa die Größe eines Rehs. Sein dichtes kastanienbraunes Fell zeigt an den Flanken längsverlaufende weiße Flecken, und über den Rücken läuft ein schmaler schwarzer Streifen mit weißen Sprenkeln. Am Halsansatz ist ein kleiner grauer Sattel zu sehen, die Rückseite der Beine ist vollkommen weiß. Männliche Buschböcke haben schön geschwungene Hörner.

Ich nahm dem Mann das kleine Buschbockweibchen aus dem Arm und stellte es auf den Boden. Zuerst stand es sehr wackelig da, bis es vorsichtig einen Fuß nach dem anderen aufsetzte und begann, steifbeinig wie ein Kind auf Stelzen herumzugehen. Vielleicht meint es das Glück jetzt wieder gut mit mir, dachte ich im stillen, und gab der Kleinen den Namen Bahati – das ist Swahili für »Glück«.

Bahati erwies sich als sehr anpassungsfähig und pflegeleicht. Sie trank vom ersten Tag an aus der Babyflasche, und wenn keine Flasche in Sicht war, nuckelte sie an unseren Fingern. An dem Tag, als sie bei uns Einzug hielt, sprang Bonnie, die Katze, erst freudig auf sie zu, trat aber sofort den Rückzug an, als sie merkte, daß es sich bei dem schmächtigen Geschöpf doch nicht um Betty handelte. Bonnie hat Bahati nie ganz akzeptiert, dafür liebten die drei kleinen Welpen sie heiß und innig. Sie leckten ihr die Milch vom Gesicht und schnappten spielerisch nach ihren dürren Beinen, bis sie zu Fall kam. Wir hängten Bahati eine große silberne Glocke um, damit wir hörten, wo sie war, wenn sie draußen auf den Feldern mit den Hunden herumtollte.

Obwohl sie zum Frühstück Corn-flakes fraß und gerne einen Schluck Tee aus meiner Porzellantasse nahm, blieb Bahati vom Wesen her doch ein freiheitsliebendes Tier. Anders als bei Betty unternahm ich keinen Versuch, sie zu domestizieren. Wenn wir sie nur beschützen können, solange sie noch klein ist, dachte ich, wird sie eines Tages den Weg in den Wald finden und das Leben führen, das ihr von der Natur zugedacht ist. Ihre rauchfarbenen Augen lugten hinter den Hortensien hervor und beobachteten mich unaufhörlich, wenn ich im Garten meinen Tee trank, aber ihr unbewegter Blick machte mir keine Schuldgefühle.

Bei jedem Geräusch, das sie hörte, bewegte sie die Ohren. Immer öfter ging sie einige Tage allein auf Wanderschaft, kehrte aber immer wieder in die Sicherheit von Mugongo zurück. Im Laufe der Zeit blieb sie jedoch immer länger weg, und schließlich bekamen wir sie kaum noch zu Gesicht. Bis sie eines Tages in den Wald lief und nie mehr zurückkam. Aber Bahati hatte uns eineinhalb Jahre lang viel Freude gemacht und war für alle auf Mugongo zum Glückssymbol geworden.

DRITTER TEIL

16 Das Feudalreich

Rückblickend waren die fünfziger Jahre in Ruanda eine Dekade des Verfalls, in der ein großes Königreich seinem Ende zuging. Es stellte auf seine Weise eine ebenso verschwenderische Pracht zur Schau wie das Habsburgerreich in den Jahren vor dem Ersten Weltkrieg. Zwar nahmen viele von uns ein leises, unheilverkündendes Donnergrollen in der Ferne wahr, aber niemand hätte vorherzusagen gewagt, daß sich unser gewohntes Leben bald unwiderruflich ändern würde.

Die Kolonialherrschaft in Ruanda hat eine lange Geschichte. Die ersten Kolonisatoren waren die Hutu, die vor vielen Jahrhunderten die Batwa unterwarfen. Die zweite Kolonisationswelle setzte irgendwann im fünfzehnten Jahrhundert ein, als die Tutsi in die Region einwanderten und sich ihrerseits zu Herren der Hutu aufschwangen. Als dritte Welle von Kolonisatoren schließlich kamen Ende des neunzehnten Jahrhunderts die Europäer ins Land. Die sind nun gegangen, übriggeblieben ist der westliche Einfluß allein in der Sprache, der Religion und einzelnen Institutionen. Das wahre Vermächtnis aus Ruandas Kolonialzeit ist jedoch die über vierhundert Jahre zurückreichende Feindschaft zwischen Tutsi und Hutu.

Die ackerbautreibenden Hutu führten ein alles in allem friedliches, einfaches Leben in Ruandas fruchtbarer Hügellandschaft, bis die kriegerischen Tutsi über das Land herfielen. Zwar leisteten die Hutu anfangs erbitterten Widerstand, aber der scharfe Verstand, die überlegenen militärischen Fähigkeiten und die zudem imposante Statur der Tutsi-Krieger führten rasch zur Niederlage und völligen Unterwerfung der zahlenmäßig starken Hutu-Bevölkerung. Die Tutsi errichteten ein Feudalreich und festigten ihre Herrschaft über Land und Menschen im Laufe vieler Jahrhunderte.

Bis weit in das zwanzigste Jahrhundert hinein existierte in Ruanda ein feudalistisches System, das ebenso archaisch und bedrückend war wie die Königreiche Europas im Mittelalter. Bis zu ihrer Abschaffung durch die Belgier im Jahr 1957 entsprach Ruandas politische und gesellschaftliche Struktur einem rigiden feudalistischen Kastensystem, *l'ubu-hake* genannt, das sich auf die Rechte und Pflichten von Lehnsherren und Vasallen und den Besitz von Rindern gründete. Die Tutsi waren die Lehnsherren, die Hutu die Vasallen, und das Vieh die mächtigen Langhornrinder, die den Reichtum eines Mannes und seine Stellung im Königreich repräsentierten. Die Menschen wurden in dieses System hineingeboren. Sie kannten nichts anderes.

Ein Mann, der ein oder mehrere Rinder als Lehen annahm, wurde zum Vasall seines Herrn und schwor ihm ewige Treue. Diese Lehnspflicht galt ebenso für seine Familie und ging nach seinem Tod auf die Söhne über. Dafür versprach der Lehnsherr dem Vasallen, ihn zu beschützen, ihn in allen Angelegenheiten vor seinem Chief oder dem König zu vertreten und ihm in Zeiten von Not und Krankheit beizustehen.

Wollte ein Mann ein Rind besitzen und Vasall eines Lehnsherrn werden, trat er vor ihn mit den Worten: »Mach mich reich, und ich werde dein Kind sein und du mein Vater.« War ein Mann als Vasall angenommen, mußte er seinem Herrn im Zuge seiner Lehnspflicht mehrmals im Jahr etliche Krüge Bier oder Körbe mit Getreide bringen. Bekam ein Vasall sechs Rinder oder mehr zugestanden, war er verpflichtet, seinen Herrn während seines Lebens wiederholt ein oder mehrere Tiere aus seiner Herde auswählen zu lassen. Allerdings durfte er für jeden seiner Söhne ein Stück Vieh als Mitgift zurückbehalten.

Die Tutsi-Dynastie nahm für sich eine göttliche Herkunft in Anspruch, ebenso wie die Pharaonen im alten Ägypten und frühorientalische Herrscher. Der erste König, Landa, soll im Himmel gewohnt und den ersten Tutsi das Leben geschenkt haben. Wann die Tutsi nach Zentralafrika eingewandert sind und ob sie ursprünglich in Ägypten oder Abessinien beheimatet waren, ist nicht bekannt. Man vermutet, daß sie nilotischer Herkunft sind, denn sie weisen große Ähnlichkeiten mit den Bahima in Uganda, den Banyambo von Ndorwa und Karagwe und den sudanesischen Fulbe auf – nicht nur wegen ihres Körperbaus, sondern auch wegen ihrer ländlich geprägten Bräuche und ihrer gesellschaftlichen Struktur.

Von ihren ersten Königen, die vielleicht nur in den Legenden existieren, ist nichts erhalten geblieben. Ihre Gräber, sollte es sie jemals gegeben haben, wurden nicht gekennzeichnet oder sind im Laufe der Jahrhunderte in Vergessenheit geraten. Verbürgt scheint jedoch die Herrschaft von Gihanga, des zehnten Königs oder *mwami*. Während seiner Regentschaft sollen die ersten Langhornrinder in Ruanda aufgetaucht sein. Gihanga wird auch die Entdeckung des Feuers zugeschrieben. In einer besonderen, ihm zum Gedenken am Königshof errichteten Hütte brannte in einem großen Tongefäß Tag und Nacht ein Feuer. Es wurde ständig bewacht, damit niemand es auslöschte, und nur der regierende König durfte an diesem Feuer seine Pfeife entzünden.

Ein weiterer Hinweis auf den nilotischen Ursprung der Tutsi sind ihre Bestattungsriten, denn sie haben ihre Könige mumifiziert. Der Leichnam wurde zu einem heiligen Hain getragen, der allein königlichen Begräbnissen vorbehalten war. Dort hatte man zuvor eine große Hütte als Grabstätte errichtet. In dieser Hütte wurde der tote König auf eine ein bis eineinhalb Meter hohe Gittertrage gelegt, unter der man ein Feuer entfachte, um den Körper zu trocknen und seine Verwesung zu verhindern. Männer aus seinem Gefolge drehten den Leichnam immer wieder um, damit er von allen Seiten gleichmäßig der Hitze ausgesetzt war. Nachdem der Körper vollständig ausgetrocknet war, wurden die königlichen Überreste auf ein Bett aus Kräutern gelegt und mit Löwen- und Leopardenfellen zugedeckt.

Die offizielle Trauerzeit dauerte vier Monate, und es herrschte eine sehr gedrückte Atmosphäre. Geschlechtsverkehr zwischen Ehegatten war in dieser Zeit verboten, und selbst die Bullen wurden nicht zu den Kühen gelassen. Männer und Kinder schoren sich zum Zeichen ihrer Trauer die Köpfe kahl, alle Arbeit auf den Feldern ruhte. Waren die Feldfrüchte reif, durfte gerade soviel geerntet werden, daß die Menschen zu essen hatten, aber selbst dies mußte möglichst unauffällig geschehen.

Als ich 1949 nach Ruanda kam, war Charles Mutara Rudahigwa der Tutsi-König oder *mwami* und mit seinen zwei Meter sechs der größte regierende Monarch der Welt. Rudahigwa hatte jedoch keine leichte Aufgabe übernommen, als er die Nachfolge seines Vaters Yuhi Musinga antrat, der von der belgischen Verwaltung nach fünfunddreißigjähriger Herrschaft abgesetzt worden war, weil er unverhohlen seine Verachtung für den christlichen Glauben zeigte und fanatisch an der heidnischen Vergangenheit festhielt. Musinga soll ein grausamer Herrscher gewesen sein und seine absolute Macht über Leben und Tod seiner Untertanen mit unmenschlicher Härte ausgeübt haben.

Rudahigwas Mutter war die erste Frau von Musinga gewesen. Rudahigwa war zwar der älteste Sohn, aber Musinga hatte eine ganze Reihe von Frauen und viele Kinder. Traditionsgemäß wurde einer der jüngeren Söhne des Königs zum Thronfolger bestimmt, da die fortgesetzte Manneskraft des Königs als Symbol für die Stärke Ruandas galt. Der Legende nach muß der rechtmäßige Thronerbe bei der Geburt Samen von Hirse, Kürbis oder einer anderen in Ruanda heimischen Feldfrucht in seinen Händchen halten – ein Zeichen ihres Gottes Imana, daß dieses Kind zum Herrscher bestimmt ist. Die Identität dieses Kindes, des späteren Thronfolgers, enthüllte der König nur drei treu ergebenen Höflingen – Mitgliedern des Kronrates, *abiru* genannt –, die sie erst nach dem Tod des Königs öffentlich bekanntgaben. Hatte die junge Königin den Thronerben zur Welt gebracht, durfte sie keine Kinder mehr bekommen. Sie lebte vom *mwami* getrennt und widmete sich ausschließlich der Betreuung des jungen Thronfolgers.

Als Musinga 1931 abgesetzt wurde, hatte Rudahigwa sich bereits beträchtliche Anerkennung und Bekanntheit als Subchief erworben. Er sprach fließend Französisch (was die Belgier sehr schätzten) und fügte sich ihrer Forderung, in Ruanda den Katholizismus als Staatsreligion einzuführen.

Folglich zogen die Belgier Rudahigwa seinen Brüdern als Thronfolger vor und riefen ihn zum *mwami* aus. Während seiner ganzen Regierungszeit mußte er um den Erhalt eines prekären Gleichgewichts kämpfen, um auf der einen Seite die Belgier zufriedenzustellen, sich andererseits aber auch seine uneingeschränkte Macht über seine Untertanen zu sichern.

Dem *mwami* und seiner Gattin wurde ich erstmals 1956 vorgestellt, und zwar anläßlich der Vorführung des Hollywoodfilms *König Salomons Diamanten* nach dem klassischen Abenteuerroman von H. Rider Haggard mit Stewart Granger und Deborah Kerr in den Hauptrollen. Die Außenaufnahmen für den Film waren zum Teil in Ruanda gedreht worden, und er enthält einige der authentischsten Sequenzen afrikanischer Tänze, die je in einem Film zu sehen waren, darunter auch eine glänzende Darbietung des Tanzes der Intore, wie ich ihn in Kisenyi am Neujahrstag 1955 miterlebt hatte.

Die Vorführung, vom amerikanischen Konsulat in Léopoldville arrangiert, fand in der Königsstadt Nyanza statt. Viele der in Ruanda ansässigen Europäer waren eingeladen, darunter auch ich. Neben dem *mwami* und seiner Gattin, ihrem Gefolge und den Tutsi-Adligen, die bei dem Film mitgewirkt hatten, waren auch zahlreiche Mitarbeiter der belgischen Verwaltung und Priester einer nahegelegenen Missionsstation anwesend. Der Abend war mild und klar, und es lag eine erwartungsvolle Spannung in der Luft. Mitten auf einer breiten Erdstraße hatte man eine große Leinwand aufgestellt. Auf der einen Seite der Leinwand standen die Stühle für die geladenen Gäste, auf der anderen (der Rückseite) saßen dicht gedrängt Banyaruanda, die gespannt darauf warteten, daß der Film endlich begann.

Der König und seine Entourage hielten feierlich Einzug, eine wahrhaft majestätische Gestalt, dieser Riese von einem Monarchen, dessen Familiendynastie über mehr als vierhundert Jahre zurückreichte. Rudahigwa und sein Gefolge trugen die traditionellen weißen Gewänder, die über der Schulter geknotet werden, und die Königin, Rosalie Gicanda, war in wallende zartrosa Tücher gehüllt.

Kurz vor Sonnenuntergang tauchte ein junger, ungepflegt wirkender Amerikaner mit den Filmrollen unter dem Arm auf und begann, den Projektor aufzubauen. Ich blickte mich suchend um, ob der amerikanische Generalkonsul oder ein anderer Vertreter der Vereinigten Staaten anwesend waren, um bei diesem feierlichen Ereignis ein paar Worte zu sprechen, aber der einzige Amerikaner war der junge Filmvorführer in seinem zerknitterten Mantel. Er begrüßte weder den König noch die Königin, ja nahm ihre Anwesenheit nicht einmal zur Kenntnis. Zwar verbot die Hofetikette jede Gefühlsäußerung, aber das diplomatische Protokoll hätte eine offizielle Begrüßung durch einen amerikanischen Repräsentanten verlangt, und deshalb fühlten sie sich zu Recht schwer gekränkt.

Da der Film in englischer Sprache gezeigt wurde, konnten die Afrikaner gar nicht verstehen, was gesprochen wurde. Es entstand Unruhe, und enttäuschtes Murmeln wurde laut – bis die vertraute Landschaft Ruandas ins Bild kam. Von diesem Moment an lieferten die Zuschauer mit ihren begeisterten Rufen und improvisierten Dialogen selbst den Ton, während sie das Safariabenteuer durch die Wüste bis zur Königsstadt Nyanza verfolgten. Freudengeschrei brach aus, sobald jemand Freunde – in manchen Fällen auch sich selbst – auf der großen Leinwand erkannte.

Die Stadt Nyanza zeigte fast keinerlei westlichen Einfluß, denn die belgische Verwaltung hatte darauf verzichtet, sich am Königssitz der Tutsi-Monarchie niederzulassen. Da es keine Hotels gab, fühlten Fremde sich auch nicht ermuntert zu bleiben. Als der Film zu Ende war, versammelten sich der König mit seinem Gefolge und die meisten der geladenen Gäste im einzigen Restaurant der Stadt zu einem kleinen Empfang. Der ungepflegte junge Amerikaner saß so weit entfernt von seinen königlichen Gastgebern wie nur möglich und sprach mit niemandem. Ich hätte mich gerne ein wenig mit Mwami Rudahigwa und der Königin unterhalten, aber es wurde sehr mißbilligt, wenn man unaufgefordert das Wort an sie richtete. Also mußte ich mich auf ein gelegentliches Lächeln quer durch den Raum beschränken, das mit einem äußerst knappen Kopfnicken zur Kenntnis genommen wurde.

Die Tutsi-Bevölkerung meiner Gemeinde im Bezirk Mutura bestand überwiegend aus Hirten, die das Nomadenleben ihrer Vorfahren führten. Die gebildeten Tutsi, die als Angestellte in den Städten arbeiteten, und die Adligen des königlichen Gefolges in Nyanza sahen in ihnen die armen Vettern vom Lande. Tutsi-Hirten waren oft monatelang von zu Hause fort, weil sie auf der Suche nach besserem Weideland von Ort zu Ort zogen. Sie schliefen im Freien und ernährten sich fast ausschließlich von Milch.

Die Langhornrinder Ruandas mit ihren ausladenden, in der Form an eine Lyra erinnernden Hörnern, die eine Spannweite von eineinhalb Metern und mehr erreichen können, ähneln den Rindern auf ägyptischen Reliefs. Seit die Belgier umfassende Impfungen hatten durchführen lassen, war ihre Zahl jedoch so dramatisch gestiegen, daß Experten Mitte der fünfziger Jahre vorschlugen, die Herden um mindestens die Hälfte zu verringern. Das in die Tat umzusetzen wäre allerdings schwierig gewesen, denn in Ruanda drückten sich Reichtum und Stellung eines Mannes in der Größe seiner Rinderherde aus, und jeder wollte daher so viele Tiere besitzen wie nur möglich. Für die Banyaruanda kann der Verlust eines Rindes ebenso traumatisch sein wie der Verlust eines Familienmitgliedes, deshalb kam es auch häufig zu Selbstmorden unter den Tutsi, wenn sie ihre Herde oder eine größere Zahl an Tieren verloren.

Ein bleibendes Vermächtnis der Europäer ist das Christentum, das sie in Afrika verbreitet haben. Als Rudahigwa zu Beginn der dreißiger Jahre den Thron bestieg, machte er auf Drängen der belgischen Verwaltung den Katholizismus zur ruandischen Staatsreligion. Heute sind Schätzungen zufolge fünfundsiebzig Prozent der Banyaruanda Christen. Ihr tiefverwurzeltes kulturelles Erbe hat ihrem christlichen Glauben jedoch eine deutlich afrikanische Prägung verliehen, und dieser Umstand hat zweifellos wesentlich zum Fortbestand des Katholizismus beigetragen. Zwar haben viele Banyaruanda den Gott der Christen übernommen, sich jedoch nicht von ihrem traditionellen Gott Imana abgewendet. Sie sind tiefreligiöse Menschen und überzeugt, daß ihr Leben stets in Gottes Hand liegt. Imana ist das höchste Wesen und der Schöpfer aller Dinge, und er ist so gütig und wohltätig, daß es keinen Grund gibt, ihn zu fürchten. Die Banyaruanda beten jedoch nicht direkt zu Imana, denn er steht so hoch über ihnen, daß sie es als vermessen empfinden würden. Vielmehr wenden sie sich an die Geister bestimmter Halbgötter, die sie als Schutzpatrone betrachten.

Große Angst hingegen haben die Banyaruanda vor den Geistern der Toten. Sie glauben, daß alles Unglück von diesen Geistern kommt, die immer in der Nähe, aber nicht zu sehen sind. Bricht eine Hungersnot aus oder wird jemand krank, ist ein böser Geist am Werk. Die Banyaruanda glauben an die Wiedergeburt, und daß ihre Seele in den Geist einzieht, der auf die Erde zurückkehrt. Dieser Geist ist sowohl schwach als auch stark und braucht ihre Unterstützung. Wird ihm diese Hilfe verweigert, läßt er sie nicht mehr in Ruhe.

Einem Toten werden die Blätter einer Pflanze, der magische Eigenschaften zugeschrieben werden, oder ein Büschel Lammwolle in die rechte Hand gegeben. Die Symbolik dieser Geste drückt sich in den Worten aus, die dabei gesprochen werden: »Kehre zu uns zurück ohne Dornen, wie diese zarten Blätter, die wir dir gegeben haben«, oder »Kehre zu uns zurück mit der Sanftmut eines Lammes.« Als Obdach für die Geister der Toten errichten die Banyaruanda eine winzige Hütte neben ihrer eigenen, zu der die sie jeden Tag ein paar Getreidekörner und einige Tropfen Bier bringen. Bei Familientreffen und besonderen Anlässen wird immer auch dieser Geister gedacht. Dann wird neben der kleinen Hütte ein Feuer entfacht und als Opfergabe für sie ein Krug mit Bier danebengestellt.

17 Das Thronjubiläum

Im Juni 1957 bot sich mir die Gelegenheit, den Hof des Königs in all seiner Pracht zu bewundern. Ich fuhr nach Nyanza, um an den dreitägigen Feierlichkeiten zum fünfundzwanzigsten Thronjubiläum von Mwami Rudahigwa teilzunehmen. Zu Tausenden strömten die Zuschauer aus den entlegensten Winkeln des Landes herbei, um dem Herrscher die Ehre zu erweisen. Viele kamen zu Fuß, andere drängten sich wie die Sardinen auf den Ladeflächen von Lastwagen. Fröhlich singend ließen sie sich durch die Schlaglöcher und den Staub der kurvenreichen Straßen kutschieren, die aus den abgelegensten Orten in die Königsstadt führten.

Ich fuhr gemeinsam mit Karin Bielskis drei Kindern, ihrer holländischen Wirtschafterin und meinem Hausboy Edouard nach Nyanza. Wir hatten Zelte und Körbe voller Lebensmittel mitgebracht und schlugen in einem der lieblichen Eukalyptushaine vor den Toren der Königsstadt unser Lager auf. Zwar waren wir schon lange vor Sonnenaufgang in Kisenyi aufgebrochen, doch wir trafen erst in Nyanza ein, als sich der Königs und sein Gefolge bereits langsam der Arena, wo die Feierlichkeiten stattfinden sollten, näherten. Der Anblick war auf seine Art ebenso farbenprächtig und beeindruckend wie die pompösen Auftritte der europäischen Königshäuser. Der Hofstaat setzte sich ausschließlich aus Adligen vom Stamm der Tutsi zusammen –

hochgewachsene, schlanke Gestalten in weißen, wallenden Gewändern mit einem weißen Tuch über der Schulter.

Rudahigwa, seine Königin und die Königinmutter wurden in reichverzierten Sänften von Hutu-Dienern in die Arena getragen. Der König war in ein weißes Gewand und einen königsblauen Umhang gekleidet. Sein Kopfschmuck bestand aus einem breiten Band aus blauen und weißen Perlen, das einen üppigen weißen Sisalbusch und eine Vielzahl perlenbesetzter, ihm bis auf die Schultern fallender Bänder zusammenhielt. Die Königin, Rosalie Gicanda, trug ein in einer Wolke weißen Tülls versinkendes Kleid. Kankaza Nyiraruvugo, die Königinmutter, hingegen war mit dem gleichen Kopfschmuck wie ihr Sohn ausgestattet und in ein Gewand aus fließendem weißen Stoff mit einem bauschigen Rock und einem rosa Umhang gehüllt. Um die Schultern hatte sie eine Stola aus weißer Organza geschlungen, die mit grauer Seide eingefaßt war. Weil die Königinmutter gemeinsam mit ihrem Sohn regierte, wurde sie auch fast ebenso verehrt wie er. Sie sah ihm auf verblüffende Weise ähnlich und wirkte so jugendlich, daß man sie leicht für seine Ehefrau hätte halten können. Die drei Mitglieder der Königsfamilie strahlten ernste Würde aus; weder lächelten sie, noch nahmen sie die begeisterte Begrüßung der jubelnden Menge zur Kenntnis.

Die Feierlichkeiten begannen mit einer Messe, die von Monsignore Bigirumwami, dem ersten afrikanischen Weihbischof in den belgischen Kolonien Kongo und Ruanda-Urundi, gelesen wurde. Etwa hundert Jungen in schwarzen Roben, die ernsten Gesichter eingerahmt von leuchtend weißen Kragen, sangen die Choräle. Die Prinzessinnen des Königreichs, die vor ihnen saßen, wirkten dagegen wie eine Wolke zierlicher Schmetterlinge. Ihre leuchtenden Gesichter hielten sie emporgewandt, Bänder aus weißen Hirserispen – ein Symbol der Fruchtbarkeit – schmückten ihre schmalen Stirnen, und der duftige weiße Stoff, den sie um die Schultern trugen und der sanft in der Brise wehte, erinnerte an zarte Flügel. Sie selbst hockten so stumm und reglos da wie Figuren auf einem ägyptischen Fresko, verhielten sich also ganz und gar nicht wie die verwöhnten und kapriziösen jungen Damen, die sie zweifellos waren.

Nach Ende der Messe begab sich der Zug durch einen Eukalyptuswald zum Königspalast. Die schlanken, in Weiß gekleideten Gestalten, die anmutig durch das von den Baumwipfeln gebrochene Sonnenlicht schritten, boten einen prächtigen Anblick. Angesichts ihrer stattlichen Größe und ihrer Vornehmheit beschlich einen Ehrfurcht und Staunen. Die Männer gingen zu zweit, und wie es in Ruanda üblich ist, hielten sich viele bei der Hand. Die Frauen, die sich in Grüppchen zu viert oder fünft zusammengefunden hatten, schwatzten lebhaft, aber mit gesenkter Stimme, während sie sich dem Palast näherten.

Am Waldrand schlossen wir uns den Zuschauern auf der Grasfläche vor dem Palast an, um einem der bedeutendsten Rituale der Feierlichkeiten beizuwohnen – der Enthüllung von Kalinga, der Königstrommel, dem geheiligten Symbol der Herrschaft. Kalinga selbst wurde nie geschlagen, vielmehr ließen andere Trommeln den Klang zu ihrer Ehre ertönen. Es hieß, die Trommel sei mit den Genitalien besiegter Feinde geschmückt. Kalinga wurde stets vor den Augen der Öffentlichkeit verborgen gehalten und deshalb überraschte es mich, als ich hörte, einer der Festakte sei ihre Zurschaustellung. Als es soweit war, hatte man sie allerdings so dicht in weiße Stoffbahnen eingeschlagen, daß wir nichts erkennen konnten. Batwa-Männer trugen sie in einer Sänfte in die Arena, und Hutu-Frauen, die ein symbolisches Lied sangen, gaben ihr das Geleit. Am Ende jeder Strophe hoben die Frauen die Arme, um Kalinga ihre Unterwürfigkeit zu beweisen.

Der Palast war ein weitläufiges rotes Ziegelsteingebäude im Stil europäischer Villen mit einer breiten Veranda. Nach der Zeremonie mit Kalinga überreichten die Batwa dem König ihre Geschenke, darunter Rinder mit neugeborenen Kälbern, verzierte Töpfe mit Honig, Trommeln, Leopardenfelle und geschnitzte Hocker. Umgeben von seiner Familie und belgischen Regierungsvertretern nahm Rudahigwa die Gaben mit ungerührter Gleichgültigkeit und ohne eine Miene zu verziehen entgegen.

Am Nachmittag wurde die Feier in der Arena fortgesetzt. Dort hatte man mittlerweile für den König eine prunkvolle Reihe von Geschenken aufgebaut, so viele, daß sie von einem Ende der Arena bis zum anderen reichten. Manches wurden ihm pantomimisch oder begleitet von althergebrachten Stammesritualen überreicht – beispielsweise eine Taschenuhr, ein Motorboot und ein Mercedes Benz. Früher hatten sich die ruandischen Könige in einer kleinen, kunstvoll geflochtenen Grashütte, die an langen Stangen befestigt war, auf den Schultern ihrer Diener durchs Land tragen lassen. Rudahigwa, der sein Reich in einem Lincoln Cabriolet bereiste, bekam auch einen Nachbau dieser »Reisehütten« geschenkt. Wieder wurden die kostbaren Gaben mit Gleichgültigkeit quittiert, und entsetzt stellte ich fest, daß der König viele der Überbringer überhaupt nicht zur Kenntnis nahm.

Als ich Edouard, der unmittelbar neben mir stand, darauf ansprach, sah dieser mich verblüfft an: »Aber Madame«, erklärte er, »alles in Ruanda gehört dem *mwami*, das Land, die Ernte, die Menschen, die Tiere!« Warum also sollte sich der König für Geschenke bedanken, die schon in seinem Besitz waren?

Dann trieben Diener die schönsten Rinder des Landes, genannt *inyambo*, in die Arena. Diese heiligen Tiere wurden nur zu dem Zweck gehalten, den König zu erfreuen und an Festtagen und zu besonderen Anlässen vorgeführt zu werden. Und tatsächlich waren es Prachtexemplare, behängt mit perlenverzierten Halsbändern und kleinen Antilopenhörnern. Selbst an ihren lyraförmigen Hörnern trugen sie reichen Zierat. Ihre Hufe waren poliert und die Euter weiß eingefärbt.

Die Geschichte des Landes würdigte man, indem man die ruandischen Stammesrituale aufführte. In buntgefärbte Rinderhäute gehüllte Tutsi-Frauen verkörperten die Gattinnen früherer Könige. An ihren Stirnbändern trugen sie knapp fünfzig Zentimeter lange, mit winzigen roten und weißen Perlen verzierte Bänder, und ihre Fußknöchel schmückten hunderte, aus einem Gras namens *ubutega* geflochtene Ringe. Zwanzig oder mehr

Hutu-Männer in ihrem Gefolge traten lediglich in Bananenblätter gehüllt auf, was ihre unbedeutende Stellung im Königreich symbolisieren sollte. Sie spielten ihre Rolle nicht gerade mit Begeisterung, und ich fragte mich, wieviel Groll sich bei den Hutu in den mehr als vier Jahrhunderten unter der Herrschaft der Tutsi wohl angesammelt hatte.

Der Höhepunkt der Feierlichkeiten war der Auftritt der Intore. Etwa hundert Tänzer mit auffälligem buntem Kopfschmuck aus langen Sisalfasern wippten mit dem Kopf, stampften im Einklang mit den dröhnenden Trommeln die Füßen auf den Boden und begannen schließlich hoch und immer höher zu springen. Während die anderen Zuschauer sie noch bejubelten, verließen wir die Arena. Wir hatten einem prächtigen Spektakel beigewohnt. Damals wußten wir noch nicht, daß sich die große Tutsi-Dynastie damit praktisch zum letzten Mal gefeiert hatte.

Kurz darauf ließen sich die Hinweise auf Auseinandersetzungen zwischen der belgischen Verwaltung und den Tutsi nicht mehr übersehen. Rudahigwa, der fürchtete, daß die von den Belgiern eingeleiteten Reformen seine Macht beschneiden und die von den Europäern vertretenen demokratischen Prinzipien die Vorherrschaft der Tutsi und ihres rigiden Kastensystems bedrohen würden, stachelte seine Stammeshäuptlinge und Höflinge ohne konkreten Anlaß zu Feindseligkeiten gegenüber der Kolonialmacht auf.

Am Morgen des 27. Juli 1959 verbreitete sich plötzlich in Mutura das Gerücht, der *mwami* sei gestorben. Die Arbeiter kamen ins Trockenhaus gelaufen und baten mich, herauszufinden, ob die Nachricht wahr sei. Ich ging ins Haus und stellte das Radio an. Nachdem ich verschiedene Sender durchprobiert hatte, empfing ich schließlich einen aus Brazzaville in Französisch-Kongo. »Der *mwami* von Ruanda starb am 25. Juli in Usumbura. Es gibt keinerlei Verlautbarungen über die Todesursache«, hieß es in der Meldung. Rasch eilte ich ins Trockenhaus zurück und berichtete den Männern die Neuigkeiten. In erstarrtem Schweigen hörten sie mir zu, dann brachen sie auf, um in ihre Hütten heimzukehren.

Allein zurückgeblieben, zerbrach ich mir den Kopf, woran der König wohl gestorben sein mochte und welche Folgen sein Tod für uns hatte. Angesichts dieser schrecklichen Ereignisse schwante mir für die Zukunft nichts Gutes. Am folgenden Tag wurde eine offizielle Erklärung veröffentlicht, die Rudahigwas Tod bestätigte. Während seines Aufenthalts in Usumbura am 25. Juli hatte er plötzlich über starke Kopfschmerzen geklagt. Man hatte ihn ins Krankenhaus gebracht, wo ihn sein belgischer Arzt behandelte. Beim Verlassen des Krankenhauses griff sich der König unvermittelt mit beiden Händen an den Kopf und sank auf den Boden, wo er leblos liegenblieb. Der achtundvierzigjährige Monarch sei, so hieß es, an einer Hirnblutung gestorben.

Binnen kürzester Zeit wurde, wohin man auch kam, die Vermutung geäußert, der *mwami* sei umgebracht worden. Viele von uns fürchteten, die Belgier seien dafür verantwortlich, vielleicht durch eine Spritze, die seinen Tod herbeigeführt hatte. Man holte zwei unabhängige europäische Ärzte ins Land, und beide bestätigten die ursprüngliche Diagnose. Da die Unruhe unter der Bevölkerung jedoch zunehmend wuchs, riet man zu einer Autopsie. Die Königinmutter wies diesen Vorschlag aber ohne weitere Erklärung zurück, und so kam es nicht dazu. Monate danach hatte ich Gelegenheit, einen der Ärzte, die den Leichnam untersucht hatten – Dr. David Stewart aus Louisville in Kentucky –, persönlich zu sprechen, und er versicherte mir, daß der König tatsächlich an einer Hirnblutung gestorben war.

Später wurde bekannt, daß Rudahigwa konkrete Schritte unternommen hatte, um die belgische Verwaltung in Ruanda zu stürzen. Es war bereits ein Datum für den Staatsstreich festgesetzt worden, und er war nur deshalb nicht durchgeführt worden, weil der König zuvor starb. Es hieß, er sei von übermäßigem Alkoholgenuß und anderen Ausschweifungen geschwächt gewesen und habe sich bereits seit längerem in medizinischer Behandlung befunden. Daß er gesundheitliche Probleme hatte, sei lediglich seinen vertrautesten Höflingen bekanntgewesen und vor der Öffentlichkeit peinlichst verborgen worden.

Die Beerdigung fand am 28. Juli 1959 in der Königstadt Nyanza statt. Monsieur Harroy, der Vizegouverneur von Ruanda-Urundi, Monsieur Lafontaine, der Vizegouverneur von Belgisch-Kongo, Monsieur Tordeur, der Vertreter der Provinzregierung, Mwami Mwambutsa aus Urundi sowie der Bischof von Bigirumwami und andere Würdenträger der katholischen Kirche waren angereist. Ich fuhr nicht hin, denn man hatte mich gewarnt, daß die Bevölkerung angesichts des anhaltenden Verdachts, der *mwami* sei ermordet worden, den Belgiern, aber auch allen anderen Ausländern zunehmend feindlich gesonnen sei.

Rudahigwas Begräbnis war der letzte große Anlaß, bei dem die Tutsi-Dynastie in Ruanda im Mittelpunkt stand. Freunde beschrieben mir später, eine nie gekannte Spannung habe über der Zeremonie gelastet. Vizegouverneur Harroy verlas ein Kondolenzschreiben von König Baudouin von Belgien und hob anschließend die Verdienste des *mwami* hervor, doch seine Worte gingen unter in den lautstarken Protesten der aufgebrachten, wütenden Menge, die nach wie vor das Wort »Mord« im Munde führte. Ihre Feindseligkeit richtete sich gegen alle anwesenden Europäer.

Ein langer Zug geleitete Rudahigwas Leichnam dann zu der geheiligten Erde, in der er begraben werden sollte. Der Große Chief Kayihura aus Kisenyi trat vor und rief mit schmerzverzerrter Stimme, der König dürfe nicht begraben werden, ehe Abiru, der Kronrat, nicht seinen Nachfolger bestimmt habe. Schweigen breitete sich aus, bis ein Mitglied des Kronrats verkündete, der kinderlose Rudahigwa habe seinen jüngeren Halbbruder Jean Ndahindurwa zu seinem Nachfolger ernannt. Er solle den Namen Kigeri V. annehmen.

Ein wilder Jubel erhob sich. Der junge Mann – über zwei Meter groß und außergewöhnlich dünn – trat vor, um seine Untertanen zu begrüßen. Schlagartig hatte sich die feindselige Stimmung gelegt, und das Volk feierte seinen neuen Herrscher. Doch die Macht der absoluten Könige in Ruanda war bereits im Schwinden begriffen, der Monarch Mwami Kigeri V. sollte nicht einmal mehr zwei Jahre herrschen.

18 Aufruhr

DER TOD VON RUDAHIGWA markierte einen Wendepunkt im politischen und gesellschaftlichen Leben des modernen Ruanda. Unter seinem Nachfolger Kigeri V. erfaßte eine Welle von Unzufriedenheit das Land, die keine der beiden ethnischen Gruppen Ruandas unberührt ließ. Tutsi-Adlige verschworen sich mit dem Ziel, die belgische Verwaltung zu stürzen. Führer der Hutu hingegen forderten ihre Gleichstellung in Wirtschaft und Bildung sowie die Befreiung von ihren langjährigen Unterdrückern. Landauf, landab spürte man eine schwelende Unruhe, und alles drängte auf Wandel.

Zum ersten Mal in seiner Geschichte wurden in Ruanda politische Parteien gegründet. Die UNAR (Unité Nationale Ruandaise), der im wesentlichen Adlige und Stammeschiefs der Tutsi angehörten, erklärte offen der belgischen Verwaltung ihren Widerstand. Im Gegenzug gründete sich die APROSOMA, eine politische Bewegung, die die Interessen der Hutu vertrat. Rudahigwa hatte sich nach außen hin noch als gütiger Monarch gegeben, der jüngere und unerfahrene Kigeri hingegen begegnete den neuen Führern der Hutu unsicher und mit unverhüllter Verachtung. Er empfing bei Hofe nur Angehörige seiner eigenen Partei und stellte sich taub, wenn ihn seine Berater zu mehr Toleranz und Verhandlungsbereitschaft mahnten. Während Rudahigwa die nationale Einheit verkörpert hatte, spaltete Mwami Kigeri das Land in zwei deutlich voneinander getrennte politische und ethnische Blöcke.

Am 1. November 1959 wurde ein Subchief der Hutu, Dominique Mbonyumutwa, von einer Gruppe junger Tutsi-Schläger angegriffen und verletzt. Der Überfall auf den Hutu-Führer löste eine Welle der Brandstiftung und Gewalt aus, die auf den ganzen Bezirk Ndiza übergriff und in deren Verlauf fast jedes Haus oder Gebäude, das einem Tutsi gehörte, zerstört wurde. Die Zwischenfälle eskalierten rasch zu einer regelrechten Rebellion. Aufrührerische Banden von Hutu schwärmten durchs Land, rekrutierten Freiwillige, zogen von Dorf zu Dorf, griffen Tutsi an und brannten ihre Häuser nieder. In einigen Fällen wurden sogar die bei Tutsi arbeitenden Hutu Zielscheibe ihrer Gewaltakte.

Damals waren die Banyaruanda lediglich mit Speeren, Pfeil und Bogen, Knüppeln und Fackeln bewaffnet. Die Tutsi, an Zahl hoffnungslos unterlegen und seit Generationen ohne das Wissen ihrer einst so kriegerischen Vorfahren, schlossen sich zur Verteidigung gegen die Hutu-Aufrührer mit den Batwa zusammen und schickten die furchtlosen kleinen Bogenschützen zu Vergeltungsaktionen aus.

Bald stand das ganze Land in Flammen. Kleine Hütten mit Grasdach wurden in Asche gelegt, schindelgedeckte Ziegelsteinhäuser mit Macheten und Knüppeln zerschlagen. Mit der bloßen Hand riß man Ziegel aus ihrem Mörtelbett und Türen und Fensterrahmen aus ihrer Verankerung, um sie anzuzünden. Hunderte von Rindern wurden getötet oder verstümmelt. Die offiziellen Stellen meldeten nach den ersten zehn Tagen der Revolte einhundertvierundzwanzig Tote, doch viele Leichen wurden von den in Panik flüchtenden Familien einfach in den Maisfeldern und Bananenhainen liegengelassen und waren deshalb in der vorläufigen Zählung nicht enthalten. Allein in Kibuye, einem Gebiet fünfundvierzig Kilometer südlich von Kisenyi, starben fünfzig Menschen.

In den weiten landwirtschaftlich genutzten Regionen Ruandas gab es keine Städte und Ortschaften, sondern lediglich Ansiedlungen von Familienverbänden. Und neben den Hütten der

Hutu schmiegten sich die der Tutsi in Täler und an Berghänge. In Gegenden, wo die Tutsi den Hutu zahlenmäßig überlegen waren, wurden auch die Hütten der Hutu zerstört. Während ein Hügel nach dem anderen niederbrannte, flohen die Menschen zu Tausenden und suchten Zuflucht in den Städten und Missionsstationen.

Die belgische Verwaltung leitete rasch Schritte ein, um den Aufruhr niederzuschlagen. Sie verlegte eintausendfünfhundert Soldaten aus dem Kongo nach Ruanda, ließ Straßensperren errichten und kleine Erkundungsflugzeuge über den betroffenen Gebieten kreisen, damit sie Brände und Kämpfe meldeten. Bis zum zwölften Tag der Rebellion gab der *mwami* keine Stellungnahme ab. Dann warfen die Aufklärungsflugzeuge gelbe Flugblätter für die verängstigten Menschen auf Felder und Siedlungen ab, die sie aufriefen, die Feindseligkeiten einzustellen und in Frieden zusammenzuleben, das ganze mit einem Foto von Mwami Kigeri und dessen Unterschrift. Die besorgten Männer auf Mugongo nahmen sie mit Skepsis und Bitterkeit zur Kenntnis.

»Warum unternimmt der *mwami* nichts?« fragten sie. »Wenn er zu uns sprechen würde, wüßten wir, was wir tun sollen. Nur der *mwami* kann diesen Krieg beenden.«

Doch Kigeri wagte sich nicht aus seinem von belgischen Soldaten bewachten Königspalast. Sein Erster Sekretär Kimenyi wurde festgenommen, denn man warf ihm vor, zur Ermordung zahlreicher Hutu aufgerufen zu haben. Die Genitalien der Getöteten, hieß es, seien denen zugefügt worden, die schon jetzt die Königstrommel Kalinga schmückten.

Führer von beiden der am Konflikt beteiligten Gruppen wurden umgebracht. Die UNAR veröffentlichte eine Liste mit den Namen von Hutu, die sie, wie sie schworen, auslöschen würden. In den ersten Tagen des Aufstands flohen Tausende von Tutsi – zumeist Frauen und Kinder – nach Uganda, danach schloß man die Grenzen. Im kleinen Gefängnis von Kisenyi drängten sich zweihundertfünfzig Gefangene, Hutu wie Tutsi. In Kisenyi wimmelte es von verstörten, heimatlosen Menschen, die nur die wenigen Besitztümer bei sich trugen, die sie hatten retten können. Erschöpfte Frauen, ihre Babys auf dem Rücken, drängten sich in den Straßen. Ältere Kinder klammerten sich an den Rock ihrer Mütter und starrten mit angstgeweiteten Augen auf die ihnen fremde Umgebung.

Die Führer der Hutu behaupteten, den Aufstand auch deshalb angezettelt zu haben, um zu verhindern, daß die belgische Verwaltung in Ruanda von den Tutsi gestürzt würde. Nun fühlten sie sich im Stich gelassen, weil von den Belgiern keine Unterstützung gekommen sei. Sie sahen in der Festnahme von Hunderten von Hutu eine große Ungerechtigkeit. Gleichzeitig beklagten sich die Tutsi, daß die Belgier nicht entschlossen genug zu ihrem Schutz eingegriffen hätten. Die Belgier befanden sich in einer heiklen Position, eingebunden in einen ethnischen und sozialen Konflikt, der seit Jahrhunderten geschwelt hatte.

Trotz des Blutvergießens und der Zerstörung blieb ich in jenen turbulenten Wochen auf Mugongo. Vom Vorgarten meines Hauses konnte ich weit ins Tal blicken und sah jetzt Hunderte von Feuern dort lodern. Fast alle meine Feldarbeiter waren Hutu, desgleichen die meisten der Hausangestellten und Gärtner. Die Hirten im Mutura gehörten hingegen ausschließlich dem Stamm der Tutsi an. Viele meiner Tutsi-Nachbarn fürchteten um ihr Leben und trieben die ihnen so teuren Rinderherden tief in den Wald, um sich an den Hängen des Karisimbi zu verstecken. Ihre kostbarsten Habseligkeiten verstauten sie in Körben oder Holzkisten, die sie dann in Höhlen trugen. Die Hutu-Arbeiter von Mugongo gewährten vielen Tutsi – Männern, Frauen und Kindern – im Trockenhaus Zuflucht, um sie vor den marodierenden Banden zu schützen.

Unter den Hirten in der Nähe von Mugongo war ein Tutsi namens Gahereri, dessen Herde auf mindestens fünfhundert Stück geschätzt wurde. Gahereri war knapp zwei Meter groß und sehr schlank, hatte ein längliches, schmales Gesicht, tiefliegende Augen und eine scharfe Adlernase. Er trug das traditionelle weiße

Gewand, das gewöhnlich staubbedeckt war, einen langen roten Wollschal um den Hals und vervollständigte seinen Aufzug mit einem abgetragenen Trenchcoat und einem eleganten schwarzen Filzhut, der zu dem großen Mann einfach paßte – auch wenn er im merkwürdigen Kontrast zu seinen nackten und schwieligen Füßen stand. Wenn ich ihm die schmale Hand schüttelte, überraschte mich immer wieder, wie kalt sie war. Gahereri hatte fünf erwachsene Söhne, jeder so groß wie er, und gemeinsam bildeten ihre Familien einen stattlichen Clan. Eine seiner Enkeltöchter war nach mir benannt worden – sie hieß Madame.

Mit seinen fünfzig Jahren verfügte Gahereri noch immer über große Körperkraft und galt als guter *kurwana*-Kämpfer. Bei *kurwana* messen sich zwei Männer mit einem Stock, der über einen Meter lang ist und normalerweise von einem Baum namens *umunzemze* geschnitten wird. Sie versetzen sich damit Hiebe oder benutzen ihn zur Abwehr, bis die Waffe eines der Kämpfer bricht.

Viele Jahre lang bezog ich von Gahereris Familie täglich eine Kalebasse Milch. Zum Monatsende kam er persönlich zu mir, um das Entgelt zu kassieren. Wir hatten in all der Zeit nur einen einzigen Streitpunkt, und der ging um die Anzahl der Monatstage. Ich beharrte darauf, nur dreißig Kalebassen zu zahlen, wenn ein Monat dreißig Tage hatte. Gahereri jedoch bestand darauf, daß jeder Monat einunddreißig Tage hätte. Dann schimpfte er und keifte und beschuldigte die Hausboys und mich, ihn zu betrügen. Ich rechnete ihm die Monatstage auf einem großen Kalender vor, doch da er nicht lesen konnte, wollte er von meinen Erklärungen nichts wissen. Entnervt gab ich mich irgendwann geschlagen und bezahlte ihm jeden Monat einunddreißig Kalebassen Milch – auch im Februar.

Kaum hatte Gahereri sein Milchgeld in den Händen, steuerte er unweigerlich den nächsten Ausschank an und setzte es in Bananenbier um. Spätnachmittags sah man den spindeldürren Mann dann heimwärts torkeln. Sobald er an meinem Haus vorbeikam und mich sah, grüßte er mich feierlich, indem er sich an den Hut tippte und sich verbeugte.

Als die Unruhen ausbrachen, beschloß Gahereri, nicht aus Mutara zu flüchten. »Ich will auf meinem Land sterben«, sagte er mir. »Ich lasse mich nicht vertreiben.« Einen Großteil seines Viehs hielt er lange Zeit im Wald versteckt. Ein oder zwei Monate nach Ende des Aufstands wurde bekannt, daß Gahereri den Pygmäen mehrere Rinder versprochen hatte, wenn sie für ihn Hutu umbrachten. Eines Abends sah ich voller Schrecken fünfzehn bis zwanzig mit Speeren bewaffnete Hutu durch die Pyrethrum-Felder zum Wohnort von Gahereris Familie laufen. »Madami, jetzt bringen sie ihn um«, riefen meine Hausboys aufgeregt und voller Angst. »Und seine Söhne auch.«

Ich stellte mich auf eine Gartenbank. Hilflos mußte ich mitansehen, wie aus allen Richtungen Hutu zusammenströmten und die Hütten von Gahereris Familie einkreisten. Sie schrien und gestikulierten heftig, doch an diesem Abend gab es kein Blutvergießen. Offenbar war es Gahereri gelungen, seine Widersacher zu beschwichtigen, und allmählich wurde ich etwas zuversichtlicher, daß er und seine Familie sich nicht so rasch einschüchtern ließen und aufgaben. Aber offenbar hatte sie doch die Angst gepackt, denn kurz darauf brach der gesamte Clan mitten in der Nacht auf und trieb das Vieh in den Kongo, um sich dort anzusiedeln.

Nachdem sie sich offen gegen die belgische Verwaltung gestellt hatten, war das Schicksal von Ruandas Tutsi-Führern besiegelt. Die Kolonialherren ergriffen nun Partei für die Hutu. Viele Tutsi-Häuptlinge flohen ins Ausland, und die, welche blieben, hielten sich entweder versteckt oder verbüßten eine Strafe im Gefängnis. Tausende von Tutsi-Familien, die von ihrem Land vertrieben worden waren, zogen ziellos durch die größeren Städte oder suchten Unterschlupf in Kirchen, Missionsstationen und Universitäten. Monatelang versorgten die belgischen Behörden sie mit Nahrungsmitteln und stellten ihnen Unterkünfte zur Verfügung. Schließlich konnte man sie überzeugen, an ihren früheren Wohnort zurückzukehren.

Wie tiefgreifend die Auswirkungen des Aufstands waren, zeigte sich rasch. Hunderttausende von Tutsi kehrten Ruanda für immer den Rücken und ließen sich in Uganda, Urundi und im Kongo nieder. In den Hügeln und Tälern zwischen Mugongo und Kisenyi schwelten die Ruinen ehemaliger Tutsi-Heimstätten. Auf der Straße sah man nur noch Hutu und – zumindest in diesen Tagen – nicht mehr die so vertraute Prozession der außergewöhnlich hochgewachsenen Männer in wallenden weißen Gewändern. Und die Zeit, da sich Tutsi-Frauen von Hutu-Dienern in Sänften spazierentragen ließen, war ein für allemal vorbei.

Vor dem Aufstand waren achtzig Prozent der Schüler und Studenten des Landes Tutsi gewesen, nun traf man in den Bildungsstätten fast nur noch Hutu an. Gedrungene Jungen und Mädchen mit freundlichen, eifrigen Gesichtern drängten sich in den Klassenzimmern. Hier und da sah man noch ein Kind vom Stamm der Tutsi mit zarten Gliedern und verängstigten Rehaugen, doch sie bildeten die Ausnahme.

Mehrere hunderttausend Tutsi flohen nach Uganda, wo man sie in einem Flüchtlingslager nahe der Stadt Mbarara unterbrachte. Ich beging den Fehler, einen belgischen Priester, der sich auf der Suche nach einer jungen Frau namens Dafrosa aus seiner Gemeinde befand, dorthin zu begleiten. Schon von Natur aus sah der Mann eigenartig aus, doch zu diesem besonderen Anlaß hatte er sich in schwarze Baumwollhosen, eine Jacke im Westernstil, schwarze Cowboystiefel und einen schwarzen Cowboyhut gekleidet. Das Lager, das in einem heißen, öden Landstrich eingerichtet worden war, hatte ungeheure Ausmaße. Zweihunderttausend Tutsi hausten dort in kleinen Strohhütten, und mehr als eine Million ausgemergelte Rinder zog auf der ziellosen Suche nach Gras über die ausgetrocknete Steppe.

Stundenlang fuhren wir in einem VW-Käfer das Lager ab, fanden jedoch keine Spur von Dafrosa und ihrer Familie. Es war schon spät, und gerade als wir feststellten, daß wir uns verirrt hatten, kamen plötzlich zwei ugandische Militärfahrzeuge auf uns zu. Bewaffnete und eindeutig feindselig gesinnte Soldaten verlangten, unsere Pässe und die Zutrittsberechtigungen für das Lager zu sehen. Letztere besaßen wir nicht. Also brachte man uns in eine Militärkaserne und verhaftete uns. Die Soldaten wollten es mir nicht abnehmen, daß mein Begleiter, der wie ein Schauspieler in einem Western aussah, auch wirklich Priester war, und schienen sich nicht umstimmen zu lassen. Bei der Aussicht, in ein ugandisches Gefängnis gesperrt zu werden, verlor ich die Fassung und begann zu weinen. Mein unkontrolliertes Schluchzen (das keineswegs gespielt war) schien die Männer endlich doch zu erweichen, und nach einigen Stunden erklärten sie uns: »Sie können gehen, aber kommen Sie nie wieder!« Mit dem Priester wechselte ich kein Wort mehr, und irgendwann verwies man ihn aus Ruanda, weil er im Akagera-Park eine Pferdantilope geschossen hatte.

Zwar endete der Aufstand von 1959 mit einem klaren Sieg für die Hutu, aber ob sie sich darüber auch wirklich freuen konnten, war zweifelhaft. Nominell blieb Kigeri König, doch allein durch ihre zahlenmäßige Überlegenheit setzten die Hutu der Vorherrschaft der Tutsi ein Ende und hatten damit faktisch deren feudale Monarchie gestürzt. Dem Volk, das über Jahrhunderte in Knechtschaft gelebt hatte, war es gelungen, seine Ketten abzuschütteln.

Als die Begeisterung über ihren Sieg langsam abflaute, wurden sich die Hutu schmerzlich ihrer unzulänglichen Möglichkeiten bewußt, und sie begannen zu ahnen, welche Aufgaben vor ihnen lagen. Zwar war ihnen klargeworden, daß sie mit der Mehrheit auch die Macht besaßen – doch das Land lag in Trümmern. Wohin man blickte, nur Zerstörung. Noch immer schwelten die verbrannten Hügelkuppen, und ein Großteil der Ernte war dahin. Darüber hinaus waren sie jetzt gefordert, eine neue Regierung zu bilden, hatten aber weder die nötige Ausbildung noch die Erfahrung, um ein Land zu führen. Die Regierungsposten unter der belgischen Verwaltung waren hauptsächlich von gebildeten Tutsi eingenommen worden, und es gab nur eine Handvoll Hutu, die ihren Platz ausfüllen konnten. Außerdem hatten die Tutsi fast alle Bankiers, Richter, Steuerfachleute, Arzthelfer und Tierärzte gestellt, und selbst die Polizei hatte vorwiegend aus Tutsi bestanden. Alle diese Männer mit ihrer Ausbildung und jahrelangen Routine sollten nun von Hutu ersetzt werden, die weder über die entsprechende Schulung noch über Erfahrung verfügten.

Plötzlich war Bildung gefragt. Jeder Hutu drängte seinen Sohn, zur Schule zu gehen, und die belgischen Universitäten wurden mit Anträgen für Stipendien überschwemmt. Und den wenigen glücklichen Hutu, die bereits eine höhere Schule besucht hatten, stand schon jetzt Tür und Tor offen.

19 Der Kongo wird unabhängig

Während Ruanda vom Aufstand erschüttert wurde, bahnte sich im Kongo noch Schlimmeres an. Patrice Lumumba, ein militanter Anführer nationalistischer Prägung, betrat die Bühne der Weltpolitik. Der ehemalige Postangestellte hatte bereits wegen Veruntreuung von Geldern und Anstiftung zu einem Aufruhr, bei dem dreißig Menschen ums Leben gekommen waren, im Gefängnis gesessen. Mitte der fünfziger Jahre wurde er in der Regionalpolitik aktiv, 1958 gründete er das Mouvement National Congolais (MNC), das für einen zentralistisch organisierten, unabhängigen Kongo eintrat.

1959 verabschiedete Belgien einen auf fünf Jahre konzipierten Übergangsplan, der die Kolonie in die Unabhängigkeit führen sollte. Im Januar 1960 fand in Brüssel eine Konferenz statt, auf der die belgischen Regierungsvertreter mit Lumumba über die politische Zukunft des Landes sprechen wollten. Unvermittelt änderten die Belgier jedoch ihr Konzept und erklärten sich einverstanden, für den Mai des Jahres Nationalwahlen anzusetzen und sich am 30. Juni 1960 aus der Kolonie zurückzuziehen.

Dieser unerwarteten Ankündigung folgte ein Ausbruch von Gewalt, und schon bald verloren die Autoritäten des Belgisch-Kongo jegliche Kontrolle über das Land. Die Mitglieder von Lumumbas MNC-Partei stießen wilde Drohungen gegen die weiße Bevölkerung aus, und man rechnete damit, die Kongolesen würden am Unabhängigkeitstag alle Europäer enteignen. Viele der Bedrohten schickten ihre Frauen und Kinder ins Ausland. Da immer mehr verzweifelte Familien den Kongo verließen, waren im Frühling des Jahres sämtliche Linienflüge von Léopoldville und Stanleyville nach Europa ausgebucht. In den darauffolgenden Monaten richtete man zusätzliche Flüge ein.

Lumumbas Gefolgsleute fuhren mit Lautsprecherwagen durch die Städte und über das Land und stießen wüste, gegen die weiße Bevölkerung gerichtete Beschimpfungen und Drohungen aus. Überdies zwangen sie die Afrikaner in das Lager der MNC, indem sie den Männern androhten, wenn sie am Unabhängigkeitstag nicht Parteimitglied seien, würden sie zusammengetrieben, gefesselt und lebendigen Leibes verbrannt.

Belgien schickte ein großes Kontingent von Soldaten in den Kongo, um seine Landsleute zu schützen. Außerdem verkündete die belgische Regierung die Ernennung eines Generalbevollmächtigten, der nach der Unabhängigkeitserklärung für unbestimmte Zeit im Kongo bleiben sollte. Lumumba hingegen forderte den unverzüglichen Rückzug aller belgischen Soldaten. Ich hörte Lumumbas aufwieglerische Rede in einem lokalen Radiosender. »Wir müssen die Weißen einschüchtern«, hieß es darin. »Wenn sie Angst haben, werden sie tun, was wir von ihnen verlangen.« Zwar bemühte ich mich nach Kräften, mich nicht einschüchtern zu lassen, doch als die Tage vergingen, wuchsen Furcht und Ungewißheit. Ich war froh, daß ich in Ruanda wohnte, aber ich machte mir Sorgen um Kenneth, Per und all meine Freunde, die in der Kolonie lebten.

Im Mai 1960 unternahm ich mit Kenneth eine sentimentale Abschiedsreise in den Kongo. Ein letztes Mal sah ich den Epulu und die Gebiete von Beni und Mutwanga am Fuße der Ruwenzori-Kette, die allgemein die »Mondberge« genannt werden. In Beni berichtete man uns, die Besitzer der Tee- und Kaffeeplantagen hätten sich bewaffnet, weil sie einen Aufstand befürchteten. Die meisten Frauen und Kinder hatten das Land bereits verlassen, und jene, die noch nicht aufgebrochen waren, packten ihre Sachen. Wohin wir auch kamen, in allen Städten und Dörfern hörte man die Afrikaner aufgebracht »*Uhuru! Uhuru!*« rufen – Freiheit! Freiheit! Nur die Bambuti-Pygmäen empfingen uns mit freundlichem Lächeln; sie wirkten völlig unverändert und unbeeindruckt von der drohenden Krise.

Während unserer Fahrt sahen wir klar und deutlich die Ruwenzori-Kette mit ihren Gletscherspitzen, und dann verbrachten wir die letzte Nacht unserer Reise in der Ebene von Rwindi. Abends im Bett hörte ich die Flußpferde, die das Camp nach Freßbarem durchstöberten, und aus der Ferne drangen die heiseren Schreie der Hyänen. Voll Sorge dachte ich an all die kampflustigen Afrikaner und die verzweifelten Europäer, denen wir begegnet waren. Jeden Augenblick konnten Gewalt und Zerstörung über das Land hereinbrechen – und das vier Wochen vor der Unabhängigkeit.

Im Mai 1960 wurden im Kongo die ersten Nationalwahlen abgehalten. Lumumbas MNC-Partei schlug ihren wichtigsten Kontrahenten, die ABAKO-Allianz von Joseph Kasavubu, doch keine der beiden Fraktionen fand einen Koalitionspartner, um die Regierung zu bilden. Also schloß man sich zu einer ungewissen Partnerschaft zusammen. Kasavubu wurde Präsident und Lumumba Premierminister. Kasavubu trat für eine moderate Koalitionsregierung ein, die den einzelnen Provinzen großen Freiraum gewährte, während Lumumba einen stark zentralisierten Kongo favorisierte.

Am Vorabend des Unabhängigkeitstages hörte ich einen Radiokommentar des BBC-Reporters Edward Collins aus Léopoldville. Er berichtete, bedrückende Stille läge über der Stadt. Am Nachmittag war der belgische König Baudouin angekommen und hatte sich mit dem neuen Präsidenten getroffen. Collins hob noch einmal hervor, daß Präsident Kasavubu und Premierminister Lumumba politische Richtungen vertraten, wie sie gegensätzlicher nicht sein konnten, und äußerte seine Bedenken, ob diese beiden Männer wohl eine schlagkräftige Regierung bilden und verhindern konnten, daß das riesige Land auseinanderbrach.

Am Morgen des 29. Juni 1960 wurde Per von einem der Vorarbeiter auf Kania gefragt, wie sie den Unabhängigkeitstag begehen sollten. »Dies ist unser großer Augenblick, Bwana«, sagte der Mann, »aber wir wissen nicht, wie man ihn feiert.« Als Per sich bei den Leuten auf Kania erkundigte, was sie sich wünschten, antworteten sie: »Wir würden gern mit Ihnen feiern.« Also organisierte Per im Eßzimmer seines Hauses ein Unabhängigkeitsfest. Er kaufte Bier und ein Dutzend Hähnchen, die die Männer mit Palmöl und Reis zubereiteten. Es gab improvisierte Ansprachen und unzählige Toasts auf den Kongo, die Plantagenarbeiter und Bwana Moller. Um Mitternacht stellten sie das Radio an und lauschten gemeinsam der Übertragung der Zeremonie, wie aus Belgisch-Kongo die Unabhängige Republik Kongo wurde. Am nächsten Morgen fand Per ein Holzbrett, das an der Wand seines Hauses lehnte und auf das man mit Farbe gepinselt hatte: »Unabhängigkeit für alle! Lang lebe die Unabhängigkeit!« Und darunter: »Die Arbeiter von Kania.«

Ähnlich feierten viele der weißen Siedler den Anlaß. Überall im Land trafen sich Europäer mit ihren kongolesischen Freunden und Nachbarn zu ausgelassenen Festen. Präsident Kasavubu hielt in Léopoldville eine Rede, in der er von seinen Erwartungen an die Zukunft sprach. Er dankte König Baudouin und der belgischen Regierung, daß sie den Einheimischen ein wirtschaftlich gesundes Land übergaben und mit der Gewährung der Unabhängigkeit nicht lange gezögert hätten. Auf seine Rede folgte eine ungestüme Ansprache von Premierminister Lumumba, die eindeutig darauf abzielte, König Baudouin und die anwesenden belgischen Regierungsvertreter vor den Kopf zu stoßen. Letztlich jedoch ging ein großes Aufatmen durchs Land, daß es bei den Feierlichkeiten keine unangenehmen Vorfälle gegeben hatte und daß sie von einer Atmosphäre des Friedens und des guten Willens geprägt gewesen waren.

Leider hielt diese Stimmung nicht lange an. Knapp eine Woche nach dem Unabhängigkeitstag erhoben sich Offiziere der Armee und der Polizeikräfte. Der Aufstand griff auf das ganze Land über und stürzte es in einen Zustand der Anarchie. Kaum ein Winkel im Kongo, aus dem man keine Berichte über Attentate und Vergewaltigung durch kongolesische Soldaten hörte. An wie vielen europäischen Frauen sie sich vergingen, ist nicht bekannt, doch zwei belgische Ärzte erklärten, daß sie mehr als dreihundert weiße Frauen mit Penicillin behandeln mußten, weil sie von Soldaten vergewaltigt worden waren und nun fürchteten, mit Syphilis angesteckt worden zu sein. Unter ihnen waren auch Nonnen, Missionarinnen und die Frauen belgischer Verwaltungsbeamter.

Am 8. Juli marschierte die kongolesische Armee auf die Provinz Kivu zu, und die europäischen Anwohner Gomas bereiteten sich hastig auf die Flucht vor. Sie beluden ihre Fahrzeuge mit allem, was sie fassen konnten, rissen ihre Kinder aus dem Schlaf und reihten sich ein in die Schlange von Autos, die sich bereits auf dem Weg nach Kisenyi befanden. Um acht Uhr abends nahm die kongolesische Armee Goma ein und sperrte sämtliche Ausfallstraßen der Stadt. Alle, die bis dahin noch nicht die Grenze nach Ruanda überquert hatten, waren praktisch ihre Gefangenen. Zu Recht gingen die Kongo-Soldaten davon aus, daß das belgische Militär in Kisenyi nicht auf Goma schießen würde, um die europäischen Geiseln keiner Gefahr auszusetzen. Einige Familien flüchteten per Boot und überquerten bei Nacht den Kivu-See.

Da wir von den Ereignissen in Goma nichts wußten, fuhren Sembagare und ich am nächsten Morgen nach Kisenyi, um unsere Vorräte zu ergänzen. Als wir jedoch den Stadtrand erreichten, wurde uns rasch klar, daß etwas Außergewöhnliches vorgefallen sein mußte. Kisenyi war nicht wiederzuerkennen. Auf den Straßen drängten sich müde, verängstigte Menschen; verstörte Kinder, zum Teil noch im Schlafanzug, preßten die geliebte Puppe oder den Teddy an die Brust. Und auf allen Grünflächen, auf jedem freien Platz parkten Autos, die das wenige bargen, was ihre Besitzer hatten retten können – aus Häusern, in denen die Familien seit Jahren gelebt hatten und die sie ihren Kindern und Kindeskindern hatten vererben wollen.

Über Nacht waren die Bewohner Kisenyis (und auch ich) von Banken, Büros und Geschäften abgeschnitten, denn Goma war das wirtschaftliche Zentrum der Region gewesen. Plötzlich stand ich ohne Bargeld da, besaß kaum noch Vorräte und war eine Zeitlang auf die Großzügigkeit und Hilfsbereitschaft von Freunden angewiesen, um über die Runden zu kommen. In Kisenyi gab es nur einige kleinere Läden, deren Regale rasch leergekauft waren. Binnen weniger Tage herrschte ein Mangel an Lebensmitteln und Benzin. Hungrig und verzweifelt brachen die ersten Familien über Uganda zur afrikanischen Ostküste auf. In den folgenden Wochen sah man einen mitleiderregenden Treck überladener Autos die Straße von Kisenyi nach Ruhengeri den Berg hinaufkriechen, auf dem Weg nach Kabale und Kampala, wo sie das ugandische Volk freundlich und hilfsbereit aufnahm.

Allein auf meiner Plantage, versuchte ich nicht daran zu denken, daß die Grenze zum Kongo nur knapp zehn Kilometer von Mugongo entfernt war. Jede freie Minute verbrachte ich vor meinem Kurzwellenradio. In Elizabethville, so hörte ich, waren zehn Europäer umgebracht worden, und in Luluabourg hatte man siebenhundert weiße Anwohner, darunter den italienischen Konsul, zusammengetrieben und eingesperrt. Missionare und Pflanzer aus abgelegenen Gegenden berichteten von schauerlichen Vorfällen und schickten verzweifelte Hilferufe über den Äther. Einige gaben Nachrichten an ihre Verwandten im Ausland durch, und immer wieder baten einsam wohnende Familien, die von kongolesischen Soldaten bedroht wurden, um Milch, Lebensmittel, Rettung per Hubschrauber oder um militärischen Beistand.

Um die Ordnung im Kongo wiederherzustellen, wandte sich Lumumba am 12. Juli an die Vereinigten Staaten und bat um dreitausend Soldaten. Die Vereinten Nationen sandten daraufhin eine der ersten internationalen Friedenstruppen aus, die sogenannten *Casques Bleus*. Ihre weithin erkennbaren blauen Schutzhelme sollten bald zu einem willkommenen und vertrauten Anblick werden.

Ende Juli erklärte die erzreiche Provinz Katanga im Süden des Landes unter der Führung von Moise Tschombe ihre Abspaltung vom Kongo. Nicht lange, und auch die Provinzen Kivu und Kasai ließen durchblicken, daß sie sich von Lumumbas Zentralregierung lösen würden. Die Vereinten Nationen weigerten sich, Katanga als unabhängigen Staat anzuerkennen. Gleichzeitig rührten die UN- Friedenstruppen jedoch keinen Finger, um die Revolte in Katanga niederzuschlagen. Lumumba ersuchte daraufhin die Sowjetunion um Beistand, der ihm in Form von Militärberatern und Truppen gewährt wurde. Nun befanden sich belgische, kongolesische, sowjetische und Soldaten der internationalen UN-Friedenstruppen im Land. Katangas Radiosender begann sein Programm stets mit der Botschaft: »Katanga – hier kämpft Präsident Tschombe gegen den Kommunismus und für die Freiheit Katangas und ganz Afrikas.«

Ende Juli hatten sich auf Mugongo fast vier Tonnen Pyrethrum angesammelt. Damals ahnte ich noch nicht, daß ich sie sowie den Großteil der Ernte dieses Sommers und Herbstes fast ein Jahr lang nicht würde verkaufen können. Ich fühlte mich furchtbar einsam und hatte große Angst. Seit Monaten hatte ich keine Post mehr aus den Vereinigten Staaten und Europa und nur spärliche oder gar keine Nachricht von den Freunden erhalten, die aus dem Kongo geflohen waren – von denen, die ausgeharrt hatten, ganz zu schweigen.

Nach Ankunft der Friedenstrupppen klang die Gewalt kurzfristig ab, und im September unternahmen Sembagare und ich die erste unserer etwa zweiwöchentlichen Fahrten nach Goma, bei denen wir kleinere Mengen Pyrethrum an die Extraktionsanlage lieferten. Es war ein beängstigendes und demütigendes Unterfangen. Wo es nie zuvor Grenzposten gegeben hatte, mußten wir nun auf der ruandischen wie kongolesischen Seite Zollformalitäten über uns ergehen lassen. Unsere Pässe und Passierscheine wurden erst von den ruandischen Zöllnern, dann von belgischen Fallschirmsoldaten und schließlich von kongolesischen Zoll- und Polizeibeamten kontrolliert. Jegliches Dokument mußten wir in doppelter Ausfertigung dabeihaben, einmal für Runda und einmal für den Kongo, und alle dreißig Tage hieß es, die Papiere zu erneuern. Die irischen Friedenstruppen, die in Goma stationiert waren, taten ihr Bestes, um die Ordnung aufrechtzuerhalten, doch gegen die Beleidigungen und Schikanen der kongolesischen Soldaten, mit denen sie alle empfingen, die es wagten, in ihr Land einzureisen, konnten auch sie nichts ausrichten.

Immer häufiger hörte man von Greueltaten. In Kindu waren dreizehn italienische Luftwaffenpiloten massakriert worden, Bekannte und Freunde berichteten von schrecklichen Demütigungen und brutalen Überfällen. Kein Europäer, besonders wenn er in einer abgeschiedenen Gegend lebte, war sicher vor einem Überfall. So sahen sich Kenneth und Per schließlich ebenfalls gezwungen, ihre Plantagen zu verlassen und Zuflucht in Ruanda zu suchen. Weil Kenneth noch immer Anteile an zwei Pyrethrum-Pflanzungen in Mutura besaß, zog er auf die knapp zehn Kilometer von Mugongo entfernte Plantage Nyaruteme und Per auf die andere namens Rwamise, die gerade mal drei Kilometer von meiner entfernt lag.

Es war mir ein großer Trost, in diesen turbulenten Monaten Kenneth und Per in meiner Nähe zu wissen. Wir bildeten ein seltsames Trio – mein Exmann, ich und der Mann, den ich hoffnungslos liebte. Aber es waren ja auch ungewöhnliche Zeiten.

Uns verband die Vergangenheit, die Gegenwart und der unerbittliche Ansturm der Ereignisse, auf die wir keinen Einfluß hatten. Fast jeden Tag trafen wir uns und gaben uns größte Mühe, uns gegenseitig aufzuheitern. Anstatt sich wie früher an Charme und Witz zu messen, galten unter den Europäern nun Tapferkeit und Durchhaltevermögen als größte Tugenden. Wir lebten in einem Zustand ständiger Anspannung und Furcht, denn jeder Tag brachte neue Meldungen, die die vorhergehenden an Schrecklichkeit übertrafen.

Im Dezember 1960 wurden die irischen UNO-Soldaten in Goma durch Nigerianer, zumeist Muslime, ersetzt. Im Gegensatz zu den großspurigen trinkfesten Iren waren die Nigerianer ausgesprochen diszipliniert. Ihr Bataillon kaufte von Mugongo jede Woche eine halbe Tonne Kartoffeln, die sie sich von Sembagare und Per nach Goma bringen ließen. Außerdem bestellte der nigerianische Befehlshaber bei uns fünfundsiebzig Weihnachtsbäume, die an die UNO-Soldaten im Kongo verteilt werden sollten. Die Arbeiter auf Mugongo fällten Zypressen und banden die Zweige mit Bananenblättern zusammen. Per und ich beschrifteten die Anhänger für die Bäume, und Per fügte für die schwedischen Soldaten, die in der Nähe von Léopoldville stationiert waren, eine Grußbotschaft in Schwedisch hinzu.

Weihnachten feierte ich mit Per und Kenneth auf Mugongo. Unter unserem festlich geschmückten Christbaum lagen die Geschenke für die Arbeiter, ihre Kinder und für uns. Es war ein lieblicher warmer Tag, und der Garten stand in voller Blüte. Im Tal schimmerte der Kivu-See im Sonnenschein. Als wir Weihnachtslieder sangen und unsere Geschenke auspackten, ahnten wir nicht, daß sich jenseits der Grenze beunruhigende Ereignisse zusammenbrauten.

Am Morgen des ersten Weihnachtstages trafen dreißig Truppentransporter mit Soldaten des MNC in Goma ein und verhafteten die dortigen Verwaltungsbeamten wegen sezessionistischer Umtriebe. Die zahlenmäßig unterlegenen Nigerianer verbarrikadierten sich in ihrer Kaserne und blieben untätig. In Bukavu an der Südspitze des Sees verhaftete man Jean Mihuro, den Präsidenten der Provinz Kivu, und sein Kabinett und verfrachtete die Männer auf LKWs, die sie nach Stanleyville bringen sollten. Noch am gleichen Tag ließ Lumumba von seinem Hauptquartier in Stanleyville aus erklären, der Kivu sei eingenommen und gehöre nun zur Ostprovinz der Republik Kongo.

Auch im neuen Jahr dauerten der Terror und die Gewalt an, die die Unabhängigkeit des Kongo begleiteten. Im Januar 1961 hörten wir erste Berichte, kongolesische Soldaten seien nach Ruanda eingedrungen. Am 13. Januar überquerte ein Bande kongolesischer Aufrührer die Grenze bei Kibumba, knapp zehn Kilometer von meinem Haus entfernt. An jenem Morgen war ein Maler bei mir, der die Wände meines Wohnzimmers streichen sollte. Die Hausboys hatte bereits das Zimmer leergeräumt und die Bücher aus den Schränken genommen, als wir plötzlich Gewehrsalven hörten. Als ich mit einem schwankenden Bücherstapel im Arm auf die Terrasse trat, sah ich die Arbeiter von Milindi auf Mugongo zulaufen. »Die Kongolesen kommen!« riefen sie. »Die Kongolesen kommen!« Die Arbeiter von Mugongo ließen ihre Hacken fallen und rannten von den Feldern nach Hause.

Im Abstand von nur wenigen Minuten trafen Kenneth und Per bei mir ein, und während wir uns die nächsten Schritte überlegten, bemühten wir uns nach Kräften, Ruhe zu bewahren. Wir kamen überein, daß die Männer auf der Plantage blieben, um nach dem Rechten zu sehen, während ich nach Kisenyi fahren sollte, um die Schießerei zu melden. Bereits nach wenigen Kilometern kam mir Robert Ameye, der Besitzer der Nachbarplantage, entgegen. Aufgeregt rief ich ihm zu, daß sich kongolesische Soldaten den Weg zum Mutura freischossen, doch er unterbrach mich mit noch schlimmeren Nachrichten.

»Meine Gute«, sagte er, »die Kongolesen greifen Kisenyi an. Die gesamte Zivilbevölkerung ist evakuiert worden. Ich wollte zu Ihnen, um Sie nach Ruhengeri zu bringen. Oder nach Uganda, wenn Ihnen das lieber ist.«

In Kisenyi waren lediglich achtzig belgische Fallschirmjäger stationiert. Diese Männer standen nun vor der Aufgabe, die Stadt gegen die mehr als zweitausend Soldaten aus Goma zu verteidigen. Seit dem vergangenen Abend wurde Kisenyi beschossen. Zitternd vor Angst wendete ich den Lieferwagen und fuhr zurück nach Mugongo. Als wir in die Zufahrt einbogen, sprang Robert aus dem Wagen und schwenkte wild die Arme.

»Ihr müßt sofort fliehen«, rief er aufgebracht.

»Ich gehe nicht fort«, hörte ich mich sagen. Ich war darüber ebenso überrascht wie die Männer. Anfangs wollten sie mich nicht ernstnehmen, doch als ich auf meiner Entscheidung beharrte, wurde Robert so wütend, daß er in den Garten stapfte und dort eine halbe Stunde grollte, ehe er – allein – nach Ruhengeri weiterfuhr.

Meine Weigerung, von der Plantage zu flüchten, beruhte weniger auf Mut als auf Angst vor dem, was mich erwartete, wenn ich fortging. Der Gedanke, mein Heim, meine Tiere, die Arbeiter – also alles, was mir gehörte, und alle, die von mir abhängig waren – zu verlassen, versetzte mich in blankes Entsetzen. Außerdem war mein kostbarer Bestand an Büchern draußen auf der Terrasse aufgestapelt. Ich konnte doch jetzt nicht einfach wegfahren!

Per, Kenneth und ich harrten auf Mugongo aus und warteten auf das Militär. Wie im Schneckentempo verstrichen die Stunden. Immmer wieder hörten wir in den Bergen Schüsse. Der nächste Tag brach an, und nach wie vor war keine Hilfe in Sicht. Irgendwann stand Kenneth auf und erklärte, dies alles sei viel zu gefährlich, wir müßten unverzüglich aufbrechen. Ich weigerte mich jedoch weiterhin hartnäckig. »Rosy, du bist verrückt«, brüllte er. Außer sich stürmte er davon und fuhr mit quietschenden Reifen in Richtung Kisenyi, um Soldaten zu holen. Ich nahm derweilen einen Koffer und packte das Familiensilber, mir teure Fotos, Geld, den Paß, einen kleinen Schmuckkasten und ein paar

Kleidungsstücke zusammen. Und für den Fall, daß wir rasch aufbrechen mußten, parkte Per den Pick-up vor der Haustür.

Da die Schießereien kein Ende nehmen wollten, ernannte Per Wachtposten, die in den Pyrethrum-Feldern in den Hügeln Stellung bezogen. Sie nahmen ihre Positionen so ein, daß sie in alle Richtungen sehen und sich gegenseitig und uns Warnzeichen geben konnten, falls die Kongolesen in Schußweite kämen. Mittlerweile hatten sich viele verängstigte Menschen auf dem Rasen am Haus eingefunden, und wir verdankten es vorwiegend Pers unerschütterlicher Ruhe, daß keine Panik ausbrach. Ich stellte mein Radio an und trug es nach draußen, so daß wir gemeinsam die Nachrichten aus Usumbura hören konnten.

Auf diese Weise erfuhren wir schließlich, daß es den achtzig Fallschirmjägern irgendwie gelungen war, Kisenyi gegen den Angriff der Kongolesen aus Goma zu verteidigen und daß diese den Beschuß der Stadt eingestellt hatten. Wie durch ein Wunder war niemand getötet worden, obwohl praktisch jedes Haus, das von der Grenze aus gesehen in Reichweite der Schüsse lag, Schaden genommen hatte. Da in Goma etwa hundertfünfzig Europäer in den UN-Kasernen Zuflucht gesucht hatten und man Vergeltungsmaßnahmen fürchten mußte, hatten die Belgier nicht gezielt geschossen. Frauen und Kinder aus Kisenyi hatten sich in großer Zahl in die Bralirwa geflüchtet, in die Brauerei vor den Toren der Stadt.

Um fünf Uhr nachmittags kehrte Kenneth schließlich zurück – gefolgt von sechs Mannschaftswagen mit belgischen Soldaten, die nichts anderes im Sinn hatten, als die Kongolesen über die Grenze zurückzutreiben. In den ersten Stunden verletzten und erschossen sie mehrere Dutzend der feindlichen Soldaten, die auf ruandisches Gebiet vorgedrungen waren. Als wir merkten, daß die Belgier die Situation mehr oder weniger unter Kontrolle hatten, kehrten Kenneth und Per in ihre eigenen Häuser zurück.

So allein auf Mugongo wurde mir in der Nacht plötzlich in aller Deutlichkeit bewußt, in welcher Gefahr wir gewesen waren. Das Herz klopfte mir bis zum Hals, und ich zitterte am ganzen

Leib, als ich im Bett lag und das Gewehrfeuer in den Hügeln und Feldern der Umgebung hörte. Doch gegen Mitternacht fuhr mir der Schreck erst recht in alle Glieder, denn plötzlich klopfte es laut und hartnäckig an der Tür. Mit bebenden Fingern entzündete ich die Kerosinlampe, dann öffnete ich die Tür einen Spalt breit. Zu meiner Überraschung standen sechs belgische Fallschirmjäger auf der Eingangsveranda. Sie waren hungrig und fragten, ob ich etwas zu Essen für sie hätte.

Ich rief Edouard herbei. Er kam in einem alten braunen Jerseykleid, das ich schon vor Monaten weggeworfen hatte, aus seiner Hütte. Wahrscheinlich leistete es als Nachthemd gute Dienste, und unter den gegebenen Umständen wirkte es auch nicht weiter komisch. Im Handumdrehen hatte Edouard im Küchenherd ein Feuer entfacht, schlug Eier in die Pfanne und machte Würstchen warm. Beim Tischdecken stolperte ich immer wieder über Maschinengewehre, die in einem wildem Durcheinander auf dem Boden lagen. Nach ihrem Nachtmahl aus Pfannkuchen, Würstchen, selbstgebackenem Brot und Kaffee bedankten sich die Soldaten bei Edouard und mir und wünschten uns eine gute Nacht.

Am Morgen stellte sich heraus, daß sich die Kongolesen aus Ruanda zurückgezogen hatten. Zwar hatten wir auch in den kommenden Wochen noch ein mulmiges Gefühl, doch sie kamen nicht wieder. Man stationierte ein zusätzliches Kontingent von Fallschirmsoldaten in Kisenyi, und nach und nach kehrte die Zivilbevölkerung in ihre Häuser zurück. Karin Bielski, die drei Tage und zwei Nächte in der Brauerei verbracht hatte, eilte in ihr Doppelhaus in Kisenyi, packte die Koffer und fuhr nach Europa. Mir ließ sie lediglich eine kurze Notiz da, in der sie mir ihre Abreise erklärte.

»Dies alles, meine Gute«, schrieb sie, »war nun doch etwas zu viel.«

Ich mußte ihr beipflichten. Das war es wirklich.

20 Übergangszeit

DIE POLITISCHE ALLIANZ, auf die sich Lumumbas Regierung im Kongo stützte, erwies sich als äußerst brüchig. Er und seine Koalitionspartner waren auf die Regierungsgeschäfte nicht vorbereitet, und die Opposition in den eigenen Reihen reichte bis in die Ministerriege. Lumumba schikanierte die weiße Bevölkerung und stieß sie vor den Kopf, anstatt sie als Bereicherung des Landes einzubinden. Er hatte die Armee nicht unter Kontrolle, der zivilen Verwaltung fehlte es an Erfahrung. Meuternde Soldaten terrorisierten das Land, und Lumumba war außerstande, sie zu zügeln. Neben der militärischen Intervention Belgiens und der drohenden Abspaltung der Provinz Katanga schürte all dies Chaos und brutale Gewalt – Kreise inner- und außerhalb der Regierung schmiedeten Umsturzpläne.

Tatsächlich wurde Patrice Lumumba im Herbst 1960 – nur drei Monate nach seiner Wahl zum Premierminister – gestürzt. Drahtzieher seiner Entmachtung war Präsident Kasavubu, durchgeführt wurde sie von dem neunundzwanzigjährigen Armeeführer Joseph Mobutu. Er nahm Lumumba fest und überstellte ihn nach Katanga, wo er am 17. Januar 1961 ermordet wurde. Die wahren Umstände seines Todes kennen nur seine Häscher.

Die Nachricht von Lumumbas Tod wurde in Ruanda und im Kongo mit einer gewissen Erleichterung aufgenommen. Die Sowjets hingegen stilisierten Patrice Lumumba zum Märtyrer, und im ganzen Ostblock, in Ägypten, in Ghana und Guinea, aber auch in Harlem in New York galt er als Held. Zum neuen Premierminister des Kongo ernannte man Joseph Ileo, General Mobutu wurde Oberkommandierender der Streitkräfte.

Zur gleichen Zeit wurde in Ruanda mit Hilfe der Belgier die erste eigene Regierung gebildet. Zum Regierungschef ernannte man Grégoire Kayibanda, den Führer der PARMEHUTU-Partei.

Der charismatische Politiker hatte ein Studium zum Priesteramt absolviert und war ein guter Redner. Mit seinem feurigen Patriotismus weckte er bei seinen Landsleuten rasch einen gewissen Nationalstolz, als man die für den September 1961 angesetzten Wahlen vorbereitete. Frieden und Eintracht waren die vordringlichsten Ziele der neuen Politiker. Ruandas zehn Bezirke wandelte man in Präfekturen um, die von einem von der Regierung vorgeschlagenen Präfekten verwaltet werden sollten. Das alte System der *chefferies* (von sogenannten Subchiefs regierte Gebiete) ersetzte man durch unabhängige Regierungsbezirke. Außerdem forderte Kayibanda die Abschaffung des Thronrats und aller anderen Symbole der Feudalherrschaft wie etwa der Königstrommel. Der feudalen Dynastie in Ruanda wurde der Boden unter den Füßen weggezogen, und die Herzen der Hutu schlugen höher bei der Aussicht auf die verheißene Demokratie.

Um die Regierung auch räumlich von der Königsstadt Nyanza zu trennen, entschied man sich für einen ländlichen Ort im Herzen des Landes als Hauptstadt. 1961 war Kigali nicht mehr als ein Vorposten mit unbefestigten Straßen und einem einzigen, äußerst bescheidenen Hotel. Eine Wellblechhütte vor einer staubigen Landebahn diente als Flughafen.

Bei den Wahlen, zu denen die UNO unabhängige Beobachter schickte, rief man auch zur Abstimmung über die Zukunft der Tutsi-Monarchie und das Schicksal von Mwami Kigeri auf. Alle Männer und Frauen über achtzehn hatten das Recht, ihre Stimme für eine der vier Parteien – APROSOMA, PARMEHUTU, RADER und UNAR – abzugeben. Am Wahltag herrschte eine ausgelassene Stimmung wie im Karneval. In ihre besten Gewänder gekleidet strömten die Banyaruanda in Scharen herbei, um zum ersten Mal in der Geschichte ihres Landes ein Votum abzugeben. Da die Mehrheit der Bürger Ruandas Analphabeten waren, hatte man für jede der vier Parteien ein großes buntes Quadrat auf den Wahlzettel gedruckt – rot, schwarz, weiß und grün –, wobei man sorgsam darauf geachtet hatte, keine Farben zu wählen, die bei einer Gruppe ohnehin als Lieblingsfarbe galt. Die Abstimmung zog sich über den ganzen Tag hin. Im Wahlzentrum des Mutura wurden während der Wahl fünf Kinder geboren – sogar ein Zwillingspaar war darunter, was man als Segen Gottes für das Ereignis deutete. Kayibandas PARMEHUTU-Partei errang siebenundsiebzig Prozent der Stimmen, und die überwältigende Mehrheit der Bevölkerung sprach sich für die Abschaffung der Tutsi-Monarchie aus.

Auf Mugongo pendelte sich das Leben allmählich wieder auf eine gewisse Normalität ein. Wir ernteten Pyrethrum – das sich bei uns, verpackt in Säcke, mittlerweile in ungeheuren Mengen in jedem Verschlag, in jeder Hütte und sogar in jedem freien Zimmer meines Hauses bis zur Decke türmte – und säten neues aus.

Außerdem nahmen Sembagare und ich unsere wöchentlichen Fahrten nach Kisenyi wieder auf. Unweigerlich hörten wir dort von neuen Greueltaten aus unserem Nachbarland. Als wir eines Morgens Blumen ins Hotel Regina brachten, fanden wir in der Hotellobby einen jungen Kaffeepflanzer aus dem Kongo. Er lag im Sterben; man hatte ihm mit Macheten den Schädel eingeschlagen. Seine Arbeiter hatten ihn bewußtlos in einem Graben gefunden, und er war von einem Nachbarn nach Kisenyi gebracht worden. Er starb, ohne das Bewußtsein wiedererlangt zu haben. Paul Stroumza, der Geschäftsführer des Hôtel des Grands Lacs in Goma, der sein Hotel während der chaotischen Monate der Besatzung durch die kongolesischen Soldaten weitergeführt hatte, wurde auf Gomas Hauptstraße mit vorgehaltener Waffe auf die Knie gezwungen und zusammengeschlagen. Viele andere Europäer mußten ähnliche Demütigungen ertragen.

Per stellte mit Bedauern fest, daß er wohl nie mehr nach Kania würde zurückkehren können. Er beschloß, nach Kenia überzusiedeln, wo er schwedische Freunde hatte. Es tat weh, doch mir war mittlerweile klargeworden, daß unsere Gefühle füreinander zu nichts anderem führen würden als zu einer freundschaftlichen Beziehung. In seiner letzten Woche in Mutura füllten wir jeden Abend nach dem Essen unseren Kaffee in eine Thermosflasche und fuhren den steinigen Pfad hinauf, der nach Bihungwe am Rand des Urwalds führte. Dort stellten wir das Auto ab, betrachteten den flammenden Krater des Nyiragongo und hielten Ausschau nach Elefanten.

Der Mond schien hell in jenen Nächten, so daß selbst die unendlich fernen, funkelnden Sterne in seinem Glanz blaß wirkten. Purpurfarben leuchtete die Lava, und die Vulkane hoben sich als schwarze Silhouetten von dem schimmernden Abendhimmel ab. Die Nächte waren frisch und kühl, leise hörten wir die Trommeln der Wächter, und in der Ferne sahen wir ihre Feuer flakkern. Nur ein Mal erhaschten wir einen Blick auf die breiten Umrisse eines Elefanten, der weniger als dreißig Meter von unserem Platz entfernt lautlos an uns vorbeiglitt. Kurz darauf folgte ihm eine Elefantenkuh mit einem Jungen. Ich hielt Pers Hand fest umklammert. Wie dankbar war ich für die Zeit, die wir gemeinsam verbracht hatten! Und wie sehr würde er mir fehlen!

Im März 1961 verließ Per Ruanda. Inzwischen waren die meisten meiner Freunde fortgegangen, und die restlichen bereiteten sich auf den Aufbruch vor. Oswald du Chasteleer lebte mittlerweile in Südafrika, Jack Poelaert in Uganda und Robert Ameye in Belgien. Einmal in Europa angekommen, hatte Karin Bielski beschlossen, mit ihren drei Kindern dort zu bleiben und Adam allein in Kisenyi zurückzulassen. Zacharia, mein Plantagenaufseher, hatte gekündigt und wohnte jetzt in Rutshuru im Kongo.

Kenneth reiste ohne Vorankündigung nach England; sein Drittel Anteil von Mugongo überschrieb er auf mich und überließ es mir, seine verworrenen Angelegenheiten zu ordnen. Ich mußte seinen alten Plymouth verkaufen, um seine Steuerschulden zu zahlen, und sein Häuschen in Nyaruteme war voller Sachen, die durchgesehen und fortgeräumt werden wollten. Schlimmer war jedoch, daß er eigentlich noch die kommenden zwei Jahre unter Vertrag stand, Rwamise für den abwesenden Besitzer zu verwalten. »Das schaffst du doch mit links, Rosy«, waren seine Worte beim Abschied – ohne auch nur einen Gedanken daran zu verschwenden, wie ich das Pyrethrum von Rwamise verkaufen sollte, wo sich bereits Tonnen meiner eigenen Ernte auf Mugongo stapelten.

Ich fühlte mich ziemlich einsam und hatte Angst. Zu allem Überfluß waren die politischen Verhältnisse alles andere als stabil. Nach wie vor mußten wir die Übergriffe kongolesischer Soldaten über die nur wenige Kilometer entfernte Grenze fürchten. Außerdem drohte mittlerweile eine weit größere Gefahr. Die im Kongo, in Uganda und Urundi lebenden Tutsi-Exilanten hatten sich zusammengeschlossen und fielen des Nachts in Ruanda ein. Sie mordeten, verletzten und plünderten, und noch vor Morgengrauen verschwanden sie wieder über die Grenze. Die Hutu nannten sie *inyenzi*, Kakerlaken, weil sie sich nur nachts zeigten.

Man wußte nie, wann und wo sie zuschlagen würden, und gerade das machte ihre Überfälle so beängstigend. Philippe Daublain, ein Pyrethrum-Pflanzer aus Kinigi, wurde schwer verletzt, als die Terroristen durchs Fenster seines Hauses eine Maschinengewehrsalve auf ihn abfeuerten, bevor sie mit seinem Auto davonfuhren. Am Rande Kigalis hielt man Familien mit dem Gewehr in Schach und raubte sie aus. Einer der gerade erst gewählten Volksvertreter der Hutu wurde mit einigen Schüssen getötet, was die Wut und Feindseligkeit bei den Hutu nur noch schürte. Eindringlinge aus Uganda überfielen das Gabiro Guest House im Akagera-Park, ermordeten den belgischen Direktor und verletzten vier Gäste schwer. In Kiburara nahe der ugandischen Grenze setzten zweihundert *inyenzi* dreißig Hütten der dort lebenden Hutu in Brand und brachten in nur einer Nacht siebenundzwanzig Menschen um.

Ich stellte daraufhin zwei Wächter ein, den unerschütterlichen Patani und den weniger unerschütterlichen Sebazungu. Die Männer in Mutura trugen nun ausnahmslos selbst bei Tage Speere mit sich. Eines Nachmittags lieferten mir die Gärtner einen Beweis ihrer Kraft und Geschicklichkeit, indem sie ihre fast zwei Meter langen Waffen mit aller Wucht auf einen Baumstamm schleuderten. So beeindruckend dieses Schauspiel auch war, es konnte mich nicht beruhigen. Mit entmutigender Nüchternheit hielt ich mir vor Augen, wie wenig ihre armseligen Speere gegen die Maschinengewehre der Terroristen würden ausrichten können.

Im ganzen Land stellte man Straßensperren auf. Jedes Auto wurde angehalten und die Papiere der Insassen kontrolliert. Wie ein Mann stand das Volk hinter den Maßnahmen, die die Terroristen in die Schranken weisen sollten; man war fest entschlossen, die neue Regierung zu stützen. Die Zivilbevölkerung der Hutu, die vor wenigen Monaten kaum gezögert hatte, vor den kongolesischen Soldaten zu flüchten, war bereit, ihre erst kürzlich durchgesetzte Befreiung von der Unterdrückung mit dem Leben zu verteidigen.

Die belgischen Soldaten blieben auch im Frühjahr und Sommer des Jahres 1962 in Mutura stationiert, und Mugongo ähnelte mit der Zeit immer mehr einer großen Kneipe. Des Nachts fuhren die Männer gewöhnlich auf der Straße zwischen Kisenyi und der Grenze zum Kongo Patrouille, und jeden Abend legten acht bis zehn erschöpfte hungrige Fallschirmjäger vor meinem Haus eine Erholungspause ein. Sie wärmten sich am Feuer und taten sich an den Keksen, dem Kuchen und dem Kaffee gütlich, die ich ihnen anbot. Sie waren äußerst nett und freundlich, und es gab mir ein beruhigendes Gefühl, daß sie da waren. Ich wußte nie, wann sie kommen würden, da sie nicht zu festen Zeiten Patrouille fuhren. Wenn sie bis zehn Uhr abends nicht eingetroffen waren, warf ich ein paar Scheite aufs Feuer und stellte eine Thermosflasche Kaffee und Kuchen oder Kekse auf den Tisch – und ließ die Eingangstür offen. Dann legte ich mich schlafen, wartete jedoch meist ängstlich auf ihre Ankunft. Sobald ich ihre tröstlichen Stiefeltritte und ihre Gewehre vor meiner Schlafzimmertür auf den Boden poltern hörte, schlief ich ein. Am Morgen waren Thermosflasche und Keksteller leer; statt dessen lag stets ein Zettel mit ihrem Dank auf dem Tisch. So blieb es für fast ein Jahr.

Nach wie vor stapelten sich bei mir Tonnen unverkauften Pyrethrums, denn da die Grenze zwischen Ruanda und dem Kongo geschlossen blieb, konnten wir die Pflanzen nicht in die Extraktionsanlage nach Goma bringen. Viele Pflanzer faßten den Entschluß, ihre Sachen zu packen und das Land zu verlassen, sobald man die belgischen Soldaten aus Ruanda abziehen würde. Offenbar stand nun plötzlich fast alles für mich wieder in Frage: meine persönliche Sicherheit, meine finanzielle Zukunft und meine gesellschaftlichen Kontakte. Der einzige Freund, der mir in Ruanda blieb, war Adam Bielski. Ich schaute jede Woche, wenn ich in die Stadt fuhr, bei ihm vorbei, und gelegentlich besuchte er mich auf Mugongo und überbrachte mir die neuesten Nachrichten. Wieder einmal spielte ich mit dem Gedanken, alles aufzugeben, doch ich brauchte mich nur umzusehen und wußte, daß es unmöglich war. Für das Volk von Ruanda würde eine neue Epoche beginnen, wenn es ihm gelang, eine stabile Regierung zu bilden und im Amt zu halten. Und ich wollte dabeisein.

Völlig überraschend und zu meiner großen Freude kehrte Per im Mai 1962 aus Kenia zurück. »Solange du bleibst, bleibe ich auch«, erklärte er. Unterwegs hatte er einen riesengroßen schwarzen Hund gekauft, der aus dem kleinen Citroën sprang, als wir uns umarmten. Ohne zu zögern fiel er Terry, einen meiner kleinen Irischen Terrier, an. Terry verteidigte sich tapfer, doch er verlor drei Vorderzähne. Beinahe hätte er auch noch ein Auge eingebüßt, ehe Per seinen Hund zurückpfeifen konnte. Dies war kein sonderlich verheißungsvoller Beginn, und von da an ging es nur noch abwärts. Wenige Tage nach seiner Ankunft erkrankte Per schwer an Typhus, wie sich herausstellte. Wir pflegten ihn mit großer Fürsorge, doch kaum war er wieder einigermaßen bei Kräften, reiste er ab. Er kehrte endgültig nach Schweden zurück, und ich sah ihn nie wieder. Allerdings steht in meinem Schlafzimmer seitdem sein Foto.

Und so blieben fast nur noch Adam und ich von all jenen, welche die Zeit der Privilegien und des Wohlstands als selbstverständlich genommen und genossen hatten, bevor sie unter den Feindseligkeiten und dem Terror litten, die ihnen ein Ende setzten. Wir wurden Zeuge von Ruandas Unabhängigkeit und begleiteten das Land auf seinem schwierigen Weg zu Frieden und Stabilität.

21 Eine selbständige Republik

In all meinen Jahren in Afrika habe ich nie erlebt, daß etwas verlief wie erwartet – Ruandas Unabhängigkeit war da keine Ausnahme. Die zukünftige Republik, noch unerfahren in ihrer neuen Rolle, tat sich schwer, das Erbe der Vergangenheit abzuschütteln und eine neue Regierung zu bilden. Die arglosen Hutu traf der Erfolg, den sie nach Jahrhunderten der Unterdrückung mit ihrer Bauernrevolution gehabt hatten, völlig unvorbereitet. Da sie auf die Aufgaben, die sie erwarteten, nicht im geringsten vorbereitet waren, hatten sie es keineswegs eilig, von ihren Wohltätern befreit zu werden.

1962 drängte die UNO jedoch darauf, Ruanda in die Unabhängigkeit zu entlassen. Als im Frühling des Jahres UNO-Beobachter nach Ruanda kamen, wurden sie mit großen Spruchbändern empfangen, auf denen zu lesen stand: »Keine Unabhängigkeit jetzt!« und »Zuerst die Demokratie – Unabhängigkeit zur rechten Zeit!« Ungeachtet dieser deutlichen Willensäußerung empfahlen die UN-Mitarbeiter bei ihrer Rückkehr nach New York, Ruanda so bald wie möglich die Unabhängigkeit zu gewähren. Unter Umständen waren die Vereinten Nationen es leid, noch länger für Ruanda verantwortlich zu sein, da es seit dem

Zweiten Weltkrieg unter ihrer Treuhandverwaltung stand (und seit 1918 unter der des Völkerbunds). Die junge Republik in Gründung nahm die Nachricht jedoch erschrocken auf.

Der umstrittenste Punkt war die Forderung der UNO, daß sich die beiden kleinen Länder Ruanda und Urundi zusammenschließen sollten – eigentlich ein logischer Schritt, da sie aneinandergrenzten und sich in der ethnischen Zusammensetzung der Bevölkerung glichen. Beide Länder lehnten dieses Konzept jedoch strikt ab. Die Bevölkerung von Urundi war mit der Herrschaft der Tutsi-Monarchie voll und ganz zufrieden und hielt ihren Mwami Mwambutsa eisern die Treue. Eine demokratische Regierung und Gleichstellung der Hutu – der Mehrheit der Bevölkerung – wies sie kategorisch von sich. Beides aber sollten die Eckpfeiler der neuen Republik Ruanda sein. Schließlich verwarf die UNO die Absicht, die beiden Länder zu vereinen, und am 27. Juni 1962 faßte ihr Treuhandrat den Beschluß, Ruanda-Urundi am 1. Juli des gleichen Jahres als die beiden Staaten Rwanda und Burundi in die Unabhängigkeit zu entlassen – also nur vier Tage später.

Uneins waren sich die Vereinten Nationen außerdem in der Frage, ob nach der Unabhängigkeit belgische Truppen in den beiden Ländern stationiert bleiben sollten. Man ging davon aus, ohne ausländische Militärpräsenz könnten Gruppen von Tutsi den Versuch wagen, die neue Hutu-Regierung Rwandas zu stürzen. Der belgische Außenminister erklärte jedoch vor dem UN-Sicherheitsrat, Belgien habe nicht die Absicht, seine Soldaten auf unbegrenzte Zeit in Rwanda und Burundi zu belassen; es sei aber bereit, militärische Präsenz zu zeigen, bis die beiden Länder eine eigene Armee aufgestellt und ausgebildet hätten. Zum Schrecken Rwandas beschlossen die Vereinten Nationen jedoch unbesorgt, bis zum 1. August – also nur einen Monat nach der Unabhängigkeit – müßten alle belgischen Soldaten aus Rwanda und Burundi abgezogen sein.

Es war wohl die übereilteste Entlassung eines Landes in die Unabhängigkeit aller Zeiten. Die Frist reichte nicht einmal aus, um Feierlichkeiten zu organisieren – geschweige denn, das Volk psychologisch auf diesen zugleich ersehnten wie gefürchteten Tag vorzubereiten. Ein alter Mann fragte: »Was ist das, die Unabhängigkeit? Ein Mensch?« Ein anderer antwortete: »Ja, ein Mensch, der vor vielen Jahren in Ruanda gelebt hat, nämlich Mwami Ruganzu. Im Juli kommt er zu uns zurück.« Mwami Ruganzu, ein Tutsi-König, der zu Beginn des siebzehnten Jahrhunderts über das Land geherrscht hatte, war vom Volk tief verehrt worden.

Um die verunsicherte Bevölkerung aufzuklären, flogen Armeehubschrauber über Städte und ländliche Gebiete und warfen hastig zusammengeschriebene Flugblätter ab, auf denen dem Volk die Bedeutung der Unabhängigkeit erklärt wurde. Die Menschen liefen über die Felder, um die im Wind flatternden Zettel aufzufangen. Dann versammelten sie sich und lauschten ernst einem Lesekundigen, der ihnen vortrug, worauf sie gewartet hatten. Für einige der eher kämpferisch eingestellten Banyaruanda waren die Aussagen wohl eher enttäuschend. Sie propagierten nämlich nicht uneingeschränkte Freiheit und militanten Nationalismus, sondern betonten den Wert harter Arbeit und eines friedvollen Übergangs und forderten das Volk auf, alle Vergeltungsmaßnahmen zu unterlassen. Übersetzt aus dem Kinyaruanda lauteten die wichtigsten Punkte:

1. Einige glauben, wir würden die Tutsi aus dem Land vertreiben, sobald wir unabhängig sind. Sie haben sich getäuscht. Unabhängigkeit bedeutet, daß alle Banyaruanda eng zusammenrücken, daß Tutsi, Hutu und Batwa an einem Strang ziehen.
2. Einige glauben, am Unabhängigkeitstag würden wir alle Europäer und Asiaten aus dem Land weisen. Dem ist nicht so. Das wäre genauso dumm, als würde man einen Stein werfen und damit die Kalebasse zerschlagen, die voller Milch ist. Wir brauchen diese Menschen, denn sie zeigen uns den Weg zu wirtschaftlichem Wohlstand.

3. Einige glauben, die Unabhängigkeit wäre ein Freibrief, Menschen ausrauben, die man nicht leiden kann. Wer das tut, wird bestraft.
4. Einige glauben, sie bräuchten ihren Vorgesetzten nicht mehr zu gehorchen. Das ist falsch.
5. Es gibt auch einige, die glauben, sie bräuchten nicht mehr zu arbeiten. Im Gegenteil, wir alle werden härter arbeiten müssen als zuvor.
6. Auch wenn viele Europäer unser Land verlassen, heißt das nicht, daß die Banyarwanda arm und ohne Arbeit zurückbleiben. Wenn wir uns um ein gutes Auskommen mit den Europäern bemühen, werden sie andere ermutigen, in unserem Land zu leben und hier zu investieren.
7. Auch nach der Unabhängigkeit muß jeder seine Steuern zahlen.
8. Mit der Unabhängigkeit wird der Brautpreis nicht abgeschafft. Nur wird später vielleicht die Mitgift gesenkt.
9. Glaubt nicht, daß die Unabhängigkeit das Ende von Recht und Ordnung bedeutet. Vielmehr bringt sie den Menschen aller Glaubensrichtungen Frieden und Freiheit.

Die Erklärung endete mit den Worten: »Regierungsbeamte, Priester und Pastoren, Katholiken, Protestanten, Adventisten, Muslime und alle, die lesen können, sollen ihren Brüdern und Schwestern berichten, was hier geschrieben steht. Friede euch allen.« Und die Unterschrift lautete: »Lazare Mpakaniye, Innenminister.«

Der Unabhängigkeitstag, der 1. Juli 1962, fiel auf einen Sonntag. Die Stimmung war gedämpft, denn da man terroristische Anschläge von Tutsi-Exilanten befürchtete, hatte man über das Radio verbreiten lassen, daß die Feierlichkeiten in der Hauptstadt Kigali nur für Regierungsmitglieder und ausländische Diplomaten stattfänden. Das Volk wurde aufgerufen, »ruhig in den Hütten zu bleiben und einander in den Arm zu nehmen«.

So wurde es ein wahrhaft stiller Tag. Gutmeinende Bekannte hatten mir geraten, meine Plantage zu verlassen. Es bestand die Gefahr, *inyenzi* könnten zu Fuß die Grenze überqueren und Mugongo überfallen, um meine Autos zu stehlen. Ich war in jenen Tagen die einzige Weiße, die an der Straße durch Mutura wohnte, und ich besaß einen Personenwagen und einen Pick-up. Mittlerweile wußte man, daß die *inyenzi* nicht zögerten, jemanden für ein Auto – oder auch noch weniger – umzubringen. Doch noch waren belgische Fallschirmsoldaten in der Gegend, und da es mir wichtig erschien, diesen Tag gemeinsam mit den Menschen aus Mutura zu verbringen, überspielte ich meine Angst und blieb auf Mugongo.

Am Morgen hörte ich mir die Radioübertragung aus Kigali an. Auf die offizielle Erklärung, daß Ruanda nun zur unabhängigen »Republik Rwanda« geworden sei, folgten patriotische Ansprachen. Jeder, der Ruanda unter der feudalen Tutsi-Herrschaft erlebt hatte, konnte die Befreiung und Gleichstellung der Hutu-Mehrheit nur begrüßen. Später setzte ich mich in den Garten und sah hinaus auf die Felder und die zerklüfteten Gipfel des Mikeno und Karisimbi. Die heiße Sonne der Trockenzeit hatte Blätter und Gräser ausgedörrt. Distelwolle schwebte in der Luft, und sie war erfüllt vom leisen Summen der Bienen mit ihren bunt schimmernden Flügeln. Es war ein ungeheuer friedlicher Anblick, und ich schmunzelte, als ich an die düsteren Warnungen meiner Bekannten dachte.

Gegen Mittag kam mein Freund Sergio Bottazzi mit seiner Mutter und seinen zwei kleinen Kindern vorbei und schlug vor, zu einem Picknick an den Ngondo-See zu fahren. Ich hielt das für eine vorzügliche Idee. Wo anders ließ sich die Unabhängigkeit Rwandas besser feiern als an meinem Lieblingsplatz am Rande des Urwalds? Ich ging in die Küche, um Biriko zu bitten, mir ein Lunchpaket fertigzumachen. Zu meiner Überraschung waren sowohl er als auch Sembagare entsetzt.

»Nein, nein, Madame«, beschworen sie mich, »gehen Sie nicht dorthin. Wenn unsere Leute heute *wazungu* im Wald sehen, glauben sie, sie wollen flüchten!« Auf diesen Gedanken wäre ich nie gekommen, da sie mich jedoch beide hartnäckig bedrängten, gab ich mich schließlich mit einem Picknick bei uns im Garten zufrieden.

Am Abend stand Sembagare aufgeregt neben mir und sah mich mit leuchtenden Augen an, als ich mir im Radio die Weltnachrichten anhörte.

»Was sagt die Welt über unsere Unabhängigkeit, Madame?« fragte er.

BBC und Voice of America hatten die Unabhängigkeit Rwandas und Burundis nur am Rande erwähnt. Doch wie sollte ich Sembagare erklären, daß Ereignisse, die ihm und den Bürgern Rwandas so viel bedeuteten, auf der Weltbühne kaum Beachtung fanden?

»Die Welt feiert mit uns«, versicherte ich ihm. Da er sich nichts anderes hatte vorstellen können, war er offenbar zufrieden.

Am 3. Juli fanden in unserem Gemeindezentrum in Mutura nachträglich Unabhängigkeitsfeiern statt. »*Indepandazi! Indepandanzi!*« sang ein fröhlicher Kinderchor, und eine Gruppe von Schuljungen zwischen zehn und vierzehn, die sich »Les Soldats de Nyaruteme« nannten, marschierten über die Wiese und führten Exerzierübungen vor. Der bedeutendste Moment jedoch war das Hissen der Flagge, das von flammenden Reden umrahmt wurde. Irgendwie hatte man in der vergangenen Woche eine Nationalflagge entworfen – drei gleich große Abschnitte von Rot, Gelb und Grün mit einem großen R in der Mitte –, die nun stolz über der begeisterten Menge im Wind flatterte. Die Feier endete mit einem wilden Tanz. Kaum jemand schloß sich davon aus: Junge Männer tanzten mit hübschen Mädchen, Ehemänner mit ihren Frauen (von denen sich viele das Baby auf den Rücken gebunden hatten) und alte Grauhaarige mit munteren Damen fortgeschrittenen Alters. Die Köpfe der Babys wippten, als sich ihre Mütter mit ausgestreckten Armen anmutig im Takt wiegten, und im Gleichklang klatschte die Menge in die Hände und stampfte zum Rhythmus der Trommeln mit den Füßen auf den Boden. Ihre überschäumende Freude machte die Feier zu einem unvergeßlicher Augenblick.

Bereits wenige Tage nach den Unabhängigkeitsfeiern zeigte sich, wie berechtigt die Warnungen vor den Terroristen gewesen waren. Am 5. Juli spürte die Nationalgarde nahe der abgelegenen Felder im Wald zwischen Mugongo und dem Ngondo-See ein Lager von mehr als achtzig Tutsi-Eindringlingen auf. Zwanzig von ihnen wurden getötet, vierzig gefangengenommen. Vier von ihnen entdeckte man hinter meinem Trockenhaus. Die Rebellen waren schwer bewaffnet, und man nahm an, daß sie sich seit mindestens fünf Tagen in unserer Gegend aufgehalten hatten, da die Festgenommenen kaum noch Lebensmitel besaßen und ausgehungert waren.

Demnach hatten Sembagare und Biriko offenbar gewußt, daß sich am Unabhängigkeitstag *inyenzi* im Wald aufhielten. Wie sie das erfahren hatten, ist mir ein Rätsel, doch die Rwander haben eine ganz eigene Art, Dinge in Erfahrung zu bringen. Vielleicht hatte es ihnen ein Hirte erzählt, oder Irmana hatte eine Nachricht bekommen. Jedenfalls läßt sich kaum vorstellen, was uns zugestoßen wäre, wären wir am Unabhängigkeitstag auf unserem Ausflug mit den zwei kleinen Kindern den Terroristen geradewegs in die Arme gelaufen.

Am folgenden Tag meldeten die Pygmäen offiziellen Stellen, daß in den Wäldern in der Umgebung von Ruhengeri eine noch größere Gruppe von *inyenzi* lagerte. In einem Überraschungsangriff konnte man nahezu alle von ihnen festnehmen, der Rest zog sich über die Grenze zurück. Unter den beschlagnahmten Gegenständen befand sich ein Notizbuch mit Wegkarten und Aufzeichnungen über die militärischen Ziele der Gruppe. Ihr Plan sah vor, bis ins Landesinnere vorzudringen, wo sie sich mit Gesinnungsgenossen aus Uganda und Burundi vereinigen wollten. Das Notizbuch enthielt zudem eine Liste mit Namen von Hutu-Politikern und auch einigen Europäern, die umgebracht werden sollten. Zu meiner Erleichterung gehörte ich nicht dazu, wie ich erfuhr. Darüber hinaus waren die Namen von im Lande ansässiger Tutsi aufgeführt, auf deren Hilfe man sich stützen konnte.

Neben dem Notizbuch wurden große Mengen von Handgranaten, halbautomatische Gewehre und Pistolen, in der Sowjetunion hergestellte Funkgeräte, Munition und Whiskey beschlagnahmt. In kleinen Scheinen hatten die Rebellen Bargeld im Wert von umgerechnet etwa zwölftausend Dollar bei sich – für das Rwanda jener Tage eine große Summe. Spione berichteten, daß sich in ihrem Basislager in Mikeno an der kongolesisch-rwandischen Grenze bereits eine Nachhut gebildet hatte, die nur noch auf ihr Signal zum Abmarsch wartete. Die Kongolesen versorgten sie mit Lebensmitteln und Material.

Rwandas Weg in die Unabhängigkeit war dornenreich, dennoch war sich das Volk einig, die junge Republik und seine neugewonnene Freiheit entschlossen und um jeden Preis zu verteidigen. Diese Entschlossenheit sollte in den kommenden Jahrzehnten des öfteren auf die Probe gestellt werden.

Es scheint sich im Afrika von heute einzubürgern, bei jedem gegebenen Anlaß die Namen von Städten und Ländern zu ändern. Im Rahmen der Unabhängigkeit taufte sich Ruanda um in Rwanda, Urundi wurde zu Burundi. Die kleine Stadt Kisenyi nahe meiner Plantage hieß fortan Gisenyi. Im Jahr 1964 vereinigte sich Tanganyika mit Sansibar zu dem neuen Staat Tansania. Unter Präsident Mobutu änderte der Kongo seinen Namen in Zaire, aus der Hauptstadt Léopoldville wurde Kinshasa, aus Stanleyville Kisangani und aus Elizabethville Lubumbashi.

VIERTER TEIL

22 Alyette

WENN ICH AN MEINE zahlreichen afrikanischen Freunde und Bekannte zurückdenke, sind es vorwiegend die Frauen, die sich durch eine beispiellose Tapferkeit und innere Stärke auszeichneten, um in dem bisweilen rauhen, spröden Land zu überleben. In der rwandischen Kultur sind sie zweifelsfrei die Stützen der Familie und der Agrarwirtschaft. Während die rwandischen Männer traditionell in Fabriken, Geschäften und als Hausangestellte bei Europäern arbeiten, bewirtschaften die Frauen die Felder, tragen die größte Mühsal und die schwersten Lasten. Das gilt auch für die weißen Frauen Afrikas. Zu oft ist es ihr Los, Härten und grausame Schicksalsschläge zu erdulden, etwas, das einem in Afrika mit schmerzlicher Regelmäßgkeit begegnet. Dian Fossey bietet dafür ein gutes Beispiel, ebenso Alyette de Munck.

Bei Alyette fällt mir das Lied »Anything You Can Do I Can Do Better« aus dem Musical *Annie Get Your Gun* ein. In unserem Fall müßte es heißen, alles was ich konnte, konnte Alyette besser. Alyette ist eine kleine, energische Frau mit unzähligen Begabungen. Wie ein Wirbelwind fegt sie in einen Raum und äußert unerschrocken und selbstbewußt ihre Meinung. Darüber hinaus ist sie einfühlsam, herzensgut und einer der großzügigsten Menschen, denen ich je begegnet bin. Mit ihrem Geschick und ihrer Hingabe erwarb sie sich den Ruf einer großartigen Landschaftsgärtnerin, außergewöhnlichen Fotografin, kultivierten Gastgeberin und ausgezeichneten Plantagenverwalterin. Zudem ist sie eine verwegene Abenteurerin.

Alyette hat die meiste Zeit ihres Lebens im Kongo verbracht, denn bereits im Alter von fünf Jahren war sie mit ihren belgischen Eltern dorthin übersiedelt. Als junge Frau erkundete sie mit dem französischen Vulkanologen Haroun Tazieff Vulkane während des Ausbruchs, erforschte viele Wochen lang den Ituri-Regenwald und zog mit den Bambuti-Pygmäen umher. Während einer Fotosafari im Jahr 1982 ging sie einmal so dicht an den flammenden Krater des Nyiragongo heran, daß sie sich das Haar versengte. Als engagierte Naturkundlerin hat sie sich über Jahre hinweg eine Menge Wissen über das Leben in der Wildnis angeeignet, und sie ist eine namhafte Schlangensammlerin.

Eines ihrer waghalsigsten Abenteuer mit Schlangen verdeutlicht, welches Risiko sie auf sich nahm, um ein außergewöhnliches Exemplar zu erwerben: Vor vielen Jahren fuhr sie in Begleitung eines jungen Parkwächters durch den Queen-Elizabeth-Park in Westuganda, als sie auf der Straße eine Kobra bemerkte.

»Anhalten!« rief sie.

Erschrocken trat der Fahrer auf die Bremse. Alyette sprang aus dem Land Rover und packte die Schlange mit bloßen Händen. Das Tier versuchte zu entkommen und verschwand unter das Auto, doch Alyette ließ seinen Schwanz nicht los und zog es wieder hervor. Erst da erkannte sie, daß es sich um eine Speikobra handelte – etwas, womit sie nicht gerechnet hatte. In Sekundenschnelle wandte das Tier ihr den Kopf zu und spie ihr einen Giftstrahl ins Auge.

Das Gift einer Speikobra nimmt dem Opfer vorübergehend die Sehkraft und kann zuweilen sogar tödlich sein. Auf dem einen Auge blind und unter höllischen Schmerzen griff Alyette nach ihrem Schal und wischte sich das Gift vom Gesicht. Dabei geriet etwas davon in das andere Auge, so daß sie nun auf beiden Augen nichts mehr sah.

Der junge Mann raste in halsbrecherischem Tempo zum Verwaltungsbau des Parks, in dem er als Parkwächter ein Anti-Serum aufbewahrte. Wie Alyette mir später erzählte, wußte sie mittlerweile zumindest, daß sie nicht sterben würde. Man brachte sie in ein kleines Hotel in der Nähe von Gatwe, wo sie die Nacht unter heftigen Schmerzen verbrachte. Am nächsten Morgen war ihre Sehkraft zumindest teilweise wiederhergestellt, und da sie jemand war, der sich durch eine solche »Lappalie« nicht unterkriegen ließ, setzte sie sich ins Auto und fuhr selbst die weite Strecke über die steilen, gewundenen Straßen zurück nach Rwanda. Als sie ihr Haus in Gisenyi erreichte, war sie zu schwach, um aus dem Wagen zu steigen. Sie erzählte mir später, der Schmerz in den Augen sei schlimmer gewesen als alles, was sie jemals erlebt hatte, einschließlich der Geburt ihrer Kinder und der zahllosen Verletzungen, die sie im Laufe ihres abenteuerlichen Lebens erlitten hatte.

Alyettes Mann Adrian war ein liebevoller Familienvater, und ihre Ehe war unvergleichlich glücklich. Viele Jahre bewohnte die Familie mit den drei eigenen und den vier Kindern von Alyettes verwitweter Schwester Inez eine geräumige Villa in Buheno im Kongo, unmittelbar am Kivu-See, fünfundzwanzig Kilometer südlich von Goma. Adrian, der es im Wolfram-Bergbau zu Wohlstand gebracht hatte, zog sich im Alter von fünfzig Jahren aus den Geschäften zurück, um das Leben und seine Familie zu genießen. Er kaufte sich ein kleines Flugzeug, eine Piper Cub, mit der er und seine Frau häufig spontane Ausflüge zu neuen, fremden Orten unternahmen. Alyette übernahm dabei die Aufgabe des Navigators. Ihr Heim war Treffpunkt ihres weitläufigen Freundeskreises und einer Vielzahl interessanter Gäste aus aller Herren Länder. Wie sehr beneidete ich die beiden um ihr glückliches und aufregendes Leben!

Zwar lernte ich Adrian und Alyette schon bei meiner Ankunft in Afrika im Jahr 1949 kennen, doch eigentlich waren sie eher Kenneths Freunde als meine. Es gab sogar eine Zeit, als sie nicht sonderlich viel von mir hielten. Vermutlich war ich in ihren Augen eine ziemlich merkwürdige, dumme Person, weil ich einem derart charmanten und faszinierenden Mann wie Kenneth den Laufpaß gegeben hatte. Erst als Kenneth 1961 aus Rwanda fortzog, schlossen wir Freundschaft.

Während der Unabhängigkeitswirren im Kongo schickten sie alle sieben Kinder nach Belgien. Dort waren sie vor allen Bedrohungen sicher. In den Jahren danach wurden Adrian und Alyette mehr als einmal von kongolesischen Soldaten überfallen und ausgeraubt. Sie standen des Nachts vor der Haustür und verlangten Geld; manchmal setzten sie die beiden sogar unter Druck, indem sie drohten, eine unterwegs gekidnappte weibliche Geisel umzubringen, falls sie ihre Forderungen nicht erfüllten. 1966 mußte das Ehepaar endgültig aus dem Kongo fliehen und übernahm schließlich die Leitung von Mudende, einer Plantage in der Nähe von Mugongo.

Zuvor hatte Adam Bielski die Plantage geführt, war jedoch in finanzielle Schwierigkeiten geraten. Auf meinen Vorschlag hin wurden Adrian und Alyette seine Teilhaber und gemeinsam brachten sie das Geschäft in Schwung. Adrian und Alyette zogen nach Mudende, während Adam weiterhin in seinem Haus in Gisenyi wohnte. Adrian kümmerte sich um den Haushalt und beaufsichtigte die Renovierungsarbeiten des baufälligen Wohnhauses, Alyette widmete sich der Arbeit an ihrer Hälfte der Plantage, baute Spargel an und züchtete Merinoschafe.

Im Juni 1967, während eines Aufenthalts in Paris, starb Adrian de Munck unerwartet. Seine Aorta war geplatzt. Niedergeschlagen und erschöpft flog Alyette am 12. August nach Nairobi zurück, wo sie am Flughafen von drei jungen Männern – ihrem Sohn Yves, ihrem Neffen Philipe Bribosia und Xavier de Failly, dessen Studienfreund – abgeholt wurde. Die drei hatten kurz zuvor ihr Studium an der Universität von Loewen abgeschlossen und sich zu einer Fotosafari durch Kenia aufgemacht – ein Geschenk von Adrian an die beiden Jungen. Adrian starb, während die jungen Männer nach Kenia unterwegs waren, und Alyette – überzeugt davon, im Sinne ihres Mannes zu handeln – bestand darauf, daß sie ihre Safari fortsetzten. Die Jungen waren per Schiff nach Kenia gereist und hatten einen militärähnlichen, mit Tarnfarbe angemalten alten Jeep dabei, mit dem sie über die Route Nairobi–Kampala nach Rwanda fahren wollten.

Alyette begleitete die drei bis kurz vor Kampala in Uganda, wo der Jeep eine Panne hatte. Während ihres Aufenthaltes in Kampala traf Alyette sich mit einem Freund, der ihr anbot, mit ihm nach Rwanda zurückzufahren. Die Jungen sollten nachkommen, sobald ihr Jeep wieder fahrbereit wäre. Dankbar nahm Alyette den Vorschlag an, denn so konnte sie das Haus in Ordnung bringen, bis die jungen Männer eintrafen.

Als das Fahrzeug repariert war, fuhren Yves, Philipe und Xavier Richtung Süden bis zum Grenzort Kisoro. Sie wollten ihre letzte Nacht in Uganda im Travelers' Rest Hotel mit dazugehörigem Gästehaus verbringen, das von Walter Baumgärtel, einem Österreicher und langjährigen Freund von Alyette, geführt wurde. Kisoro selbst liegt am Schnittpunkt der Landesgrenzen von Rwanda, Uganda und dem Kongo, das Gästehaus in unmittelbarer Nähe zur Grenze nach Rwanda und dem Kongo. Von dort geht eine Straße in den Kongo, die andere nach Rwanda. In jenen Tagen tobte im Kongo gerade der von Moise Tschombe angeführte Aufstand, der darauf abzielte, Präsident Mobutu zu stürzen. Belgische Söldnertruppen standen an vorderster Front und unterstützten die Rebellen der südlichen Provinz Katanga. Auf die Söldner war damals ein Kopfgeld ausgesetzt, und unter den kongolesischen Regierungstruppen herrschte blanker Haß gegenüber Weißen. Es war dringend angeraten, nicht in den Kongo zu reisen.

Walter bereitete den Jungen bei ihrer Ankunft einen herzlichen Empfang. Abends in der Bar berichteten sie ausgelassen von ihrem Safari-Abenteuer und erzählten auch einer Gruppe rwandischer Männer, daß sie es kaum erwarten könnten, am nächsten Tag die Grenze nach Rwanda zu passieren. Frühmorgens brachen sie auf. Walter, der zu diesem Zeitpunkt noch schlief, verabschiedete sich nicht von ihnen – was er sich heute noch zum Vorwurf macht. Tragischerweise schlugen die Jungen den falschen Weg ein – die Straße in den Kongo – und man sah sie nie wieder.

Ein Hotelangestellter erzählte, er hätte des Morgens die rwandischen Männern bei ihnen gesehen und gehört, wie sie den Jungen anboten, ihnen den Weg in ihr Land zu zeigen. Dann lotsten sie die drei jungen Leute an die kongolesische Grenze und übergaben sie den Soldaten mit der Erklärung, sie seien belgische Söldner. Obwohl die Jungen keine Uniform trugen, sondern in Safariausrüstung waren und in ihre Pässe ein »Student-/Touristen-Visum« eingestempelt war, nahm man sie auf der Stelle fest.

Niemand weiß genau, was mit ihnen geschehen ist. Ein italienischer Geschäftsmann, der zur gleichen Zeit die Grenze passierte, erzählte, er hätte gesehen, daß Dorfbewohner die drei Jungen mit Steinen bewarfen. Man nimmt an, sie hätten zu fliehen versucht, indem sie aus dem Jeep sprangen. Später hörte ich, ein Missionar hätte über Kurzwelle eine Meldung empfangen, in der ein kongolesischer Offizier um Instruktionen bat. »Die Jungen leben noch«, soll er gesagt haben. »Was sollen wir mit ihnen anfangen?« »Bringt sie um«, lautete die Antwort.

Als die Jungen entgegen der Vereinbarung nicht in Mudende ankamen, ahnte Alyette Böses und holte hastig Erkundigungen ein. Ich verbrachte die folgenden Tage fast ausschließlich an ihrer Seite, und gemeinsam warteten wir auf Nachrichten über den Verbleib der jungen Männer. Am vierten Tag erhielt sie schließlich die Meldung, daß die Jungen im Kongo gefangengenommen worden waren und »nicht transportfähig« seien, woraus sie schloß, daß sie schwer verwundet wären. Umgehend fuhr sie nach Goma und organisierte einen Krankenwagen, der die drei nach Rwanda bringen sollte. Erst als der belgische Botschafter tags drauf in Gisenyi eintraf, erfuhr sie, daß man Yves, Philipe und Xavier umgebracht hatte.

Kaum hatte ich von den schrecklichen Vorfällen gehört, machte ich mich auf den Weg zu Alyette. Mehr als je zuvor wünschte ich mir, ich könnte meiner Freundin helfen. Doch Alyette war so erschüttert, daß sie mich bat, sie allein zu lassen. Der Verlust ihres geliebten Mannes und drei Monate später der brutale und sinnlose Mord an ihrem kaum erwachsenen Sohn und ihrem Neffen überstieg ihre Kräfte.

Doch irgendwie lernte sie, mit dem Schicksalsschlag umzugehen. Sie blieb bis 1994 in Rwanda und nahm weiterhin eine wesentliche Rolle in meinem wie auch im Leben vieler anderer Menschen ein. Sie ist zweifellos eine der bemerkenswertesten Frauen, denen ich je begegnet bin, und noch heute denke ich mit Bewunderung an ihre beispiellose Tapferkeit und ungewöhnliche Waghalsigkeit.

23 Dian – die frühen Jahre

Ich hörte von Dian Fossey zum ersten Mal durch Kitty Cyr, der Frau des US-Botschafters in Rwanda. Bei einem Besuch in Kigali nahm Kitty mich eines Nachmittags zur Seite und meinte: »Roz, hier lebt eine junge Frau, die im Kongo Studien über die Berggorillas betrieben hat. Sie wird auf Sie zukommen und Sie fragen, ob sie ihre Arbeit von Ihrer Plantage aus fortsetzen darf. Seien Sie zurückhaltend. Sie ist ein bißchen seltsam.«

Das war im Juli 1967, als im Kongo der Bürgerkrieg tobte – jener Konflikt, dem wenige Wochen später Alyette de Muncks Sohn, ihr Neffe und ein Studienfreund der beiden zum Opfer fielen. Dian hatte sich erst sechs Monate zuvor auf einem an der Nordseite des Karisimbi im Kongo gelegenen Lagerplatz namens Kabara eingerichtet und die Arbeit an ihrem ersten Forschungsprojekt aufgenommen, als kongolesische Soldaten die Station überfielen und Dian unter vorgehaltenem Gewehr den Berg hinuntertrieben. Sie wurde verhaftet und in ein Militärcamp in Rumangabo gebracht. Über ihr Schicksal kursierten viele Gerüchte. Unter anderem hieß es, die Kongolesen hätten eine Massenvergewaltigung an ihr verübt. Das hat sie jedoch stets abgestritten. »Ich glaube, sie haben mich für ihren Major aufgehoben«, lautete ihr kryptischer Kommentar dazu.

Nichtsdestotrotz hatte sie eine bittere Zeit hinter sich. Ihr gelang schließlich die Flucht, indem sie ihren Entführern einredete, sie habe im Travelers' Rest House in Kisoro, jenseits der Grenze nach Uganda, eine Menge Geld liegen, das sie ihnen aushändigen würde, wenn man sie dorthin brächte und freiließe. Die Soldaten schenkten ihr Glauben, und in Begleitung bedrohlich wirkender Kongolesen tauchte eine erschöpfte Dian vor dem Hotel auf. Sie rannte ins Haus, warf sich Walter Baumgärtel in die Arme und flehte ihn an: »Versteck' mich, Walter! Ich habe ihnen gesagt, ich würde ihnen das Geld geben, wenn sie mich freilassen.«

Walter stellte sich den Soldaten unerschrocken entgegen. »Sie befinden sich auf ugandischem Gebiet«, erklärte er nachdrücklich. »Dazu haben Sie kein Recht! Miss Fossey ist jetzt frei, und ich werde ihren Entführern keinen Pfennig zahlen!« Die Soldaten schäumten vor Wut, daß sie derart reingelegt worden waren, gaben aber schließlich auf und fuhren mit leeren Händen in den Kongo zurück.

Bevor ich Dian persönlich kennenlernte, erhielt ich einen Brief von ihr. Er trug das Datum des 20. Juli 1967 und erreichte mich über das Sekretariat des Botschafters der Vereinigten Staaten, Leo G. Cyr. Der Brief war von Anfang bis Ende in Blockbuchstaben getippt.

LIEBE MRS. CARR
ICH WÜRDE GERNE MIT IHNEN DARÜBER SPRECHEN, OB ES MÖGLICH WÄRE, VON DER RWANDISCHEN SEITE DES KARISIMBI AUS MEINE STUDIE ÜBER DIE BERGGORILLAS FORTZUFÜHREN.
VOR KURZEM HAT MICH DAS KONGOLESISCHE MILITÄR AUS MEINEM LAGER VERTRIEBEN. DA ICH IM AUFTRAG VON DR. LEAKEY, DER NATIONAL GEOGRAPHIC SOCIETY, DER AFRICAN WILDLIFE FOUNDATION UND DER ZOOLOGICAL SOCIETY IN NEW YORK ARBEITE, KOMMT MIR DIESE UNTERBRECHUNG MEINER ARBEIT ÄUSSERST UNGELEGEN.
DIE KONGOLESISCHEN MILITÄRS HABEN MIR ERKLÄRT, ICH DÜRFE ERST IN VIER MONATEN IN DEN KONGO ZU-

RÜCKKEHREN, ABER DA ICH DIE GRENZE MEHR ODER WENIGER ILLEGAL PASSIERT HABE, BIN ICH MIR NICHT SICHER, OB ICH MEINE ARBEIT DORT ZUM JETZIGEN ZEITPUNKT WIEDER AUFNEHMEN KANN. DAHER WÜRDE ICH DIE STUDIEN GERN AUF DER RWANDISCHEN BERGSEITE FORTSETZEN, DENN ICH HOFFE, DASS ICH DORT EINIGE GORILLAFAMILIEN AUFSPÜRE UND BEOBACHTEN KANN. ALS ICH DEN KONGO VERLASSEN MUSSTE, HATTE SICH BEREITS EINE GORILLAGRUPPE SO SEHR AN MICH GEWÖHNT, DASS SIE SICH MIR AUF UNGEFÄHR SECHS METER NÄHERTE.

ICH FAHRE AM DIENSTAG NACH NAIROBI, UM MIT DR. LEAKEY ÜBER DIE FORTSETZUNG MEINER ARBEIT ZU SPRECHEN, UND WERDE IHN DARÜBER INFORMIEREN, DASS ICH EVENTUELL VON IHRER PLANTAGE AUS WEITERARBEITEN KANN, SOFERN ICH ÜBERHAUPT DIE GENEHMIGUNG DES LANDWIRTSCHAFTSMINISTERS ERHALTE. DAHER DIE EILIGE, KURZE NACHRICHT. ICH HOFFE SEHR, DAS WIR UNS MORGEN DARÜBER UNTERHALTEN KÖNNEN.

MIT FREUNDLICHEN GRÜSSEN,

DIAN FOSSEY

Tags drauf wurde vom amerikanischen Militärattaché in Kigali mir zur Ehren ein Mittagessen gegeben. Kaum war ich eingetroffen, begrüßte mich eine außergewöhnlich große junge Frau in einem entzückenden lilafarbenen Leinenkleid (das, wie ich später erfuhr, aus dem Nobelgeschäft I. Magnin in San Francisco stammte) mit schmutzigen Tennisschuhen an den Füßen. Das dunkle Haar lag ihr in einem dicken geflochtenen Zopf über der Schulter, und sie sah mich mit ihren braunen Augen herausfordernd an. Dabei strahlte sie wenig Liebenswürdigkeit oder Charme aus, eher eiskalte Entschlossenheit.

Ich muß aber fairerweise sagen, daß ich mir bei unserem ersten Zusammentreffen nicht bewußt war, was sie gerade durchgemacht hatte, und daß sie erst drei Tage zuvor aus dem Kongo geflüchtet war. Sie trug noch die Tennisschuhe, mit denen man sie verhaftet und den Berg hinunter gezwungen hatte. Es waren ihre einzigen. Wie sie das hübsche Kleid hatte retten können, habe ich allerdings nie erfahren.

An höflicher Plauderei hatte Dian kein Interesse. Kaum saßen wir beim Essen, zog sie ein kleines, abgegriffenes Notizbuch hervor und kam sofort zur Sache: »Also, Mrs. Carr«, setzte sie so unvermittelt an, daß alle erstaunt aufblickten, »ich möchte Ihnen ein paar Fragen stellen.« Wir fanden ihr Verhalten reichlich eigenartig.

Das Verhör verlief wie folgt: »Frage eins ...«, »Frage zwei ...«, »Frage drei ...« und so weiter. Die erste Frage lautete, ob sie auf meinem Grund und Boden am Fuß des Karisimbi vorübergehend eine Forschungsstation einrichten dürfe. Dagegen gab es an sich nichts einzuwenden. Dann bombardierte sie mich mit Fragen über Vulkane und Gorillas.

»Auf der Bergseite, auf der ich wohne, gibt es keine Gorillas«, erklärte ich im Brustton der Überzeugung. »Seit Jahren stellen Besucher ihre Autos auf meiner Plantage ab und steigen auf den Karisimbi, ohne daß einer von ihnen jemals einen Gorilla zu Gesicht bekommen hat.«

»Ich weiß, daß es dort welche gibt«, entgegnete sie kategorisch.

Dian gehörte nicht zu den Menschen, die sich leicht aus dem Konzept bringen ließen, und ich fragte mich, worauf ich mich wohl eingelassen hatte. Einige Tage später traf sie mit einer Autoladung Ausrüstungsgegenständen und Vorräten ein und schlug am Fuße des Vulkans ein kleines Zelt auf. In den Wochen, in denen sie zwischen ihrem Zelt und meinem Haus hin- und herpendelte, lernte ich sie etwas besser kennen. Obwohl wir Distanz zueinander wahrten, achteten wir auf freundschaftlichen Umgang, und es gab Augenblicke, in denen ich eine gewisse Wärme spürte und einen Humor an ihr entdeckte, dem ich mich schwerlich zu entziehen vermochte. Nach einiger Zeit mußte sie einräumen, daß in diesem Teil Rwandas tatsächlich keine Gorillas lebten, dafür jedoch – und das war beileibe kein Geheimnis – auf den Vulkanen Visoke, Sabinyo und Muhavura und an den Nordhängen des Karisimbi. Dians Furchtlosigkeit und die Hingabe, mit der sie sich ihrer Arbeit widmete, erinnerte mich an meine Freundin Alyette de Munck. Vielleicht teilten diese zwei willensstarken, abenteuerlustigen Frauen, die beide einen traumatischen Verlust erlitten hatten, ähnliche Interessen und Ansichten.

Im August fuhr Dian nach Nairobi, um sich mit Dr. Leakey zu treffen und über die Fortsetzung ihrer Arbeit in Rwanda zu reden. Da ich wußte, daß Alyette etwa zur gleichen Zeit aus Paris zurückkehrte, schrieb ich Dian einen Brief, erklärte ihr die näheren Umstände und schlug ihr vor, sich mit Alyette in Verbindung zu setzen. Da Alyette gerade ihren Mann verloren hatte, tat es ihr vielleicht gut, diese etwas ungewöhnliche Frau kennenzulernen, die sich nicht davon abbringen ließ, die Gorillas in Rwanda zu studieren.

Dian holte Alyette vom Flughafen in Nairobi ab. Sie erzählte mir später, sie hätte auf Anhieb gewußt, daß es sich bei der kleinen Frau mit dem europäischen Aussehen und in Begleitung von drei gutaussehenden Männern um Alyette handelte. Dian eilte auf sie zu und begrüßte sie: »Mrs. de Munck, Mrs. Carr hat mir eine Menge von Ihnen erzählt und mir vorgeschlagen, Sie vom Flughafen abzuholen. Ich möchte mich gerne mit Ihnen unterhalten.« Alyette willigte ein und lud sie sogar noch ein, gemeinsam mit ihnen zu Abend zu essen. Sie hatte sofort eine gewisse Seelenverwandtschaft zwischen ihr und Dian gespürt und war fasziniert von der Leidenschaft, mit der Dian sich den Berggorillas verschrieben hatte. Damit war der Grundstein für eine über Jahre hinweg währende Freundschaft gelegt.

Als Dian aus Nairobi zurückkam, erzählte ich ihr von dem Mord an Alyettes Sohn und seinen Reisegefährten, mit denen sie noch vor kurzem in Nairobi zu Abend gegessen hatte. Umgehend fuhr sie nach Mudende, um Alyette aufzusuchen.

Am folgenden Morgen marschierte Dian zornentbrannt in

meinen Garten hinter dem Haus und schrie so laut, daß sich ihre Stimme überschlug: »Wir müssen herausfinden, wer das getan hat! Ich zahle Ihnen das Gehalt Ihres Hausboys, wenn er mich in den Kongo begleitet. Ich will wissen, wer das getan hat!«

Erschrocken sah ich sie an. »O nein! Das werden Sie nicht! Zur jetzigen Zeit fährt keiner meiner Angestellten in den Kongo! Das ist viel zu gefährlich. Außerdem würde Sie ohnehin niemand begleiten«, fügte ich hinzu.

»O doch, bestimmt!« beharrte sie. »Afrikaner tun für Geld alles. Sehen Sie selbst, für tausend Francs sind sie dazu bereit!«

»Versuchen Sie es!« entgegnete ich kurzangebunden. Ich spürte erneut, wie wenig ich diese Frau mochte.

Dian zog einen Tausend-Franc-Schein aus ihrer Geldbörse und wedelte damit herum. »Wer hat Lust, für das Geld in den Kongo zu gehen? Wer findet heraus, wer den Sohn von Mrs. de Munck umgebracht hat?« Da sie kein Swahili sprach, mußte ich ihren Wortschwall übersetzen. Die Hausboys und die Gärtner blickten erst sie an, dann mich, dann wieder sie. Keiner rührte sich.

Dian geriet vollkommen außer sich. Sie zog eine Handvoll Banknoten aus ihren Taschen und warf sie in die Luft. »Wer geht für das Geld in den Kongo? Wer?« Alle starrten nur sprachlos und erschrocken auf die verrückte Frau, die herumschrie und mit Geld um sich warf.

»Dian«, sagte ich mit wachsendem Unmut, »Sie dürfen gerne die Nacht hier verbringen, aber morgen möchte ich, daß Sie die Plantage verlassen.«

»In Ordnung«, sagte sie, »völlig in Ordnung!«

Am nächsten Morgen packte sie tatsächlich ihre Sachen, und ich war erleichtert, als sie fortging. Alyette hingegen blieb jahrelang eine enge Freundin von Dian. Sie begleitete sie auf die Exkursionen zu den Vulkanen auf der Suche nach Gorillas und unterstützte sie entscheidend bei der Durchführung ihres Projekts. Da Dian damals noch kein Swahili beherrschte, dolmetschte Alyette für sie und unterrichtete sie in der Sprache. Außerdem half sie ihr bei der Errichtung der Forschungsstation Karisoke im Virungagebiet. Der Name leitet sich aus den Namen der beiden Vulkane Karisimbi und Visoke her, denn die Station liegt auf dem Sattel, der die beiden Berge miteinander verbindet.

Im Laufe der Zeit überwand ich meine Abneigung gegenüber Dian, und wir wurden sogar Freundinnen. Ich erinnere mich nicht mehr, wie es geschah, aber es dauerte nicht lange, und ich hatte ihr schlechtes Benehmen während der ersten Monate ihres Aufenthalts vergessen. Ich begriff, daß die Erlebnisse im Kongo tiefe Wunden in ihr hinterlassen und zu ihrer schlechten Meinung über die Afrikaner insgesamt beigetragen hatten. Der brutale Mord an den drei jungen Männern tat ein übriges, und ihr erster Impuls war es, diese Ungerechtigkeiten zu rächen. Dians Lebenserfahrungen unterschieden sich von meinen erheblich. Obwohl sie zwanzig Jahre jünger war als ich, hegte ich nie mütterliche Gefühle für sie. Dafür war Dian viel zu selbstbewußt und bereit, es mit der ganzen Welt aufzunehmen.

Schließlich empfand ich tatsächlich tiefe Zuneigung und Bewunderung für sie, wenngleich unsere Freundschaft nie einfach war. Dian trat oft äußerst kategorisch auf. Meine Fellteppiche und Felldecken, aber auch alles in meinem Haus aus Elfenbein lehnte sie strikt ab. Und als sie von meiner Ehe mit dem berühmten Afrikajäger Kenneth Carr hörte – dem Mann, der auf der Expedition von Prinz Wilhelm im Jahr 1921 für den Mord an vierzehn Berggorillas verantwortlich gewesen war –, erklärte sie mir klipp und klar, daß eine Freundschaft zwischen uns unmöglich sei. Allerdings bekam ich mildernde Umstände, weil ich mich von Kenneth hatte scheiden lassen, was ein überaus kluger Schritt gewesen sei, und widerstrebend konnte sie doch eine Freundschaft zwischen uns zulassen. Allerdings nur unter der Bedingung, daß Kenneths Name in ihrer Gegenwart nie mehr fallen würde. Ich bemühte mich, diese Bedingung einzuhalten.

Im Januar 1968 besuchte ich Dian zum ersten Mal in Karisoke. Heute führt eine mit Felsbrocken übersäte Straße bis zum Fuß des Visoke, damals hingegen mußte man einen mehrstündigen

Marsch durch die *shambas* der Hutu-Bauern zurücklegen, um den Fuß des Vulkans zu erreichen. Als ich mit meinem Träger durch die Felder ging, tauchten aus allen Richtungen Kinder auf und schlossen sich uns in einer fröhlichen Prozession an. Die ersten fünfhundert Meter des Aufstiegs zu dem Vulkan waren recht steil und schwierig, doch danach war die Wanderung für mich ein Kinderspiel, und ich traf nach etwas mehr als drei Stunden im Lager ein.

Karisoke liegt auf einem Hochplateau inmitten von dichten Bambuswäldern, die von einzelnen Kossobäumen überragt werden. Seitlich stürzt ein Gebirgsbach in eine tiefe steinige Schlucht. Damals bestand das Lager aus drei Zelten: einem großen mit Dians Büro und ihrem Privatbereich, einem kleineren, das als Vorratslager diente, und einem ganz kleinen Gästezelt mit einer zusammenklappbaren Pritsche und einem Tisch. Die Toilette war nur ein Loch im Erdboden, das mit Jutesäcken abgetrennt war. Die allerdings hingen in Fetzen – Ergebnis eines Elefantenangriffs einige Nächte zuvor.

Ich war Biriko, meinem Koch, überaus dankbar für das gegrillte Hähnchen und den Korb mit Gemüse und Früchten, die er mir für meinen Ausflug eingepackt hatte, denn Dian hatte nichts dergleichen parat. Zu meinem Entsetzen hörte ich, daß sie sich hauptsächlich von Dosennahrung ernährte. Sie verabscheute Gemüse und gab vor, auf Früchte allergisch zu reagieren. Die Mahlzeiten nahmen wir an einem Holztisch ein, der am Rand der Schlucht aufgestellt war, und abends entzündeten wir ein Feuer, das uns zwar in Rauch einhüllte, aber so gut wie keine Wärme spendete. Unser erstes Abendessen bestand aus Pilzsuppe aus der Dose, kaltem Hähnchen und Reis. Wir saßen vor dem flackernden Feuer, lachten und plauderten, während uns der beißende Rauch die Tränen in die Augen trieb. Durch den Rauch und die Tränen hindurch beobachteten wir aufmerksam das gegenüberliegende Ufer des Flüßchens, wo sich – laut Dian – die Elefanten nach Einbruch der Dunkelheit einfanden, um zu trinken. Die Luft war bitterkalt, und ich fragte sie, ob sie sich des Nachts ausziehe.

»Sie wollen mich wohl auf den Arm nehmen, was?« antwortete sie lachend. »Natürlich nicht. Ich muß mindestens drei-, vier Mal nachts aufstehen und Büffel und Elefanten verjagen!«

In jener Nacht kam ein Elefant so nah an mein Zelt, daß ich seinen Magen knurren hörte. Ich befürchtete schon, daß er über die Befestigungsseile stolpern und mich unter der Plane begraben oder vielleicht sogar auf mich treten und mich wie eine Fliege zerquetschten würde. Noch nie war mir so angst und bange – und zudem kalt – gewesen wie in jener Nacht. Während ich nicht wagte, mich zu bewegen oder einen Laut von mir zu geben, hörte ich Dian munter in ihrem Zelt Schreibmaschine schreiben, ohne daß sie die leiseste Ahnung hatte, welche Höllenqualen ich durchlitt.

Mein erster Besuch in Karisoke dauerte vier Tage, aber leider bekamen wir keine Gorillas zu Gesicht. Jeden Tag marschierten wir von neun Uhr morgens bis drei Uhr nachmittags durch Bambusdickicht und Brennesselbüsche und folgten ziellos einer mehr als dürftigen Spur. Die Spurenleser jener Tagen waren nicht sonderlich geschickt, Gorillahorden auszumachen. Wir hörten die Tiere in der Ferne, und gelegentlich erspähte Dian ein oder zwei Gorillas durch ihr Fernglas, aber damit hatte es sich auch schon. Sie tröstete sich damit, daß wir zumindest frische, nach Kot stinkende Schlafnester aufspürten und untersuchen konnten.

Körper und Seele labten wir auf unseren langen Märschen mit Tee aus der Thermoskanne und Keksen. Zurückgekehrt zu den Zelten zog sich jeder von uns mit einer weiteren Thermoskanne Tee und einem Topf mit in Margarine geschwenktem Popcorn in sein Zelt zurück. Nachdem wir das Hühnchen verspeist hatten, aßen wir zum Abendessen Schinken aus der Dose mit Kartoffelchips. Vier Tage lang hatte ich Bauchschmerzen.

Bis ich Karisoke erneut einen Besuch abstattete, vergingen mehrere Jahre, aber ich traf Dian immer wieder, wenn sie nach Gisenyi kam und ihre Vorräte aufstockte. Außerdem suchte sie jedes Mal, wenn sie krank war – und das kam oft vor –, Zuflucht in

Mugongo, um sich zu erholen und einmal so richtig verwöhnen zu lassen.

Noch im Jahr 1968 wurde unter Alyettes Leitung und auf ihre Kosten in Karisoke die erste Hütte errichtet. Sie bestand aus Wellblech und war dunkelgrün gestrichen, damit sie sich nicht von der Vegetation abhob. Erleichtert zog Dian aus ihrem Zelt in das große, solide Haus um. In ihren Studien der Gorillas erzielte sie beachtliche Fortschritte. Bereits nach kurzer Zeit hatte sie einundfünfzig Gorillas ausgemacht, die in Familienverbänden lebten. Sie gab den Familien Nummern: »Vier«, »Fünf« und »Acht«. Nach instinktiver Angst vor Dian gewann bei den Tieren die Neugier Oberhand, und sie duldeten sie und gewährten ihr nach und nach Zutritt in ihre geschlossene Welt.

In den darauffolgenden Jahren besuchte ich Karisoke noch viele Male, und oft konnte ich zu meiner Freude Gorillas in ihrer ursprünglichen Lebensweise beobachten. Einmal, 1977, mußten wir vier Stunden lang laufen, ehe wir endlich eine Gruppe aufspürten. Ich war vor Erschöpfung kurz vor dem Zusammenbruch, doch dann erblickten wir auf einer kleinen Lichtung inmitten des Bambusdickichts überraschend mindestens zwanzig Gorillas. Einige hatten es sich bequem gemacht und ruhten sich aus oder kümmerten sich um den Nachwuchs, während andere sich hingebungsvoll gegenseitig säuberten. Die jugendlichen Gorillas kletterten auf die Bäume, schwangen sich von Ast zu Ast, sprangen umher und vollbrachten akrobatische Kunststückchen – ähnlich den Menschenkindern. Als ich lautlos auf dem feuchten Waldboden etwas näher auf sie zu kroch, sah ich zu meinem Erstaunen, wie ein massiger Schwarzrücken auf Dian zuging und sich neben sie setzte. Er blickte sich um (um sich zu vergewissern, daß ich auch zusah), dann lehnte er sich an sie, als wollte er sagen: »Schön, daß du da bist!« Plötzlich schwang sich einer der jugendlichen Gorillas, den Dian Pablo getauft hatte, vom Baum und sprang mir geradewegs in die Arme. Als ich merkte, wie freundlich und verspielt er war, verwandelte sich meine anfängliche Furcht unversehens in Erstaunen und Entzücken. Er gebärdete sich wie ein neugieriges Kind, untersuchte eingehend meine Haare, mein Gesicht, meine Kleidung und stöberte in meinem Rucksack. Nachdem er mich gründlich unter die Lupe genommen hatte, nahm ihn ein Gorillaweibchen an die Hand und führte ihn weg, als wollte sie ihn für sein vorwitziges Verhalten schelten. Diese Begegnung war einer der denkwürdigsten Augenblicke meines Lebens, und ich werde es Dian nie vergessen, daß sie ihn mir ermöglicht hat.

Im Frühling 1969 kam Bob Campbell, ein Fotograf für *National Geographic*, aus Kenia nach Karisoke, um einen Dokumentarfilm über Dians Arbeit zu drehen. Bob blieb fast drei Jahre lang bei ihr in Karisoke. Zwischen den beiden entwickelte sich eine Liebesbeziehung, und es war sicherlich die glücklichste Zeit ihres Lebens. Zum einen wurde ihre Arbeit in jenen Jahren weltweit anerkannt, zum anderen war sie auf ihrem Berg nicht mehr allein. Es geschah in diesen Jahren, daß der mächtige Schwarzrücken namens Peanut die Hand ausstreckte und Dians Hand nahm. Bobs Fotos, die diese Berührung mitsamt Dians Freudentränen festhielten, lenkte das Augenmerk der Öffentlichkeit auf Dian und ihre Anstrengungen, die bedrohten Berggorillas zu schützen.

Jahre später kam es zwischen Dian und Alyette zum Zerwürfnis. Den wahren Grund dafür kenne ich nicht, doch ich glaube, es entzündete sich daran, daß Alyette noch lange nachdem die Beziehung zwischen Dian und Bob zu Ende war, Bob immer wieder in Nairobi besuchte. Vielleicht war Dian der Auffassung, daß Alyette nicht mit ihr und Bob zugleich befreundet sein könne. In dieser Hinsicht war sie schwierig und wurde sich selbst zum ärgsten Feind. Die zwei Frauen haben sich nie wieder versöhnt.

24 Das Palm Beach Hotel

IM HERBST 1967 schloß der kongolesische Präsident Mobutu nach einer Auseinandersetzung mit dem rwandischen Präsidenten Kayibanda die Grenze zum Kongo. Der Zwist war an der Frage entbrannt, was mit den europäischen Söldnern geschehen sollte, die in den Versuch, die Regierung Mobutu zu stürzen, verwickelt gewesen waren. In Bukavu hatten sich die Soldaten und die kongolesischen Rebellen aus der Südprovinz Katanga ergeben, und mit ihnen die Ehefrauen und Angehörigen, die die Soldaten aus Katanga in den Kampf begleitet hatten.

Unter der Schirmherrschaft des Internationalen Roten Kreuzes trafen Mobutu und Kayibanda eine Vereinbarung. Sie enthielt zwei Zusicherungen: Zum einen mußte Mobutu die Gewähr für die sichere Rückkehr der Söldner nach Rwanda übernehmen, von wo aus sie nach Europa gebracht werden sollten. Zum anderen sollten die Soldaten aus Katanga und ihre Familien begnadigt werden und die Garantie erhalten, daß sie in ihre Heimat zurückkehren durften. Mobutu hielt sich jedoch an keine der beiden Zusagen. Was mit den Katanga-Soldaten und ihren Familien geschah, wurde nie bekannt.

Die Söldner jedoch durften zunächst nach Rwanda einreisen. Kurz darauf änderte Mobutu allerdings seine Meinung und verlangte ihre Auslieferung an den Kongo. Das aber lehnte Kayibanda ab. Er hatte schließlich sein Wort dafür gegeben, daß sie durch Rwanda nach Europa ausreisen konnten. Der Streit entwickelte sich zu einem bedrohlichen Konflikt. Kayibanda mußte feststellen, daß die Nachbarländer gegen ihn Front bezogen und es den belgischen Flugzeugen verweigerten, den Rücktransport der belgischen Söldner durch ihren Luftraum vorzunehmen oder auf ihren Flughäfen aufzutanken. Die Soldaten hielten sich mehrere Wochen lang versteckt, bis eine afrikanische Regierung letztlich beschloß »wegzuschauen« und den Flugzeugen gestattete, über ihr Land zu fliegen und die Tanks innerhalb der Landesgrenzen aufzufüllen. Zu unserer Erleichterung konnten die Männer unbeschadet aus Rwanda ausreisen.

Einige Soldaten indes blieben verwundet zurück und wurden im französischen Krankenhaus von Ruhengeri gepflegt. Darunter war auch ein gutaussehender junger Mann aus einer namhaften belgischen Familie, der nach einem abgeschlossenen Hochschulstudium aus Lust am Abenteuer in den Kongo aufgebrochen war. Er wurde von einer Kugel im Genick getroffen und war vom Hals abwärts gelähmt. Dian und Alyette zeigten großes Mitgefühl mit dem Burschen, nahmen sich seiner an und besuchten ihn häufig im Krankenhaus. Trotz ihrer brüsken Art besaß Dian auch eine zarte, liebevolle Seite. Ehe sie nach Afrika gekommen war, hatte sie lange Jahre in Louisville, Kentucky, als Beschäftigungstherapeutin für behinderte Kinder gearbeitet. Nun leistete sie Therapie an dem jungen Mann und übte mit ihm, Finger und Hände zu bewegen. Zu ihrem großen Kummer war sein Zustand sehr ernst und ihre Behandlung nur mäßig erfolgreich.

Die Schließung der Grenze zwischen Rwanda und dem Kongo, die vom Herbst 1967 bis zum März 1970 andauerte, bedeutete für mich eine finanzielle Katastrophe. Da mir nun der Zugang zur Extraktionsanlage in Goma verwehrt war, ließ sich das Pyrethrum nicht mehr vermarkten. Ich wußte nicht, wie ich die Plantage weiterführen und überleben sollte. Die Pyrethrum-Pflanzen brauchten rund ums Jahr sorgsame Pflege, sie mußten gepflückt und sortiert werden. Wenn ich meine Arbeiter entließ, lief ich Gefahr, meine wertvollen Pflanzen einzubüßen. Doch ohne die Extraktionsanlage konnte ich die Pflanzen nicht verkaufen und ohne Einnahmen die Plantage nicht halten. Ich war verzweifelt. Schließlich nahm ich 1969 eine Stelle als Geschäftsführerin eines kleinen Hotels in Gisenyi an, das den Namen Palm Beach Hotel trug.

Das Palm Beach lag unmittelbar am See und verfügte über elf Gästezimmer, einen Speisesaal und eine Bar. Es war bei weitem nicht so prunkvoll, wie der Name vermuten läßt, aber es entbehrte nicht eines gewissen Charmes. Das Hotel gehörte einem Belgier. Monsieur van der Steen hatte es an einen Schweizer namens Martin Sollaire verpachtet, der mich einstellte und der auch mein Vorgesetzter war.

Ich wußte so gut wie nichts darüber, wie man ein Hotel führt, aber ich ließ mich mit größtmöglichem Eifer auf die Herausforderung ein, entwarf Ideen, um weitere Gäste anzulocken und Stammgäste an das Hotel zu binden. Da wir nur elf Gästezimmer hatten, konzentrierte ich mich auf die Neugestaltung des Speisesaals und der Bar. Ich bot Bridge-Abende an und lud zum Nachmittagstee mit Buttergebäck und Keksen. Beides fand großen Anklang. Einer europäischen Familie, die aus Gisenyi wegzog, kaufte ich den außergewöhnlichsten Vogelkäfig ab, den man sich vorstellen kann. Er maß zwei Meter vierzig und war mit kleinen Bäumen und Vogelhäuschen ausgestattet, in denen sich bereits elf Wellensittiche in allen Regenbogenfarben tummelten. Als Blickfang und zur Freude der Erwachsenen und Kinder stellte ich den Käfig zwischen Bar und Lounge auf.

Monsieur Sollaire sprach sich vehement gegen den Käfig aus. Er meinte, die empfindlichen Vögel würden von dem Zigarettenrauch eingehen und des Nachts wegen des Lärms und der lauten Tanzmusik nicht zur Ruhe kommen. Doch es zeigte sich, daß sich die Tierchen überaus glücklich fühlten. Sie bekamen sogar Nachwuchs – sieben an der Zahl –, hüpften zu der Musik und ertrugen den Zigarettenqualm weit besser als ich.

Da der Speisesaal ziemlich geräumig war, nahm er einen erheblichen Teil meiner Arbeitszeit in Anspruch. Bernard, der Küchenchef, war äußerst unbeliebt, und man hatte ihn vor meinem Arbeitsantritt wegen Trunkenheit gefeuert. Da ich ihn kannte und um seine ausgezeichneten Kochkünste wußte, stellte ich ihn gleich wieder ein. Einen Monat lang verhielt Bernard sich wie ein Engel. Er kam am Morgen, bereitete das Mittagessen vor und blieb bis zwei Uhr nachmittags. Dann hatte er frei. Um fünf mußte er wieder da sein und mit den Vorbereitungen für das Abendessen beginnen. Die ersten Wochen war Bernard pünktlich um fünf zur Stelle, doch dann rutschte er langsam wieder in die gewohnten Bahnen ab.

Als Assistent stellte ich ihm Biriko, meinen Koch aus Mugongo, zur Seite. Biriko war ein freundlicher, bescheidener Zeitgenosse, der mit jedermann auskam und rasch von Bernard lernte. Schon bald fand Bernard heraus, daß es nichts ausmachte, wenn er nicht pünktlich zur Stelle war, da Biriko die Vorbereitungen für das Abendessen problemlos allein meisterte. Hin und wieder hielt ich Bernard einen Vortrag über Pünktlichkeit, denn ich war nach wie vor der festen Überzeugung, seine Anwesenheit in der Küche sei unverzichtbar. Zwar verstand es Biriko, ein paar Spezialitäten zuzubereiten, aber Bernard war nun einmal ein ausgebildeter französischer Koch.

Als Zimmerjungen und Faktotum engagierte ich einen freundlichen, munteren jungen Mann, der schon für Kenneth gearbeitet hatte. Wir nannten ihn »Good Man Friday«, obwohl er eigentlich Micheli hieß. Micheli putzte die Zimmer, fuhr Babys in Buggys spazieren und erledigte alle kleineren Arbeiten, die in einem Hotel anfallen. Außerdem war er für den Weckdienst zuständig, wozu ich ihm einen großen Wecker mit einer scheppernden Glocke schenkte. Sie erinnerte mich an die Exemplare, die man in Zeichentrickfilmen sieht. Micheli war davon überzeugt, daß der Erfolg oder Mißerfolg eines Hotels letztendlich von diesem Wecker abhing. Zu unseren Gästen zählten viele Piloten, die in aller Frühe aufstehen und vor ihrer Abreise noch frühstücken wollten. Micheli achtete verläßlich darauf, daß keiner zu spät geweckt wurde. Da er den Job unter der Bedingung angenommen hatte, im Hotel schlafen zu dürfen, richtete ich ihm ein Zimmer im hinteren Bereich des Hauses her.

Eines Morgens rief Micheli mich in die Herrentoilette und bat mich, den Rand des Wassertanks über der Toilette abzutasten. Ich streckte die Hand aus und berührte zu meiner Überraschung vier tiefgefrorene Hühnchen. Micheli gestand mir, daß Bernard diesen Platz oft dazu benutzte, Lebensmittel aus dem Gefrierschrank zu verstecken, die er dann mit nach Hause nahm. Wir legten die Hühner zurück ins Eis, und als Bernard an jenem Tag zur Arbeit antrat, sagte ich zu ihm: »Bernard, ich habe vier gefrorene Hühnchen in der Herrentoilette gefunden. Meines Wissens nach sind Sie der einzige, der Zugang zum Gefrierschrank hat.« Der Schrank war stets abgeschlossen, und nur Bernard und ich besaßen die Schlüssel. »Ich habe zu viel zu tun, um mich jetzt länger mit Ihnen darüber zu unterhalten, aber Sie sollen wissen, daß ich darüber äußerst verärgert bin!« Bernard gab keine Antwort, sondern machte nur eine verdrossene Miene.

Nicht lange, und Bernard wußte, wer das Geheimnis gelüftet hatte. Einige Tage später – das Abendessen war in vollem Gang, und jeder Tisch war besetzt – flog plötzlich die Küchentür auf, und Micheli stürmte durch den Speisesaal. Ihm folgte Bernard, der unter lautem Gebrüll eine Machete schwang. »Es ist mir egal, wenn ich ins Gefängnis komme! Ich bringe ihn um!«

Was dann geschah, mutete wie ein choreographisches Meisterwerk an, denn alle Köpfe wandten sich gleichzeitig um, die Gäste erstarrten, Gabeln schwebten in der Luft. Micheli verschwand in der Nacht und tauchte erst nach drei Tagen wieder auf. Unterdessen hatte ich Bernard bereits entlassen. Von diesem Tag an übernahm Biriko die Küche, und alles lief reibungslos. Biriko entwickelte sich zu einem ausgesprochen versierten Koch und brachte es sogar bis zum Küchenchef des Hôtel Meridien in Gisenyi und der Residenz des amerikanischen Botschafters in Kigali.

In jenen Tagen besuchte mich meine Tante Margaret, die erste Familienangehörige, die zu mir nach Afrika kam. Sie wollte sechs Monate bleiben. Ich war überglücklich, zugleich jedoch auch ein wenig bekümmert, daß ihr langersehnter Besuch gerade in eine Zeit fiel, in der ich mit so vielen Schwierigkeiten zu kämpfen hatte. Tante Margaret und ich teilten uns ein Zimmer im Palm Beach, und sie paßte sich den Gepflogenheiten eines afrikanischen Hotels so gut an, als wäre sie dort hineingeboren. Sie versorgte die Wellensittiche, verteilte Magnesiumtabletten zu Hunderten und wickelte sämtliche Touristen um den kleinen Finger. Man nannte sie nur »Madame Tante«. Sonntags boten wir den Gästen ein opulentes Frühstücksbüffet, zu dem auch eine große Schale Fruchtkompott gehörte. Da Madame Tante sie stets großzügig mit Pfirsich-Brandy beträufelte, erfreute sich die Speise enormer Beliebtheit!

Dian kam häufig als Gast in das Palm Beach Hotel. Sie freundete sich mit Tante Margaret an und verehrte sie sehr. Die beiden standen bis zu Dians Tod miteinander in Briefwechsel. Eines Nachmittags tauchte Dian mit einem großen Karton auf. Ehe ich noch fragen konnte, was sie da bei sich trug, sprang der Deckel auf, und heraus hüpfte ein kleiner langhaariger goldfarbener Affe, kaum älter als zwei Jahre. Das Affenmädchen war an der Straße zum Verkauf angeboten worden, und Dian hatte sich gezwungen gesehen, es mitzunehmen, um es vor einem schrecklichen Schicksal zu bewahren.

»O nein, Dian, es tut mir leid, aber Sie können das Äffchen nicht mit aufs Zimmer nehmen«, sagte ich bedauernd.

»Ach, tun Sie einfach so, als hätten Sie nichts gesehen«, flüsterte sie mir verschmitzt zu und huschte mit dem zappelnden Tier im Arm in ihr Zimmer. Gegen besseres Wissen ließ ich mich auf Dians Bitte ein und tat so, als wüßte ich von nichts, fürchtete mich aber bereits vor dem Anblick, der sich mir nach ihrer Abreise bieten würde.

Sie hatte Kima im Badezimmer untergebracht, und die Verwüstung, die das Tier anrichtete, übertraf selbst meine kühnsten Erwartungen. An der Decke klebten Bananenschalen, der Fußboden war mit zerkleinerten Süßkartoffeln übersät und überall lagen Glasscherben. Dian hatte aus Badetüchern für Kima ein Bett gebaut, und pappige Exkremente bedeckten nahezu jede Oberfläche. Sie hatte sich nicht die geringste Mühe gemacht, hinter dem Affenmädchen aufzuräumen. Ich war fuchsteufelswild – über den Affen, über Dian und vor allem über mich selbst, weil ich nicht klüger gewesen war. Kima war jahrelang einer von Dians Lieblingen auf Karisoke, wurde aber von nur wenigen anderen geliebt.

Während Dian Menschen oft schlecht behandelte, ließ sie die Mißhandlung von Tieren nicht zu. Sie griff zu den außergewöhnlichsten Mitteln, um ein Tier zu retten, wenn sie meinte, jemand würde es quälen oder »unmenschlich« behandeln. Als sie eines Morgens in ihrem Volkswagen Kombi die Avenue des Palmes entlangfuhr, sah sie einen Rwander mit einem bis auf die Knochen abgemagerten Hund an der Leine. Dian hielt an und erklärte dem Mann, sie wolle ihm den Hund abkaufen. Der Mann erklärte ihr jedoch, der Hund stünde nicht zum Verkauf.

»O doch, ich zahle Ihnen fünfhundert Francs«, antwortete sie.

»Nein«, entgegnete der Mann entschieden. »Ich verkaufe den Hund nicht.«

Dian akzeptierte keine abschlägige Antwort. Sie packte den Hund und verfrachtete ihn in ihr Auto. Nachdem sie dem überraschten Mann fünfhundert Francs in die Hemdtasche geschoben hatte, setzte sie sich hinters Steuer und fuhr davon. Der Mann drehte sich um, rannte zu seinem Arbeitgeber und erzählte, eine große Frau hätte ihm den Hund gestohlen. Der Mann war auf dem Weg zum Tierarzt gewesen, weil der Hund Würmer hatte und die zweite einer ganzen Reihe von Behandlungen bekommen sollte.

Die Leitung des Palm Beach Hotel war eine anstrengende Tätigkeit. Ich stand um fünf Uhr dreißig auf und legte mich erst lange nach Mitternacht schlafen. Unablässig war ich auf den Beinen – Treppen hoch, Treppen runter, Gäste bedienen, die Gästezimmer in Ordnung bringen. Das Haus war schrecklich heruntergekommen, und nichts funktionierte so, wie es sollte. Das Dach über dem Speisesaal war undicht, und jede Toilette in den Gästezimmern zeigte ein anderes Gebrechen. Wenn ich einen Gast in sein Zimmer führte, deutete ich stets auf die Toilette und sagte: »Tja, hier gibt es leider ein kleines Problem …« Dann erklärte ich, daß man bei dieser die Kette ein bißchen schütteln, bei jener die Spülung über einen kleinen Metallgriff per Hand auslösen, und bei der dritten einen anderen kleinen Trick anwenden mußte. Die Liste ließ sich beliebig fortsetzen. In den fünf Monaten nahm ich vierzehn Pfund ab, bekam überhaupt keinen Schlaf mehr und wurde schließlich ziemlich krank.

Nach langem Hin und Her ging ich zu meinem Arzt, der mir einen dreimonatigen Urlaub verschrieb. Monsieur Sollaire weigerte sich jedoch, mich aus dem Vertrag zu entlassen. Da griff das Schicksal helfend ein: Monsieur van der Steen kam unerwartet zu Besuch und erklärte, er würde mich vertreten. Binnen einer Woche quittierte ich den Dienst.

Da mein Gehalt vom Palm Beach Hotel meine Ausgaben mit knapper Not deckte, konnte ich die Plantage weiterführen. Als wenige Monate später die Grenze zum Kongo geöffnet wurde, brachte ich über vierzig Tonnen Pyrethrum zur Extraktion nach Goma und lieferte wieder Schnittblumen an Kunden in Goma und Gisenyi.

Zu dem Zeitpunkt hatte ich meine Schulden bei Gino Imeri abbezahlt, und Mugongo gehörte nun mir ganz allein. Dieses Stück Land, um das ich so heftig gekämpft hatte, bedeutet mir weit mehr als nur ein Heim und Symbol für meine Unabhängigkeit. Wie jeder Landwirt oder Fabrikherr weiß, ist mit Besitz eine große Verantwortung verbunden. Hunderte von Menschen haben im Laufe der Jahre darauf gebaut, daß sie durch mich ihre Familien ernähren können. Und so fühlte ich mich nicht nur durch die Liebe zu dem Land mit Mugongo aufs engste verbunden, sondern auch durch diese Verantwortung.

Wir kämpfen uns weiter durch Dürren, Schlammlawinen und Hagelstürme. Wir setzen neue Saat, wenn die Pflanzen krank sind oder Elefanten die Felder zertrampeln. Wir stehen politische Umwälzungen und Grenzschließungen durch und verzagen nicht, wenn der Pyrethrum-Preis in den Keller stürzt. Ich war in meinem Leben oft genug dem Bankrott nahe, doch bisher habe ich immer einen Ausweg gefunden.

25 Dian – die späten Jahre

DIAN FOSSEY war eine meiner engsten Freundinnen, aber sicherlich auch die vielschichtigste und rätselhafteste Person, der ich je begegnet bin. Obwohl ich sie sehr gern hatte und aufrichtig bewunderte, fand ich sie des öfteren ziemlich anstrengend. Zeigte sie sich herzlich und fröhlich, konnte sie doch im nächsten Augenblick barsch und verletzend sein. Ihren Freunden gegenüber verhielt sie sich loyal und großzügig, war liebevoll zu Kindern und immer besorgt um das Wohl der Tiere – es sei denn, es handelte sich um Kühe. Mit Menschen, die sie einmal enttäuscht hatten – und das waren nicht wenige, ich eingeschlossen –, kannte sie keine Nachsicht.

Das Leben auf dem Berg war hart. Die ungeheuren Schwierigkeiten und Entbehrungen ließen sich nur durch außergewöhnliches Durchhaltevermögen und leidenschaftliches Engagement meistern. Man war zwar von betörend schönen Bergen umgeben, aber es war kalt, naß und einsam. Und gefährlich. Karisoke lag vollkommen abgelegen, und im Wald hausten wilde Tiere, ganz zu schweigen von den Wilderern, die allesamt in Dian eine Feindin sahen. Dian zog sich zahllose Verletzungen zu und mißachtete zum Schrecken derer, die sie liebten, alle Anzeichen beginnender Krankheit. Sie litt an chronischem Asthma und einem Lungenemphysem, das sich durch die Höhenlage und Dians starken Zigarettenkonsum noch verschlimmerte. Im Laufe der Jahre brach sie sich zahlreiche Knochen, erlitt Rippenbrüche, einen Lungenriß und wurde von allen möglichen Tieren gebissen.

Einmal stürzte Dian bei der Flucht vor einem Büffel in einen Entwässerungsgraben und brach sich das Wadenbein. Sie richtete den Bruch selbst ein, schiente ihn mit einem Holzkeil, den sie mit Heftpflaster fixierte, und lief, auf einen einfachen Stock gestützt, wochenlang damit herum. Sie meinte, sie hätte viel zu viel zu tun, als daß sie die Verletzung sachgerecht versorgen lassen könne. Später wurde das Bein in Deutschland erneut gebrochen und fachkundig behandelt.

An einem Nachmittag im November 1969 statteten mir Dian und Bob Campbell auf dem Rückweg von Gisenyi nach Karisoke einen Besuch ab. Dian humpelte stark und trug einen großen Verband am Bein. Als ich sie fragte, was passiert sei, antwortete sie beiläufig, sie sei nur von einem Hund gebissen worden, der höchstwahrscheinlich Tollwut hätte.

»Dian, um Himmelswillen!« rief ich. »Wann war das?«

»Vor zwei Wochen«, antwortete sie ruhig.

Als ich darauf bestand, daß sie sich auf der Stelle im Krankenhaus in Ruhengeri impfen ließ, entgegnete sie nur: »Dazu habe ich keine Zeit.«

Zu meiner Verärgerung schien Bob Campbell auch der Ansicht zu sein, daß es keinen Grund zur Beunruhigung gäbe. Als ich ihn fragte, ob auch er meine, der Hund hätte die Tollwut gehabt, antwortete er: »Ich hatte zumindest einige Probleme, Dians Bein aus seinem Fang zu befreien.« Da dies ein sicheres Indiz für Tollwut ist, empörte mich die Leichtfertigkeit der beiden sehr.

Noch am gleichen Tag berichtete ich Alyette von dem Hundebiß, und sie machte sich sofort auf den Weg nach Karisoke, um Dian zu überreden, ein Krankenhaus aufzusuchen. »Weißt du eigentlich, was es bedeutet, an Tollwut zu sterben?« fragte sie die Freundin. »Es ist der schlimmste Tod, den man sich vorstellen kann! Dir steht Schaum vor dem Mund und du beißt andere Menschen. Du wirst verrückt und hast höllische Schmerzen!« Aber selbst Alyette stieß bei Dian auf taube Ohren.

Am nächsten Tag bekam sie hohes Fieber und mußte auf einer Sänfte zu Tal und ins Krankenhaus nach Ruhengeri gebracht werden. Vier Tage später besuchte ich sie dort. Sie lag mit fieberroten Wangen auf dem Bett und hatte Jeans und ein Jeanshemd an. Als ich kam, setzte sie sich auf und sagte: »Gut, daß du hier bist. Du nimmst mich jetzt mit zu dir nach Hause!« Der Arzt meinte, nicht recht zu hören und weigerte sich, Dian zu entlassen. Sie hatte zwar Antibiotika und eine Tetanusspritze bekommen, aber mit der schmerzhaften Tollwutimpfung, bei der zwei Wochen lang täglich Injektionen rund um den Nabel gesetzt werden, war gerade erst begonnen worden.

»Natürlich kann ich fortgehen!« antwortete sie bestimmt. »Ich bin doch nicht im Gefängnis.«

Es kam zum Streit zwischen uns, aber Dian konnte unglaublich störrisch sein und setzte meistens ihren Kopf durch. Mir war klar, daß sie sich selbst unglücklich machen und dem ganzen Krankenhaus auf die Nerven gehen würde, wenn ich mich ihrem Wunsch nicht beugte. Der Arzt war auf uns beide wütend und drohte, die amerikanische Botschaft zu verständigen und Dian ausweisen zu lassen. Schließlich gab er nach und meinte, falls ich tatsächlich so verrückt sei, Dian zu mir nach Hause mitzunehmen, dann solle ich es tun. Ich mußte ihm aber versprechen, daß sie keine der noch ausstehenden elf Impfungen versäumte, die nur von einem Arzt und nicht von einer Krankenschwester vorgenommen werden durften. Um uns deutlich zu machen, wie ernst er es meinte, fügte er hinzu, es bestünde nach wie vor ein Risiko von fünfzig Prozent, daß Dian Tollwut bekäme, da sie sich erst so spät hatte impfen lassen.

Die folgenden elf Tage chauffierte Sembagare Dian täglich nach Gisenyi, damit sie den Impfplan einhalten konnte. Sie war eine ziemlich strapaziöse Patientin und die anstrengende, knapp achtunddreißig Kilometer lange holprige Fahrt in die Stadt und wieder zurück trug wenig dazu bei, daß sich ihre Stimmung besserte. Sie verhielt sich gegenüber allen, die ihr Gutes wollten, streitsüchtig und rechthaberisch.

Eines Morgens, als ich das Gästezimmer betrat, saß sie im Bett und las das *Merck Handbuch*, die medizinische Bibel für alle Europäer in Afrika, die Aufschluß über Diagnose und Behandlung verschiedenster Krankheiten suchten. Dian blickte hoch und meinte: »Jetzt weiß ich, daß ich Tollwut habe. Ich zeige alle Symptome: Niedergeschlagenheit, großen Durst, Reizbarkeit. Ich bin äußerst reizbar!« Da mußte ich ihr recht geben. Von dem Hundebiß erholte Dian sich schließlich, aber ihre Reizbarkeit ließ sich nie vollends kurieren.

Meine Hausangestellten wiederholten stets von neuem: »Madame, Mademoiselle ist keine gute Freundin! Sie kommt immer nur zu Ihnen, wenn sie krank ist.«

Die Bemerkung barg ein Körnchen Wahrheit. Ich hatte sie wirklich schon bei zahlreichen Krankheiten gepflegt. Ein Vorfall im Jahr 1971 ist mir ganz besonders im Gedächtnis geblieben. Dian tauchte äußerst geschwächt bei mir auf und erzählte mir, sie hätte Blutungen. Da ich dachte, sie habe ihre Periode, steckte ich sie ins Bett und lagerte ihre Füße etwas höher. Vier Tage später verkündete sie, sie fühle sich wieder besser und kehre nach Karisoke zurück. Beim Aufstieg auf den Berg setzten erneut Blutungen ein, und sie mußte zu Tal getragen werden. Man brachte sie im Taxi ins Krankenhaus von Ruhengeri, wo Dr. Weiss, ein sehr kompetenter französischer Chirurg, sie operierte und ihr das Leben rettete.

Später erfuhr ich, daß Dian Opfer einer verpfuschten Abtreibung war. Als sie feststellte, daß sie ein Kind von Bob Campbell erwartete, hatte sie eine Engelmacherin in Goma aufgesucht. Später vertraute sie Alyette an, daß sie Bob von der Schwangerschaft erzählt hätte, wenn er bei seiner letzten Reise nach Nairobi seine Frau um die Scheidung gebeten hätte. Da er das aber nicht getan hatte, ließ sie das Baby abtreiben und ging daran beinahe zugrunde.

Daß sich Dr. Weiss Hals über Kopf in Dian verliebte, war eine der unvorhersehbaren Folgen dieses Dramas, das um ein Haar tragisch geendet hätte. Dr. Weiss war damals Anfang Sechzig und hatte einen Stall voller Kinder von einer beachtlichen Anzahl Frauen, unter anderem seiner früheren französischen Ehefrau und seiner afrikanischen Geliebten. Nichtsdestotrotz verliebte sich Dian heftig in ihn, und die beiden verbrachten heimlich einige romantische Wochenenden zusammen in Kigali, was Dr. Weiss offenbar als Verlobungszeit interpretierte.

Eines Nachmittags kam ich nach Kigali und hörte zu meinem

Erstaunen, daß Dr. Weiss bei der französischen Botschaft das Aufgebot bestellt hatte. Ich war überrascht und schockiert zugleich, da ich von den Heiratsabsichten der beiden nichts gewußt hatte und mir der Arzt auch kaum der geeignete Mann für Dian zu sein schien.

Da Dian sich gerade auf einer Vortragsreise im Ausland befand, um Geld für ihre Gorilla-Forschung aufzutreiben, schrieb ich ihr einen Brief und gratulierte zu der bevorstehenden Hochzeit. Gleichzeitig ließ ich durchblicken, daß ich diese Entscheidung für ein wenig voreilig hielt. Als Dian nach Rwanda zurückkehrte, war sie furchtbar wütend.

»Er hatte kein Recht, das Aufgebot zu bestellen«, schimpfte sie. »Wir haben über eine Verlobung gesprochen, mehr nicht!«

»Da bin ich aber erleichtert, meine Liebe«, antwortete ich. »Wo würde er denn wohnen? Auf dem Berg? Oder würdest du nach Ruhengeri ziehen?«

»Ja, das ist wirklich ein Problem«, gab sie zu.

Ein Problem, das wir gemeinsam hatten. Selbst wenn eine von uns beiden dem Mann ihres Lebens begegnen sollte und dieser Mann zufällig frei wäre, standen doch die Chancen mehr als schlecht, daß er seine bisherige Existenz und seine Karriere aufgeben würde, um in der Abgeschiedenheit von Mugongo oder der rauhen Einsamkeit von Karisoke zu leben.

Sie führten ihre Beziehung weiter, und Dian war nach wie vor überzeugt, ihn in der Hand zu haben, bis sie erfuhr, daß es in seinem Leben noch andere Frauen gab. Sie kam in mein Wohnzimmer gestürmt und gebärdete sich, als würde ihr der Schmerz das Herz brechen. Ich versuchte mitfühlend zu wirken, hielt aber nicht mit meiner Meinung hinterm Berg, daß es so bestimmt besser sei. Sie widersprach mir zwar entschieden und machte eine Szene, aber am Ende beruhigte sie sich doch.

Dian wandte sich häufig ohne erkennbaren Anlaß von ihren Freunden ab. Der Bruch mit Alyette war besonders traurig, weil Alyette nie den Grund dafür in Erfahrung brachte. Sie waren unzertrennlich gewesen und hatten nie gestritten. Alyette hatte so viel für Dian getan und betrachtete sie als treue Freundin und Seelenverwandte. Es gab etliche Versuche einer Aussöhnung, doch Dian wies alle zurück. Von Zeit zu Zeit redete sie auch mit mir nicht mehr. Für gewöhnlich wurde eine solche Phase durch eine barsche oder verletzende Bemerkung eingeleitet, der wochenlanges Schweigen ohne einen Besuch oder einen Brief folgte. Wenn wir uns dann überraschend in Gisenyi begegneten oder sie aus heiterem Himmel auf Mugongo auftauchte, begrüßte sie mich mit breitem Lächeln und einer herzlichen Umarmung, als wäre nichts gewesen.

Als sich Dians Forschungserfolge herumsprachen, drängte man sie, in Karisoke Zoologie- und Anthropologiestudenten aufzunehmen. Begeistert willigte sie ein. Leider kamen viele Studenten mit den rauhen Lebensbedingungen und der Abgeschiedenheit nicht zurecht, oder sie genügten Dians überzogenen und zuweilen höchst eigenwilligen Ansprüchen nicht. Sie verstand sich mit bestenfalls einer Handvoll von ihnen wirklich gut und akzeptierte nur die, die sich ganz und gar mit ihrer, Dians, Arbeit identifizierten. Jede Ablenkung, wie beispielsweise Ausflüge ins Tal oder enge Freundschaften zwischen den Studenten, lehnte sie kategorisch ab. Daß in ihrem Forschungszentrum und damit auch in ihrer Privatsphäre immer mehr Hippies, Abenteuerlustige und elitäre Pseudowissenschaftler auftauchten, war ihr unerträglich. Ihre ohnehin geringe Geduld schwand vollends. Hin und wieder unterschrieb sie ihre Briefe an mich mit »Deine verdrossene Alte«.

Zwischenmenschliche Probleme ließen sich in Karisoke wahrscheinlich gar nicht vermeiden. Die Lebensbedingungen waren äußerst primitiv. Schlechtes Wetter, Brennesseln, Giftspinnen und Erkrankungen wie die Ruhr waren an der Tagesordnung. In der Früh lag die Temperatur knapp über dem Gefrierpunkt, das morgendliche Bad beschränkte sich auf ein paar über einem offenen Feuer erhitzte Eimer Wasser, und die Toilette lag im Freien. Als Geste der Freundschaft und des Wohlwollens bekam Dian von

US-Botschafter Frank Crigler eine Badewanne aus Porzellan geschenkt, die sie aber nie installierte. Statt dessen brauten die Fährtensucher Unmengen Bananenbier darin. Nie war ausreichend Feuerholz verfügbar, und die Studenten mußten sich ihre Verpflegung selbst besorgen und zubereiten. Etwas, das entfernt einer Stadt gleichkam, war nur nach kilometerweiten Fußmärschen und einer weiteren einstündigen Autofahrt zu erreichen.

Als erste Änderung, die nach Dians Tod in Karisoke vorgenommen wurde, richtete man einen gemeinsamen Speiseraum ein. Ich habe nie verstanden, weshalb Dian darauf bestand, die Mahlzeiten – abgesehen von wenigen Ausnahmen – allein einzunehmen und die Studenten sich selbst überließ, oder weshalb sie Freundschaften und jede Art von Zerstreuung im Camp mißbilligte. Dabei pflegte sie selbst ein verhältnismäßig reges Gesellschaftsleben. Sie reiste regelmäßig in die Vereinigten Staaten und nach Europa und fuhr häufig nach Kigali, wo sie mit dem Botschafter, seiner Familie und den Botschaftsangehörigen in großem Stil zu feiern verstand.

Unter der rauhen Schale verbarg sich eine weiche, feminine Dian, die viele Menschen nie zu Gesicht bekommen haben. Sie liebte es einzukaufen und hatte Freude an schöner Garderobe. Die meisten Kleider stammten von Saks Fifth Avenue in New York und von I. Magnin in San Francisco. Ich fand Dian schön, ganz besonders dann, wenn sie sich herausgeputzt hatte. Auf den Partys in Kigali war sie stets die bezauberndste Frau. Für Gesichtscreme, Körperlotion und Giorgio-Parfum gab sie ein kleines Vermögen aus, und wenn sie mich besuchte, lag sie stundenlang in der Badewanne, wusch ihr wunderschönes Haar und aalte sich im Schaumbad. Sie behauptete immer, wir drei – Dian, Alyette und ich – seien in ganz Afrika die Frauen mit den schmutzigsten Fingernägeln – ihre wegen der Gorillas, meine wegen meiner Blumen und Alyettes wegen ihrer Schafe und ihrer Spargelbeete.

Einerseits waren die frühen siebziger Jahre für Dian vielleicht die glücklichste Zeit ihres Lebens, andererseits aber auch die traurigste. Sie hatte sich unsterblich in Bob Campbell verliebt und war untröstlich, als er 1972 – nachdem sie fast drei Jahre zusammengewesen waren – zu seiner Frau nach Nairobi zurückkehrte. Diese Trennung und der wenig später an ihrem geliebten Silberrücken Digit von Wilderern verübte brutale Mord überstiegen beinahe ihre Kräfte. Ihr einziger Trost war, daß sich die Gorillas zunehmend an sie gewöhnt hatten.

1970 wurde sie als Doktorandin an der Universität von Cambridge zugelassen. Zwischen 1970 und 1974 verließ sie Karisoke dreimal für jeweils vier Monate, um in Cambridge zu studieren. 1976 erwarb sie den Doktortitel.

Mitte der siebziger Jahre nahmen die Spannungen zwischen Dian und den rwandischen Behörden stark zu. Das lag vor allem daran, daß Dian sich einer Besiedelung im *Parc National des Volcans* widersetzte. 1968 war das Parkareal im Rahmen eines Projekts der Europäischen Gemeinschaft drastisch verkleinert worden, und mehr als hundert Quadratkilometer des Gebiets wurden Bauern als Pyrethrum-Anbaufläche zugeteilt. Zu diesem Zweck waren Bäume gefällt und große Teile des Waldes vernichtet worden. Der natürliche Lebensraum der Tiere wurde durch unzählige Hektar kultivierter Felder ersetzt, die immer größere Parkbereiche einnahmen. Zahllose Elefanten, Gorillas und Büffel wurden in die höheren Bergregionen vertrieben, und viele wanderten schließlich nach Zaire ab. Dutzende Elefanten und Büffel wurden umgebracht. Dian protestierte heftig, jedoch ohne Erfolg. Schließlich griff sie die rwandische Regierung an, weil sie es Tutsi-Hirten gestattete, ihre Herden im Park weiden zu lassen. Doch ihre Einwände fanden kein Gehör.

Zwar herrschte im Park seit seiner Einrichtung im Jahr 1925 Jagdverbot, doch hatten die Behörden den Hirten von jeher zugestanden, ihre Herden während der Trockenzeit auf den Hängen der Vulkanberge weiden zu lassen. Die Regierung verschloß sogar die Augen, wenn die Batwa-Pygmäen in dem Gebiet jagten. Strafen für Fallenstellen wurden so gut wie nie verhängt. Die Fallen waren in erster Linie für Antilopen gedacht, aber auch Gorillas verfingen sich oft in ihren Schlingen. Meistens konnten sie sich aus eigener Kraft wieder befreien, aber die tiefen Wunden, die sie sich dabei zuzogen, eiterten häufig, wurden brandig und führten zuweilen zum Tod.

Als ein Gorilla nach dem andern Opfer von Wilderern wurde, erhob im Kampf um das Überleben dieser Tiere niemand außer Dian die Stimme. Ihre Strategie lautete »aktiver Tierschutz«, was hieß, daß sie Wilderer verfolgte, ihre Lager niederbrannte und illegal weidendes Vieh aus dem Park trieb. Sie stellte Aufseher ein, die die Fallen zerstörten und die Wilddiebe der Polizei in Ruhengeri überantworteten. Wenn schon nicht die Behörden die Gesetze in die Tat umsetzten, dann eben Dian. Und dabei stellte sie gleichzeitig ihre eigenen Gesetze auf.

Eines Tages erschien sie bei mir mit einer Kollektion absolut furchteinflößender Halloween-Masken, die sie kurz zuvor in Kalifornien gekauft hatte. Eine war ganz besonders scheußlich. Es war eine Hexenmaske mit hervorstehenden Zähnen und Augen, die aus den Höhlen traten, sobald man auf einen kleinen Gummiball drückte. Sie zog sich die Maske über und trat vor Biriko, der in der Küche beschäftigt war. Er schrie laut auf und stürmte hinaus. Dian war begeistert. Mit den Masken wollte sie die Wilddiebe in die Flucht schlagen, und wenn sie meinen Koch in Angst und Schrecken versetzten, würden sie Dians Feinde auf dem Berg mindestens genauso einschüchtern.

Sie rannte aus der Küche durch die Eingangstür ins Freie, als ihr Sembagare die Auffahrt herauf entgegenkam. Sembagare besaß natürlich viel zuviel Würde, um wegzulaufen, dafür blieb er wie angewurzelt stehen und brachte keinen Ton heraus. Ihm fehlten die Worte vor lauter Zorn. Als er sich wieder gefaßt hatte, sagte er unter vier Augen zu mir: »Madame, wenn sie diese Maske auf dem Berg trägt, bringt man sie gewiß um. Der erste, der sie sieht, wird ihr einen Speer mitten ins Herz stoßen.«

Ich hatte zwiespältige Gefühle, was Dians Anti-Wilddieb-Kampagne betraf. Auf der einen Seiten beeindruckten mich ihr Mut und ihr planmäßiges Vorgehen, andererseits machte ich mir Sorgen um ihre Sicherheit und ihr Wohlergehen. Wir lebten in einem Land, in dem die Bevölkerung es entschieden mißbilligte, wenn sich ein Fremder einmischte und anmaßend gebärdete, und ich vertrat die Ansicht, Dian sollte ihr Verhalten dem anpassen. Dian und ich stritten oft darüber, ob Menschen und Tiere gleichwertig sind, und ich glaube, daß sie vieles in Rwanda nicht begriff. Trotz allem ist es zweifellos Dians Dickköpfigkeit und ihrer zuweilen umstrittenen Vorgehensweise zu verdanken, daß die Berggorillas von Rwanda vor der fast sicheren Ausrottung bewahrt blieben.

1976 unternahm Botschafter Crigler einen Versuch, die Unstimmigkeiten zwischen Dian und den rwandischen Behörden zu entschärfen. *National Geographic* hatte einen Film mit dem Titel *Gorilla* produziert, der Teile des Films enthielt, den Bob Campbell von Dian in Karisoke gedreht hatte. Frank Crigler organisierte eine Vorführung in seiner Residenz und bat alle Kabinettsminister dazu. Auch ich erhielt eine Einladung.

Dian sah an diesem Abend in einem atemberaubenden schwarzen Spitzenrock und einer weißen Seidenbluse wirklich hinreißend aus und benahm sich auch während der Begrüßungsrede und der Vorführung absolut mustergültig. Nach Ende des Films gingen die Lichter an und es wurden Fragen gestellt.

»Warum soll der Park nicht auch für die Hirten zugänglich sein?« wurde sie von den Ministern gefragt.

»Ein Park ist für Wildtiere«, antwortete sie.

Bezugnehmend auf ihre Anti-Wilderer-Kampagnen erlaubte sich ein Minister die Bemerkung: »Bei allem Respekt, Mademoiselle, aber die Wilderer werden bestraft.«

»Aber die Strafen sind zu milde!« entgegnete Dian vehement.

Der Minister sah sie skeptisch an.

»Man sollte sie aufhängen!« erklärte sie, beugte sich vor, legte sich die Hände um den Hals und wiederholte laut und deutlich: »Aufhängen!«

Der Botschafter zuckte zusammen, und es herrschte Totenstille im Saal. Als die Diskussion wieder auflebte, demonstrierten die Minister Einigkeit und priesen die Rinder und ihr Recht, während der Trockenzeiten auf den Weiden grasen zu dürfen.

Dian konnte einen manchmal zur Verzweiflung bringen, andererseits aber auch herrlich lustig sein. Sie bügelte Menschen nieder, die anderer Meinung waren als sie, sehnte sich jedoch gleichzeitig nach Liebe und Zuneigung. Wir liebten beide Weihnachten über alles, und nachdem sie bei einer meiner Feiern auf Mugongo gewesen war, schmiß sie in Karisoke noch größere Weihnachtsfeste. Als Weihnachtsbaum diente eine riesige Baumheide, die mit Girlanden immergrüner Pflanzen, Popcorn-Ketten und Kerzen geschmückt war. Sie lud alle Arbeiter und ihre Familien ein, und manchmal versammelten sich an die hundert Leute einschließlich Kindern und Babys, um mitzufeiern. Einmal kam sogar ein Pygmäen-Baby zur Welt. In Gesellschaft ihrer treuen Helfer und in einer Atmosphäre von Kameradschaft und Zuneigung fühlte sich Dian ganz besonders wohl. Sie verteilte an alle Geschenke und das Fest dauerte bis spät in die Nacht, es wurde gesungen, getanzt und viel *pombi* getrunken.

Im Januar 1984 erhielt ich von Dian einen Brief, in dem sie schrieb: »Denk' dir nur, unsere Afrikaner werden uns noch lange nach unserem Tod als liebevolle, um sie besorgte Menschen in Erinnerung behalten. Ich glaube kaum, daß sie trauern werden, und wenn, dann nur für kurze Zeit. Ich für meinen Teil muß viel von ihnen lernen, auch wenn das bedeutet, einen Schritt in eine andere Kultur zu tun.«

Viele mögen sich an dem Wort »unsere« Afrikaner stoßen, aber ich glaube, Dian wollte damit nur ihre Achtung und ihre Demut gegenüber der rwandischen Kultur zum Ausdruck bringen. Gefühle, die sie in ihrem täglichen Leben nur selten zeigte.

Nicht einmal ein Jahr später war Dian tot – in ihrer Hütte durch zahlreiche Machetenhiebe auf den Kopf brutal getötet. Später erfuhr ich, daß ein Brief in ihrer Schreibmaschine eingespannt war, in dem sie mir mitteilte, daß sie die Weihnachtsparty verschieben müsse, damit ein Filmteam aus New York dabei sein könne, das einen Naturfilm nach ihrem Buch *Gorillas im Nebel* drehen wolle. Ich bin nach wie vor sehr betroffen, wenn ich an den brutalen Mord in der Nacht zum ersten Weihnachtstag 1985 denke. Sie hatte den Weihnachtsbaum wunderschön geschmückt und auf dem Boden Berge sorgfältig eingewickelter Geschenke gestapelt. An der Eingangstür zu ihrer Hütte hing ein Nikolaus mit einem Schild an einem roten Band, auf dem »Guten Tag!« stand.

In den Jahren vor ihrem Tod verschlechterte sich Dians Verhältnis zu den rwandischen Behörden zunehmend und wurde für sie zu einer großen Belastung. Dians eiserner Widerstand gegenüber der Nutzung des Parks und der Gorillas als Touristenattraktion beschwor einen Streit zwischen einzelnen Gruppen inner- und außerhalb Rwandas herauf. Der Minister für Tourismus, Laurent Habiyaremye, verweigerte ihr aus Schikane die Aufenthaltsgenehmigung. Schließlich wurde ihr immer nur eine Genehmigung für zwei Monate erteilt, deren Verlängerung jedes Mal die Zustimmung des Ministers erforderlich machte.

Die Prozedur, die die Verlängerung des Papiers mit sich brachte, wurde für Dian zu einer Tortur. Ihr Gesundheitszustand hatte sich mittlerweile so verschlechtert, daß sie den Auf- und Abstieg auf ihren Berg ohne Sauerstoffflasche nicht mehr bewältigen konnte. Sie besaß damals kein Auto und war jedesmal gezwungen, ein Taxi zu nehmen, das sie nach Ruhengeri brachte. Dort mußte sie in einem der überfüllten Sammeltaxis, die zwischen Ruhengeri und Kigali hin- und herpendelten, um einen oder wegen ihrer langen Beine und all ihrer Habseligkeiten zuweilen zwei Sitze schachern. In Kigali begab sie sich geradewegs zum Büro des Ministers, wo sie endlos warten mußte, bis die Sekretärin sie wissen ließ, daß der Minister zu seinem großen Bedauern an jenem

Tag keine Zeit mehr habe. Dian mußte sich oft drei, vier Tage gedulden, ehe der Minister sie empfing und die erforderlichen Dokumente für die Verlängerung ihrer Aufenthaltsgenehmigung unterzeichnete.

Einige Wochen vor ihrem Tod geschah etwas, das ihr wie ein außergewöhnlicher Glücksfall erscheinen mußte. Während eines Abendessens im Hôtel des Mille Collines in Kigali wurde Dian von einem hochrangigen Regierungsbeamten begrüßt. Er fragte, wie es ihr ginge, und sie erzählte ihm von ihren Problemen.

»Mademoiselle«, sagte er, »kommen Sie morgen in mein Büro.«

Am nächsten Tag hatte sie in ihrem blauen amerikanischen Paß eine Aufenthaltsgenehmigung, die für zwei Jahre gültig war. Sie war überglücklich und erzählte jedem davon, dem sie begegnete. Ich glaube, daß diese Genehmigung ihr Todesurteil war. Wem immer daran gelegen war, daß sie Rwanda verließ, wußte nun, daß sie sich mindestens noch weitere zwei Jahre in Karisoke aufhalten würde. Bis heute ist nicht geklärt, wer Dian ermordet hat.

Am Morgen ihres Begräbnisses stieg ich zum letzten Mal den Pfad nach Karisoke hinauf. Ich war dreiundsiebzig Jahre alt und vor Schock und Trauer wie erstarrt. Ich hielt mich an den dichten Büschen fest und kämpfte mich stolpernd den schlüpfrigen Pfad hinauf. Nach Dians Tod hatte die amerikanische Botschaft von ihrer Familie die Erlaubnis eingeholt, Dian in Karisoke begraben zu dürfen, so wie sie es sich gewünscht hätte.

Viele Menschen wohnten der Trauerfeier bei, aber ich war vermutlich die einzige unter ihnen, die Dian wirklich gemocht hatte. Die anwesenden Rwander waren Polizeioffiziere oder Soldaten, die ausländischen Trauergäste waren Mitarbeiter der Botschaft oder Journalisten, die unangemessen gekleidet waren und mit schwerer Fotoausrüstung herumstanden. Die Rwander, zu denen Dian in engem Kontakt gestanden hatte, saßen in Ruhengeri im Gefängnis und wurden verhört, und die meisten Botschaftsangehörigen befanden sich auf Weihnachtsurlaub in der Heimat. Der Pfarrer, Dr. Elton Wallace, der die Trauerfeier hielt,

Tutsi-Knaben beim Tanz der Intore

Mwami Kigeri V. mit Vertretern der belgischen Verwaltung, 1959

Spruchband mit der Forderung »Befreit uns von der Tutsi-Herrschaft!«, 1962

Hutu am ersten Wahltag

Unabhängigkeitsfeier in Mutura, Juli 1962

Grégoire Kayibanda, erster Präsident der Republik Rwanda

Per Moller, 1958

Gahereri, Tutsi-Hirte, 1958

Per Moller, 1961

Dian Fosseys Camp in
Karisoke, 1968

Dian mit Coco und Pucker, 1969

Dian Fossey in
Karisoke, 1970

Dian
in ihrer
Hütte

Mit dem jungen Gorilla Pablo, 1977

Pick-up mit Schnittblumenfracht

Jungen in Soldatenverkleidung, 1960

Haus und Garten auf Mugongo

Beim Blumenpflücken, 1991

Mit Sembagare, 1987

Der Mikeno

Der Kivu-See

Der Sonntagstanz, 1989

Das Trockenhaus vor dem Umbau, 1994

Das Waisenhaus während der Renovierung, 1994

Das Waisenhaus Imbabazi, Dezember 1994

Mit einer kleinen Freundin, 1997

Sembagare bei der Bestandsaufnahme

Sembagare und ich mit Kindern, 1998

Fina und Clemence

war ein guter Freund von mir. Aber er war kein Katholik wie Dian und hatte sie auch nie kennengelernt. Sein Ansprache war schön und sehr bewegend, doch leider hielt er sie auf englisch, so daß nur wenige der Anwesenden etwas verstanden.

Ich war untröstlich, inmitten von Fremden zu stehen, die mehrheitlich aus Pflicht oder Neugier gekommen waren. Unablässig rollten mir die Tränen über die Wangen. Als Erde auf Dians Sarg geworfen wurde, wandte ich mich ab und ging auf unsicheren Füßen zu der Wiese neben Dians Hütte. Am Wiesenrand stand, näher als je zuvor, ein großer, alter Buschbock, den Dian oft von ihrem Fenster aus beobachtet hatte. Er hatte sich stets vor Menschen und Geräuschen gefürchtet, aber jetzt verharrte er trotz der vielen Fremden auf der Wiese und sah zu Dians Hütte, als wolle er von ihr Abschied nehmen.

26 Besucher auf Mugongo

Nach der Unabhängigkeit Rwandas im Jahr 1962 richteten die europäischen Staaten und die USA in Kigali Botschaften ein, und das staubige Städtchen entwickelte sich bald zu einer modernen Großstadt mit repräsentativen Regierungsgebäuden und Gästen aus aller Welt. Die Vereinigten Staaten erwarben eine alte, an Kigalis Hauptstraße gelegene Metzgerei, renovierten sie und machten daraus ein respektables Gebäude. Diese Botschaft war nur für mich gebaut worden, so schien es mir damals, denn 1963 gab es zwar elf amerikanische Missionsstationen in Rwanda, aber ich war die einzige US-Bürgerin, die hier Land besaß und ihren ständigen Wohnsitz hatte.

Der Gedanke, daß es nun in Rwanda eine Botschaft der Vereinigten Staaten gab, versetzte mich in solche Euphorie, daß ich mich entschloß, nach Kigali zu fahren, um dem Chargé d'affaires, der bereits einige Monate vor dem Botschafter seinen Dienst angetreten hatte, meine Aufwartung zu machen. Glücklich und stolz über die jüngsten Entwicklungen lud ich Adam Bielski ein, mich zu begleiten. Gemeinsam unternahmen wir die sechsstündige Fahrt nach Kigali, ließen uns auf den holprigen, unbefestigten Straßen durchschütteln und staunten, was sich während eines Jahrzehnts in Rwanda alles verändert hatte. Da mir so daran gelegen war, einen guten Eindruck zu machen, hatte ich meine Garderobe mit größter Sorgfalt ausgewählt und sogar funkelnagelneue weiße Handschuhe angezogen, die ich zufällig im hintersten Winkel meiner Schreibtischschublade gefunden hatte. Auch Adam war recht vornehm gekleidet – es war das erste Mal, daß ich ihn mit Krawatte sah.

Wir erreichten die Botschaft am späten Nachmittag – eine Tageszeit, in der ich mich für gewöhnlich zum Tee setzte, während es für die meisten Europäer die Cocktailstunde war. Der Chargé d'affaires öffnete uns persönlich die Eingangstür – in Blue Jeans und einem T-Shirt.

»Ich bin Rosamond Carr«, stellte ich mich vor, »und lebe seit zehn Jahren in Rwanda.« Bei meinem untilgbaren Yankee-Akzent erübrigte sich der Hinweis, ich sei amerikanische Staatsbürgerin. Als er mit keinem Wort die Begrüßung erwiderte, deutete ich auf Adam und sagte: »Und dies ist mein Freund Graf Bielski aus Gisenyi.«

Der junge Mann starrte uns nur verdutzt an. Vielleicht waren es die Handschuhe und die Krawatte, die ihm die Sprache verschlagen hatten. Zu unserer Verwunderung bat er uns weder ins Haus noch zeigte er das geringste Interesse an uns, von Liebenswürdigkeit oder einer der üblichen Höflichkeitsgesten ganz zu schweigen. Statt dessen fragte er nur: »Haben Sie ein besonderes Anliegen?«

»Ganz und gar nicht«, entgegnete ich, ehe wir uns umwandten und den Rückzug antraten.

Ich war zutiefst enttäuscht. Diese Reaktion hatte ich wirklich nicht erwartet. Offenbar waren die weißen Handschuhe des Guten zuviel gewesen. Als jedoch Anfang 1964 Dudley Withers, der erste US-Botschafter, mit einer Riege höchst qualifizierter und tüchtiger junger Mitarbeiter den Dienst antrat, war meine Zuversicht wiederhergestellt. Von da an verhielten sich die Angestellten stets ausgesucht höflich und respektvoll. Mit vielen Mitarbeitern und ihren Familien habe ich Freundschaft geschlossen und zahlreiche schöne Wochenenden auf Mugongo verbracht. Die diplomatischen Vertretungen mit ihren intelligenten jungen Angestellten verliehen Rwanda ein bis dahin unbekanntes Flair und einen gewissen weltgewandten Schliff. Des öfteren war ich bei ihren Partys und Empfängen und revanchierte mich mit eigenen Einladungen.

Ich hatte das Vergnügen, im Laufe der Jahre eine Vielzahl von Botschaftern und Diplomaten aus den verschiedensten Ländern bewirten zu dürfen, aber ein Gast ist mir ganz besonders in Erinnerung geblieben: MacMurtrie Godley, der US-Botschafter im Kongo. Er kam im Jahr 1965 in Begleitung seiner Schwester, seines Schwagers und einer siebzehnköpfigen Eskorte nach Mugongo. Sie bereisten den Kivu mit einem US-Militärflugzeug, auf dessen Tragflächen das Sternenbanner prangte. Wenn ich mich recht entsinne, wurde das Mittagessen ein großer Erfolg, zumal Adam Bielski und Alyette de Munck der Gesellschaft einen internationalen Touch verliehen.

Nach dem Essen überraschte Botschafter Godley mich mit der Bemerkung: »Wußten Sie, daß Sie auf der Weltkarte des Außenministeriums als Stecknadel auftauchen?« Und nach kurzem Schweigen fügte er hinzu: »Mir wurde erzählt, Sie wären eine etwas schräge Person.« Aber für so schräg schien er mich nun wohl doch nicht zu halten, denn er lud mich ein, mit ihm und seinen Begleitern anderentags den Rwindi-Nationalpark zu besuchen. Seit meiner letzten Safari mit Kenneth kurz vor der Unabhängigkeit des Kongo war dies mein erster Ausflug in das Naturschutzgebiet. Es ist mir noch gut im Gedächtnis, daß sich der Botschafter lang und lautstark über die »ängstlichen Belgier« und ihre Neigung, blinden Alarm zu schlagen, ausließ. Ich enthielt mich einer Bemerkung, obgleich ich wußte, daß an jenem, wie auch am Tag zuvor Militärjets im Tiefflug über Rwindi geflogen waren, um sicherzustellen, daß die Gruppe nicht Opfer Aufständischer würde. Es war aufregend, in die herrliche Gegend zurückzukehren, mit der ich so viele schöne Erinnerungen verband. Elefanten und Flußpferde tummelten sich genüßlich im Rutshuru, riesige Herden Zebras, Büffel und Antilopen jagten, eingehüllt in Staubwolken, über die Ebene. Wir bekamen sogar Löwen zu Gesicht. Es war ein wunderbarer Ausflug, und ich war sehr dankbar, daß man mich dazu eingeladen hatte.

Aber meine gesellschaftlichen Kontakte beschränkten sich keineswegs auf Europäer und Amerikaner. Vor der Unabhängigkeit hatte Rwanda unter belgischer Verwaltung gestanden, und wenn die weißen Siedler Rat und Unterstützung brauchten, wandten sie sich dorthin. Mit dem Eintritt in die Unabhängigkeit nahmen Rwander die Stelle der Belgier ein. Später füllten junge Männer und Frauen, die ich noch als Kinder im Mutura hatte spielen sehen, sowohl in den örtlichen Präfekturen als auch in der Verwaltung in Kigali einflußreiche Positionen aus. Ich hatte die Ehre, den rwandischen Staatspräsidenten Juvénal Habyarimana und seine Gattin mehrmals bei mir zu bewirten, und genoß selbst das Privileg, in der Residenz des Präsidenten an zahlreichen Empfängen und Gala-Veranstaltungen teilnehmen zu dürfen.

Es war nicht notwendig, Mugongo zu verlassen, um mir die Welt anzusehen – die Welt kam zu mir. Im Laufe der Jahre haben die meisten Mitglieder der europäischen und amerikanischen Gemeinde in Rwanda Mugongo einen Besuch abgestattet. Darüber hinaus fuhren – angelockt von den Berggorillas – viele Touristen die steinige Straße hoch, um sich meinen Garten anzusehen und anschließend zum Tee zu bleiben. Noch immer schlägt mein Herz erwartungsvoll, sobald ich ein Auto höre, das in die Zufahrt einbiegt. Dann hasten die Hunde und ich ins Freie, um die Fremden zu begrüßen und mir ihre faszinierenden Geschichten und Abenteuer anzuhören.

Viele Besucher kamen eigens, um sich die Tanzvorführungen anzusehen, die seit 1960 jeden Sonntag auf Mugongo dargeboten werden. Rwanda befand sich damals in einer Krise, und jeder kleine Junge im Bezirk Mutura war von dem Wunsch beseelt, Soldat zu werden. Eines Nachmittags marschierte eine Gruppe Jungen zwischen acht und zwölf Jahren auf den Rasen neben dem Haus. Sie waren allesamt mit Khaki-Shorts und -Hemden bekleidet und trugen auf dem Kopf kleine, aus grünen Bananenblättern geformte Kappen. Ihre Ausrüstung bestand aus Holzgewehren und selbstgemachten, an lange Stangen geknüpfte Fahnen. Anführer war ein Bub namens Jean Biramahire, der barsch die Befehle hervorstieß: »*Un, deux, trois! Un, deux, trois!*« Sie teilten sich in zwei Gruppen auf und gingen zum Angriff über, wobei die »Toten« zu Boden sanken. Abgesehen von mir stellten hauptsächlich die jüngeren Geschwister der Soldaten das Publikum, unter ihnen auch wahre Winzlinge, die über den weichen Rasen purzelten und in den abgelegten Kleidungsstücken ihrer Väter wie lebendige Lumpenbündel aussahen. Die schmalen nackten Körper der Jungen waren in zerschlissene Hemden gehüllt, die ihnen bis zum Knie reichten, während die Mädchen unter der Achsel zusammengeknotete Tücher aus ausgebleichtem Baumwollstoff trugen.

Nachdem ich den Soldaten drei oder vier Sonntage hintereinander Applaus gespendet hatte, wurde ich ihres Spiels ein wenig überdrüssig und fragte die Mädchen, ob sie nicht Lust hätten, mir etwas vorzutanzen. Als sie meiner Bitte nachkamen, schlossen sich die Jungen an. Nach kurzer Zeit dachte niemand mehr ans Exerzieren, und die Tänze wurden zum festen Bestandteil des Sonntagnachmittags.

Schon bald waren sie so beliebt, daß Zuschauer in Scharen herbeiströmten. Daher schien es angebracht, die Darbietung ein wenig professioneller in Szene zu setzen. Ich ließ zu diesem Zweck sechs große afrikanische Trommeln bauen, und Sembagare und ich hielten »Aufnahmeprüfungen« für Tänzer und Trommler ab. Die Auswahlprozedur zog sich über Wochen hin, denn da jeder kleine Junge und jedes kleine Mädchen im Mutura für Madame Carr tanzen wollte, war die Konkurrenz groß. Es gab verschiedene Altersgruppen: die Kleinen, die jünger als zehn Jahre waren, die Teenager und die Erwachsenen. Zudem stellten wir eine Musikergruppe aus sechs Trommlerinnen zusammen. Es wurde regelmäßig geprobt, und wir entwarfen Kostüme. Die Jungen trugen weiße Röcke mit passenden T-Shirts und um die Fesseln Bänder mit Glöckchen, die Mädchen weißblaue, kurzärmelige Pullover und weitschwingende, bunte Röcke mit einer langen, hauchdünnen weißen Schärpe.

Jeweils vier Mädchen und vier Jungen führten einen traditionellen Brautwerbetanz namens *ikinimba* vor, bei dem die Jungen Schritte und Bewegungen durchspielten, mit denen sie die Mädchen auf sich aufmerksam machen wollten. Da es rwandischen Mädchen nach ihrer Heirat nicht mehr erlaubt ist, diesen Tanz aufzuführen, mußten jedes Jahr ein oder zwei ältere Mädchen ersetzt werden. Die Männer hingegen dürfen den Tanz ihr ganzes Leben lang tanzen. Viele ältere Jungen nahmen also seit ihrer Kindheit an den Tänzen teil und hatten ihr Können mittlerweile perfektioniert.

Die Tänze wurden zu einer Attraktion, die sich weit herumsprach. Selten gab es einen Sonntag, an dem sich weniger als zweihundert Menschen auf meinem Rasen zusammenfanden, um den von Gesang, Klatschen und Trommeln begleiteten Tänzern zuzusehen. Das Publikum bestand vorwiegend aus Einwohnern des Mutura, doch über die Jahre hinweg kamen auch viele Freunde, Besucher und Touristen nach Mugongo, um sich am Sonntagnachmittag in meinem Garten an dem Spektakel zu erfreuen. Ein Besucher schrieb in mein Gästebuch: »Ich war an einem Ort in Rwanda, an dem es den Begriff Zeit nicht gibt – mit Ausnahme der Teestunde –, wo Kinder und Erwachsene aus aller Herren Länder sich einfinden und sich zu Hause fühlen, an dem der Sonntag mit Tänzen begangen wird und der Glaube an den Schöpfer wiederhergestellt ist.«

Die Tänzer sind vor höchst unterschiedlichen Gästen aufgetreten. Auch Dian Fossey verbrachte viele Sonntage auf Mugongo, und ganz besonders mochte sie die Tänze. Oft trat sie auf den Rasen und tanzte begeistert und erstaunlich anmutig mit. Einmal war eine reizende Engländerin unter den Zuschauern, ein ehemaliges Mitglied des London Royal Ballet. Mit nackten Füßen, das lange schwarze Haar ungebändigt herabfließend, wirbelte sie über die Grasfläche und drehte zum Trommelschlag ihre Pirouetten. Obgleich meine Trommler nie zuvor ein Ballett gesehen hatten, begleiteten sie die junge Frau auf der Grasbühne an den Ausläufern der Virunga-Vulkane rhythmisch perfekt.

Mein vielleicht vornehmster Gast war Madame Giscard d'Estaing, die Rwanda 1979 zusammen mit ihrem Mann, dem französischen Staatspräsidenten Valéry Giscard d'Estaing besuchte. Nach der Besichtigung der neuen Wöchnerinnenstation im Krankenhaus von Ruhengeri wurde Madame Giscard zu einem vereinbarten Mittagessen nach Mugongo gefahren. Sie trug ein entzückendes blaßgrünes Leinenkostüm und war ohne Zweifel die eleganteste Frau, der ich jemals begegnet bin. Ganz besonders hat sich mir eingeprägt, daß sie jede Blume, an der wir bei unserem Spaziergang durch den Garten vorbeigingen, mit Namen kannte. Die Tänzer gaben ihr zu Ehren eine Sonderaufführung und übertrafen sich selbst, als sie für *le grand monde* tanzten.

Biriko hatte zu dem Anlaß ein köstliches, mit Kognak flambiertes Hühnchen, frischen Spargel und Arischockenherzen zubereitet. Dafür war der Nachtisch ein wenig komplizierter. Die französische Botschaft hatte mich im vorhinein darüber in Kenntnis gesetzt, daß nur Kuchen als Dessert in Frage käme. Biriko verfügte über ein umfangreiches Repertoire erstklassiger Nachspeisen – Kuchen gehörte jedoch nicht dazu, denn in der schwankenden Hitze eines holzgefeuerten Backofens war es praktisch unmöglich, einen Kuchen zu backen. Aber wenn Madame Giscard Kuchen wünschte, sollte sie Kuchen bekommen! Als das Prachtstück – mit einer kunstvollen, in Girlanden gespritzten Mokkaglasur – an den Tisch gebracht wurde, glaubte ich noch, daß er gelungen sei. Doch als das erste Stück eine klitschige Mitte offenbarte und die Kreation in sich zusammenfiel, wurde Birikos Gesicht immer länger. Madame Giscard hingegen reagierte überaus freundlich und mitfühlend auf seine erkennbare Verlegenheit. Bevor sie Abschied nahm, schenkte sie ihm ein Feuerzeug, auf dem das Datum ihres Besuchs eingraviert war und das er jahrelang wie einen Schatz hütete.

Ihre Visite in meinem Haus wurde mit einer Essenseinladung am darauffolgenden Tag erwidert. Sie fand zu Ehren von Madame Giscard und den First Ladies der sieben afrikanischen Länder Rwanda, Zaire, Burundi, Senegal, Elfenbeinküste, Mali und der Zentralafrikanischen Republik statt, während die Ehemänner der Damen an einem Gipfeltreffen in Kigali teilnahmen. Die First Lady des Senegal war eine blonde Französin in einem pinkfarbenen Kostüm mit dazu passenden Stöckelschuhen. Mir zur Seite saß die First Lady von Mali, die in einer hocheleganten weißen Robe und zahllosen silbernen Halsketten und Armbändern um Hals und Handgelenke schlichtweg atemberaubend aussah.

Aus Nationalstolz wurde ein traditionelles rwandisches Gericht aufgetragen. Verlegen stocherten die Damen in zähen, sehnigen Hühnerbrüstchen und getrocknetem Fisch, zu denen Bohnen, Kartoffeln und Reis gereicht wurden. Der Zeitvertreib nach dem Essen war ebenfalls ein einzigartiges Experiment rwandischer Unterhaltungskunst. Man führte die Damen zu einem frischgepflügten Feld in der Nähe von Ruhengeri, auf dem schmale Furchen in Reih und Glied gezogen waren, in die die acht Politikergattinnen Pyrethrum-Pflanzen setzen sollten. In ihren schönen Kleidern und leichten Schuhen staksten die Damen unsicher durch die feuchte Erde und kamen ihrer diplomatischen Pflicht mit größtmöglicher Würde nach. Als sie ihre Aufgabe erfüllt hatten, eilten ihnen rwandische Mädchen mit Schalen voll Wasser und Seife zu Hilfe. Später hieß es, jemand hätte beobachtet, wie Madame Giscard sich verstohlen ihre makellos manikürten Fingernägel gesäubert hätte. Bestimmt hatte der Nachmittag auf Mugongo ihrem Geschmack mehr entsprochen.

Unsere Tanzveranstaltung in meinem Garten auf Mugongo fand bis April 1994 statt, dann kam in Rwanda alles zum Stillstand. Zwischendurch hatte es eine Zeit gegeben, als Sembagare die Tänze langweilten und er nur noch mir zuliebe dabei half. Als er an einem Sonntag verwundert feststellte, daß ich der Darbietung mit der gleichen Begeisterung entgegensah wie der allerersten vor vielen Jahren, wandte er sich mir mit gequältem Gesichtsausdruck zu und meinte: »Werden Ihnen die albernen Tänze denn nicht langweilig, Madame?«

»Nein, überhaupt nicht!« entgegnete ich. »Ich könnte ihnen täglich zusehen, und es würde mir nicht zuviel werden.«

Sembagare schüttelte verzweifelt den Kopf. »Madame, Sie kommen mir vor wie eine Italienerin mit ihren Makkaroni.«

27 Das Kartoffelprojekt

Einerseits führte ich Anfang der siebziger Jahre ein aufregendes geselliges Leben, andererseits drückten mich wieder einmal finanzielle Sorgen. Die rwandische Regierung zahlte den Pflanzern für getrocknetes Pyrethrum nur noch einen Hungerlohn, so daß sich die Pyrethrum-Produktion immer weniger lohnte. Es mutete paradox an: Die weltweite Nachfrage nach Pyrethrum war höher denn je, aber es wurde in Rwanda zunehmend schwieriger, als Pyretherum-Pflanzer sein Auskommen zu finden. Als ich kurz vor dem finanziellen Ruin stand, vergrößerte ich die Anbaufläche und züchtete mehr Blumen für den kommerziellen Verkauf. Aber ich wußte, daß das nur eine Notlösung sein konnte und ich bald die Segel würde streichen müssen.

In einer letzten Anstrengung, das Schiff über Wasser zu halten, ließ ich mich auf ein Unternehmen ein, das mich um Haaresbreite Kopf und Kragen gekostet hätte. Der Leiter der Pyrethrum-Kooperative in Ruhengeri, ein Holländer namens Wouter Yonker, trat mit dem Vorschlag an mich heran, das Pyrethrum anderer Pflanzer zu trocknen, um auf diese Weise ein passables Einkommen zu erwirtschaften. Ganz in der Nähe meines Grundstücks lag ein aufgelassenes Trockenhaus, und ich bot der Besitzerin an, es zu renovieren und ihr für die Nutzung eine monatliche Miete zu zahlen. Erfreut nahm sie das Angebot an.

Ich investierte nahezu eintausend Dollar in die Renovierung – eine Menge Geld für mich damals (oder besser gesagt, eine Menge Geld überhaupt). Als die Arbeiten abgeschlossen waren und das Trockenhaus bis an den Rand mit Pyrethrum-Blüten gefüllt war, begutachtete Wouter die Anlage. Beim Abschied fragte er, ob das Gebäude versichert sei.

»Am Montag kümmere mich darum«, versprach ich ihm.

Sonntagnacht brannte das Trockenhaus bis auf die Grundmauern nieder. Die Maurer hatten zwischen den Blechen und der indirekten Heizung nicht ausreichend Abstand gelassen, so daß die Blüten Feuer fingen. Ich muß gestehen, es war ein erregendes Schauspiel, zu beobachten, wie die Flammen aus dem Dach, das aus ölgefüllten Bambusrohren bestand, himmelwärts loderten. Die Stangen explodierten wie Silvesterknaller. Von weither strömten die Menschen herbei, um meine hochriskante Investition in Rauch aufgehen zu sehen.

Diesmal wußte ich, daß ich meine Chancen verspielt hatte. Da ich nun finanziell am Ende war, fügte ich mich in das Unvermeidliche und gestand mir ein, daß mir nichts anderes mehr übrigblieb, als Mugongo zu verkaufen und Afrika endgültig zu verlassen. Während eines Mittagessens mit einem belgischen Besucher erzählte ich ihm von meiner Entscheidung. Sofort wollte er wissen, wieviel ich für die Plantage haben wollte. Hastig nannte ich ihm eine Summe, obwohl ich im selben Atemzug wußte, daß sie viel zu niedrig angesetzt war. Als er sich von mir verabschiedete, versicherte er mir, daß er für den genannten Preis ohne weiteres einen Käufer finden würde. An sich hätte ich erleichtert sein müssen. Aber ich war es nicht.

In der Tat stand er am nächsten Tag mit dem Angebot, die geforderte Summe in bar zu zahlen, vor mir. Plötzlich bekam ich eine ganz besonders schwere Form von kalten Füßen – oder ich wollte das Unvermeidliche einfach nur hinauszögern, jedenfalls spielte ich auf Zeit und erklärte, ich brauche eine Woche, um zu überlegen. Mürrisch trollte er sich.

Neuigkeiten machen in Rwanda rasch die Runde, und einige Tage später stand ein Fremder vor meiner Tür. Ein junger Schweizer namens Henri Peyer machte mir zu meiner Verwunderung im Namen eines Konsortiums von vier Geschäftsleuten das Angebot, vierzig Morgen meiner Plantage zu pachten, um darauf Kartoffeln anzubauen. Er erklärte mir, sie hätten bereits erste Versuche mit kleineren Grundstücken durchgeführt und Erträge erwirtschaftet, die das Drei- bis Vierfache, des Üblichen erbrachten. Daher wären sie überzeugt, auf meinem Land ähnliche Ergebnisse erzielen zu können. Als monatlichen Pachtzins boten sie mir für die Dauer von drei Jahren vierzigtausend Francs. Ich war überglücklich. Vierzigtausend Francs deckten zwar nur knapp meine Unkosten, aber ich würde Mugongo wenigstens behalten können. Es schien so, als würden ausgerechnet Kartoffeln mich retten.

Ohne zu überlegen, schlug ich ein. Doch fand ich es nur recht und billig, ihm auch meine Befürchtungen zu nennen. Meiner Einschätzung nach war mein Grund nicht so ertragreich, wie sie es sich erhofften. Anders als der Waldboden, auf dem sie ihre ersten Versuche unternommen hatten, handelte es sich bei meinen Feldern schließlich nicht um unverbrauchte Erde. Seit Jahren war Pyrethrum darauf angebaut worden. Aber Henri war in seinem Optimismus nicht zu bremsen und erklärte, sie würden mir den Vertrag in ein paar Tagen zukommen lassen.

Das Kartoffelprojekt war von Anfang an ein Fehlschlag. Henri und seine Partner hatten einen arbeitslosen Russen als Vorarbeiter eingestellt, der in Kigali wohnte und nicht den blassesten

Schimmer von Kartoffeln hatte, noch verstand er sich aufs Autofahren, wie sich später herausstellen sollte. Sie mieteten ihm ein Häuschen im benachbarten Tamira und stellten ihm ein kleines Büro in die Felder. Sembagare mußte ihm zeigen, wie man den brandneuen, eigens für ihn angeschafften Pick-up lenkte, doch binnen zwei Monaten fuhr er ihn zu Schrott. Die Unternehmer scheuten keine Kosten und räumten eine der weitläufigen Höhlen auf meinem Gelände, um sie als Lager für die Kartoffeln zu nutzen. Aus Sicherheitsgründen installierten sie an den Eingängen Eisentore und statteten die hundertfünfzig Meter lange Höhle mit Öllampen aus. Es sah innen richtig schön aus. Leider füllte sie sich nie mit Kartoffeln, wie sie es sich erhofft hatten.

Auf der Stelle nahm sich der Russe, der in Kigali Frau und Kinder hatte, eine junge Tutsi zur Geliebten. Sembagare entrüstete sich furchtbar darüber, und die beiden kamen nie miteinander aus. Und wie ich befürchtet hatte, erfüllte der Ertrag nicht die Erwartungen der Männer. Er lag zwar knapp über dem Durchschnitt, aber immer noch weit unter ihren ursprünglichen Schätzungen und reichte offenbar auch nicht zur Kostendekkung.

Nach achtzehn Monaten suchte einer der Gesellschafter mich auf und erklärte mir, sie hätten soviel Verlust gemacht, daß sie aufgeben müßten. Gewiß würde ich Verständnis dafür aufbringen, daß sie in dieser Situation ihre vereinbarten monatlichen Zahlungen nicht bis zum Vertragsende erfüllen könnten. Aber die frisch gedüngte Erde würde gewiß meine Verluste mehr als wettmachen. Und um mir das Ganze noch schmackhafter zu machen, wollte er mir außerdem das voll ausgestattete Büro überlassen, das im Grunde nur ein Schuppen mit einem Stuhl und einem Tisch mitten auf einem Feld war.

Ganz so verständig, wie er gehofft hatte, zeigte ich mich jedoch nicht, denn ich brauchte das Geld dringend. Schließlich erklärte ich mich damit einverstanden, ihnen die Leistungen für das dritte Vertragsjahr zu erlassen, vorausgesetzt sie zahlten den

Pachtzins bis zum Ende des zweiten Jahres. Damit war die Angelegenheit erledigt – meinte ich zumindest. Henri und einer seiner Partner bestanden jedoch darauf, den bis zum dritten Vertragsjahr ausstehenden Betrag aus ihrer eigenen Tasche zu leisten. Sie hätten schließlich nur das Beste gewollt, und mir stünde das Geld zu. Meine Lage war zu hoffnungslos, als daß ich das Angebot hätte zurückweisen können. Wieder einmal war Mugongo gerettet.

Und damit nahm eine der mir wertvollsten Freundschaften meines Lebens ihren Anfang. Henri Peyer und seine Frau Suzanne bewohnten in Gisenyi ein Haus auf einem schönen Seegrundstück, wo ich viele glückliche Tage verbrachte. Wenn ich über Nacht blieb, benutzte ich ihr hübsches Gästehaus, dessen Balkon auf den See hinausführte. Morgens erwachte ich von den sanft plätschernden Wellen und dem leisen Gesang der Fischer, die von ihrer nächtlichen Ausfahrt zurückkehrten.

Henri glaubte genau zu wissen, was gut für mich war, und im allgemeinen setzte er seinen Willen durch – egal, ob er nun recht hatte oder nicht. Er gestaltete meine Küche und meinen Vordereingang um und baute eine hübsche Terrasse mit Steinplatten vor mein Haus. Wenn mein Pick-up gerade nicht fahrbereit war (was häufig vorkam), lieh er mir seinen Lastwagen oder seinen Kombi und kümmerte sich auch darum, daß ich in langen Dürrezeiten lastwagenweise Wasser nach Mugongo geliefert bekam. Ich sagte stets, Sembagare sei mein einer Adoptivsohn und Henri der andere.

1977, das Jahr, in dem das Kartoffelprojekt scheiterte, begann mit einem Donnerschlag. Am 10. Januar brach der Nyiragongo aus. Zwar war die Lava in den vorausgegangenen Jahren unaufhörlich gestiegen, dennoch traf uns alle der Ausbruch völlig unerwartet. Wir vernahmen einen ungeheuren Knall, und dunkle, pilzförmige Wolken stiegen auf, die den Atompilzen auf den Fotos täuschend ähnlich sahen und von einem tiefen Dröhnen begleitet wurden. Vom Haus aus konnten wir beobachten, wie innerhalb von Minuten geschmolzene Lava die Berghänge herabfloß und sich mit, wie wir später erfuhren, einer Geschwindigkeit von ungefähr zweihunderfünfzig Stundenkilometern Goma näherte. In der Ebene verlangsamte sich ihre Geschwindigkeit auf fünf Stundenkilometer. Unmittelbar vor dem Flughafen von Goma kam sie zum Stillstand. Drei Stunden später, so sah ich von meiner Terrasse, hatte sich der gewaltige Krater geleert.

Seit jeher ist der Nyiragongo ein Wahrzeichen des Kivu und Teil des Lebens seiner Bewohner. Sein Anblick war uns stets eine Freude. Tagsüber stieg aus seinem weiten Krater weißer Rauch auf, der sich bei Sonnenuntergang rosa färbte und sich des Nachts wie eine feurige, flammendrote Aureole über ihn spannte. Mal war der Schein stärker, mal schwächer, manchmal glühte nur der Rand des Kraters, ein andermal leuchtete der Himmel über dem Vulkan karmesinrot. Ich ging nie zu Bett, ohne mich nicht noch einmal im Bademantel und mit Pantoffeln an den Füßen auf die vordere Veranda zu stellen und mehrere Minuten zu ihm hochzusehen. Da der Mikeno und Karisimbi weiße Spitzen trugen, wirkten die glühenden Auswürfe des nur knapp dreißig Kilometer entfernten Nyiragongo besonders beeindruckend. Wochenlang fielen winzige graue Aschepartikel vom Himmel, füllten die Luft und bedeckten alles ringsum.

Nach dem Vulkanausbruch mußte Goma vorübergehend evakuiert werden. Zum Glück waren nur wenige Menschen umgekommen, da das Gebiet an den unteren Berghängen nahezu unbewohnt war. Der Lavastrom begrub einen Zeltplatz unter sich, auf dem Bergführer campierten, ein Kleinbus mit Touristen konnte nicht mehr aufgefunden werden, und einige Bewohner an den Bergausläufern erstickten in den Gasdämpfen.

Nachdem man in aller Eile eine Brücke über die erstarrte Lava errichtet und die Straße zwischen Goma und Rutshuru wieder freigegeben hatte, begleitete ich Botschafter Frank Crigler, den belgischen Botschafter Jean-François de Liederkerche und ihre Frauen auf einen Ausflug zum Vulkan. Um einen halben Kilometer über die Lavafläche zurückzulegen, brauchten wir eine Stunde. Allerdings hielten wir zwischendurch an, um einen Blick in die Kraterspalten zu werfen, in deren Tiefe es dunkelrot glühte. Dann stiegen wir aus dem Auto und kletterten vorsichtig über die brüchigen Überreste riesengroßer Bäume. Alles ringsum war mit schwarzer Lava bedeckt. Es knisterte unter unseren Sohlen, und als es sanft zu regnen anfing, stieg ringsum Dampf auf. Nirgendwo ein Vogel oder ein Blatt, nirgendwo ein Zeichen von Leben. Nachdem wir die niedriggelegenen Hänge hinter uns gelassen hatten, stießen wir auf den schwarzen Rücken eines unter der Lava halb verschütteten Elefanten – eines der Tausende von Tieren, die beim Ausbruch des Vulkans den Tod gefunden hatten.

Wissenschaftler behaupteten damals, es würde mindestens dreißig Jahre dauern, bis der riesige Krater des Nyiragongo wieder mit Lava aufgefüllt sei. Zu jedermanns Überraschung wurde er jedoch bereits 1994 wieder aktiv, und in der tiefschwarzen rwandischen Nacht erhellte seine flammend rote Glut von neuem das Firmament.

28 Die achtziger Jahre

ANFANG DER ACHTZIGER JAHRE warf der Pyrethrum-Anbau nicht mehr genug ab, um davon leben zu können, und so stellte ich Mugongo auf die Produktion von Schnittblumen um. Ich hatte sehr zwiespältige Gefühle, als ich einen Morgen nach dem anderen der Pyrethrum-Felder umgraben und statt dessen Gladiolen, Nelken, Agapanthus, Iris und verschiedene Arten von Lilien pflanzen ließ. Es machte mich sehr traurig, daß ich die meisten meiner langjährigen Arbeiter entlassen mußte und nur ein gutes Dutzend der geschicktesten behalten konnte. Nach und nach wichen die Felder mit weißen Pyrethrum-Blüten einer farbenprächtigen Landschaft aus rosa, blau und gelb blühenden Blumen, und ich fuhr jeden Freitag mit Sembagare nach Gisenyi und Goma, um Sträuße frisch geschnittener, sorgfältig in Zellophan verpackter Blumen an meine Kunden auszuliefern, deren Kreis immer größer wurde.

In dieser Zeit lief es nicht nur geschäftlich gut, auch mein gesellschaftliches Leben kam wieder in Schwung, in erster Linie deshalb, weil die Hauptstraße zwischen Gisenyi und Kigali befestigt und asphaltiert wurde. Das gewaltige Straßenbauprojekt wurde von Deutschland finanziert, die Arbeiter jedoch stammten fast ausschließlich aus China, und viele von ihnen starben während der Arbeiten. Und so liegt an der Straße als eine Art Denkmal und Sehenswürdigkeit für Reisende ein chinesischer Friedhof mit hohen, schmalen weißen Schildern, darauf die Namen der Toten in schwarzen Schriftzeichen. Heute ist die Fahrt nach Kigali – statt wie früher in sechs Stunden auf einer holperigen Piste – in weniger als drei Stunden zu bewältigen. Die neue Straße hat nicht nur den Frachttransport in Rwanda erleichtert, sie trägt auch erheblich zur Schonung von Autoreifen und Stoßdämpfern bei – von unseren Hinterteilen ganz zu schweigen.

Die politische und wirtschaftliche Stabilität lockte eine wagemutige Schar von Europäern und Amerikanern ins Land, und sowohl gesellschaftlich als auch beruflich eröffnete sich mir eine ganz neue Welt. Es waren einige der schönsten Jahre meines Lebens, ich hatte viele gute Freunde und war rundum zufrieden. Angesichts der vielen neuen Freundschaften und gesellschaftlichen Ereignisse zwischen Gisenyi und Kigali konnte kein Gefühl von Einsamkeit mehr in mir aufkommen.

Nicht weit von Mugongo – in Mudende, wo Alyette de Munck früher ihre Plantage betrieben hatte – bauten die Adventisten eine moderne Universität, die den Namen »L'Université Adventiste de l'Afrique Centrale« bekam. Ihr Rektor, Dr. Elton Wallace aus Kalifornien, seine Frau Evelyn und viele andere ließen sich hier nieder, um zu unterrichten. Wie sehr ich mich freute, daß ich jetzt amerikanische Nachbarn und gute Freunde hatte, die nur zwei Kilometer entfernt wohnten!

Rwandas wichtigste Exportgüter sind Kaffee und Tee, und diese beiden Wirtschaftszweige und die Menschen, die maßgeblich damit zu tun hatten, sollten geschäftlich wie privat bald sehr wichtig für mich werden. In Cyohoha, auf der Teeplantage, die Joe Wertheim aus Westport, Connecticut, gehörte und die von Michael Boyd-Moss, einem der weltweit besten Teeanbauer geführt wurde, fanden phantastische Gesellschaften statt. Seine Frau Shelagh hatte prachtvolle Gärten anlegen lassen, die meinen ernsthaft Konkurrenz machten, und die Tennispartys am Wochenende wurden zu einem festen gesellschaftlichen Termin.

Eine zunehmend wichtige Rolle in meinem Leben spielte in diesen Jahren die Firma Rwandex, die den in Rwanda angebauten Kaffee aufkaufte und vermarktete. Ursprünglich hatte Rwandex drei Besitzer – Anthony Wood, George Drew und Robert Hasson. Tony Wood in Kigali leitete die Firma und war zugleich britischer Honorarkonsul in Rwanda. Er zählt noch heute zu meinen engsten Freunden. Tony besitzt in Kigali ein herrliches Haus an einer der Hauptverkehrsstraßen, der Avenue Paul VI, und das Anwesen mit seinem Park ist immer ein beliebter Treffpunkt für die englischsprachige Gemeinde in Rwanda gewesen. Einer der Höhepunkte im Jahr, dem alle entgegenfieberten, war die Party, die Tony anläßlich des Geburtstages von Königin Elizabeth gab. Doch am meisten schätzten die Menschen an Tony wohl seinen originellen Witz und respektlosen Humor. Einmal zog er sich den Zorn eines britischen Botschafters namens Snodgrass zu, der sich gerade in Rwanda aufhielt, weil er seinen drei Afrikanischen Graupapageien die Worte »Snodgrass, Snodgrass, dummer alter Arsch« beigebracht hatte. Ein andermal fiel er bei einem belgischen Regierungsbeamten (und Besitzer des einzigen Pferdes in Rwanda) in Ungnade, weil er sich weigerte, an dem Abend, als der alte Gaul seinen Gnadenschuß bekommen hatte, an einer Party zu Ehren des verblichenen Tieres teilzunehmen.

1982 bot Tony mir an, die Lastwagen von Rwandex zu nutzen, um Blumen von Mugongo an Kunden in Kigali auszuliefern, was mir einen ganz neuen Markt eröffnete. Von da an beförderten die Zwölftonner, die zwischen dem Betrieb in Gisenyi und Kigali hin und her pendelten, außer den Säcken mit getrockneten Kaffeebohnen auch frische Schnittblumen. Die Blumen wurden sorgfältig in große, locker geflochtene Bambuskörbe von gut einem Meter Länge und einem halben Meter Breite gepackt und mit alten Ausgaben des *Daily Telegraph* abgedeckt, nachdem wir die einzelnen Sträuße in frische Bananenblätter gewickelt hatten, um sie kühl zu halten.

Plötzlich waren Schnittblumen aus Mugongo heiß begehrt, und das Geschäft florierte wie noch nie. Zu meinen Kunden zählten die Hotels und Botschaften in Kigali, die Frauen von Mitarbeitern des diplomatischen Korps und ein Blumengeschäft namens »Iris«. Es dauerte nicht lange, und ich lieferte von Goma aus per Luftfracht auch Blumen nach Kinshasa und Lubumbashi.

Dank Tonys Unterstützung beim Blumentransport kam mein bisher eher schleppendes Geschäft richtig in Schwung, und dafür werde ich ihm immer dankbar sein. In Anerkennung seiner Verdienste als Honorarkonsul bekam Tony im Jahr 1985 von Königin Elizabeth einen Orden verliehen. Er lud vier seiner Freunde aus Rwanda (auch ich hatte die Ehre) per Erster-Klasse-Flug nach London ein, um als seine Gäste bei der Verleihung dabeizusein. Tony sah wirklich großartig aus, als er im Frack und mit einem vornehmen grauen Zylinder im Rolls-Royce am Buckingham Palace vorfuhr. Nach einem mittäglichen Festessen und einer Dinnerparty für hundertfünfzig Gäste begleitete Tony unsere fröhliche Gruppe zu den Orten, wo sich die elegante Londoner Gesellschaft trifft. Wir besuchten eine Vorstellung von *Romeo und Julia* in Covent Garden und speisten in einigen der besten Restaurants der Stadt zu Abend – berauschende Erlebnisse für eine kleine Blumenzüchterin aus Rwanda. Es dauerte eine ganze Woche, bis ich wieder mit beiden Beinen auf der Erde stand, nachdem ich nach Mugongo zurückgekehrt war.

In den achtziger Jahren erlebte Rwanda eine außergewöhnliche Zeit des Friedens, Wohlstands und noch nie dagewesenen wirtschaftlichen Wachstums. Der Ausbau der Transportwege und der Kommunikationssysteme und die Errichtung eines modernen internationalen Flughafens in Kigali veränderten das Land von Grund auf. Dennoch blieb es für die Menschen in Rwanda sehr mühselig, ihre Lebenssituation zu verbessern und vorwärtszukommen, vor allem, weil sie kaum Zugang zu höherer Bildung hatten. Der Staat sorgte dafür, daß jedes Kind bis zur sechsten Klasse unentgeltlich die Grundschule besuchen konnte. Die höheren Schulen waren Internate, für die trotz staatlicher Zuschüsse noch Schulgeld bezahlt werden mußte. Es gab ohnehin nur wenige Familien, die ihren Kindern eine längere Schulausbildung zukommen lassen wollten, und noch weniger konnten es sich leisten, Schuldgeld zu bezahlen. Die Zahl der weiterführenden Schulen in Rwanda war begrenzt und der Kampf um einen Platz deshalb besonders hart. Nur die besten Schüler wurden aufgenommen. Nach erfolgreichem Abschluß einer dreijährigen Sekundarschule durften die Absolventen als Lehrer arbeiten. Schlossen sie noch vier Jahre an, bekamen sie ein Diplom und waren damit berechtigt, an der Universität von Butare zu studieren, die keine Studiengebühren verlangte. Wer die sieben Jahre Sekundarschule absolviert hatte, konnte in Rwanda problemlos eine Stelle finden, und mit einem akademischen Abschluß bekam man so gut wie jede Arbeit, die man haben wollte. Die große Hürde im Bildungssystem waren also die weiterführenden Schulen.

1982 rief ich mit Hilfe von Angehörigen und Freunden in aller Welt ein Projekt zur Unterstützung von Schülern ins Leben. Ich suchte geeignete Paten und schickte ihnen ein Foto und eine Beschreibung des jeweiligen Kindes. Oft entwickelte sich zwischen den Schülern und ihren Paten ein langjähriger Briefkontakt. Die Studiengebühr pro Schüler belief sich auf etwa zweihundert Dollar im Jahr. Ich führte sorgfältig Buch – über die Fortschritte, die Noten und die finanziellen Verhältnisse eines jeden Kindes. Waren die Leistungen nicht zufriedenstellend, wurde die Förderung eingestellt. Im Laufe der Jahre habe ich auf diese Weise Hunderten von Mädchen und Jungen zu einer höheren Schulbildung verhelfen können, und anschließend fanden sie als Lehrer, in Handel und Landwirtschaft oder beim Staat ein gutes Auskommen. Im Jahr 1994 unterstützte mein Projekt zweiundsiebzig Schüler in ganz Rwanda.

Nach den Bedingungen des ursprünglichen, vor langer Zeit mit der belgischen Verwaltung geschlossenen Vertrages sollte das auf fünfunddreißig Jahre vereinbarte Pachtverhältnis für die Hälfte von Mugongo im Jahr 1984 ablaufen. Das bedeutete, daß die Hälfte der Plantage nicht mehr mir gehören würde. Land war knapp im dichtbesiedelten Rwanda und gutes Ackerland äußerst begehrt. Anfang der siebziger Jahre hatte ich einigen Einheimischen erlaubt, sich auf einem Teil meines Landes niederzulassen, und hatte ihnen etwa einen Hektar pro Familie zugewiesen – das Minimum an Anbaufläche, das eine Durchschnittsfamilie zur Selbstversorgung brauchte. 1974 lebten vierzig Familien auf Mugongo, und ich freute mich sehr darüber. Ich hatte ihnen damals geraten, keine Bäume zu pflanzen oder feste Häuser zu errichten, denn ich wußte, daß sie 1984, wenn die Pacht auslief, möglicherweise gezwungen sein würden, wieder zu gehen. Da ich meinte, in ihrem Interesse gehandelt zu haben, erzählte ich einem Bekannten bei der Gemeindeverwaltung, was ich getan hatte.

»Aber nein, Madame«, flüsterte er mir verschwörerisch zu, »das war ein schlechter Rat. Wenn sie Bäume pflanzen und richtige Häuser bauen, wird man sie *nicht* zum Fortgehen zwingen.«

Unverzüglich bat ich die Männer der vierzig Familien zu mir ins Haus und erklärte ihnen, was getan werden müsse. Innerhalb weniger Tage waren die grasgedeckten Lehmhütten verschwunden und an ihrer Stelle stabile Häuser mit Holzpfählen und Wellblechdächern errichtet. Diese Dächer sollten sich am Ende als entscheidender Faktor erweisen. Als der Pachtvertrag 1984 auslief, stattete mir der *préfet* aus Gisenyi einen Besuch ab. Er zeigte sich äußerst verärgert, daß ich all diesen Menschen erlaubt hatte, auf meinem Land zu leben. Vielleicht hatte er mit dieser Immobilie in bester Lage schon eigene Pläne.

»Madame«, begann er mit zornbebender Stimme, »der Grund gehört Ihnen nicht, also können Sie ihn auch nicht verschenken.«

»Ich habe ihn nicht verschenkt«, entgegnete ich mit Unschuldsmiene. »Ich habe den Leuten gesagt, daß sie das Land zehn Jahre lang bebauen können, daß die endgültige Entscheidung aber allein der *préfet* trifft, wenn der Pachtvertrag ausläuft.«

»Aber Madame«, protestierte er, »dazu hatten Sie kein Recht!«

»Nun, wie dem auch sei, ich habe es getan«, erwiderte ich. »Damals war das Land in meinem Besitz, und ich durfte damit tun, was ich wollte.« Dem konnte er nicht widersprechen. »Und noch etwas«, fuhr ich fort, »inzwischen haben die Familien dort Häuser gebaut.«

Das schien den *préfet* nicht sonderlich zu beeindrucken. »Das spielt keine Rolle«, meinte er. »Es sind doch nur Lehmhütten mit Grasdach.«

»O nein«, widersprach ich, »es sind feste Häuser mit Wellblechdach.«

Der *préfet* war wütend, mußte aber zugeben, daß ein Haus mit Wellblechdach ein Faktum ist und es in der Tat schwierig wäre, die Familien zum Verlassen solch solider Häuser zu zwingen. Zu meiner großen Freude und Erleichterung durften die Familien auf Mugongo wohnen bleiben.

Natürlich benötige ich in den folgenden Jahren nicht mein ganzes Land für die Blumenzucht, deshalb erlaubte ich meinen Arbeitern, auf dem restlichen Grund Feldfrüchte anzubauen oder ihre Rinder weiden zu lassen. Sie wissen, daß das Land gepachtet ist und sie es nicht mehr nutzen dürfen, wenn der Besitz einmal verkauft werden sollte.

1983 veröffentlichte Dian Fossey ihr Buch *Gorillas im Nebel*, ein faszinierender Bericht über ihre Arbeit mit den Berggorillas, der weltweit Beachtung fand. Sie arbeitete daran mehrere Jahre zusammen mit einem erfahrenen Lektor von Houghton Mifflin, der das Manuskript kürzte und zahlreiche Passagen umschrieb. Dian war mit dem Ergebnis hochzufrieden. Sie erzählte mir, der Verlag sträube sich gegen den von ihr gewählten Titel und bestehe darauf, daß er geändert werde. Aber Dian war hartnäckig, und so blieb es bei *Gorillas im Nebel.* 1984 kauften die Universal Studios die Filmrechte am Buch.

Das Projekt war ursprünglich als Naturfilm angelegt. Arne Glimcher, der Produzent, traf am 27. Dezember 1985 mit seinem Sohn Paul in Kigali ein. Am folgenden Tag wollte er sich mit Dian in Karisoke treffen. Dian hatte eigens ihre Weihnachtsfeier verschoben, damit die beiden daran teilnehmen konnten. Als Arne und Paul im Hôtel des Milles Collines in Kigali eincheckten, mußten sie zu ihrem Entsetzen erfahren, daß Dian in der Nacht zuvor ermordet worden war. Sofort änderte man das Konzept, und aus dem Naturfilm wurde die Geschichte von Dians Leben.

Paradoxerweise fand Dians Arbeit durch ihren Tod weltweit mehr Beachtung als durch alles andere zuvor. Journalisten strömten nach Rwanda, und es wurden unzählige Artikel über Dian geschrieben – manche auch voller Fehler und Unwahrheiten. Einen dieser Artikel kaufte Warner Bros., um daraus ein Drehbuch zu einem Film über Dian zu entwickeln. Sofort überboten sich Universal und Warner in Hollywood gegenseitig, um die Rechte an Dians Leben zu erwerben. Nach langem Hin und Her und juristischen Manövern kam es schließlich zu einer Einigung, und der Film wurde ein Joint-venture-Projekt von Warner Bros. und den Universal Studios.

Im Sommer 1987 fanden sich Filmleute aus aller Herren Länder auf Mugongo ein, und für uns alle begann eine aufregende Zeit. Nur Sembagare schien völlig unbeeindruckt davon, daß wir nun Hollywoodstars und andere Berühmtheiten in unserer Mitte hatten. Für Sembagare ist Rwanda nämlich der Nabel der Welt, und er ist überzeugt, daß früher oder später einmal jeder nach Mugongo kommt. Sigourney Weaver war die ideale Verkörperung von Dian, ich wurde von der hervorragenden Schauspielerin Julie Harris dargestellt. Beide Frauen sind mir heute noch liebe und teure Freundinnen. Julie erzählte mir, ich sei die einzige lebende Person, die sie jemals im Film gespielt habe, und deshalb würde immer eine ganz besondere Verbindung zwischen uns bestehen. Eine Verbindung, die mir sehr viel bedeutet.

Auch meine Tänzer kamen zu ihrem Auftritt, allerdings wurden diese Szenen aus der Endfassung des Films herausgeschnitten. Es gefiel der Kostümbildnerin überhaupt nicht, wie die Tänzer angezogen waren, und sie gab sich alle Mühe, sie ihrer Vorstellung entsprechend einzukleiden. Schließlich trieb sie zu ihrem Entzücken auf dem Markt in Ruhengeri einen farbenfroh gemusterten Stoff auf, den sie ihnen kunstvoll um den Körper wickelte. Im Film kamen die Tänzer einfach von der Straße in meinen Garten und begannen zu tanzen, aber es blieb unklar, warum sie das taten. Sigourney schloß sich ihrem Tanz an, wie auch Dian es so oft getan hatte. Sie trug ein hübsches pfirsichfarbenes Kleid, das endlich ein bißchen Farbe und Leichtigkeit in den Film brachte. Leider landete die ganze Sequenz am Ende auf dem Boden des Schneideraums.

Sembagare spielte ebenfalls eine wichtige Rolle in dem Film – wenn auch keine ganz so wichtige, wie er gehofft hatte. Als die Drehbuchautorin, eine großartige Frau namens Anna Hamilton Phelan, nach Mugongo kam, um an dem Skript zu arbeiten, stellte sie fest, daß ihr der Name »Sembagare« ganz besonders gefiel – vor allem aber gefiel ihr die »Figur« Sembagare. Dian hatte zwar viele treue Mitarbeiter in Karisoke gehabt, aber nie einen Fährtensucher, dem sie in langjähriger Freundschaft verbunden war, deshalb lieh sich Anna Sembagares Namen und Figur für den Film aus. Sembagare war ein bißchen ungehalten, daß er sich nicht selbst spielen durfte, und noch mehr verstimmte ihn, daß man für diese Rolle einen kenianischen Schauspieler engagierte – der, wie er bemängelte, »nicht einmal Kinyarwanda spricht und

Dian niemals begegnet ist«. Als er später den Film sah, mußte er jedoch zugeben, daß John Omirah Miluwi wirklich gut war und daß er selbst mit dem Englisch, das man in dieser Rolle sprechen mußte, wahrscheinlich überfordert gewesen wäre. Dennoch erfreute sich Sembagare in Rwanda eine geraume Zeitlang durchaus einer gewissen Berühmtheit.

Er erzählte mir, daß die Leute ihn oft fragten: »Bist du das in dem Film, Sembagare?«

»Und was antworten Sie dann?« fragte ich.

»Ich muß ›nein‹ sagen«, erwiderte er betrübt, Opfer seiner Ehrlichkeit. »Ich erkläre ihnen, daß ich nicht Mademoiselle *Fosseys* Sembagare bin, sondern Madame *Carrs* Sembagare.«

»Das stimmt«, bestätigte ich. »Das sind Sie auch.«

Dann gestand er verlegen: »Manchmal habe ich es satt, immer ›nein‹ zu sagen, Madame. Und dann sage ich ›ja‹«, fügte er mit schuldbewußter Miene hinzu.

Die Achtziger hatten jedoch auch ihre dunklen Seiten, denn es waren die Jahre, in denen Aids nach Rwanda kam. Wissenschaftler nehmen an, daß das Aidsvirus aus Zentralafrika stammt und möglicherweise die Mutation eines harmlosen Affenvirus ist. Woher es auch kommen mag, Mitte der achtziger Jahre hörten wir immer häufiger von Menschen, die an dieser schrecklichen neuen Krankheit starben. Das Virus breitete sich entlang der Überlandroute von Mombasa aus, die quer durch Uganda bis nach Kigali und Bujumbura führt. Je weiter die Entwicklung dieser Region voranschritt, je mehr Siedlungen errichtet und Transportwege gebaut wurden, um so schneller verbreitete sich leider auch das Virus. Es fand seinen Weg von der Stadt auf das Land und tauchte schließlich auch in den üppig grünen Hügeln um Mugongo auf.

Homosexualität ist in Rwanda äußerst selten. Die extrem hohe Infektionsrate in Zentralafrika resultiert überwiegend aus heterosexuellen Kontakten und dem Gebrauch nichtsteriler medizinischer Geräte. Bis vor wenigen Jahren war der Hygienestandard in Krankenhäusern und Ambulanzen äußerst mangelhaft, Spritzen wurden solange verwendet, bis sie nicht mehr zu gebrauchen waren. Erst Ende der achtziger Jahre ging man immer mehr zu Einwegspritzen über. Schätzungen zufolge waren 1990 schon dreißig Prozent der Bevölkerung von Kigali HIV-positiv, und sowohl in den Städten wie auf dem Land starben Männer, Frauen und Kinder in erschreckender Zahl.

Als Aids zum ersten Mal in Erscheinung trat, begegneten die Rwander der Krankheit mit einer fatalistischen Haltung oder leugneten schlichtweg das Ausmaß der Epidemie. An irgend etwas stirbt man sowieso, war die einhellige Meinung, an Cholera, Ruhr – oder eben Aids. Anfang der neunziger Jahre leitete die Regierung eine massive Kampagne ein, um die Menschen über die Krankheit zu informieren und gleichzeitig möglichst viel zur Behandlung und Vorbeugung gegen sie zu unternehmen. Als jedoch der Krieg ausbrach und die Menschen zu Tausenden durch Machetenhiebe und Schußwunden starben, geriet die Aids-Epidemie in den Hintergrund.

Besonders im Gedächtnis geblieben ist mir der Fall eines guten Freundes, Naftali Mutabazi, einem sehr gebildeten und angesehenen Mitarbeiter von Rwandex in Gisenyi. Mit einem Mal sah Naftali von Tag zu Tag ausgezehrter aus. Er ging zum Aids-Test, und es wurde festgestellt, daß er infiziert war, ebenso seine Frau Madeline und ihre kleine Tochter Gloria. Man vermutete, daß er sich durch unsaubere Spritzen in einer Ambulanz infiziert hatte, und alle, die ihn kannten, waren zutiefst erschüttert, als sie davon hörten.

Naftalis Vater war Lehrer und Pfarrer einer protestantischen Kirche gewesen und hatte seine Kinder zu gläubigen Christen erzogen. Kaum hatte Naftali von seiner Krankheit erfahren, ging er jeden Tag in die Kirche und verbrachte dort Stunden im Gebet. Anfang Frühjahr 1993 kehrte er an seinen Arbeitsplatz zurück, und es schien ihm wieder gutzugehen. Im April fuhr ich bei Rwandex vorbei, um ihn kurz zu besuchen, und da fragte er mich: »Madame, haben Sie von meinem Wunder gehört?«

»Nein«, erwiderte ich und überlegte, was er wohl meinte. Ich mußte mich sehr zusammennehmen, um nicht in Tränen auszubrechen, als er zu erzählen begann.

Naftalis Gesicht strahlte vor Glück, als er berichtete, daß er eines Nachts eine Vision gehabt habe. Gott sei ihm erschienen, und der Heilige Geist habe ihm verkündet, daß er, Madeline und Gloria von Aids geheilt seien. Er, Naftali, müsse nun allen Menschen kundtun, daß Gott ihm zum Beweis seines festen, unerschütterlichen Glaubens die Gesundheit wiedergegeben habe. Alle sollten erfahren, was der wahre Glaube an Gott bewirken kann, sagte er, sie sollten von seinem Wunder hören und seinem Beispiel folgen. Ich mußte ihm versprechen, seine Geschichte weiterzuerzählen und alle meine Freunde und Mitarbeiter für den 4. Mai zu einem Gottesdienst in Gisenyi einzuladen, damit sie von seiner Vision und von Gottes großem Versprechen erfuhren und selbst sähen, wie gesund und kräftig er, seine Frau und seine Tochter wieder waren.

Zweitausend Menschen, darunter auch viele protestantische Geistliche, drängten sich in der kleinen Kirche und auf dem Vorplatz, um Naftalis Geschichte zu hören. Vor der Menschenmenge stand Naftali mit seiner Familie, und sie erzählten eindringlich von ihrem Wunder. Im August wurde Naftali erneut krank. Er versicherte mir, es sei nur Malaria, und in drei Tagen werde er wieder zur Arbeit gehen. Er starb Anfang September. Tausende kamen zu seinem Begräbnis, und ganz Gisenyi trauerte um ihn. Seine Frau starb einige Jahre später, aber seine Tochter ist noch am Leben und wohnt bei Verwandten in Kigali.

Mit den Jahren gelangte Rwanda – und mit Rwanda auch ich – zu einem gewissen Wohlstand. Doch plötzlich spürte ich, daß ich älter wurde, auch wenn ich nicht wußte, wie und wann es geschah. Ich überließ die Alltagsaufgaben auf der Plantage mehr und mehr Sembagare, und schließlich machte ich ihn zu meinem Geschäftspartner. Der Verkauf von Schnittblumen brachte genug Geld, daß ich davon leben konnte, die Regenzeiten kamen und gingen, und die Arbeiter und ihre Familien erschienen an meiner Hintertür, um mir von ihren Sorgen und Freuden zu erzählen. Sonntags fanden sich zahlreiche Besucher und die Tänzer bei mir ein, und Tag für Tag dankte ich Gott, daß er mir Mugongo geschenkt hatte, und für mein glückliches, erfülltes Leben.

FÜNFTER TEIL

29 Krieg

Im folgenden Auszüge aus einer Rede, die Präsident Habyarimana am 25. November 1984 zum fünfzigsten Jahrestag der Gründung des Akagera-Nationalparks hielt:

> »Da unsere Welt in immer größerem Maße Methoden einsetzt, die die Natur ausbeuten, müssen wir uns dem Kampf zum Schutz der Umwelt anschließen, und das nicht nur aus nationalem oder regionalem Interesse, sondern um ein Erbe zu erhalten, das der ganzen Menschheit gehört ...
> Wir bemühen uns, ein in unseren Augen lebensnotwendiges Gleichgewicht zu bewahren – das Gleichgewicht zwischen dem Menschen und seiner Versorgung mit Nahrung, das Gleichgewicht zwischen Gesellschaft, Kultur und Ökologie. Dies wird uns jedoch erschwert durch unser Bevölkerungswachstum, unseren Mangel an Ackerland und dem bescheidenen Ausmaß unserer Landesgrenzen. Angesichts dieser Hemmnisse, die dem Fortschritt entgegenstehen, sind wir oft versucht, zu offenbar einfachen Lösungen zu greifen. Aber die einfachen Lösungen lassen die ökologischen Fragen außer acht. ...
> Da wir immer weniger landwirtschaftlich nutzbares Land zur Verfügung haben, würde die Öffnung des Akagera-Nationalparks (für die Besiedlung durch den Menschen) den Druck, unter dem wir stehen, vermindern. Wenn sich die Regierung jedoch auf solch einen unvernünftigen Schritt einließe und derartigen Vorschlägen zustimmte, müßte sich Rwanda meiner Meinung nach über kurz oder lang dafür verantworten, ein grundlegendes, lebenswichtiges Gut zu-

gunsten eines heiklen und fragwürdigen Nutzens, fortgegeben zu haben. Gerade weil das natürliche Gleichgewicht in dieser Region so leicht zerstört werden kann, würde es unter dem Einfluß der Menschen leiden. Die Folgen wären unabsehbar, mit größter Wahrscheinlichkeit jedoch verheerend.«

Generalmajor Juvénal Habyarimana
Präsident der Republik Rwanda

Präsident Habyarimana, ein charismatischer und hochgebildeter Hutu aus der Nordwestprovinz Rwandas, war im Jahr 1973 durch einen unblutigen Staatsstreich an die Macht gekommen. Er hatte in Europa eine militärische Ausbildung erhalten und in der Regierung Kayibanda als Verteidigungsminister gearbeitet. Nach seinem Amtsantritt als Präsident gründete er das Mouvement Révolutionnaire National pour le Développement (MRND). Die von ihm geführte Zweite Republik trat ein für Stabilität, nationale Einheit und das Ende der ethnischen Auseinandersetzungen. Er entwickelte ein Quotensystem, mit dem sichergestellt wurde, daß Posten in Regierung, Wirtschaft und Sozialwesen gemäß der ethnischen Zusammensetzung der Bevölkerung vergeben wurden – fünfundachtzig Prozent an die Hutu und fünfzehn an die Tutsi. Sowohl bei den Hutu wie bei den Tutsi fand Präsident Habyarimana während seiner einundzwanzigjährigen Amtszeit breite Unterstützung.

Unter seiner Regierung lebte das Land in verhältnismäßiger Eintracht und – dank eines stetig fließenden Stroms von Wirtschaftshilfe – in Wohlstand. In allen Kommunen richtete man Ambulanzen, Entbindungsstationen und Beratungsstellen für Familienplanung ein. In der Landwirtschaft und Tiermedizin wurden zahlreiche fortschrittliche Projekte durchgeführt. Kostenloser Schulbesuch bis zur sechsten Klasse wurde für die Kinder des Landes Pflicht, und die weiterführenden Schulen und Universitäten füllten sich mit lernbegierigen Jugendlichen. Man verbesserte die Infrastruktur durch Projekte im Transportwesen, der

Telekommunikation, durch Wasserkraftwerke und den Bau des modernen Internationalen Flughafen von Kigali. Die Wiederaufforstung wurde eingeleitet, und zu den vordringlichsten Zielen gehörte der Erhalt der Nationalparks und der Artenvielfalt. Im Jahr 1990 wies das kleine Rwanda mehr Naturschutzgebiet pro Quadratkilometer aus als jedes andere Land der Welt. Allein der Akagera-Nationalpark nahm mehr als zehn Prozent der Landesfläche Rwandas ein. Dank des fruchtbaren Bodens produzierten die vielen in der Landwirtschaft tätigen Menschen für die ständig wachsende Bevölkerung Rwandas von annähernd acht Millionen Lebensmittel im Überfluß. Die Arbeiter verdienten gut; es gab eine Alters- und Behindertenvorsorge. Obwohl Rwanda in großem Ausmaß auf die Hilfe des Auslands angewiesen war, gehörte es zu den wenigen Staaten Afrikas, die sich ernsthaft bemühten, ihre Schulden zurückzuzahlen.

Ich hatte das Glück, Präsident Habyarimana und seine Familie persönlich kennenlernen zu dürfen, und ich hielt ihn für einen weitsichtigen, äußerst integren Mann. Ende der achtziger Jahre verbreitete sich jedoch das Gerücht, innerhalb der Regierung herrsche Korruption und Vetternwirtschaft. Die Bürger waren gezwungen, Erkennungskarten mit ihrer ethnischen Zugehörigkeit bei sich zu tragen und man erhob den Vorwurf, das Quotensystem werde dazu benutzt, Tutsi von der Teilnahme am Wirtschaftsleben und am Besuch von Bildungseinrichtungen auszuschließen. Als der Weltmarktpreis für Kaffee sank – Rwandas wichtigster Exportartikel –, führte das zu einer schweren Wirtschaftskrise. Bis zum Jahr 1990 hatte die Regierung den rwandischen Franc um mehr als sechzig Prozent abgewertet, die Einfuhrzölle erhöht, die Preise festgeschrieben und eine zehnprozentige Umsatzsteuer auf Waren und Dienstleistungen eingeführt. In den Städten stieg die Kriminalität, und Aids griff in besorgniserregendem Ausmaß um sich. Außerdem wurde gemunkelt, auf Habyarimana seien von Widersachern aus den Reihen seiner Regierung mehrere Attentatsversuche verübt worden.

1990 drängten die Vereinigten Staaten und Europa die Regierung Rwandas, das Mehrparteiensystem einzuführen. Als die Weltbank und andere Kreditinstitute drohten, die Wirtschaftshilfe einzufrieren, sah sich Habyarimana gezwungen, Oppositionsgruppen zuzulassen. Binnen eines Jahres gründeten sich in Rwanda sechzehn politische Parteien, die sich weniger auf unterschiedliche Programme als auf ethnische oder religiöse Zugehörigkeit stützten. Viele ähnelten eher einem gesellschaftlichen Club als einer politischen Organisation, und sie zersplitterten das Land zu einem Zeitpunkt, als nationale Einheit dringend angesagt gewesen wäre. Das Mitglied einer Partei von dem einer anderen zu unterscheiden, gestaltete sich so schwierig, daß man verschiedenfarbige Mützen einführte. Im ganzen Land trugen die Menschen nun leuchtend bunte Kopfbedeckungen. Kleine blaue und grüne Kappen standen für die eine Partei, rosafarbene und gelbe für die andere. Auf Mugongo wurde der Parteienstreit so heftig ausgetragen, daß ich schließlich das Tragen von Parteimützen verbieten mußte. Mein Koch Mikingo sagte damals: »Diese Demokratie bringt uns noch alle um, Madame.«

In der letzten Septemberwoche des Jahres 1990 fuhr Präsident Habyarimana zum Weltkindergipfel der Vereinten Nationen nach New York. Am 1. Oktober sollte er nach Denver, Colorado, weiterreisen, wo man ihn für das leidenschaftliche Eintreten seiner Regierung für den Erhalt der gefährdeten Berggorillas und seinen beispiellosen Einsatz für den Artenschutz ehren wollte.

Am Morgen desselben Tages drang unter der Führung von Generalmajor Fred Rwigema die ugandische Armee von Norden her nach Rwanda ein und brachte am Grenzposten Kagitumba rwandische Regierungsbeamte um. Die Soldaten setzten ihren Weg zur nahegelegenen Stadt Gabiro fort und nahmen im Handstreich den dort gelegenen rwandischen Militärstützpunkt ein. Rwigema genoß in Uganda einen legendären Ruf; er hatte bereits als stellvertretender Armeechef und als stellvertretender Verteidigungsminister des Landes gedient. Am ersten Tag der Invasion kam er jedoch ums Leben.

Habyarimana kehrte unverzüglich aus den Vereinigten Staaten nach Rwanda zurück, nicht ohne jedoch zuvor in Paris und Brüssel einen kurzen Zwischenaufenthalt einzulegen. Er bat dort um militärischen Beistand gegen diesen unprovozierten Überfall. Belgien kommandierte sechshundert Fallschirmsoldaten ab, um seine sechzehnhundert in Rwanda lebenden Landsleute zu schützen, Frankreich entsandte einhundertfünfzig Fremdenlegionäre, die die Sicherheit seiner Staatsbürger und des Internationalen Flughafens von Kigali garantieren sollten.

Die Verantwortlichen in Rwanda gingen davon aus, von internationaler Seite würde dieser Akt der Aggression gegen das rwandische Volk verurteilt werden, und erwarteten, daß man ihnen in dem Konflikt zur Seite stand – wie damals dem kleinen Kuweit, als es vom Irak überfallen wurde. Zur Bestürzung der Rwander schlugen sich Weltpresse und -öffentlichkeit jedoch mehrheitlich auf die Seite der ugandischen Rebellen. Die Invasionstruppen setzten sich hauptsächlich aus Deserteuren der ugandischen Armee und aus Tutsi-Exilanten zusammen – den Söhnen und Enkeln jener Familien, die während des Aufstands von 1959 nach Uganda geflohen waren. Sie waren in Uganda geboren und vom ugandischen Heer ausgebildet worden, sie sprachen nicht Französisch, sondern Englisch, viele nicht einmal Kinyarwanda. Aber jeder, der ihnen begegnete, schien von diesen großen, stattlichen, englischsprechenden Offizieren beeindruckt, wenn sie sich in Kampala zum Interview stellten – während man dem armen belagerten Rwanda vorwarf, daß es ihnen sein Land nicht kampflos aushändigte.

Rwanda hatte seine Mittel in die Landwirtschaft, die Infrastruktur, die Bildung und den Schutz der Natur investiert – nicht in die Rüstung. Demzufolge bestand Rwandas Armee aus einer schlecht ausgebildeten Truppe von knapp fünftausend Mann. Gegenüber dem geschulten und hochgerüsteten ugandischen Heer, das ursprünglich mehr als zehntausend Soldaten zählte, waren sie hoffnungslos unterlegen. Die Rebellen nannten sich Front Patriotique Rwandais (FPR) oder *inkotanyi*, die »Unbesiegbaren«, und hatten es sich zum Ziel gesetzt, die gegenwärtige Regierung zu stürzen und die Herrschaft der Tutsi wiederherzustellen.

Mit ihrem ersten Angriff weckten sie den alten Völkerhaß, und in den Hutu wuchs die Furcht, erneut unter die Knute der Tutsi zu geraten. Freiwillige wurden aufgerufen, sich für das rwandische Heer zu melden. Zumeist schrieben sich Arbeitslose ein, die sich von der Aussicht auf eine Uniform, ein Paar Stiefel, einen festen Lohn und das Versprechen auf zwei Flaschen Bier pro Abend hatten locken lassen. Anfangs waren sie ein bunt zusammengewürfelter, disziplinloser Haufen.

Von offizieller Seite ordnete man die Beschlagnahmung aller Waffen und Munition in Privatbesitz an und durchsuchte zu diesem Zweck jedes Haus einer Tutsi-Familie. Tausende vermeintlicher Tutsi-Sympatisanten wurden festgenommen und ohne Anklage inhaftiert. Als man die Hausdurchsuchung bei einem nahmhaften Beamten durchführte, soll er gesagt haben: »Nehmen Sie sich lieber die Häuser der Freunde des Präsidenten vor.« Ein anderer wurde mit den Worten zitiert: »In nur drei Tagen sind achtzehn Jahre außergewöhnlich erfolgreicher Aussöhnungsbemühungen zunichte gemacht worden.«

Mitte Januar 1991 nahmen die Rebellen Ruhengeri ein. Der Kommandeur des örtlichen Regierungsheeres, ein Tutsi, übergab die Stadt ohne Schußwechsel und händigte ihnen auch noch den Gefängnisschlüssel aus. Hunderte von politischen Gefangenen kamen daraufhin frei. In den Vulkanhängen im Gebiet von Karisoke kam es hingegen zu schweren Kämpfen. Um einen Film über die Berggorillas zu drehen, hielten sich dort gerade ein IMAX-Filmteam und der Primatologe George Schaller mit Frau auf. Außerdem waren kurz zuvor einige Fotografen von *National Geographic* eingetroffen, die die Filmarbeiten dokumentieren sollten. Man wies die gesamte Mannschaft an, die Arbeit einzustellen und sich unverzüglich in das Lager von Karisoke zu flüchten. Die Schallers, das IMAX-Team und die dort lebenden Forscher wurden schließlich mit Hilfe französischer Fallschirmsoldaten nach Kigali in Sicherheit gebracht. Die Fotografen von *National Geographic* hingegen flohen nach Ruhengeri, wo sie sich kurz darauf im Hotel Muhavura unter die Betten kauerten, weil Gewehrkugeln die Fensterscheiben zerschmetterten. Sie wurden von den Rebellen als Geiseln genommen und erst nach einer ganzen Weile wieder freigelassen.

Dr. Liz McFie, die Tierärztin des Volcano Veterinary Center, leitete beherzt die Flucht von mehr als einem Dutzend verängstigter Zivilisten von ihrem Gelände auf Kinigi nach Mugongo. Sie brachte einen schwarzen Affen namens Kiki mit, dem sich, da er am liebsten Blumen fraß, auf meiner Plantage ein wahres Affenparadies eröffnete. Die Geflohenen berichteten, daß die Einwohner Ruhengeris mit nichts anderem als Speer und Bogen bewaffnet die Stadt verließen. Liz hoffte, nach Kinigi zurückkehren zu können, um zwei Schimpansen zu holen, die sie hatte zurücklassen müssen. Doch einige Tage später hörte sie, daß ihr Haus und die Tierklinik zerstört und die beiden Schimpansen wahrscheinlich tot waren.

Die Rebellen schlossen die Grenze Rwandas nach Uganda und schnitten damit Öltransporten und anderen Importgütern den Weg ab. Die FPR war von Uganda mit den neuesten Waffen und Ausrüstungsgegenständen ausgestattet worden, unter anderem mit gepanzerten Fahrzeugen, Maschinengewehren und Geschützen. Bei ihrem Marsch auf Kigali benutzten sie Bauern als menschliche Schutzschilde. Beide Seiten begingen Greueltaten und verletzten die Menschenrechte, und schon bald verfügte man landesweit eine nächtliche Ausgangssperre.

Die Rebellen verbargen sich in den Ausläufern der Vulkane und schwärmten nachts zu ihren Überfällen aus. An einem wolkenverhangenen Tag im Februar flog plötzlich ein Hubschrauber tief über Mugongo hinweg und feuerte einen Kugelhagel und Granaten auf die Felder und Wälder der tiefergelegenen Hänge des Karisimbi. Trotz meiner Befürchtung, die *inkotanyi* könnten jeden Augenblick aus dem nahegelegenen Wald brechen, sah ich vom Garten aus fasziniert zu. Des Abends ging ich oft nach draußen zu den Spargelbeeten, wo mein Nachtwächter und die Schäfer im Schein des Mondes und fröstelnd in der abendlichen Kühle Wache standen – ein jeder gestützt auf einen langen Holzspeer. Gemeinsam lauschten wir dem Gewehrfeuer aus dem Militärcamp knapp zehn Kilometer entfernt und dem Donnern der Geschütze, das aus Richtung der Vulkane her zu uns drang.

Die rwandischen Streitkäfte eroberten Ruhengeri schließlich zurück, und am 31. März 1991 unterzeichnete man in der zairischen Hauptstadt Kinshasa ein Waffenstillstandsabkommen. Die inhaftierten Tutsi wurden freigelassen und Militärbeobachter aus drei afrikanischen Staaten nach Rwanda abkommandiert, um das Einhalten der Feuerpause zu überwachen. Doch bereits zwei Wochen später wurde der Waffenstillstand gebrochen, und in den Jahren 1991 und 1992 kam es immer wieder zu vereinzelten Kämpfen.

Die Forderung der FPR, den mehr als eine halbe Million im Ausland lebenden rwandischen Tutsi die Rückkehr in ihre Heimat zu ermöglichen, galt als einer der umstrittensten Punkte. Rwanda war in jenen Tagen das am dichtest besiedelte Land Afrikas; acht Millionen Menschen lebten auf einem Gebiet, das halb so groß wie die Schweiz war. Als gläubige Katholiken hatten die Rwander die höchste Geburtenrate der Welt. Diese Ausgangsbedingungen und die schwache Ökonomie des Landes ließen die Heimkehr einer großen Anzahl von Menschen unmöglich erscheinen, wollte man untragbare wirtschaftliche und ökologische Auswirkungen vermeiden.

Anfang Februar 1993 leitete die FPR ihren größten und erfolgreichsten Angriff ein. Zum zweiten Mal fiel Ruhengeri in ihre Hände. In Städten und auf dem Lande kam es zu Massakern und Artilleriegefechten, die Zahl der Toten stieg unvermindert. Da man einen Angriff auf Gisenyi befürchtete, mahnte man die dort ansässigen Franzosen zur Flucht, und die US-Botschaft riet mir eindringlich, mich ihnen anzuschließen. Doch wieder einmal blieb ich stur bei meiner Weigerung, von Mugongo fortzugehen. Wie konnte ich mein Heim, meine Tiere und all die von mir abhängigen Menschen im Stich lassen, die sich an mich wandten, wenn sie neuen Mut und Zuversicht schöpfen wollten?

Eine der tragischsten Begleiterscheinungen des Krieges war das Eindringen der Rebellen in den Nordteil des Akagera-Nationalparks. Sie metzelten einen Großteil des Wildbestands hin – Elefanten, Flußpferde, Nashörner, Schimpansen und Löwen. Über die Hälfte der zweiundvierzig dort lebenden Elefanten kam um. Und in dem verzweifelten Versuch, endlich die Besiedlung des Naturschutzgebiets zu erzwingen, brannten sie mehr als ein Viertel der Fläche ab.

Auch der Parc National des Volcans, der die Hälfte des Weltbestands an Berggorillas beheimatete, blieb nicht vom Krieg verschont. Die Rebellen kampierten im Naturschutzgebiet, vernichteten den Lebensraum der Tiere und bedrohten auf diese Weise ihren Fortbestand. Parkwächter, Tierärzte und Forscher wurden vertrieben und das Forschungszentrum Karisoke geplündert und zerstört. Viermal fielen 1992 Bomben auf das Volcano Veterinary Center, drei seiner Wächter fanden bei Schießereien den Tod.

Als Chaos und Zerstörung immer weiter um sich griffen, kam mein Blumenhandel zum Erliegen. Viele meiner Kunden hatten Rwanda verlassen, weil sie sich nicht mehr sicher fühlten, und die Straßensperren des Militärs und Schießereien in aller Öffentlichkeit machten die Lieferung der Blumen nach Gisenyi schwierig, wenn nicht gar unmöglich.

Während Angst und ein Gefühl der Ohnmacht die Nation lähmten, drängte Präsident Habyarimana das Volk, »wachsam« zu sein. Einfache Bauern, einen Speer oder Pfeil und Bogen in der Faust, standen Wache oder taten das, was sie unter Wache stehen verstanden. Ärmlich gekleidete Zivilisten errichteten aus Felsbrocken Straßensperren und kontrollierten die Papiere jedes Reisenden, der vorbeikam. Meist hatten sie nicht die geringste Vorstellung, worauf sie ihr Augenmerk lenken sollten, und manchmal starrten sie angestrengt auf ein Dokument, das sie sich verkehrt herum vorhielten. An einem dieser Kontrollposten forderte man eine Gruppe Kanadier auf, ihre Taufurkunden vorzuweisen.

Im April 1992 begannen in der tansanischen Stadt Arusha Friedensgespäche. Jeder Bürger von Rwanda betete, daß die Verhandlungen zur Beendigung des Krieges führten, doch die Forderungen der FPR waren so unangemessen, daß sich die Gespäche über fast achtzehn Monate hinzogen. Unter dem Druck der Weltöffentlichkeit und angesichts der steigenden Zahl der Opfer sowohl beim Militär als auch unter den Zivilisten, machte Präsident Habyarimana der FPR einige Zugeständnisse, die von der Hutu-Mehrheit in der Heimat scharf verurteilt wurden. Zudem schürten sie bei ihnen neue Ängste. Der Friedensvertrag sah die Bildung einer Übergangsregierung vor, die sich aus Mitgliedern der FPR und der bisherigen Regierung zusammensetzen sollte. Außerdem sollten die Streitkräfte Rwandas und der FPR zusammengefaßt und den Tutsi-Exilanten eine Rückkehr in ihre Heimat garantiert werden. Habyarimana würde zwar Präsident bleiben, seine Macht aber drastisch beschnitten werden.

Dem feierlichen Vertragsabschluß wohnten die Präsidenten von Rwanda, Burundi, Tansania, Uganda und der Organisation für Afrikanische Einheit bei. Außerdem waren bei der Zeremonie die Regierungschefs von Ägypten, Kenia, Zaire und dem Senegal anwesend. Zwar kam der Vertrag am 4. August 1993 zur Unterschrift, doch umgesetzt wurde er nie.

In den knapp drei Kriegsjahren verloren sechstausendfünfhundert Menschen ihr Leben, mehr als eine Million wurden vertrieben. Bauern aus Rwandas fruchtbarsten Ackergebieten mußten ihre Felder aufgeben und fliehen. Es herrschte ein Mangel an Lebensmitteln, und das Land stand kurz vor einer Hungerkatastrophe. Zwischen Ruhengeri und Kigali wuchsen traurige Flüchtlingslager aus dem Boden. Angewiesen auf die Zuwendungen von Hilfsorganisationen, gekleidet in Lumpen und gezwungen, auf der Suche nach Baumaterialien und Feuerholz die Wälder zu durchstreifen, hausten darin jene, deren Heim und Felder im Kampfgebiet lagen.

In den Herzen der Vertriebenen, der Verwundeten, der Angehörigen von im Kampf Gefallenen wuchs der Haß auf die Tutsi-Rebellen aus Uganda, die ihr friedliches Land verwüstet hatten. Ich teilte ihre Gefühle, doch nie hätte ich mir ausmalen – oder gar vorstellen – können, daß das, was folgte, in der Geschichte der Menschheit einen neuen tragischen Maßstab setzen sollte.

30 Genozid

Am Abend des 6. April 1994 wurde das Flugzeug mit Präsident Juvénal Habyarimana an Bord beim Anflug auf Kigali abgeschossen und stürzte in den Park seiner Residenz. An Bord befanden sich außer ihm Präsident Cyprien Ntaryamira von Burundi, fünf Kabinettsminister und die dreiköpfige Crew. Das Flugzeug war auf dem Rückflug von einer Friedenskonferenz in Tansania. Keiner der Passagiere überlebte.

Die Identität der Attentäter wurde nie ermittelt. Viele vermuteten die FPR (Front Patriotique Rwandais) hinter dem Anschlag, die schwer enttäuscht über die Nichterfüllung des Friedensabkommens war. Andere wiederum wähnten die Täter in den Reihen der Präsidentengarde, unter denen etliche waren, die einen harten Kurs verfolgten und sich jeglicher Aussöhnung vehement widersetzten. Es ging sogar das Gerücht, die Belgier hätten den Absturz verursacht, da das Flugzeug von einer Boden-Luft-Rakete abgeschossen worden war – Waffen, über die das rwandische Militär oder die FPR-Einheiten kaum verfügten.

Ich war fassungslos, als mich die Nachricht am nächsten Morgen erreichte. Als ich meinem Koch Mikingo erzählte, der Präsident sei tot, weiteten sich seine Augen vor Schreck, und er meinte: »Madame, das ist das Ende der Welt.« Niemand erschien an jenem Tag zur Arbeit, über ganz Mutura lag beklommenes Schweigen. Schmerz und dunkle Ahnungen nahmen mir jegliche Kraft. Es dauerte nur wenige Tage, bis Entsetzen und Trauer sich in gewalttätigen Rachedurst verwandelten und militante Hutu-Extremisten übers Land zogen, tausende Jugendliche zusammentrommelten und in ihnen eine rasende Wut gegen die Tutsi schürten.

Am Nachmittag des 8. April sahen wir eine Schar feindselig gesinnter junger Männer, die mit Knüppeln bewaffnet die Nebengebäude der Plantage durchsuchten. Als ich sie deswegen zur Rede stellte, riefen sie wütend, sie wären auf der Suche nach Tutsi, und einer von ihnen schrie: »Wir wissen, daß Sie hier Tutsi versteckt halten!«, woraufhin ich ihnen befahl, das Gelände zu verlassen, was sie schließlich auch taten. Sie hatten richtig vermutet, bei mir hielten sich Tutsi versteckt. Mein Hirte Gafeza, seine Frau, seine Mutter und seine Kinder verbargen sich in meinem Haus, und mehr als ein Dutzend weitere Tutsi hatten im Trockenhaus und anderen Gebäuden auf der Plantage Unterschlupf gefunden.

Als ich am folgenden Morgen aufwachte, war mein Haus von mindestens zwanzig Jugendlichen umstellt, die Knüppel schwangen und herumschrieen. Einige der Jungen kannte ich schon, seit sie Babys waren. Sie stürmten durchs Haus und über das Grundstück, suchten in Schränken und unter Betten nach Menschen, die zeitlebens Nachbarn und Freunde gewesen waren. Mir blieb nichts anderes übrig, als ihnen stumm und mit verhaltenem Zorn zuzusehen und zu beten, daß es den armen, verängstigten Menschen, die sie suchten, gelungen war, zu fliehen.

Spätnachmittags kehrten die Jugendlichen zurück, ließen sich auf der Gartenmauer nieder und fuchtelten mit ihren Waffen herum. Ich ging auf sie zu und fragte sie, warum sie zurückgekommen seien.

»Einen haben wir noch immer nicht gefunden«, riefen sie. »Wahrscheinlich hält er sich unter dem Dach Ihres Hauses versteckt.«

»Ihr scheut euch doch nicht, auch alte Frauen umzubringen«, erwiderte ich, »wenn ihr also jemanden umbringen wollt, dann nehmt mich. Bringt mich um.«

Entsetzt sahen sie mich an. »O nein, Madame.«

Mindestens acht Menschen wurden an jenem Samstag auf Mugongo getötet. Auch Gafeza, seine Frau und das Baby waren unter den Opfern. Sie wurden auf der Flucht vor den brutalen jungen Schlägern in den Feldern zu Tode geprügelt. Am Abend fand ich Fetzen zerrissener Kleidungsstücke, Fotos und Ausweise auf den Wegen. Zum ersten Mal in all meinen Jahren auf Mugongo war es zu solchen Gewalttätigkeiten gekommen. Ich war zutiefst niedergeschlagen über dieses sinnlose Massaker an unschuldigen Menschen, aber auch außer mir vor Empörung. Gleichzeitig erfaßte mich lähmende Angst. Damals hielt ich das Vorkommnis für einen Einzelfall. Ich hatte keine Ahnung, daß sich überall im Land Ähnliches abspielte. Erst Wochen später, als sich die Berichte über derartige Greueltaten häuften, begriff ich allmählich das ganze Ausmaß des Blutbads.

Seit dem Tag der Ermordung des Präsidenten herrschten in Kigali Anarchie und Terror. Soldaten und Wachen von Habyarimana zogen blutgierig durchs Land und trieben oppositionelle Politiker und ihre Familien zusammen. Kabinettsminister wurden entführt, den amtierenden Ministerpräsidenten richtete man hin. Auch zehn belgische Blauhelme und siebzehn Jesuitenpater fielen den Mördern zum Opfer, wurden gefoltert und getötet. Es kam zu Auseinandersetzungen zwischen dem rwandischen Militär und den von den Tutsi geführten FPR-Einheiten. Verschiedene Armeegruppen und zivile Banden zogen durch die Straßen, griffen Tutsi und Tutsi-Sympathisanten sowie alle Mitglieder der politischen Opposition an, derer sie habhaft wurden.

Eines Sonntagmorgens erwachte ich um sechs Uhr von heftigem Klopfen an der Eingangstür. Belgische Soldaten befahlen mir, umgehend das Haus zu verlassen. »Sie haben genau fünf Minuten, um zu packen!« riefen sie. Diesmal zögerte ich keinen Augenblick. Benommen und noch im Nachthemd stopfte ich hastig wichtige Papiere und Fotos, meine Schmuckkassette und ein paar Kleidungsstücke in einen kleinen Koffer. Ich erwog kurz, die Hunde mitzunehmen, entschied mich aber dagegen, da ich glaubte, man würde mich nur nach Gisenyi bringen, wo ich solange bleiben sollte, bis sich die Lage wieder beruhigt hatte. Ich ließ Mikingo etwas Geld da und erklärte ihm, ich sei in ein paar Tagen zurück. Leider hatte ich keine Gelegenheit, mich von Sembagare zu verabschieden.

Die amerikanische Botschaft hatte meine sowie die Evakuierung Dutzender anderer Ausländer, größtenteils Amerikaner der Adventisten-Universität in Mudende, veranlaßt. Der aus dreizehn Autos und Militärfahrzeugen bestehende Konvoi verließ das zerstörte Campusgelände und machte sich langsam auf den Weg nach Mutura. Mit Knüppeln und Speeren bewaffnete Männer und Jungen säumten die Straße, drohten mit den Fäusten und brüllten Beleidigungen. Lauter Menschen, die mir seit Jahren bekannt waren und deren Herzen ich zu kennen geglaubt hatte, manche von ihnen seit ihrer Kindheit. Was war binnen weniger Tage geschehen, daß sie sich von friedlichen Bauern in kaltblütige Mörder verwandelt hatten? In Dreierreihen standen sie an der Straße und sahen uns haßerfüllt an. Ich kurbelte das Fenster herunter und rief ihnen zu: »Ihr seid Teufel!«, woraufhin mich der belgische Soldat scharf zurechtwies, ich solle sie um Himmels willen nicht provozieren.

In Gisenyi trennte ich mich von den Adventisten und wurde zum Haus von Henri und Suzanne Peyer gebracht. Wir versprachen einander, Rwanda nie zu verlassen. Doch am 11. April wurden alle Ausländer zwangsweise nach Goma evakuiert. Als wir in Zaire ankamen, warteten bereits Freunde und nahmen uns herzlich auf. In den darauffolgenden Tagen drangen Berichte über Greueltaten zu uns, so daß die meisten der Evakuierten ihre Ausreise nach Europa in die Wege leiteten. Als ich erfuhr, daß in Mutura Hunderte von Tutsi getötet worden waren und vermutlich auch Sembagare nicht mehr lebte, war ich mit meinen Kräften am Ende und buchte den letzten verfügbaren Platz in einer Privatmaschine nach Bujumbura.

Wie betäubt vor Kummer und Sorge verließ ich mein geliebtes Rwanda. Von Bujumbura ging es weiter nach Brüssel, wo ich einige Tage in Wehmut bei der Familie Boreel verbrachte. Von dort flog ich nach San Francisco und wurde am Flughafen von meinen lieben Freunden Elton und Evelyn Wallace und Scott und Diane Heldfond in die Arme geschlossen. Scott und Diane überließen mir liebenswürdigerweise ihr Gästehaus in St. Helena im Napa Valley, wo ich mich mehrere Wochen von den Strapazen erholen konnte. Schließlich flog ich zu meiner Familie an die Ostküste.

In den Monaten April und Mai erreichte der Genozid horrende Ausmaße. Stundenlang saß ich wie gebannt vor dem Fernseher und sah Bilder, die mich bis ans Ende meines Lebens verfolgen werden. Haßerfüllte extremistische Hutu begingen Gewalttaten von beispielloser Brutalität an den Tutsi. Sie erstellten Listen mit den Namen bevorzugter Opfer, marschierten durch Kigali und durchsuchten Haus für Haus, trieben Oppositionsführer und ihre Familien zusammen, brachten Regierungsbeamte, Nonnen, Priester, Mitarbeiter von Hilfsorganisationen und Menschenrechtsaktivisten um. Täglich schickten Radiosender haßerfüllte Appelle durch den Äther und riefen zum Mord an den Tutsi und Angehörigen der Opposition auf. Extremistische Hutu-Milizen, die den Namen *interahamwe* trugen, was soviel heißt wie »die gemeinsam angreifen«, bildeten Todesschwadrone und zogen durch die Straßen. Kein Tutsi war mehr sicher. Die Menschen wurden aus Häusern, Büros und Kirchen gezerrt und von Banden betrunkener junger Männer mit Gewehren, Granaten, Macheten und Äxten exekutiert. Patienten wurden in Krankenhausbetten massakriert. Verstümmelte Leichen lagen auf den Straßen Kigalis verstreut und türmten sich in jedem Gebäude. Zwanzigtausend Männer, Frauen und Kinder – zumeist Tutsi – starben allein in den ersten vier Tagen.

Schon bald wurden Lebensmittel und Trinkwasser knapp. Der Strom wurde abgeschaltet, Telefonleitungen lahmgelegt und die medizinische Versorgung brach zusammen. Überall herrschte Chaos, in der Luft hing der Rauch niedergebrannter Dörfer und der Gestank Tausender verwesender Leichen. Doch bei all dem Gemetzel gab es auch Taten außerordentlicher Tapferkeit und Opferbereitschaft, denn viele Hutu setzten ihr Leben aufs Spiel, um Tutsi-Freunde und -Nachbarn in Sicherheit zu bringen.

In Rwanda herrschten zwei Kriege gleichzeitig. Zum einen der Kampf zwischen den beiden Armeen – dem rwandischen Militär und der FPR –, die beide danach trachteten, die Kontrolle im Land zu übernehmen. Zum anderen das systematische Abschlachten der Tutsi durch die *interahamwe*. Zwar waren damals zweitausendfünfhundert Blauhelme in Rwanda stationiert, aber sie griffen nur selten oder gar nicht in die Konflikte ein. Auf dem Höhepunkt des Gemetzels zogen die Vereinten Nationen alle bis auf zweihundertsiebzig »Beobachter« ab und überließen Rwanda der Willkür der Schlächter.

Haßerfüllte junge Männer, angeheizt vom regierungstreuen Radiosender, trunken von Zuckerrohrschnaps oder Bananenbier, irre gemacht durch Gier und Stammeshaß, beherrschten die Straßen. Sie machten vor nichts halt. Tausende Tutsi wurden in Kirchen, Schulen, Konventen oder Waisenhäusern getötet. Zehntausende Frauen wurden vergewaltigt, Zivilisten wurde mit vorgehaltener Waffe befohlen, Freunde und Nachbarn zur Exekution zusammenzutreiben. Sie wurden erschossen, totgeprügelt oder mit Macheten niedergemetzelt. Viele wurden zerstückelt, ihre Gliedmaßen ordentlich aufgeschichtet. Die Toten fanden in den üppigen Tälern der rwandischen Hügellandschaft in Massengräbern ihre letzte Ruhe. Aufgedunsene, verstümmelte Leiber verstopften den Akagera bis hinunter zum Viktoria-See.

Ende April hatten zwei Millionen Rwander ihre Häuser verlassen und Zuflucht in Flüchtlingscamps in und außerhalb von Rwanda genommen. Die Tutsi flohen aus Angst um ihr Leben, die Hutu aus Angst vor Vergeltung.

Zweihundertfünfzigtausend Flüchtlinge, größtenteils Hutu, waren in das benachbarte Tansania geflüchtet und machten es zum größten Flüchtlingslager der Welt. Ende Mai waren Schätzungen zufolge an die fünfhunderttausend Tutsi umgebracht worden, was ungefähr der Hälfte der Tutsi-Bevölkerung in Rwanda entsprach. Der Rest hielt sich entweder versteckt oder befand sich noch auf der Flucht. Ein Missionar soll gesagt haben: »Es gibt keine Teufel mehr in der Hölle – sie sind alle in Rwanda.«

Über Freunde in Goma erfuhr ich hin und wieder etwas aus Mugongo. Mikingo und mein Hausboy Sebashitzi waren auf der Plantage geblieben, um sich um das Haus und die Tiere zu kümmern, einen Labrador-Retriever, einen Jack-Russell-Terrier, eine Siamkatze und zwei Afrikanische Graupapageien. Daß Sembagare lebte, wenn auch in einem Versteck, war die erste gute Nachricht seit Monaten.

Am 4. Juli 1994 fiel Kigali an die FPR, Ruhengeri knapp zwei Wochen später. Während der letzten Kriegstage trieben Tutsi-Rebellen die restlichen rwandischen Streitkräfte und über eine Million Zivilisten Richtung Westen. Hutu-Anführer forderten über Radiosender ihre Landsleute auf zu fliehen. »Wenn ihr in Rwanda bleibt«, drohten sie, »wird euch die FPR aus Rache, oder weil sie euch für Verräter hält, umbringen.« Dadurch wurde eine der größten Fluchtbewegungen der Neuzeit ausgelöst. Aus Angst vor Vergeltung flohen innerhalb weniger Tage über zwei Millionen Rwander – größtenteils Hutu – nach Zaire, Tansania und Burundi. Nicht die Sieger – die Tutsi – hatten sie aus Rwanda vertrieben, sondern ihre eigenen Anführer.

Die große Mehrheit der Flüchtenden hatte sich keines Verbrechens schuldig gemacht. Angsterfüllte Männer, Frauen und Kinder flohen jede Stunde zu Zehntausenden nach Zaire und stürmten die kleine Grenzstation, die nur mit einem Posten besetzt war. Hunderte Flüchtlinge, darunter viele Kinder, wurden dabei zu Tode getrampelt. Verzweifelte, mutlose Menschen drängten sich auf der Straße zwischen Mutura und dem Nachbarland.

Unter ihnen waren auch alle meine Nachbarn und Arbeiter mit ihren Familien, einschließlich Sembagare. Schließlich konnten auch Mikingo und Sebashitzi nicht länger auf Mugongo bleiben, schlossen sich den Flüchtenden an und überließen mein Haus und meine Tiere ihrem Schicksal.

Die Flüchtlingslager in Zaire lagen am Fuß des Nyiragongo auf hartem Vulkangestein. Ohne schweres Gerät ließen sich weder Wasserlöcher bohren noch Latrinen ausheben. Der Kivu-See war durch Leichen und Fäkalien verseucht. Die Flüchtlinge waren ausgehungert und litten Durst. Während die Ernte daheim auf den Feldern verrottete, mußten viele verhungern, weil die Hilfslieferungen auf sich warten ließen. Die Cholera breitete sich in den Lagern wie eine mittelalterliche Plage epidemieartig aus. Die Menschen starben wie die Fliegen. In zwei Tagen wurden achttausend Leichen gezählt, dreißigtausend Menschen erlagen in den ersten Wochen der Cholera, Typhus und anderen Krankheiten. Man wickelte ihre Leichen in Strohmatten und schichtete sie übereinander. Kinder wanderten verloren umher und riefen nach ihren Müttern. Eine Viertelmillion Kinder waren nach dem Monate währenden Terror von ihren Eltern getrennt oder zu Waisen geworden.

Zu guter Letzt nahm die Welt doch noch Notiz von der Katastrophe, und Hilfsmaßnahmen internationaler Organisationen und die Unterstützung seitens des Militärs liefen allmählich an. Mitte August schickten die Vereinten Nationen fünftausendfünfhundert Soldaten nach Rwanda. Die Mission nannte sich UNAMIR (United Nations Assistance Mission in Rwanda). Dutzende, später sogar Hunderte von Nichtregierungsorganisationen (NGO) versorgten Rwanda und die Flüchtlingslager außerhalb der rwandischen Grenzen mit Hilfsgütern und leisteten medizinische und humanitäre Hilfe.

Die FPR hatte zwar den Krieg gewonnen, aber sie regierte nun ein Land ohne Bevölkerung, ein Land mit leeren Städten, leeren Feldern und Herzen. Achthunderttausend Menschen waren tot, zwei Millionen waren aus dem Land in menschenunwürdige Lager in Nachbarstaaten geflüchtet, weitere zwei Millionen hatten in Camps innerhalb Rwandas Zuflucht gefunden.

Ich habe mich tausendmal gefragt, wie es in unserer heutigen Zeit und in einem Land, das zwei Jahrzehnte verhältnismäßig friedlich und in Wohlstand gelebt hat, zu solch entsetzlichen Geschehnissen hat kommen können. Die Hutu und die Tutsi hatten eine gemeinsame Sprache und Kultur. Hutu-Bauern und Tutsi-Hirten lebten einträchtig und partnerschaftlich Seite an Seite, heirateten untereinander, waren Nachbarn und Freunde.

Und eine andere Frage schwebt nach wie vor im Raum: Warum hat die Welt so langsam reagiert? Weshalb hat die Staatengemeinschaft so lange gebraucht, um die Massaker an Hunderttausenden einen Genozid zu nennen? Es herrscht kein Zweifel, daß die Katastrophe in Rwanda mehr war als der plötzliche Ausbruch einer Stammesfehde. Es handelte sich um eine systematisch angelegte Kampagne, die die Ausrottung von Menschen zum Ziel hatte und von politischen Führern mit Unterstützung des Militärs in Szene gesetzt worden war.

Warum hat die Welt so lange die Augen vor dem Leid unzähliger hilfloser Menschen verschlossen? Vielleicht lautet die Antwort, daß das Geschehen in Rwanda schlichtweg jedes Verständnis übersteigt, sich jeder Erklärung verschließt und jeglichen konventionellen Lösungen trotzt. Vielleicht, weil dieser Genozid so beispiellos ist. Die Tragödie ist zu vielschichtig, übersteigt jede Vorstellung, ist einfach unfaßbar.

Ich fühlte mich unbeschreiblich hilflos und war völlig verzweifelt, als ich die Berichte in den Zeitungen las und Fernsehreportagen über die Greueltaten sah, die sich in dem Land zutrugen, das ich so sehr liebe und das ich als meine Heimat ansehe. Tag und Nacht verfolgten mich die Bilder der unzähligen Leichen, der vielen verwaisten Kinder und hoffnungslosen Gesichter. Ich war krank vor Sorge um die Menschen, mit denen mich soviel verband, und empfand tiefe Schuld, sie so überstürzt alleingelassen zu haben. Ich verzehrte mich vor Heimweh und verspürte den dringenden Wunsch, zurückzugehen. Ich mußte zurückgehen. Ich wußte, daß das Rwanda, das ich kannte, nicht mehr existierte, aber ich konnte doch mein Land und seine Menschen in der schwersten Stunde nicht alleinlassen.

Im hintersten Winkel meines Kopfes keimte die verrückte Idee, das alte Trockenhaus in eine Bleibe für Kinder umzubauen, die von ihren Eltern getrennt waren oder sie durch Tod verloren hatten. Noch wußte ich nicht, wie ich vorgehen mußte. Ich wußte ja nicht einmal, ob einer meiner Arbeiter überlebt hatte, wußte nicht, ob mein Haus überhaupt noch stand. Ich wußte nur eines: daß ich nach Hause zurückkehren mußte.

31 Rückkehr nach Rwanda

MAN GAB MIR NICHT gerade behutsam zu verstehen, daß ich wohl doch ein bißchen zu alt sei, um mich auf eine derart gefahrvolle Reise zu begeben, deren Ausgang zudem unsicher war. Ich stand damals kurz vor meinem zweiundachtzigsten Geburtstag, und es herrschte die einhellige Meinung, ich sei schlichtweg von allen guten Geistern verlassen. Scott Heldfond bot an, mich jederzeit nach Rwanda zu begleiten, sollte ich mein Vorhaben tatsächlich in die Tat umsetzen. Ende Juli wurde mein Wunsch so übermächtig, daß ich mich über alle geäußerten Vorbehalte hinwegsetzte. Scott sagte kurzerhand seine privaten und geschäftlichen Verpflichtungen ab und widmete sich den Vorbereitungen für unser waghalsiges Unternehmen. Aller Warnungen aus dem Außenministerium und dem Freundes- und Familienkreis zum Trotz starteten wir am 10. August 1994 vom JFK-Flughafen in New York und flogen in das damals gefährlichste Gebiet der Welt.

Ein Flug nach Rwanda ist selbst unter besten Bedingungen lang und anstrengend. Bei unserer Reise kam erschwerend hinzu, daß alle regulären Flüge nach Kigali ausgesetzt waren und wir nicht wußten, wie wir nach Rwanda gelangen sollten, geschweige denn, was uns dort erwarten würde. Wir reisten mit einer Unmenge Gepäck: ich mit zahllosen Säcken gespendeter Kleidungsstücke, dazu meine persönlichen Sachen und Haushaltsgegenstände, Scott mit einer umfangreichen Überlebensausrüstung einschließlich Lebensmitteln und anderen Vorräten, Schlafsäcken, Wasserfiltern und Campingkochern. Außerdem trugen wir eine Menge sorgsam gefalteter Geldscheine in Gürteltaschen versteckt am Körper.

Am Morgen des 12. August landeten wir in Nairobi und mieteten uns im berühmten Norfolk Hotel ein, einem eleganten Relikt aus längst vergangenen und weitaus glücklicheren Zeiten. Erschöpft von zwei langen Nachtflügen mußten wir das erste Problem lösen: Wie sollten wir nach Rwanda gelangen? Es war nur möglich, wenn wir einen Platz in einer der UN-Militärmaschinen oder in einem Versorgungsflugzeug einer Hilfsorganisation ergatterten. Wir hatten Glück. Überraschend stießen wir auf Willard Munger, einen Missionar und Adventisten aus Mudende. Ich kannte Willard seit einigen Jahren, und wir waren im April zusammen evakuiert worden. Zufällig war auch er auf dem Weg nach Rwanda. Er wollte die Schäden in der Universität – sie lag an der Straße nach Mugongo – begutachten, die während der Unruhen entstanden waren. Willard ist ein stiller, bescheidener Mann, der die Gabe hat, Unmögliches ohne großes Tamtam möglich zu machen. Wir erzählten ihm von unserem Problem, und zwei Tage später wurden wir wie durch ein Wunder in ein russisches Transportflugzeug gesetzt, das Hilfsgüter und Helfer nach Rwanda flog. Zu unserem Erstaunen führte man Scott und mich auf der Passagierliste als Missionare im Schutz der ADRA (Adventist Development and Relief Agency). Noch erstaunter war ich, als man uns im Frachtraum zwischen riesigen, rumpelnden Kisten mit Hilfsgütern auf Bänken (die eigentlich für Fallschirmspringer gedacht waren) längs des Rumpfes angurtete. Es war kalt, laut und äußerst ungemütlich, aber es herrschte eine spürbar erregte und erwartungsvolle Spannung, als die Maschine mit den wenigen Passagieren und der Crew Kurs auf das kriegsgeschüttelte Rwanda nahm.

Als wir zur Landung in Kigali ansetzten, war jeder Gedanke an ein verwegenes Abenteuer vergessen. Es stand außer Zweifel, daß wir uns in einem Kriegsgebiet befanden. Militär- und Transportflugzeuge mit den Zeichen von UN, CARE (eine US-Organisation, die Hilfsgüter an Bedürftige in aller Welt versendet) und des Roten Kreuzes säumten die Landebahn, auf dem Flughafengelände wimmelte es von bewaffneten Militärs. Als wir aus dem Flugzeug stiegen, begrüßte uns mein guter Freund Dave Rawson, der damalige US-Botschafter in Rwanda. Sein blaßblauer, leichter Leinenanzug mit Krawatte hob sich deutlich von den khakifarbenen Militäruniformen ringsum ab. Kigalis schöner Flughafen – einst der Stolz des kleines Landes – war durch Mörsergranaten stark beschädigt und wirkte nahezu durchlöchert. Die Fensterscheiben waren vollkommen zersplittert. Dieser erste Eindruck der Verwüstung traf mich zutiefst, aber es dauerte noch Tage, bis ich das tatsächliche Ausmaß der ganzen Zerstörung begriff. Botschafter Rawson geleitete uns durch die Paßkontrolle, die in äußerst angespannter Atmosphäre und recht desorganisiert vonstatten ging. Wir verabschiedeten uns von Willard und vereinbarten, uns am folgenden Tag zu treffen, um unsere Fahrt nach Mudende und Mugongo zu besprechen.

Kigali war nicht wiederzuerkennen. Die Stadt lag in Schutt und Asche. Jedes Haus, jedes Hotel, jedes Bürogebäude war beschädigt und geplündert worden. Alle Bauten trugen Spuren von Mörsereinschlägen, manche waren nur noch Steinhaufen. Man hatte Straßenlampen aus den Sockeln gerissen, die nun kreuz und quer auf den Gehsteigen lagen, es gab weder fließend Wasser noch Strom – nichts war mehr von der einstmals so schönen Stadt übrig.

Abgesehen von den patrouillierenden Soldaten waren die Straßen wie leergefegt. Die siegreiche FPR hatte sich umbenannt in APR (Armée Patriotique Rwandaise), deren mit Maschinengewehren und Raketenwerfern ausgerüsteten Soldaten an jeder Straßenecke in Bunkern Position bezogen hatten. Wir kamen in einem »sicheren Haus« unter, das wir mit Mitarbeitern der US-Botschaft und Militärpersonal teilten. Armeeoffiziere schliefen auf dem Boden oder auf Sofas, die geladenen Pistolen neben sich oder unter dem Kopfkissen. Ich wurde zunehmend niedergeschlagener, und meine Vorstellung von der Realität nahm neue Gestalt an.

Zwei Tage nach unserer Ankunft machten wir uns entschlossen auf den Weg nach Mugongo und Mudende. Scott und ich wurden in Begleitung von Laura Lane, einer Angestellten des US-Außenministeriums, in einem Botschaftswagen chauffiert, an dessen Windschutzscheibe ein Sternenbanner aus Papier klebte. Willard folgte in einem Taxi. Er hatte unser Gepäck dabei, da wir hofften, auf Mugongo bleiben zu können. Ich hatte gehört, daß ein Mitarbeiter der Internationalen Behörde für Migration, Jan de Wilde, zwei Wochen zuvor dort gewesen war und APR-Soldaten angetroffen hatte, die das Haus angeblich »bewachten«. Er bedankte sich bei ihnen dafür und sah sich ein wenig um. Die meisten meiner Möbel und Habseligkeiten waren noch da, nur die Betten fehlten offenbar. Der Aussage der Soldaten zufolge waren sie bereits vor ihrer Ankunft gestohlen worden. Als Jan Mugongo verließ, sagte er zu den Männern: »Mrs. Carr kommt in zehn Tagen zurück.«

Auf der Fahrt, die in beklemmender Stille verlief, fiel mir auf, daß uns kein Auto entgegenkam, ausgenommen Militärjeeps und Lastwagen mit Hilfsgütern, von denen viele zu zweit fuhren, einander überholten und die steilen, gewundenen Straßen in hohem Tempo nahmen. Dann und wann sahen wir ein Grüppchen zerlumpter Flüchtlinge, die ihre bescheidene Habe auf dem Kopf oder in klapprigen Holzschubkarren transportierten. Einige waren auf dem Weg zu Flüchtlingslagern in Zaire, andere – besonders Mutige – kehrten in die Heimat zurück. Am Straßenrand lagen Dutzende umgekippter Lastwagen und ausgebrannte Autos, deren Insassen man getötet und angezündet hatte. Unsere Fahrt wurde durch zahllose Straßenbarrieren behindert, an denen mürrische APR-Soldaten standen, die uns anhielten und erst weiterfahren ließen, nachdem sie uns die Erlaubnis erteilt hatten. Entlang der Straße hatten Hilfsorganisationen Feldlazarette und Verteilungsstellen für Lebensmittel eingerichtet, vor denen Trauben benommener, erschöpfter Menschen ausharrten. Felder und Häuser waren leer, Städte und Dörfer lagen zerstört und verlassen da. Als wir schließlich in die Straße nach Mutura einbogen, zitterte ich vor Furcht und einem Gefühl düsterer Vorahnung. Ich blickte umher auf der Suche nach freundlichen, vertrauten Gesichtern, aber ich sah nur hochgewachsene Fremde.

Mudende war eine Universität der Adventisten, die man Anfang der achtziger Jahre für elf Millionen Dollar errichtet hatte. Der weitläufige Campus bestand aus hübschen Häusern, Vorlesungsräumen, einer Kirche, Verwaltungsgebäuden, Wohnheimen für die Studenten und einem ausgedehnten Areal für landwirtschaftliche Projekte. Der Anblick, der sich uns nach der langen Auffahrt bot, übertraf unsere schlimmsten Befürchtungen. Der herrliche Campus lag in Ruinen. Jedes Gebäude war geplündert und verwüstet worden. Die Toiletten flossen über, Unrat und Fäkalien bedeckten die Böden. Tote Hunde verwesten in der Sonne. Zwar hatte man die menschlichen Leichen weggeräumt und notdürftig in Massengräbern begraben, aber es war unübersehbar, daß hier zahllose Menschen getötet worden waren. Willards großes Haus hatte Rindern als Stall gedient, und die wenigen Möbelstücke, die noch darin standen, waren willkürlich beschädigt. Ich dachte bei mir: »So schlimm werden sie mein Haus wohl kaum zugerichtet haben.« Aber ich hatte mich getäuscht.

Erschüttert verließen wir Mudende und fuhren nach Mugongo. Kaum bogen wir durch das Tor mit den Steinsäulen in die Auffahrt, begann mein Herz vor Freude zu springen, doch als das Haus in Sichtweite kam, hätte ich weinen können. Die Fenster waren eingeschlagen und blickten uns als große dunkle Löcher entgegen. Und die Scheiben, die noch heil waren, waren in leuchtendem Orange übermalt. Auf der Eingangstür prangte die Zeichnung einer grotesken Figur. Überall lagen Unrat und Abfall, auf der Terrasse entdeckte ich den Kadaver eines meiner Afrikanischen Graupapageien. Doch das Hausinnere übertraf jede Vorstellung. Alles war fort. Das Familiensilber, die Gläser und das Porzellan, die alten flämischen Spiegel, nahezu alle Möbel, sämtliche Küchengeräte, die gesamte Kleidung, die Vorhänge, Teppiche, Decken, Handtücher und die Tischwäsche – alles war verschwunden. Darüber hinaus meine wertvollen Bücher, die Fotos und Tagebücher. Selbst die Gartenwerkzeuge und die Geräte zur Blumenpflege hatten sie mitgenommen. Ebenso den Volkswagenbus. Und wo der kerosinbetriebene Kühlschrank gestanden hatte, klaffte eine große Lücke. Die Arbeit eines ganzen Lebens mitsamt der Erinnerungen hatten sie zunichte gemacht.

Der Safe in einem Eckschrank im Eßzimmer war durch eine Granate gesprengt worden. Man watete knöcheltief durch zerrissenes, verschmutztes Papier, Dokumente, Fotos, Negative, Abfall und Berge von Federn aus aufgeschlitzten Kissen. Die Rohre waren größtenteils kaputt oder gar nicht mehr vorhanden, und selbst die Wasserleitungen hatten sie von den Wänden gerissen. Die Toilette quoll über, und aus den Waschbecken drang unerträglicher Gestank. Ich sah mich in meinem einst so hübschen Heim um und brach vor Hoffnungslosigkeit und Verzweiflung in Tränen aus. Ich weinte aus Scham über die Menschen, die solches angerichtet hatten, aus Zorn über die namenlose Barbarei, mit der sie alles zerstört hatten, und über die sinnlose Verwüstung des Landes, das ich so sehr liebte. Es war der schmerzlichste Augenblick meines Lebens.

Plötzlich drängte sich ein leises, vertrautes Bellen in meine Trauer und verwandelte sie in Jubel, als ich nach draußen wankte und meine geliebten Hunde Freddie und Tiffany in die Arme schloß. Die Tiere waren so schwach, daß sie kaum laufen konnten, aber sie waren wenigstens am Leben! Offensichtlich hatten sie seit mindestens vier Wochen nichts zu fressen gehabt. Und gleich darauf meldete sich Kim, mein vierzehnjähriger Siamkater, durch erbärmliches Miauen zurück, schalt mich, daß ich ihn einfach zurückgelassen hatte und zeigte mir unmißverständlich, wie sehr er gelitten hatte. Ich war fest davon überzeugt, daß er die Hunde am Leben erhalten hatte, indem er kleine Tiere erbeutet und Freddie und Tiffany damit versorgt hatte. Meine Tiere lebendig zu sehen und zu spüren, wie dringend sie der Zuwendung und Pflege bedurften, war meine Rettung. Es mag auch den Ausschlag dafür gegeben haben, daß sich mein Entschluß, den Ort als Besiegte zu verlassen, in die Überzeugung verwandelte, auf Mugongo bleiben zu müssen. Während wir unser Wiedersehen feierten, stand plötzlich Biriko, mein lieber alter Koch, vor mir. Er war abgemagert und in Lumpen gekleidet, und auf seinem Gesicht malte sich das Entsetzen eines Menschen, der durch die Hölle gegangen war. Mit dem bißchen Kraft, das ich noch hatte, schlang ich die Arme um ihn und weinte vor Mitleid und unsagbarem Kummer.

Nachdem die APR in Rwanda die Macht übernommen hatte, waren alle meine Hutu-Arbeiter und ihre Familien in ein großes Flüchtlingslager in Zaire namens Kibumba geflohen, das unmittelbar hinter der Grenze, knapp zehn Kilometer von Mugongo entfernt lag. Biriko erzählte mir, er hätte Kibumba fünf Tage nach Ausbruch der Cholera verlassen. Sollte er tatsächlich sterben, so hatte er sich gesagt, dann wenigstens zu Hause in Rwanda anstatt in der Fremde. Zu meiner großen Erleichterung hatte er erfahren, daß Sembagare, Mikingo, Sebashitzi und einige Gärtner am Leben waren, aber mit ihren Familien im Exil in Kibumba lebten.

Mit der Zusicherung an Biriko, daß wir in zwei Tagen wiederkommen würden, setzten wir die beiden flohbefallenen Hunde ins Auto und fuhren am Nachmittag zurück nach Kigali. Es blieb uns keine andere Wahl, als Kim zurückzulassen. Wie versprochen, waren wir zwei Tage später wieder da mit mehreren Kübeln weißer Farbe, Putzmitteln, Eimern, Besen, Nägeln und einem Hammer. Als wir vor dem Haus vorfuhren, empfingen uns

Biriko, sieben Kinder und ein Mann namens Joeli, die nur darauf warteten, an die Arbeit gehen zu können. Während die Männer schrubbten, fegten und Wände strichen, ordnete ich die Papiere, die auf dem Boden verstreut lagen und sortierte Fotos, Briefe und Bankauszüge. Zu meiner großen Überraschung entdeckte Scott den Vertrag der Plantage. Jemand hatte ihn ins Gebüsch vor dem Eßzimmerfenster geworfen. Ich hatte ihn im Safe aufbewahrt, zusammen mit dem Schmuck, dem Geld und einigen wertvollen Stücken des Familiensilbers. Die Diebe hatten zwar die Wertsachen mitgenommen, aber den für mich wichtigen Vertrag aus dem Fenster geworfen.

Auch an diesem Abend kehrten wir nach Kigali zurück, da das Haus bei weitem noch nicht bewohnbar war und Scott zurück in die Vereinigten Staaten fliegen mußte. Ich hatte die Wahl – ich konnte mich ihm einfach anschließen, die Trümmer meines Lebens hinter mir lassen und meine restlichen Jahre in Amerika verbringen. Doch mir war mittlerweile klar geworden, daß ich in den USA nur noch Gast war. Meine geistige und gefühlsmäßige Heimat ist Rwanda, untrennbar verbunden mit dem Leben der Rwander. Nur hier hat mein Dasein einen Sinn, nur hier fühle ich mich zu Hause. Schon vor langer Zeit hatte mein Schiff einen bestimmten Kurs genommen, und es war zu spät, diesen Kurs jetzt noch zu ändern. Ich würde Scott bis an mein Lebensende dankbar sein, daß er mich nach Rwanda begleitet und mich bei meinem Neuanfang unterstützt hatte. Alles andere lag nun in meiner Hand.

Am 24. August 1994 kehrte ich endgültig nach Mugongo zurück – allein. Als ich das Haus erreicht hatte und ein erschöpft aussehender Sembagare aus der Tür trat und mich begrüßte, erfaßte mich unbeschreibliche Freude. Sembagare war sehr geschwächt und ausgezehrt – aber er lebte! Ich freute mich ungeheuerlich, ihn zu sehen, und spürte zum ersten Mal seit der Heimkehr ein Gefühl von Wohlbefinden und Optimismus. Erst später erzählte er von seinen mutigen Taten während des Genozids, und daß er drei Mal nur knapp dem Tod entronnen war. Der Großteil seiner Familie wohnte zwar verstreut, war aber am Leben. Die Schwester und der Schwager seiner Frau waren tot und hinterließen acht Kinder, die er nun großziehen mußte. Mein Traum, ein Waisenhaus aufzubauen, war mittlerweile zu einem konkreten Plan herangereift, und mit Sembagares Hilfe, das wußte ich, würden wir das Vorhaben in die Tat umsetzen können.

Als ich mich in den leeren Zimmern meines Hauses umsah, überkam mich das Gefühl, als würde sich mein Leben vor vierzig Jahren wiederholen. Die Böden waren geschrubbt, die Wände getüncht worden, aber nichts von all den Besitztümern, die ich über die vielen Jahre angehäuft hatte, war mehr da. Ich begann ganz von vorne, mit Plastikbechern und Plastikgeschirr, mit Umzugskartons anstelle von Stühlen, ohne Küchengeräte. In Kigali hatte ich eine zerrissene, schmutzige Matratze gekauft. Und von einem Oberst der US-Armee hatte ich zwei warme Wolldecken und ein mit klumpigen Baumwollresten gefülltes Kissen erworben. Aus den Staaten hatte ich sechs Silberlöffel und eine kleine Leinentischdecke mitgebracht. Ich hatte weder ein Auto noch funktionstüchtige Leitungen im Haus – ich besaß weniger als je zuvor in meinem Leben, und dennoch fühlte ich mich reich beschenkt. Ich war wieder daheim, umgeben von meinen geliebten Haustieren, und die meisten Menschen, die ich so sehr ins Herz geschlossen hatte, lebten noch.

In der ersten Nacht, die ich alleine auf Mugongo verbrachte, ängstigte ich mich sehr. Viele Fenster waren immer noch kaputt, und es gab keine Vorhänge, die die erschreckenden Laute von draußen gedämpft hätten. Außerdem war es in dem dunklen, leeren Haus ungemein kalt. Die Kamine waren noch mit dem Unrat verstopft, den die Soldaten hinterlassen hatten, daher ließ sich kein Feuer anzünden. Ich besaß eine Öllaterne, eine Taschenlampe und einige Kerzen (aber keine Kerzenhalter). Als sich die Nacht herabsenkte, bemerkte ich zum ersten Mal seit Ausbruch des Nyiragongo im Jahr 1977 überrascht, daß wieder Flammen dem nächtlichen Firmament entgegenschlugen. Ich deutete dies als positives Zeichen und Willkommensgruß. Zitternd machte ich es mir auf der ungewohnten Matratze bequem, die auf dem nackten Betonboden lag, konnte aber fast die ganze Nacht kein Auge zutun, während bewaffnete Soldaten um das Haus patrouillierten und in die offenen Schlafzimmerfenster hereinspähten.

Die helle Morgensonne vertrieb meine Ängste. Ein Schreiner kam im Laufe des Tages vorbei und setzte Glasscheiben in die Fenster, die Scott noch in Kigali aufgetrieben hatte. Von der Botschaft hatte ich ein paar blaue Vorhänge bekommen, die ich anstelle von Gardinenhaltern mit einigen Plastikringen vom Markt in Kigali vor die Schlafzimmerfenster montierte. Da die Vorhangschienen gestohlen worden waren, behalfen wir uns mit Bambusstangen. In den folgenden Wochen bewährte ich mich als Meisterin der Improvisation. Die einfachsten Aufgaben wurden zur Herausforderung, die kleinsten Erfolge zum Triumph.

Wenige Wochen später kehrten auch Mikingo und Sebashitzi aus Kibumba zurück, und das Leben nahm eine neue Art von Normalität an. Mit Hilfe der UNAMIR und zahlreicher Hilfsorganisationen wurde mein Haus allmählich wieder zu einer funktionierenden Einheit. Kanadische Soldaten tauschten die Rohre aus, reparierten die Toilette, die Wasserpumpe, die Wassertanks und einen Teil der beschädigten Möbel, und sie statteten mich mit Decken, Taschenlampen, Batterien, Putzmitteln, Verpflegung aus Armeebeständen und vielem mehr aus. Monatelang ernährte ich mich von Armeerationen.

Der Krieg war zu Ende, doch Rwandas Probleme waren damit noch lange nicht gelöst. In den folgenden Monaten kehrten nur einige wenige Rwander in die Heimat zurück. Die zunächst nur vorübergehend als sichere Zufluchtsorte gedachten Flüchtlingslager wurden rasch zu festen Siedlungen mit Häusern, Straßen, Geschäften, Restaurants und Schulen. Die Vereinten Nationen und viele Hilfsorganisationen pumpten Geld in die Lager und leisteten technische Unterstützung. Sie lieferten modernste medizinische Einrichtungen, Wasserfilteranlagen und Verteilungssysteme, angesichts derer viele Dritte-Welt-Länder vor Neid erblassen würden. Täglich landeten in Goma Transportflugzeuge mit Nahrungsmitteln und Hilfsgütern, für die Steuerzahler in aller Welt täglich eine Million Dollar aufbrachten. Mitglieder der *interahamwe* und ehemalige Hutu-Milizen überwachten die Lager und drohten, jeden Flüchtling umzubringen, der es wagte, die Grenze nach Rwanda zu passieren. Sie beschlagnahmten Hilfsgüter und verkauften sie auf dem Schwarzmarkt oder tauschten sie gegen Waffen ein, während die Menschen, die diese Dinge dringend brauchten – beispielsweise schwangere Frauen, Kinder, Kranke und Alte –, sich die Sachen gezwungenermaßen selbst kaufen mußten, um ihre Not zu lindern. Hutu-Milizen bedrohten Mitarbeiter von Hilfsorganisationen, nahmen die über eine Million Flüchtlinge in den Lagern quasi als Geiseln und bildeten vor den Augen der Weltöffentlichkeit Freiwillige aus, bewaffneten sich wieder und bereiteten einen Angriff auf die von der APR kontrollierte Regierung in Rwanda vor. Diese Machenschaften waren kein Geheimnis – aber niemand schritt ein und setzte den Umtrieben ein Ende. Die Regierung in Zaire unternahm nichts, die APR unternahm nichts, die Vereinten Nationen unternahmen nichts.

Gleichzeitig strömten Zehntausende Tutsi aus Uganda, Zaire und Burundi nach Rwanda. Bei vielen handelte es sich um Nachkommen der Tutsi-Exilanten, die während des Aufstands von 1959 aus Rwanda geflohen waren. Das UNHCR (Flüchtlingskomitee der Vereinten Nationen) machte keinen Unterschied zwischen Tutsi-Vertriebenen, die Rwanda vor fünfunddreißig Jahren verlassen hatten, und Hutu-Flüchtlingen, die im Jahr 1994 geflohen waren. Anstatt die Lager aufzulösen und die rwandischen Flüchtlinge wieder zu Hause anzusiedeln, konzentrierten die Vertreter der UN ihre Kräfte darauf, neue Tutsi-Flüchtlinge aus benachbarten Ländern wieder in ihre Heimat einzugliedern, hießen sie mit Vorratspaketen an der Grenze willkommen und teilten ihnen Land zu, über das sie an sich nicht verfügen durften. Sie siedelten sie in Hutu-Dörfern an und wiesen ihnen Hutu-

Häuser zu. Ihre Rinder weideten auf fruchtbarem Land, und wenn es keine Häuser mehr gab, die sie den Flüchtlingen anbieten konnten, stellten sie ihnen zu Tausenden blaue Kunststoffzelte hin, die sich über die Landschaft verteilten, so weit das Auge reichte.

Der Genozid mit all seinen Folgen brachte eine dramatische Umverteilung der Bevölkerung in Rwanda mit sich und führte zu einer wirtschaftlichen und ökologischen Katastrophe. In Mutura, meiner Gemeinde, lebten ursprünglich neunzig Prozent Hutu und zehn Prozent Tutsi. Jetzt ist es umgekehrt. Die Tutsi-Flüchtlinge, die nach Rwanda strömen, sind in Uganda, Zaire oder Burundi geboren. Sie tragen deren Kultur und Sprache in unser Land. Ihre Kinder grüßen mich auf Swahili, nicht auf Kinyarwanda. Die einst ertragreichen Kartoffelfelder der Hutu werden jetzt als Weideland für die Langhornrinder der Tutsi genutzt. Ohne die Hutu-Bauern, die das Land beackern, hat sich ein wirtschaftliches Ungleichgewicht entwickelt, das zu einer ernstzunehmenden Nahrungsmittelknappheit führt. Ein großer Prozentsatz der Bevölkerung ist auf die Hilfe des Auslands angewiesen, um überleben zu können.

Über zwei Millionen Flüchtlinge haben fast zweieinhalb Jahre in Flüchtlingslagern außerhalb Rwandas verbracht. Mehr als die Hälfte davon in Ostzaire. Die Lager verteilten sich um den Virunga-Nationalpark in Zaire, dem Park mit der reichsten Vegetation und der größten Vielfalt an exotischen Vogelarten und Säugetieren. Flüchtlinge plünderten den Park, stellten Fallen auf, um an Fleisch zu kommen, und deckten sich in den Wäldern mit Holz ein. Der Park wurde zur Müllhalde. Unrat und Fäkalien verbreiteten Krankheitserreger und bedrohten die Gesundheit der Wildtiere.

Da Rwanda nach wie vor kein funktionierendes Rechtssystem besitzt, ist es bis heute weder zu einem ordnungsgemäßen Prozeß noch zur Bestrafung begangener Verbrechen – beider Seiten – gekommen. Zehntausende Hutu, die unter dem Verdacht stehen, an dem Genozid beteiligt gewesen zu sein, wurden verhaftet und in überfüllte Gefängnisse gesteckt, in denen bereits Tausende Männer, Frauen und Kinder zusammengepfercht waren. Keiner der Beschuldigten ist bisher vor Gericht gestellt oder verurteilt, keiner der Unschuldigen entlassen worden. Letzten Zählungen zufolge sitzen über einhundertdreißigtausend Gefangene in den rwandischen Gefängnissen und warten auf einen Freispruch, der niemals kommen wird. Gleichzeitig führen die Anstifter des Genozids von Lagern in Zaire aus weitere Militärschläge bis in rwandisches Gebiet hinein und massakrieren zivile Tutsi – ein Sicherheitsrisiko für den rwandischen Staat. Zudem sind Hutu-Zivilisten zu Tausenden Opfer von Vergeltungsmaßnahmen durch APR-Soldaten und Tutsi-Zivilisten geworden, was die Angst und das Mißtrauen gegenüber der neuen Regierung noch verstärkt und zur wachsenden Instabilität der Region beiträgt.

Ich war in ein Land zurückgekehrt, in dem nichts mehr funktionierte. Es gab keine Banken, keine Schulen, keine Fabriken. Kein Geld, kein Postamt, keine Elektrizität, kein Telefon. Nahezu jedes Haus, jede Firma war geplündert worden, fast jeder Bürger hatte seine gesamte Habe verloren. Ein Land, dessen Bevölkerung mehrheitlich vernichtet worden war oder in den Nachbarländern lebte. Nur wenige Ausländer waren nach dem Krieg nach Rwanda zurückgekehrt. Die meisten von ihnen fanden leere, beschädigte oder beschlagnahmte Häuser und verwüstete Betriebe oder Büros vor. Sie mußten feststellen, daß viele ihrer Freunde und Arbeiter entweder tot waren, im Gefängnis saßen oder in Flüchtlingslagern lebten. Alle Geschäftsunterlagen waren vernichtet, jeder Safe aufgebrochen, jede Fabrik auseinandergenommen, jedes Fahrzeug konfisziert, und alles von Wert auf mysteriöse Weise außer Landes geschafft worden. Es läßt sich nicht eindeutig feststellen, wer nun tatsächlich für die totale Verwüstung Rwandas die Verantwortung trägt, doch es ist zweifellos ein Gemeinschaftswerk der von den Tutsi angeführten APR, Hutu-Milizen und aufrührerischen zivilen Banden, die es auf Plünderung und Zerstörung abgesehen hatten.

So sah die Realität in Rwanda aus, als ich zurückkehrte. Das idyllische, ruhige Land, das ich gekannt hatte, gehörte der Vergangenheit an. Haß und Brutalität waren an die Stelle seiner Unschuld und Schlichtheit getreten, und es wird während meiner Lebenszeit gewiß nicht mehr in den früheren Zustand zurückfinden. War es möglich, in einem Land, dessen Seele ausgelöscht worden war, neu anzufangen? Konnte ich aus meinem Herzen heraus die Entweihung eines ganzen Landes und seiner Menschen verzeihen? Die Antworten darauf gaben mir vielleicht die tausend Hügel von Rwanda, deren Schönheit weiterbesteht, oder Sembagares ruhige Zuversicht und sein fester Glaube und die Gesichter der Kinder, denen man die Unschuld so brutal und endgültig genommen hat.

32 Imbabazi

Das alte, aus Ziegeln und Baumstämmen gebaute, weitläufige Trockenhaus wurde seit Ende der siebziger Jahre nicht mehr genutzt und war entsprechend heruntergekommen. An manchen Stellen brach das Mauerwerk, das Dach war undicht, aber die Substanz war im wesentlichen gesund. Im Herbst 1994 begannen Sembagare und ich ernsthaft zu überlegen, wie sich das Relikt in eine für Kinder geeignete Bleibe umbauen ließ. Es war eine gewaltige Aufgabe, für die wir viele fleißige Hände brauchen würden, und – da das Land vom Krieg verwüstet war – mühsam Baumaterial zusammensuchen mußten. Zudem verlangte sie uns grenzenlose Entschlossenheit und Zuversicht ab.

Als erstes stellten wir zwei Maurer, zwei Schreiner und acht Helfer ein. Ohne Elektrizität und maschinell betriebene Werkzeuge gingen die Arbeiten zwar nur langsam, doch stetig voran. Mit Hilfe einfacher Handsägen und Macheten paßten die Männer neue Trägerbalken und Dielenbretter ein. Große Fenster wurden in die Mauern eingesetzt, um das Hausinnere licht und luftig zu machen, und die alten, beschädigten Dachziegel durch neue ersetzt. Neben dem Haus bauten wir unter freiem Himmel die Küche, statteten sie mit einem großen Ziegelofen aus und installierten zudem Waschgelegenheiten und Latrinen. Das Erdgeschoß gestalteten wir zu einer geräumigen Halle um, in der die Kinder essen und spielen konnten, in der auch meine kleine Ambulanz und das Büro untergebracht waren. Wie durch ein Wunder trieben wir einen Kanonenofen auf, den wir in einer Ecke aufstellten, um an kühlen Abenden nicht frieren zu müssen. Das Obergeschoß wurde zum Schlafbereich mit zwei großen Schlafsälen umgebaut – einen für die Mädchen, einen für die Jungen. Selbst eine neue Treppe wurde angefertigt. Wir versahen sie eigens mit einem niedrigen Handlauf, damit die kleinen Hände sich daran festhalten konnten.

Im Oktober kam meine Nichte Ann Halsey auf Besuch und blieb bis zum November, um uns beim Bau zu helfen. Anns Anwesenheit wirkte Wunder. Die Stimmung der Beschäftigten hob sich, und Anns Fröhlichkeit und Begeisterung erfüllte Mugongo mit einem Geist neuen Mutes und Lebenskraft, den es zuvor nicht gegeben hatte. Bei meiner Rückkehr war mir schmerzlich klargeworden, daß die Bewohner dieses Landes unaussprechliche Greuel erlebt hatten, und die Angst, die ihnen ins Gesicht geschrieben stand, und die Traurigkeit in ihren Augen verfolgten mich geradezu. Je weiter die Arbeit an unserem Waisenhaus fortschritt, desto stärker spürten wir den Wandel, der sich in den Menschen vollzog. Voller Schwung traten die Männer Tag für die Tag zur Arbeit an und verrichteten ihre Aufgaben mit wiedererwachtem Stolz und Frohsinn. Bald schallte Gelächter und Geplauder durch Haus und Garten, die Zimmerleute und Maurer sangen und pfiffen vor sich hin und setzten jeden Balken, jeden Stein an die richtige Stelle. Mugongo war für uns alle zu einem geschützten Hafen und zu einem Hort der Zuversicht geworden.

Unser Projekt wurde von zahlreichen UNAMIR-Soldaten und

Hilfsorganisationen großzügig unterstützt. Meine Nichte Ann bat sie unverblümt um benötigtes Material und Hilfsmittel, die wir auch stets in großer Menge und überaus dankbar entgegennahmen. »Zweckgerichtetes Betteln« nannte sie es. Hilfsorganisationen schenkten uns Matratzen, Decken, Kleidung, Küchenutensilien und einen Generator. Mitarbeiter von UNAMIR gaben uns unaufgefordert immer wieder technische Hilfestellung, versorgten uns mit Dutzenden Säcken Zementmischung und Kalk und ausreichend Wellblech, um der neuen Küche ein Dach geben zu können. Die Kanadier installierten eine Dusche mit einem Wassertank, der sich im Freien befand. Die Australier bauten einen Spielplatz mitsamt Turngeräten für die Kinder, setzten im Obergeschoß Scheiben in die Fensterrahmen und ebneten vor dem Haus eine große Fläche für einen Fußballplatz ein. Nachdem unser Heim eröffnet worden war, schickten uns nigerianische Sanitätseinheiten wöchentlich Ärzte und Krankenschwestern vorbei, die die Kinder untersuchten und behandelten. Auch die Organisation »Ärzte ohne Grenzen« sowie andere Hilfsgemeinschaften unterstützten uns mit medizinischer Versorgung und Impfungen. Über das Welternährungsprogramm erhielten wir Nahrungsmittel in großen Mengen, UNICEF und UNHCR versorgten uns mit Trinkwasser. Die vielen Einzelpersonen und Organisationen, die uns großzügig Hilfe leisteten, lassen sich gar nicht alle aufzählen.

In jenem Jahr wurde Rwanda von Mitarbeitern des US-Militärs und der internationalen humanitären Organisationen geradezu überschwemmt. Ausgerüstet mit Funkgeräten, Handys und Laptops fielen sie in das kleine vom Krieg verwüstete Land ein und nahmen Hotels, Villen, Schulen, Konvente und Bürogebäude in Beschlag. Über Nacht schossen Restaurants und Bars wie Pilze aus dem Boden, und die Lebendigkeit und der Enthusiasmus der Menschen aus aller Welt füllte die Städte. Unweigerlich hörten sie von dieser alten Amerikanerin, die in der Nähe von Gisenyi auf einer Blumenplantage wohnte und an den unteren Hängen der Virunga-Vulkane ein Waisenhaus gegründet hatte.

Viele unternahmen die holprige Fahrt auf der Straße durch das Mutura, um sich von diesem ungewöhnlichen Projekt selbst ein Bild zu machen, so daß ich viel Zeit damit verbrachte, mich um unsere Gäste zu kümmern. Es verging kaum ein Tag, an dem nicht ein Besucher kam – manchmal waren es sogar zehn oder mehr als zwanzig. Mugongo war für die tüchtigen, einsatzwilligen Mitarbeiter der Hilfsorganisationen so etwas wie eine kurze Verschnaufpause von den Greueln, mit denen sie Tag für Tag zu tun hatten, und ihre Besuche machten mich sehr zuversichtlich und glücklich. Viele von ihnen wurden zu guten Freunden. Während wir in der friedvollen Idylle von Mugongo Tee tranken und Kekse aßen, gelang es uns zuweilen sogar, eine Weile zu vergessen, welcher Anlaß uns zusammengeführt hatte.

Da das Waisenhaus einen Namen brauchte, veranstalteten wir einen Wettbewerb. Wir waren uns einig, daß es ein Name in Kinyarwanda sein sollte, dieser so schwer in Buchstaben zu fassenden Sprache. Alle nahmen an dem Wettbewerb teil – die Hausboys, die Gärtner und die Mitarbeiter des Heimes. Jeder schrieb seinen Vorschlag auf ein Blatt Papier und nach einem umständlichen Übersetzungsprozeß stimmten wir schließlich ab. Die überwältigende Mehrheit entschied sich für *Imbabazi z'i Mugongo*, was soviel heißt wie: »Mugongo ist ein Ort, an dem du all die Liebe und Fürsorge erfährst, die eine Mutter geben kann.« Noch am selben Nachmittag schnitzten die Männer ein Holzschild mit dem Namen »Imbabazi« und hängten es über die Eingangstür.

Am 17. Dezember 1994, viereinhalb Monate nach meiner Rückkehr, wurde das Waisenhaus eröffnet. Offiziell konnte es bis zu fünfzig Schützlinge aufnehmen, aber diese Anzahl hatten wir schon lange davor überschritten. Die meisten Kinder kamen über die Organisationen CARE, das Internationale Rote Kreuz und »Save the Children« zu uns. Manch ein Kind fand aber auch den Weg zu uns ohne Begleitung. Ursprünglich wollten wir ihnen nichts als ein sicheres und liebevolles Umfeld schaffen, während die zuständigen Stellen Angehörige oder Pflegefamilien für sie suchten. Doch dies ist leider im heutigen Rwanda schwierig, denn Tutsi-Familien akzeptieren kein Hutu-Kind – und umgekehrt. Und die meisten, die sich als Pflegeeltern anbieten, wollen die Kinder nur aufnehmen, damit sie Ziegen hüten oder auf dem Feld mitarbeiten. Es ist traurige Realität, daß es in Rwanda nur noch wenige Familien gibt, die nicht durch den Krieg zerbrochen sind – sei es durch den Genozid oder durch die Leiden in den Flüchtlingslagern. Mit anderen Worten, Imbabazi wird solange bestehen, solange es Kinder gibt, die ein Zuhause brauchen, und solange Sembagare und ich in der Lage sind, das Haus zu führen.

Ich kann nur vermuten, daß Gott mich erst mit zweiundachtzig für fähig hielt, Kinder zu bekommen. Doch dann schickte er sie mir alle auf einmal. Die ersten Kinder brachten uns die beiden Hilfsorganisationen »Save the Children« und das Rote Kreuz. Darunter waren viele, die sich allein aus Zaire auf den Weg nach Hause gemacht hatten, weil sie hofften, in Rwanda unter den Überlebenden Verwandte zu finden. Die meisten der Kleineren hatten jedoch keine Erinnerung mehr an ihre Eltern.

Unser erstes Kind – es wurde uns gebracht, noch ehe das Heim eröffnet wurde – war ein kleiner Junge von vier Jahren namens Gahungu, den wir später Sammy nannten. Seine Mutter war tot umgefallen, und zwar auf einem Weg in der Nähe des Hauses eines Mannes, der selbst zehn Kinder hatte und den kleinen Jungen nicht haben wollte. Wir nahmen ihn gerne bei uns auf, und er ist sehr stolz, sich von den andern dadurch zu unterscheiden, daß er »das erste Kind« ist. Zu den ersten Kindern zählte auch der zwölfjährige Nizeyimana, genannt »Commander«, der bei den anderen äußerst beliebt war und von ihnen bewundert wurde. Auf der Flucht nach Gisenyi wurde sein Vater getötet, und der Junge wurde von Mutter und Schwester getrennt, als die FPR-Soldaten in die Flüchtlingsgruppen feuerten, die auf der Suche nach Sicherheit unterwegs nach Goma waren. Selbst nachdem man einige Angehörige gefunden hatte, weigerte sich Commander, das von ihm geliebte Imbabazi zu verlassen, und erklärte mir, er wolle solange bleiben, bis er »erwachsen sei«. Wir haben bei ihm eine Ausnahme gemacht und es ihm erlaubt.

Der vierjährige Kadendeza wurde im April 1994 von Soldaten gefunden. Er lag auf dem Leichnam seiner Mutter. Sie nahmen ihn mit in ihr Camp und versorgten ihn dort einige Wochen lang selbst. Als ihre Einheit verlegt wurde, übergaben sie ihn einer Pflegefamilie in Ruhengeri. Doch das Familienoberhaupt war Trinker, der das Kind so mißhandelte, daß Nachbarn »Save the Children« verständigten. Deren Mitarbeiter nahmen ihn aus der Familie und brachten ihn zu uns. Eine Zeitlang hatte Kadendeza heftige Weinkrämpfe und klammerte sich verzweifelt an jeden, der ihn auf den Arm nahm und trösten wollte. Doch nach mehreren Monaten konnte er wieder lachen und spielte fröhlich mit den anderen Kindern. Zwar leidet er nicht mehr so oft unter seinem Trauma, doch nach wie vor braucht er mehr Zärtlichkeit und Zuneigung als viele andere unserer Schützlinge.

Didas und Olivia – Bruder und Schwester – waren zwei unserer entzückendsten Kinder. Die muntere kleine Olivia war bereits im Alter von drei Jahren äußerst hübsch, mit unglaublich langen Wimpern, niedlichen Grübchen und einem schelmischen Lachen. Sie ahmte mich nach, indem sie von einem Kind zum andern lief, es umarmte und überschwenglich küßte. Didas mit seinen fünf Jahren war ein kluges, charmantes Bürschlein. Beim Tanz der Intore war er der Beste, und die Kinder spendeten ihm bei seiner Vorführung begeistert Beifall. Dann machte »Save the Children« den Vater der Geschwister, der im Krieg beide Beine verloren hatte, ausfindig, und nach fünfzehn unvergeßlichen Monaten verließen uns Olivia und Didas, um wieder bei ihrem Vater zu leben. Wir vermissen sie immer noch sehr.

Ishimwe Pacifique war erst elf, als sie in Kigali den Tod ihrer Eltern miterlebte. Sie nahm ihre kleine Schwester Clemence und machte sich auf den Weg nach Gisenyi, wo sie ihre Großmutter Agnes vermutete. Mit dem einjährigen Kleinkind auf dem Rükken brauchte Ishimwe viele Wochen, um die rund hundertzehn Kilometer zurückzulegen. Sie übernachtete auf Feldern und bettelte sich Lebensmittel zusammen. Kurz vor Gisenyi wurde Clemence krank, und jemand brachte sie zu einer Ambulanz. Da der Zustand des Babys sehr ernst war, überwies man die beiden Mädchen in das Krankenhaus in Ruhengeri, das von »Ärzten ohne Grenzen« geleitet wurde. Dort bekam Ishimwe die Masern, und so blieben sie über einen Monat in dem Krankenhaus. Als beide Mädchen wieder gesund waren, brachte »Save the Children« sie zu uns. Ishimwe ist ein ausgesprochen liebes Mädchen und besucht die Schule mit gutem Erfolg. Clemence ist mittlerweile eine pummelige Vierjährige mit vielen »Brüdern und Schwestern« und wird von allen umschwärmt. Es ist uns nicht gelungen, die Großmutter der beiden Mädchen ausfindig zu machen.

»Save the Children« und das Internationale Rote Kreuz betrieben gründliche Nachforschungen, um den Verbleib der Angehörigen der Kinder zu ermitteln, und oft gelang es ihnen sogar noch, nachdem Monate vergangen waren. Seit der Eröffnung von Imbabazi im Dezember 1994 haben wir an die zweihundert Mädchen und Jungen bei uns aufgenommen, von denen über die Hälfte dank der Hilfe der genannten Organisationen mit ihren Familien wieder zusammengeführt werden konnten. Für jedes Kind, das uns verläßt, gibt es aber mindestens Hunderte, die seinen Platz einnehmen könnten. Den Schätzungen nach leben in Rwanda nach wie vor sechzigtausend verlassene oder verwaiste Kinder.

Wir beschäftigen in Imbabazi zehn Betreuerinnen, zwei Wasserträger, zwei Holzfäller und einen Nachtwächter. Biriko ist stolzer Koch des Waisenhauses, und der gute alte Micheli ist sein getreulicher Assistent. Gemeinsam bereiten sie nahrhafte Mahlzeiten aus getrockneten Bohnen, Reis und Öl zu, die wir über das Welternährungsprogramm erhalten. Ergänzt werden die Speisen durch Kartoffeln, Kohl, Karotten, Mais und Tomaten, die auf unseren eigenen oder benachbarten Feldern gezogen werden. Unser wichtigster Mitarbeiter ist aber ohne Zweifel Sembagare. Der junge Mann, den ich im Jahr 1957 als Hausboy einstellte, ist mittlerweile mein Partner, und wir leiten Imbabazi gemeinsam. Heute ist sein Aufgabenfeld weit gespannt – mal muß er als Schiedsrichter beim Fußballspiel herhalten, mal kleine und große Wunden versorgen. Dank Sembagares Umsicht und Fürsorge wird unseren Schützlingen viel Liebe, Trost und auch geistige Führung zuteil. Er steht ihnen zur Seite, wenn sie traurig sind, und ermahnt sie – wenn nötig – zu Disziplin. Er ist allen Kindern Vater, und ohne ihn könnte Imbabazi nicht funktionieren.

Alle unsere kleinen Heimbewohner besuchen sonntags den Gottesdienst, und die Kinder, die sechs Jahre und älter sind, gehen in eine Grundschule in der Nähe. Durch die Kriegsjahre und die Unruhen hängen alle im Pensum zurück, aber sie bemühen sich nach Kräften, den Stoff aufzuholen. Leider fehlt es in der Schule an der elementarsten Ausstattung, doch die meisten Kinder gehen gerne hin und viele gehören sogar zu den Klassenbesten. Ich wünsche mir nichts sehnlicher, als daß alle eine weiterführende Schule besuchen können. Die Mädchen haben stricken und häkeln gelernt und können wunderschöne Teppiche und bunte Umhängetücher anfertigen. Die Jungen spielen Fußball und Basketball, das ihnen ein Profi aus Nigeria beigebracht hat, während er in Rwanda stationiert war. Alle Kinder helfen im selbstangelegten Gemüse- und Kartoffelgarten mit. Aber besonders gerne singen, tanzen und trommeln sie und versäumen keine Gelegenheit, ihr Können vor Publikum zur Schau zu stellen.

Viele Kinder, die zu uns kommen, haben Würmer oder die Krätze, manche sind erschreckend unterernährt. Glücklicherweise leidet keines unter einem ernsthafteren körperlichen Schaden, doch alle haben schwere seelische Verletzungen erlitten und werden hin und wieder von posttraumatischen Symptomen verfolgt. Darunter fallen chronisches Bettnässen, gelegentliche Gewaltausbrüche oder unkontrolliertes Weinen. Manche weigern sich auch lange Zeit, überhaupt zu sprechen. Es bedarf großer Geduld, Einfühlsamkeit und liebevoller Fürsorge, ehe sie sich sicher und geborgen fühlen und wieder lernen, zu lachen, zu spielen – also Kinder zu sein.

Unsere Jungen und Mädchen sind zu einer Familie zusammengewachsen, und es ist stets ein bittersüßer Augenblick, wenn uns eines verläßt und zu seinen Verwandten zieht. Leider sind die Zusammenführungen nicht immer glücklich, da oftmals der Elternteil oder Angehörige wiederverheiratet sind und der neue Ehepartner das Kind nicht annimmt. Am Abend des 1. November 1995 standen unerwartet acht kleine, müde Jungen, die im Juni zu ihren Verwandten zurückgekehrt waren, im hellen Mondlicht vor der Tür. Sie waren von Ruhengeri nach Imbabazi gelaufen – eine Entfernung von fünfzig Kilometern. Die Überraschung war gelungen, und es wärmte uns das Herz, zu hören, daß sie uns ebenso vermißt hatten wie wir sie. Es war für alle Kinder ein freudiges Wiedersehen, und Sembagare sagte mir am nächsten Morgen, sie hätten bis spät in die Nacht gelacht und geplaudert. Die acht Ausreißer blieben zehn glückliche Tage bei uns (und zwei von ihnen für immer). Plötzlich hatten wir wieder zwei Fußballteams. Biriko buk Brot, und ich kaufte Fleisch und andere Leckereien für das Abendessen am Sonntag. An ihrem letzten Abend tanzten sie und sangen uns ein Lied auf Kinyarwanda vor, das mir fremd war. Biriko übersetzte es: »Wir sind die Kinder von Rosa. Wir werden groß, aber uns geschieht kein Leid.« Ich hoffe und bete, daß es so bleiben wird.

Unsere Schützlinge stammen aus allen drei ethnischen Gruppen – Hutu, Tutsi und Batwa. Viele Tutsi-Kinder haben den Tod ihrer Eltern und Geschwister während des Genozids miterlebt und viele Hutu-Kinder ihre Familien durch die Cholera verloren, die in den Flüchtlingslagern in Zaire grassierte. Sie alle sind ausnehmend tapfer und fromm. Sie haben einander sehr gern, und wir hoffen inständig, daß diese gegenseitige Zuneigung ihr ganzes Leben andauert und die Banyarwanda eines Tages in Frieden zusammenleben werden.

In einem von Haß und Gewalt zerrissenen Land bringt jeder Tag neue Herausforderungen, und die Zukunft bleibt ungewiß. Die UN-Friedenstruppen verließen Rwanda im Frühling 1996, und viele Hilfsorganisationen wurden gezwungen, ihr Personal zu reduzieren oder sich ganz aus dem Land zurückzuziehen. Plötzlich waren die dringend benötigte Verteilung der Lebensmittel, die medizinische Versorgung und die Hilfeleistungen versiegt und mit ihnen auch das in den Menschen aufkeimende Gefühl von Sicherheit und Stabilität. Im November 1996 löste Laurent Kabila, der Anführer der Rebellenstreitkräfte, in Zaire unvorhergesehen die Flüchtlingslager auf und zwang achthunderttausend Hutu-Füchtlinge, innerhalb weniger Tage nach Rwanda zurückzukehren. Unter ihnen waren auch die Verantwortlichen für den Genozid, die *interahamwe*, die nun erneut die Sicherheit und Stabilität der Region bedrohten.

Bei so vielen Kindern bringt jeder Tag eine neue Reihe von Problemen und Überraschungen. Doch die Freuden wiegen stets die Schwierigkeiten auf. Unsere Schützlinge sind glücklich und gesund, und wir lieben sie von ganzem Herzen. Daß ich nie eigene Kinder bekommen hatte, war eines der wenigen Dinge in meinem Leben, die ich stets bedauerte. Heute, im Alter von fünfundachtzig, bin ich mit zweiundneunzig Kindern gesegnet.

Seit dreiundvierzig Jahren ist Mugongo mein Zuhause, und hier möchte ich auch den Rest meiner Tage verbringen. Das kleine Waisenhaus, das aus einem Traum heraus entstanden ist, hat sich zu einem Paradies voll Liebe und Lachen entwickelt und ist für alle, die daran mitarbeiten, ein Symbol der Hoffnung geworden.

Jeden Abend, bevor die Abenddämmerung hereinbricht, sage ich den Kindern »Gute Nacht« und gehe über den schmalen Weg zurück zum Haus. Ihr Singen und Lachen hallt noch durch die kalte Abendluft. Arbeiter und Freunde wünschen mir »*Kwa heri, Madami.*« Die Hunde rennen vorneweg, und ich bleibe stehen, betrachte den Garten und sehe mir wieder einmal den betörend schönen Sonnenuntergang an, der als goldener Schimmer auf dem fernen Kivu-See liegt. Die Kronenkraniche haben sich in die belaubten Wipfel der Drachenblutpalmen zur Nachtruhe zurückgezogen. Ich wende den Blick zu dem zerklüfteten Gipfel des Mikeno und zu der schneebedeckten Kuppel des Karisimbi, die sich vor der einbrechenden Dunkelheit als dunkle Schatten abzeichnen. Wenn ich sie betrachte, weiß ich, daß ich vom Leben reich beschenkt worden bin.

Ich steige die Stufen mit den Steinplatten zu meinem gemütlichen kleinen Haus mit den berankten Mauern hinauf und merke, wie müde ich bin. Mikingo hat bereits die Öllampen angezündet, und ich mache es mir in einem Sessel am warmen knisternden Feuer bequem. Mein Tag ist zu Ende, und ich frage mich gespannt, welche neuen Abenteuer und Überraschungen der morgige Tag bringen mag.

August 1997 *Rosamond Halsey Carr*

Epilog

IN EINER BESSEREN WELT als der unseren wäre die Geschichte hier zu Ende, und Rosa und die Kinder würden auf Mugongo, dem schönen und stillen Mugongo, ein sorgloses Leben führen. Aber es steht nicht gut um Rwanda in dieser Zeit.

Im August 1997 flog ich nach Rwanda, um mit Rosa und den Kindern zu sprechen und an diesem Buch zu arbeiten. Seit meinem letzten Besuch im Frühjahr 1995 hatte sich auf der Plantage und im Waisenhaus kaum etwas geändert, außer daß die Kinder ein gutes Stück gewachsen waren und man noch viele neue aufgenommen hatte. Biriko war im April jenes Jahres gestorben, und Micheli arbeitete an seiner Statt als Waisenhauskoch. Es war mitten in der Trockenzeit, der Garten trotz der Wasserknappheit wunderschön, und die Kinder gediehen prächtig.

Im Herbst 1996 startete der Rebellenführer Laurent Kabila in Zaire einen erfolgreichen Feldzug, um das Mobuto-Regime zu stürzen. Er löste gewaltsam die Lager im Osten des Landes auf und zwang damit achthunderttausend rwandische Flüchtlinge zur Rückkehr in ihr Heimatland. Viele der Rückkehrer waren Mitglieder der *interahamwe* – verantwortlich für den Genozid. In den folgenden Monaten ermordete die *interahamwe* Hunderte rwandischer Zivilisten, und alles, was in den Jahren seit dem Genozid zu einer Versöhnung führen sollte, wurde in kürzester Zeit wieder zunichte gemacht. Die *interahamwe* hielten sich im Gebiet der Vulkane verborgen oder mischten sich tagsüber unter die Bevölkerung, nachts führten sie ihren mörderischen Krieg gegen die Tutsi fort – mit Knüppeln und Macheten, manchmal mit Gewehren und Granaten. Sie hielten sich vorwiegend im

Nordwesten Rwandas auf, in dem Gebiet zwischen Gisenyi und Ruhengeri, so daß sich Rosa und die Kinder mitten in der Kampfzone befanden.

In Mudende, wo vorher die Universität der Adventisten gestanden hatte, breitete sich nun ein Meer von blau-weißen Plastikzelten aus, in denen achttausend Tutsi-Flüchtlinge aus Zaire (inzwischen wieder in Kongo umbenannt) lebten. Sie waren vor dem Bürgerkrieg aus der kongolesischen Masisi-Region geflohen und hatten in Rwanda Zuflucht gesucht. Als wir die Straße entlangfuhren und an dem Lager vorbeikamen, mußte ich unwillkürlich denken, daß diese Menschen wirklich eine leichte Beute für die *interahamwe* waren, und ich fürchtete für ihre Sicherheit.

In der Woche vor meiner Ankunft hatte es im rund zwölf Kilometer von Mugongo entfernten Kanama ein Massaker gegeben. Hunderte von Zivilisten waren getötet und zweihundertfünfzig Hutu-Gefangene befreit worden. Angst machte sich in der Gegend breit, und man verhängte eine frühe Ausgangssperre. Zum Schutz für Rosa und das Waisenhaus wurden sechs Soldaten abgestellt, die Tag und Nacht Wache hielten.

In der Nacht von Samstag, dem 16. August, fuhr ich aus dem Schlaf hoch, weil vor meinem Fenster plötzlich massives Gewehrfeuer einsetzte. Zu Tode erschrocken ließ ich mich aus dem Bett rollen und kroch auf dem Boden in Rosas Zimmer. Die fünfundvierzig Minuten, die der Angriff dauerte, hielten wir uns fest umklammert – in höchster Sorge um das Leben der Kinder und der Arbeiter. Später erfuhren wir, daß fünfzig *interahamwe* das Haus umstellt hatten, wahrscheinlich um uns auszurauben, und von unseren sechs tapferen Wachsoldaten mit zwanzigtausend Schuß Munition in die Flucht geschlagen worden waren. Ein *interahamwe* wurde getötet, eine unserer Wachen verwundet. Die Kinder und die Arbeiter hatten zwar Todesängste ausgestanden, waren aber unverletzt. Sembagare und seine Familie verbrachten den Großteil der Nacht flach auf den Boden gepreßt, während ihnen die Kugeln buchstäblich um die Ohren flogen. Die

Fenster seines Hauses waren zersplittert und kein einziger Dachziegel heil geblieben.

Von dieser Stunde an herrschte auch in Mutura Krieg. Jeden Tag und jede Nacht waren Schüsse zu hören – manchmal nur kurze Salven, manchmal ein richtiges Sperrfeuer. Am 21. August um ein Uhr nachts überfielen *interahamwe* das Flüchtlingslager in Mudende, töteten hundertzwanzig Tutsi-Flüchtlinge und verwundeten einige hundert weitere. Sie steckten die Zelte in Brand und entfachten eine Feuersbrunst, die so mächtig war, daß das ganze Tal in Flammen zu stehen schien. Aus Angst vor Vergeltung verließen daraufhin Tausende von Hutu mitten in der Nacht fluchtartig ihre Häuser. Und die Vergeltung folgte auf dem Fuße. Innerhalb weniger Stunden begannen Tutsi-Zivilisten wahllos Hutu-Zivilisten umzubringen, sie plünderten ihre Häuser und zündeten sie anschließend an. In der ersten Morgendämmerung gingen Rosa und ich auf die Veranda und blickten über das Tal und all die schreckliche Zerstörung. Aus Hunderten brennender Häuser loderten Flammen, dicke schwarze Rauchsäulen standen am Himmel. Dies alles erinnere sie an den Aufstand von 1959, meinte Rosa, und wir hatten beide Angst, der ethnische Konflikt zwischen den Volksgruppen könnte wieder zum Krieg eskalieren. Tausende von Hutu-Häusern wurden an jenem Tag geplündert oder angezündet, und aus allen Richtungen hörte man Schüsse. Die meisten Arbeiter und ihre Familien waren fort, hatten sich vermutlich irgendwo versteckt. Wir befürchteten, daß Micheli ums Leben gekommen war. Die Frauen, die in jener Nacht im Imbabazi geblieben waren, konnten nicht nach Hause gehen und hatten keine Ahnung, wo sich ihre Familien befanden. Den Kindern wurde befohlen, im Haus zu bleiben, niemand durfte auf die Straße.

Als Rosa und ich an jenem Morgen ins Imbabazi kamen, hielt Tamari, eine der Betreuerinnen, gerade eine Bittandacht. Die Kinder saßen mit hängendem Kopf dicht aneinandergedrängt da, die älteren hielten die jüngeren auf dem Schoß. Tamari stimmte die Kirchenlieder an, die älteren Jungen lasen aus der Bibel.

Gemeinsam beteten wir für Micheli und alle Menschen in Mutura.

Als die Sonne unterging und ich den Blick durch den schönen Garten schweifen ließ, sah ich rundherum nichts als schwelende Feuer, aus denen dünne Rauchsäulen aufstiegen. Immer wieder zerrissen Schüsse die Stille, dazwischen feuerten auch Mörser und Granaten. In der Ferne hörte ich ein dumpfes Grollen und dachte: »Bitte, lieber Gott, laß es Donner sein. Bitte, laß es regnen!« Wir hatten an diesem Tag alles Wasser aus der Zisterne für das Waisenhaus verbraucht und nun keinen Tropfen mehr. Als es dunkel wurde, glühte der Himmel über Mudende blutrot. Ich lag schlaflos im Bett, horchte auf das entfernte Stottern der Maschinengewehre und weinte um dieses arme, traurige Land.

In den folgenden Tagen kehrten einige der Arbeiter nach Mugongo zurück. Sie alle berichteten von entsetzlichen Erlebnissen – wie sie um ihr Leben gelaufen waren, wie sie von ihren Familien getrennt wurden, wie ihre Häuser geplündert oder in Schutt und Asche gelegt worden waren. Zum zweiten Mal hatten sie alles verloren. Sie waren ausgehungert und völlig verängstigt. Einige schliefen im Imbabazi, andere auf Feldbetten, die wir in der Vorratskammer aufstellten.

Während der restlichen Wochen meines Aufenthalts blieb Mugongo der einzig »sichere« Ort in Mutura. Wir hatten vierundsiebzig Kinder im Imbabazi aufgenommen, dazu noch Arbeiter mit zahllosen Familienmitgliedern, die bei uns Zuflucht gesucht hatten. Einmal schliefen dreißig Menschen in Sembagares kleinem Haus. Abgesehen von unseren sechs Wachposten hielten sich keine Soldaten in der Gegend auf. Wir hofften und warteten auf Hilfe vom Militär, aber umsonst. Wir warteten auf den Lastwagen mit Wasser und horchten, ob er nicht die Straße heraufkäme, doch auch von ihm keine Spur. Unsere Lebensmittelvorräte gingen bedrohlich zur Neige.

Jeden Tag hörten wir von Menschen, die umgebracht worden waren. Eines Morgens fand man im Maisfeld gegenüber von

Mugongo fünf Tote. Ein anderes Mal wurden auf der Hauptstraße Dutzende Zivilisten mit Kopfschüssen hingerichtet, darunter auch sechs Angehörige von Sembagares Frau. Eines Nachts wurden zwei Verwandte von Sebashitzi mit Knüppeln erschlagen und in einer Latrine versenkt. Die Frau des Holzfällers und vier Kinder wurden umgebracht. Eine Woche nach dem Massaker tauchte endlich auch Batandarana, der Obergärtner, unter Schock und mit Tränen in den Augen, wieder auf Mugongo auf. Seine Tochter und ihre drei Kinder waren am Tag nach dem Massaker getötet worden. Nzabanita, einer der Gärtner, erzählte, daß an seinem Wohnort mehr als hundert Häuser in Brand gesteckt worden seien und er mit seiner Familie in einem Maisspeicher geschlafen habe.

Angst und Trauer hatten sich in die Gesichter der Menschen eingegraben. Es schien, als hätten alle mit dem Leben abgeschlossen. »Wenn Gott die Tür öffnet«, meinte Sembagare, »werden wir in sein Haus eingehen.« Nur die Kinder waren fröhlich und ohne Angst. Wir bemühten uns nach Kräften, sie mit Spielen und Unterricht zu beschäftigen, und nachmittags versammelten sie sich auf dem Rasen im Garten zum Seilspringen, führten akrobatische Übungen vor und sangen, angeführt von Tamari, mehrstimmig wunderhübsche Lieder.

Wenige Tage vor meiner geplanten Abreise kehrte zu unserer großen Freude und Erleichterung ein verängstigter, erschöpfter Micheli nach Mugongo zurück. Und einen Tag, bevor ich aufbrach, kam endlich ein gewaltiger UNHCR-Tanklaster mit Wasser die Straße heraufgerumpelt und füllte den großen Wasserbehälter auf, der schon lange vor meiner Ankunft leer gewesen war. An jenem Abend regnete es auch zum ersten Mal seit Monaten.

Ich war unsagbar traurig, als ich Rosa, die Kinder und all die anderen Menschen auf Mugongo verlassen mußte, die so viel gelitten hatten und offenbar vom Rest der Welt, ja sogar von ihrem eigenen Land, vergessen worden waren. Als wir uns verabschiedeten, versuchten wir uns gegenseitig damit zu trösten, daß das

Schlimmste wohl vorüber sei. Ich hoffte, daß das Töten und Sterben nun endlich ein Ende haben würde und Rosa ihre letzten Lebensjahre auf ihrem geliebten Mugongo verbringen könne, zusammen mit ihren Kindern und den Menschen, die ihr so ans Herz gewachsen sind. Aber es sollte nicht sein.

Am 8. Oktober 1997 griffen über achttausend *interahamwe* Gisenyi an. Fast wäre es ihnen gelungen, den Flughafen in einem siebenstündigen Kampf in ihre Gewalt zu bringen. Ende Oktober war die Zahl der Tutsi-Flüchtlinge in Mudende auf achtzehntausend gestiegen. Dort waren sie weiterhin Zielscheibe der *interahamwe*. Im Laufe des Oktobers und Novembers kam es zu zahllosen Massakern. Sammeltaxis wurden überfallen und in Brand gesteckt, die Fahrgäste ausgeraubt und getötet. Die *interahamwe* griffen ein Gefängnis in Giciye an, brachten mehr als dreihundert Gefangene (meistens Zivilisten) um und ließen über hundert frei.

Fast täglich kamen neue Waisenkinder ins Imbabazi, und Rosa brachte es nicht übers Herz, sie wieder fortzuschicken. Die Trokkenzeit dauerte in jenem Jahr bis Ende Oktober – die längste Trockenperiode seit Menschengedenken. Lebensmittel waren knapp. Anfang November setzten endlich sintflutartige Regenfälle ein, die mehrere Monate unverändert anhielten. Die Straße durch Mutura wurde unpassierbar, und auch die Hauptstraße nach Gisenyi begann sich durch die Wasserfluten und Schlammlawinen langsam aufzulösen.

Wochenlang ließen sich keine Wachsoldaten auf Mugongo sehen. Joeli, Rosas Nachtwächter, blieb in seiner winzigen Hütte ein paar Meter von ihrem Schlafzimmer entfernt und hielt nachts getreu Wache. Sechzehn Personen schliefen im Hühnerhof mit nichts als Decken, um sich vor der Kälte zu schützen. Sebashitzi und seine Familie nächtigten in einem kleinen Steinhäuschen auf der Plantage, Mikingo und einige der Gärtner im Vorratsraum von Rosas Haus. Sembagares Haus war überfüllt mit Flüchtlingen, und Micheli und einige andere Männer schliefen im Imbabazi. Die meisten Betreuerinnen aus dem Waisenhaus waren geflohen, und die wenigen, die geblieben waren, hatten ihre Familie zu sich geholt.

Im Dezember wurde das Flüchtlingslager in Mudende geräumt und in einem sichereren Gebiet etwas weiter entfernt wieder aufgebaut. Mutura war nun verlassen und Mugongo vollkommen isoliert – abgeschnitten von jeglichem Schutz und jeglicher Hilfe. Die Gemeindeverwaltung schloß ihr Büro. Die Schule stellte den Unterricht ein. Das Militär zog ab. Es gab keine Märkte mehr und keine Menschen. Langsam drang die schmerzliche Erkenntnis in Rosas Bewußtsein, daß sie den Kindern auf Mugongo nicht mehr die nötige Sicherheit geben konnte, ganz zu schweigen davon, wie sie Nahrungs- und Arzneimittel oder andere lebenswichtige Dinge beschaffen sollte. Man mußte die Kinder woanders unterbringen. Und so machten sich Rosa und Sembagare auf die schwierige Suche nach einem neuen Heim – es durfte nicht zu weit entfernt sein, und es mußte groß genug sein, daß alle zusammenbleiben konnten.

Am Morgen des 8. Januar 1998 kamen UNICEF-Mitarbeiter und packten ein, was zum Waisenhaus gehörte – Betten, Matratzen, Decken, Kleidung, Spielsachen, Küchenutensilien –, und das meiste aus Rosas Haus, und luden alles auf vier große Lastkraftwagen. Rosa und die Kinder, die Arbeiter mit ihren Familien – insgesamt einhundertvierzig Personen –, dazu noch Hunde, Katzen, Ziegen und Hühner quetschten sich in zwei große Busse, dann verließ der traurige Konvoi Mugongo und fuhr langsam die Straße durch Mutura hinunter.

Das Haus, das Rosa für die Kinder gefunden hatte, war ein großes Schulgebäude in Gisenyi und gehörte der katholischen Kirche. Rosa zog in eine Villa am Ufer des Kivu-Sees, in der früher Oswald du Chasteleer und später Sergio Bottazzi gewohnt hatten. Dank Freunden von der Bralirwa-Brauerei konnte sie die Schule auf unbefristete Zeit mieten.

Kaum waren sie eingetroffen, da wurde Gisenyi zur Zielscheibe wiederholter Terrorüberfälle. Täglich kam es zu Massakern an Tutsi-Flüchtlingen, auf die Vergeltungsschläge von Hutu-Zivilisten folgten. Busse und Taxis wurden in die Luft gejagt, und im Zentrum der Stadt explodierte ein Munitionsdepot. Das Krankenhaus war überfüllt mit Brandopfern und Amputierten. Tag für Tag fanden Dutzende von Beerdigungen statt. Rosa arbeitete unermüdlich, um das Waisenhaus einzurichten, nahm über hundert Kinder bei sich auf und besuchte die Verwundeten im Hospital.

Der heftige Winterregen hielt an, Gisenyi wurde zu einer Brutstätte für Moskitos, und die Malaria schlug zu. Fast ein Drittel der Kinder erkrankte, aber auch viele der Arbeiter und ihrer Angehörigen. Rosa und Sembagare waren Tag und Nacht auf den Beinen, um die Kranken zu pflegen, Medikamente und Moskitonetze aufzutreiben. Ein Teil des neuen Hauses wurde zur Krankenstation umfunktioniert, da im Hospital kein Platz war. Zum Glück starb keines der Waisenkinder. Dafür jedoch viele andere. Sebashitzis zweijähriger Sohn Shadrack erlag der Malaria. Drei Tage später starb Rosas langjähriger Koch Mikingo nach nur zweitägiger Krankheit. Rosa machte sich schreckliche Vorwürfe, daß sie alle nach Gisenyi gebracht hatte. Sembagare, stark und zuverlässig wie immer, kümmerte sich um die Kinder und regelte das Notwendige für die Beerdigungen. Im März bekam auch Rosa Malaria, und es ging ihr viele Wochen lang sehr schlecht. Wir befürchteten, daß sie die Krankheit nicht überleben würde.

Die Gärtner mit ihren Familien (insgesamt achtzig Personen) waren auf Mugongo geblieben und wohnten im alten Waisenhaus. Am 20. März wurde Mugongo von den *interahamwe* überfallen. Dreizehn Menschen kamen ums Leben, darunter drei Gärtner und Joeli, der Nachtwächter. Dutzende erlitten Verletzungen. Bei einem zweiten Überfall zwei Monate später wurde Rosas Haus geplündert, verwüstet und in Brand gesteckt.

Im Juni erklärte die katholische Kirche, daß sie ihr Gebäude zurückhaben wolle, und gab Rosa und Sembagare dreißig Tage Zeit, es zu räumen. Wieder begann die verzweifelte Suche nach einer neuen Bleibe. Ein längst überfälliger Glücksfall wollte es, daß sie ein ideales Gebäude fanden. Es gehörte einer Pfingstkirche und war früher als Wohnheim für Schüler einer Sekundarschule genutzt worden. Es war stabil gebaut und sehr geräumig, hatte vier große Räume, ein Büro und ein kleines Schlafzimmer für Sembagare, ausreichend Toiletten und einen großen Waschraum mit zehn weiß gekachelten Duschkabinen und Waschbecken. Das Haus ist von Eukalyptusbäumen und großen Rasenflächen umgeben, es gibt ein Fußballfeld und in geringer Entfernung eine Grundschule. Der einzige Nachteil ist, daß es sehr nahe an der Grenze zum Kongo liegt, wo wieder Krieg herrscht.

Zwar hat es in Gisenyi im Jahr 1999 weniger Terrorüberfälle gegeben, aber der Nordwesten Rwandas bleibt dennoch eine der unfriedlichsten und politisch instabilsten Regionen Afrikas. Schätzungen zufolge sind während der letzten beiden Jahre mehr als zehntausend Menschen – Hutu wie Tutsi – bei den ethnischen Auseinandersetzungen ums Leben gekommen. Mehr als eine Million Menschen waren gezwungen, ihr Zuhause zu verlassen und in einem der staatlich kontrollierten Umsiedlungslager Zuflucht zu suchen. Die Mühlen der Justiz mahlen langsam in einem Land, das so viel Haß und Blutvergießen erlebt hat, aber in den vergangenen zwei Jahren wurden in Rwanda Hunderte von Gefangenen wegen Völkermords und Verbrechen gegen die Menschlichkeit vor Gericht gestellt und verurteilt. Einige wurden öffentlich hingerichtet. Gleichzeitig hat das Völkerrechtstribunal für Rwanda in Arusha, Tansania, gegen vierunddreißig Verdächtige Anklage erhoben. Fünf von ihnen wurden für schuldig befunden und zu Gefängnisstrafen verurteilt.

Im Laufe des vergangenen Jahres konnten mehrere Kinder wieder mit Familienangehörigen vereint werden. Aber es kommen weiterhin viele Waisenkinder – alle schrecklich unterernährt und traumatisiert. Sembagare arbeitet zwanzig Stunden am Tag und ist immer zur Stelle, wenn er gebraucht wird, weil jemand krank geworden ist oder irgendwo geschossen wird. Er ist wie ein Vater für die Kinder, und alle lieben ihn – ebenso wie die herzensguten Frauen, die ihre Ersatzmütter sind. Nach Jahren voller Angst und Not haben sich die Kinder in ihrem neuen Zuhause nun erstaunlich gut eingelebt und sind glücklich. Heute ist Imbabazi Heim für mehr als hundert von Rwandas verlorenen oder verwaisten Kindern, und es bleibt für sie alle ein Hort der Geborgenheit und Liebe, ein Symbol der Hoffnung.

Rosamond Carr, meine Tante, ist eine der wahren Heldinnen dieser Welt, und ich habe sie nicht nur sehr gern, sondern bewundere sie auch grenzenlos. Sie selbst wäre die letzte, die von sich sagen würde, daß sie in ihrem Leben Herausragendes geleistet hat. Aber die junge, noch so unsichere Frau, die vor fünfzig Jahren in den Kivu kam, hat in diesem Land und bei seinen Menschen bleibende Spuren hinterlassen. Ihr Mut und Mitgefühl haben viel bewirkt in all diesen Jahren, und viele haben sich an ihr ein Beispiel genommen. Zwar spielt sich ihr Leben mit Sembagare und den Kindern heute in Gisenyi ab, aber mit dem Herzen wird sie immer Mugongo verbunden bleiben. Von Zeit zu Zeit kehrt sie zu einem kurzen Besuch dorthin zurück, um durch die leeren Zimmer zu gehen, ein wenig im Garten zu sitzen und sich daran zu erinnern, wie schön es früher war. Und es gibt so viele Erinnerungen.

Herbst 1999 *Ann Howard Halsey*

Dank

Dieses Buch ist in gewisser Weise ein Liebesdienst, entstanden aus Rosamond Carrs umfangreichen privaten Aufzeichnungen, Briefen und viele Jahre umfassenden Tagebüchern. Außerdem sind ihre Schilderungen und die Erfahrungen meiner eigenen Reisen nach Rwanda in dieses Buch eingeflossen. Unsere Zusammenarbeit war nur durch eine ganze Reihe außerordentlicher Bemühungen und unkonventioneller Mittel möglich. Fertige Kapitel des Manuskripts schickte ich per Post von meinem Wohnort Downingtown, Pennsylvania, an die amerikanische Botschaft in Kigali. Von dort wurden sie zu Rwandex gebracht und dem Fahrer des Lastwagens übergeben, der einmal wöchentlich Kaffee nach Gisenyi transportierte. Dieser lieferte die Päckchen bei Sembagares altem Haus an der Hauptstraße ab, von wo aus seine Enkel oder Pflegekinder sie zwanzig Kilometer weit über die Felder trugen und Rosa persönlich aushändigten. Nachdem Rosa die Manuskripte gelesen, korrigiert und überarbeitet hatte, gingen sie wieder den umgekehrten Weg. Dieses Verfahren nahm viele Wochen in Anspruch und wurde in den vergangenen zwei Jahren Dutzende von Malen wiederholt. Dafür danke ich: Bonnie Harris, der Mitarbeiterin der amerikanischen Botschaft in Kigali; Tony Wood, dem Direktor von Rwandex in Kigali; Saidi Seff, dem zuverlässigsten aller Lastwagenfahrer, und den vielen Kindern aus Sembagares großer Familie.

Danken möchte ich auch Joe Wertheim für seine Unterstützung bei den Recherchen und Dorothy Halsey, der wahren Historikerin unserer Familie, deren Verständnis, Humor und außergewöhnlich gutes Gedächtnis für mich von unschätzbarem Wert waren. Besonderer Dank gilt unserer Lektorin Amanda Patten, die erkannte, daß diese Geschichte erzählt werden muß, und allen Mitarbeitern bei Viking, die zur Verwirklichung dieses Projekts beigetragen haben. Und meiner Familie und meinen Freunden, die an mich geglaubt und mir Rückhalt gegeben haben.

Die Autorinnen danken außerdem Bruce E. Fleming.

Ann Howard Halsey

Anmerkungen

Kinyarwanda, die in Rwanda gesprochene Bantusprache, gehört zu den kompliziertesten Sprachen der Welt. Einzahl und Mehrzahl bei ethnischen Gruppen werden durch Vorsilben gekennzeichnet. Die Vorsilbe *mu* bezeichnet die Einzahl, die Vorsilbe *wa* die Mehrzahl und die Vorsilbe *ba* die ethnische Gruppe als Ganzes. Die grammatisch korrekte Bezeichnung für Hutu bzw. Tutsi in der Einzahl ist daher *muhutu* bzw. *mututsi*, in der Mehrzahl *wahutu* bzw. *watutsi* und als Bezeichnung für die gesamte ethnische Gruppe *bahutu* bzw. *batutsi*. Zum Zwecke der Vereinfachung hat die Redaktion bei diesem Manuskript entschieden, sowohl in der Einzahl wie in der Mehrzahl die allgemein üblichen Kurzversionen der beiden größten ethnischen Gruppen in Rwanda – Hutu und Tutsi – zu verwenden.

Europäer werden in Rwanda *muzungu* (Einzahl) und *wazungu* (Mehrzahl) genannt. Diese beiden Begriffe werden im Manuskript beibehalten, ebenso die Bezeichnung *bahund*, wenn der ganze Stamm gemeint ist, und *muhunde* für die Einzahl.

Viele Orte, Länder, Flüsse usw. ändern in dem von der Autorin beschriebenen Zeitraum den Namen (Kongo – Zaire/Ruanda – Rwanda). Die Autorin ist konsequent und benutzt immer den, der zum jeweiligen Zeitpunkt innerhalb des chronologischen Berichts galt. Die Redaktion ist ihr darin gefolgt.

Chiefs / Grand Chiefs / Subchiefs = Tutsi-Adlige. Siehe W. Schicho: Handbuch Afrika, Frankfurt a. M. 1999. Es gab sogenannte »chetteries« od. »Chettümer« (Verwaltungseinheiten), denen ein »Subchief vorstand – formal Beamte des belgischen Königs. Da das System in der Literatur bekannt ist, steht hier »Chief, Großer Chief und Subchief« und »Häuptling« nur da, wo keine Abwertung mit dem Begriff verbunden ist.

Glossar

abiru: Kronrat der Tutsi-Monarchie
baba: Vater
banyarwanda: das Volk von Rwanda (vor 1962: Banyaruanda)
bwana: Herr
capitas: Vorarbeiter auf einer Plantage
casques bleus: UN-Friedenstruppen (französisch für »Blauhelme«)
circuit de bugoyi: Panoramastraße durch Ruanda und Belgisch-Kongo
ikinimba: traditioneller Brautwerbetanz
imana: Gott
iningiri: einsaitiges Musikinstrument
inkotanyi: Patriotische Front Rwandas (FPR), wörtlich »die Unbesiegbaren«
interahamwe: extremitische Hutu-Milizen, wörtlich »die gemeinsam angreifen«
intore: traditioneller Tanz der Tutsi, wörtlich »die Auserwählten«
inyambo: heilige Rinder des Tutsi-Königs
inyenzi: Kakerlaken (Name für im Exil lebende Tutsi, die illegal nach Rwanda eindringen)
jambo: Hallo!
kalinga: heilige Trommel der Tutsi-Monarchie
kanzu: übliche Kleidung des afrikanischen Hauspersonals
karani: Aufseher auf einer Plantage
kinyarwanda: in Rwanda gesprochene Bantusprache (vor 1962: Kinyaruanda)
kurwana: Zweikampf der Männer mit Stöcken

kwa heri: Auf Wiedersehen, gute Nacht!
lapango: Dornenzaun
l'ubu-hake: feudalistisches Kastensystem, 1957 abgeschafft
maradadi: eine gewisse Eleganz an den Tag legen
mille collines: tausend Hügel (französisch)
muzungu: Weißer (Einzahl)
mwami: Tutsi-König in Ruanda
mwamikazi: Tutsi-Königin
pombi: Bananenbier
sale bête: übles Schimpfwort, wörtlich »schmutziges Tier«
shamba: Feld
toto: Kind
uburozi: Gift
ubutega: besondere, für Schmuck verwendete Grassorte
uhuru: Freiheit
umulyango: Familie
umunzemze: Hartholzbaum
umwishywa: Pflanze, die die Fruchtbarkeit steigern soll
unweko: Ledergürtel, von verheirateten Frauen getragen
wazungu: Weiße (Mehrzahl)

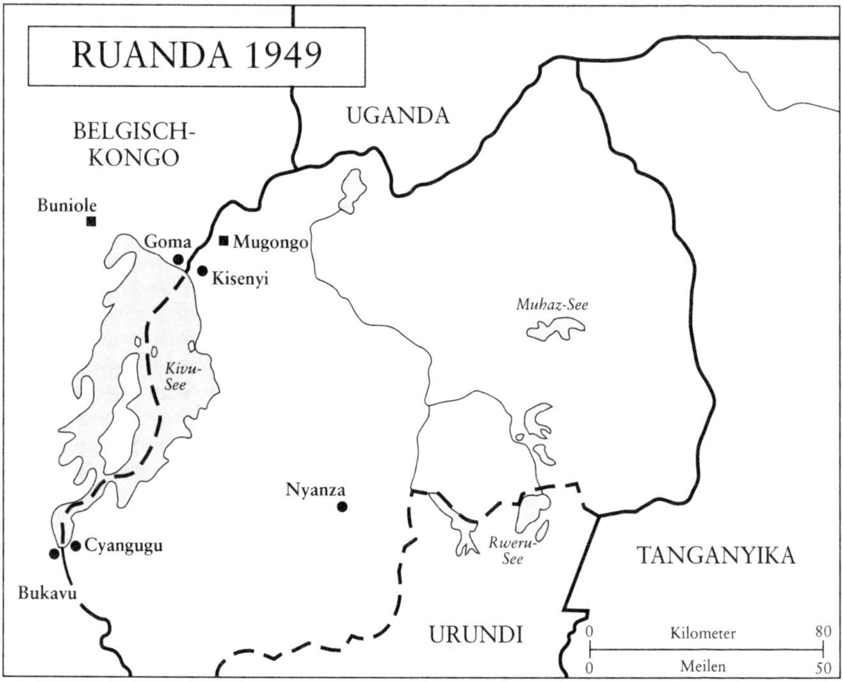
RUANDA 1949
UGANDA
BELGISCH-
KONGO
Buniole
Goma
Mugongo
Kisenyi
Muhaz-See
Kivu-
See
Nyanza
Cyangugu
Rweru-
See
TANGANYIKA
Bukavu
URUNDI
0
Kilometer
80
0
Meilen
50

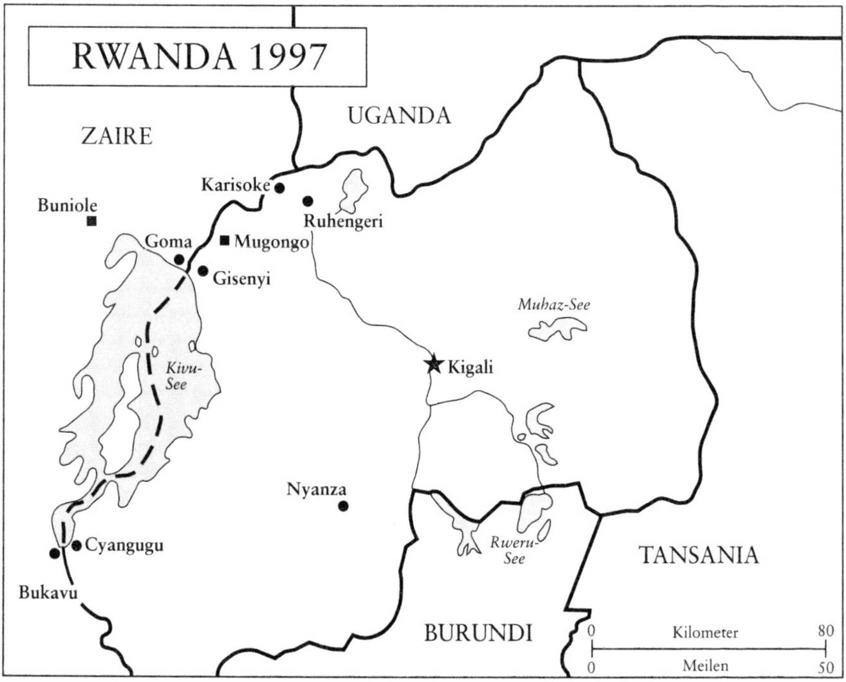
RWANDA 1997
UGANDA
ZAIRE
Karisoke
Buniole
Ruhengeri
Goma
Mugongo
Gisenyi
Muhaz-See
Kigali
Kivu-
See
Nyanza
Cyangugu
Rweru-
See
TANSANIA
Bukavu
BURUNDI
0
Kilometer
80
0
Meilen
50

Register